따라하면서 혼자 할 수 있는

AutoCAD시험 속성완성 인벤터 활용

이해원
고병갑 공저

2017년 NCS 모듈 적용

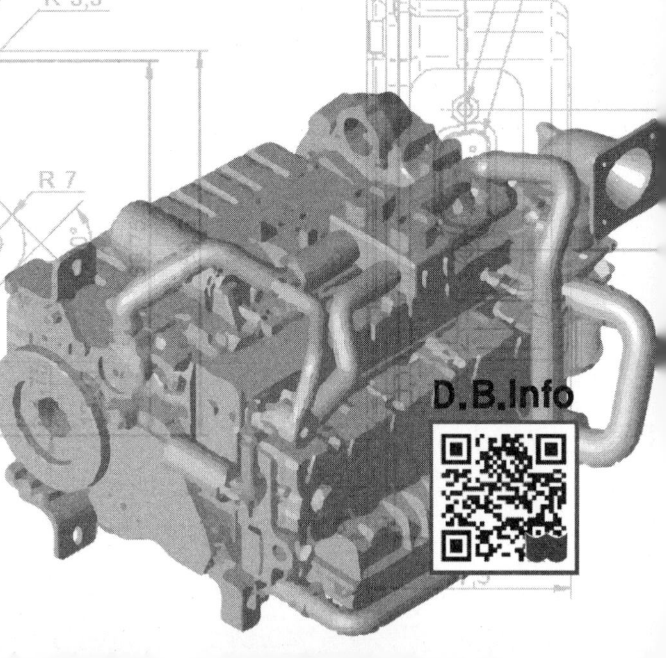

D.B.Info

머리말

FREFACE

급변하는 사회와 세계경제에 편승하고 한나라의 경제가 앞서가는 기술을 가지려면 그 이면에는 반드시 공업발달의 꾸준한 노력과 낮은 곳에서 묵묵히 어려운 일을 해온 기능인들의 힘을 크게 인정해야 한다. 특히 기계공학을 전공하는 공학도가 많아 기계공업의 괄목한 만한 성장으로 선진대열에서도 리더 역할을 하는 것은 우리국력의 상징이 되며 계속 발전 성장하여 제일의 자리를 지켜야 할 것이다.

이 책은 요즈음에 급변하는 모델링과 디자인의 싸움으로 기업의 사활을 걸고 성능은 높게 가격은 낮게 하여 소비자에게 공급하는 제품의 질적 경쟁으로 변하고 있는데 제품을 상세히 분석하고 기본적인 설계내용을 이해하고 업그레이드하는 시스템이 필요하게 되었는데 그것을 해결 할 수 있는 것 중에 하나가 기초 도면의 설계이다.

이 책은 국가정책사업인 NCS(국가직무능력표준)와 일 직무병행 제도에 적용되는 기계와 금형분야의 도면을 그리기 위한 가장 중점사항을 위주로 숙달되어야 할 명령어와 단축키를 한눈에 볼 수 있도록 하였다. AutoCAD 버전을 중심으로 공부하는 초보자들에게 도면을 알기쉽게 그릴 수 있도록 도면 위주로 요점사항을 쓴 것으로 교육생들에게 많은 도움이 되기를 바란다. 실무에 적용할 수 있도록 하여 설계와 도면을 배우는 공업계 학생들과 폴리텍 대학생들에게 기본적인 데이터 북으로 도움을 주었으면 한다.

끝으로 이 책을 통하여 열심히 공부하는 학생들에게 목표를 달성하기를 바라며 이 책을 출간할 수 있도록 실질적인 도움을 주신 관계자들에게 진심으로 감사를 드린다.

지은이 씀

Table of Contents

목차

A-3 인벤터 활용

CAD란 무엇인가.

Computer
Aided
Design

급변하는 세계에 우리가 대처하고 적응하기 위해서 신기술의 습득이 무엇보다 중요하게 되었다. 다가온 21세기는 새로운 신기술을 익히지 못하면 살아남지 못하며 정보화 사회라는 현실의 출발선에 선 것이다.

컴퓨터 ! 언제부터인지 익숙하고 친숙한 단어가 되어 버렸다. 이젠 컴퓨터 없이 살 수 없는 세상이 됐는지 모른다.

그 중에 하나가 이젠 낯설지 않는 CAD라는 말이다. 80년대 우리나라에 들어와서 특정부분에 이용 되었지만 이제는 개인용 컴퓨터의 비약적인 발달로 인하여 CAD도 널리 보급되었다. CAD 즉 Computer Aided Design 컴퓨터로 설계하는 것을 말하나 적은 의미로 Drafting이라 하여 컴퓨터 제도를 말한다.

CAD작업 시 Computer가 분석, 해석, 편집, 기능, 등을 제공하여 설계도면, 작성, 산출, 관리, 등에 도움을 주는 것이라고 할 수 있다. 그래서 기계제도 및 설계, 건축, 토목, 조경, 군사, 과학 분야, Simulation 및 Animation 등에 사용되고 있다.

도면작성을 AutoCAD 버전을 중심으로 공부하는 초보자들에게 도면을 알기 쉽게 그릴 수 있도록 도면 위주로 요점사항을 쓴 것으로 교육생들에게 많은 도움이 되기를 바란다.

학습 자료 사용 안내

소개

이 학습 자료는 기계설계 분야의 능력단위로 기계설계 작업에서 설계 사양과 구성 요소를 검토하여, 도면을 생성하기 위한 내용으로 작성되었다. Auto CAD를 사용하여 도면을 완성하기 위한 실기위주로 전개하였다. 주요 내용으로는 설계자가 정확하고 알기 쉬운 CAD도면을 작도하는 능력을 갖게 하기 위하여 요구되는 필수과정으로서, 정확하고도 이해하기 쉬운 투상법의 구현과 KS, ISO 규정에 의거한 기계요소의 설계 작도, 치수의 기입법, 기계의 작동과 기능에 맞는 치수공차와 IT(international tolerance)공차에 의한 끼워 맞춤, 기하공차의 적용, 기계의 기능과 수명을 고려한 재료의 선정 등 설계 전반에 필요한 내용을 포괄하고 있다.

구성

CAD도면을 작성하면서 혼자서 실습하면서, 자기진단, 학습모듈로 구성되어 있다. 과정은 전체적인 개요와 구성을 설명하고, 학습자에게 효과적인 활용 방법 및 학습방법을 안내하는 역할을 한다. 자기진단은 학습모듈을 학습하기 전에 설계도면 작성에 대한 학습자의 현재 수준을 진단하고, 학습자에게 필요한 학습 활동을 안내하는 역할을 한다. 학습모듈은 3가지 모듈로 구성되어 있으며, A-1 Auto CAD의 구성 요수 확인하기, A-2 도면 작성하기, 2D/3D사용 도면작성, A-3 설계도면의 검토 및 출력하기이다. A-1 Auto CAD사양과 구성 요소 확인하기에서는 도면을 작성하기 위한 기본적인 내용으로 투상법, 치수공차와 끼워 맞춤, 기하공차, 재료의 선정과 열처리 등 KS규정에 의한 도면 작도법 등이 주로 제시되어 있다.

A-2 도면 작성하기에서는 산업현장에서 응용되고 있는 여러 가지 기계 장치를 실례로 하여 설계도면 작성에 필요한 전반적인 내용을 다루고 있으며, 이 과정에서는 완성된 설계도면대로 기계장치가 제작되었을 때 그 기계장치가 기능과 용도에 맞게 제대로 된 성능을 발휘할 수 있도록 하는데 최종 목표가 있는 것이다.

A-3 도면의 검토 및 출력하기에서는 설계된 기계장치가 요구사항 대로 기능과 성능을 발휘할 수 있는지 도면의 내용을 꼼꼼하게 검토하여 출력하는 과정으로 구성이 되었다. 한편, 각각의 학습모듈은 학습목표, 학습활동, 학습정리, 종합평가로 구성되어 있다. 학습목표에는 각 학습모듈은 학습목표, 학습활동, 학습정리, 종합평가로 구성되어 있다. 학습활동은 기본학습과 심화학습으로 구성되었으며, 기본학습에는 주요하면서도 기본적인 내용이 제시되어 있

다. 마지막으로 종합평가에는 각 학습모듈의 학습을 마친 후 학습자들의 성취수준을 평가하고, 부족한 부분을 피드백 받을 수 있도록 하기 위한 체크리스트가 제시되어 있다.

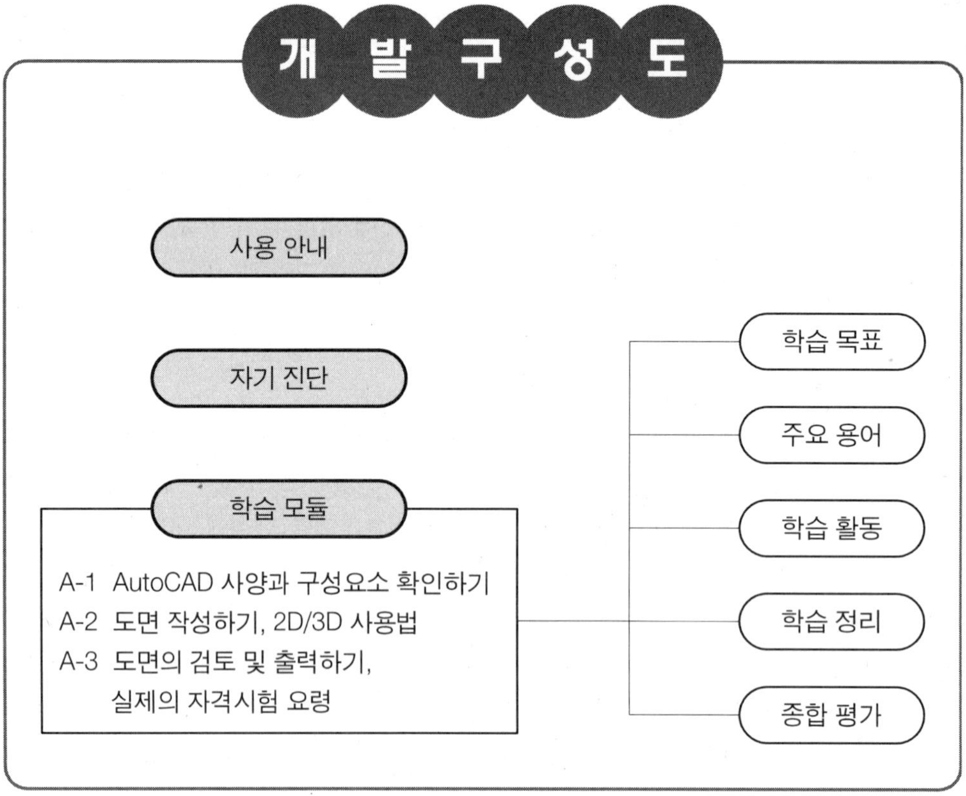

자기 진단

체크리스트

다음은 설계도면 작성 업무를 수행하는데 요구되는 능력 수준을 스스로 알아볼 수 있는 체크리스트입니다. 본인의 평소 행동을 잘 생각해 보고, 일치하는 정도에 ✔표 해 주십시오.

영역	문항	미흡하다	보통이다	우수하다
설계사양과 구성요소 확인하기	1. 개념설계의 단계를 검토하여, 설계사양에 맞게 구성요소가 선정되어 있는지 검토할 수 있다.	①	②	③
	2. 설계사양과 구성요소를 검토하여 주요 치수가 정확히 선정이 되었는지 확인할 수 있다.	①	②	③
도면 작성하기	3. 표준 운영절차에 따라 요구되는 형상을 도면으로 완벽하게 구현할 수 있다.	①	②	③
	4. 작성된 도면을 사내 또는 산업표준에 규정한 도면 작성법에 의하여 정확하게 도면화 되었는가를 확인할 수 있다.	①	②	③
	5. 부품 상호간 기구학적 간섭을 확인하여 오류발생시 수정할 수 있다.	①	②	③
	6. 도면 크기, 축척 등 일반사항을 타부문과 협의하여 설정할 수 있다.	①	②	③
	7. 레이아웃도, 부품도, 조립도 등 각종 도면을 작성할 수 있다.	①	②	③
	8. 이해가 곤란한 부분은 상세도 및 주기를 작성하여 상대방의 도면해석이 가능토록 할 수 있다.	①	②	③
도면의 검토와 수정 및 출력하기	9. 작성된 도면을 관련부서와 협의하고, 검토하여 승인할 수 있다.	①	②	③
	10. 표준 운영절차에 따라 완성된 도면을 관련부서의 용도에 맞추어 출력할 수 있다.	①	②	③
	11. 표준 운영절차에 의하여 요구되는 설계 데이터 형식의 파일로 저장하거나 출력할 수 있다.	①	②	③
	12. 작성한 도면에 요구되는 소요자재목록과 영역, 길이, 각도, 공차 등 추가적인 데이터를 산출할 수 있다.	①	②	③

진단 방법

체크리스트의 문항별로 자신이 체크한 결과를 아래 표를 이용하여 해당하는 개수를 적어보자.

문항 번호	수준	개수	학습 모듈 명
1-4	미흡/보통/우수하다	( )개	A-1 설계사양과 구성요소 준비하기
5-8	미흡/보통/우수하다	( )개	A-2 도면 작성하기
9-12	미흡/보통/우수하다	( )개	A-3 도면 검토 및 출력하기

진단 결과

진단 방법에 따라 자신의 수준을 진단한 후, 한 문항이라도 '미흡하다'가 나오면 그 부분이 부족한 것이기 때문에, 해당하는 학습내용을 학습하시오.

A-1

AutoCAD 구성요소 확인하기

학습모듈 개요

CAD도면 작성에 필요한 기본지식을 학습하는 과정이다. 여기에는 투상법, 치수 기입법, 치수공차, 기하공차, 표면 거칠기, 재료의 선정과 열처리 등이 포함되며 KS에 규정된 도면작도법 및 기계요소에 대한 표시법을 알아야 한다.

학습목표

일반목표 Auto cad를 이용하여 물체의 형상을 보고 투상도를 작도할 수 있고, 이에 기계제도 설계에 대한 내용을 KS규정을 적용할 수 있으며, 기계장치의 기능과 용도에 맞는 재료를 선정할 수 있는 능력을 갖는다.

세부목표
- Auto cad를 이용 도면을 그리는 방법과 순서를 이해할 수 있다.
- 물체의 형상을 투상법으로 표현할 수 있다.
- 치수공차 및 기하공차를 적용하여 치수를 기입할 수 있다.
- 기능과 작동에 맞도록 재료를 선정할 수 있다.
- KS규정에 의하여 기계요소를 작도할 수 있다.

주요용어

- Auto cad, 투상법, 치수 공차, 기하 공차, 조립 치수
- 수정(Edit), 치수기입(Dimension), 레이아웃(Lay Out)과 출력
- 자격시험 템플렛, 기계요소그리기, CAD도면에서 도면해독순서와 작도하는 방법

기본학습

01

개념설계의 단계

01 설계의 조건

기계 장치를 설계하기 위해서는 먼저 설계할 기계 장치의 용도와 기능을 파악하고, 편리하게 사용할 수 있는 기구학적인 구조를 고려하여야 한다. 또한 시중에서 많이 사용되고 있는 비슷한 용도의 기계가 있는지 살펴보고, 경제적 측면에서 따져보았을 때 만들 만한 충분한 가치가 있다고 판단이 되면 그 때 설계, 제작에 착수해야 할 것이다.

02 개념설계의 과정

전반적인 설계과정을 요약하여 작성하는 것은 불필요한 작업을 생략하여 작업의 속도를 빠르게 할 수 있다.

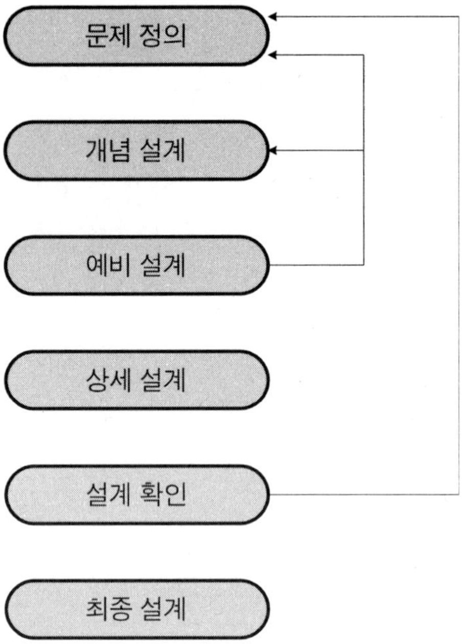

(가) 문제 정의

문제 정의를 하기 위해서는 광범위한 설계 정보를 수집하고 물리, 역학 공식과 같이 간단한 수식으로 모델화 한다. 만약 정보가 적다면 간단한 정의 밖에 할 수 없고, 좋은 설계지침을 얻을 수 없게 된다. 기능설계를 정의하는 표현은 수식화, 기호화, 문장화 또는 스케치 도면 등으로 나타낼 수 있고, 이 설계 단계를 정리한 것을 사양서 라고 한다. 이 사양서에는 재료가 차지할 공간, 물건의 특성, 용량과 생산량 등을 포함해야만 한다. 또한 가격과 제조해야할 개수, 활용용도 및 적정 온도 등이 명시되어야 한다.

(나) 예비 설계

주어진 사양서를 만족시키는 하나 또는 그 이상의 가능한 설계를 해야 한다. 기계와 시스템 접속을 표시하는 레이아웃 도면으로 전반적인 형상을 결정하고 기계나 시스템의 여러 가지 부품들 사이의 기능적인 관계를 확립해야 한다. 이들 레이아웃 도면은 제안된 설계를 완전히 설명할 중요한 치수와 기호들 그리고 여러 가지 단면들을 모두 포함해야만 한다. 그 밖에 기구학적 관계를 나타내는 기계설계 도면과 기계 사이클 다이어그램도 포함하게 된다.

(다) 상세 설계

상세 설계는 예비 설계에서 정해진 내용을 기초로 제조기술 측면에서 보다 경제적이고 적절한 제작 기간을 실현하기 위한 설계의 기준을 결정하는 작업이다. 그래서 예비 설계에서 주어진 지침서와 기본 구조 등을 기본으로 하여 보완하고 도면화, 양식화 하여 가 구성요소의 상세 설계 및 부품 설계를 진행한다. 최종적으로 각 부품의 소재 조달 방법, 재료 선정, 형상, 치수, 열처리, 가공방법, 조립 방법 등을 조합하여 원가를 미리 계산하게 된다. 결국 최종적인 제도 도면으로 하기도 하고 구입 사양서, 제조 지시서 등을 작성하는 것이 세부 설계의 작업이 된다.

Memo

기본학습

02 설계사양과 구성요소의 검토

〈그림 1-1〉과 같은 공작물에 ∅10mm의 드릴구멍을 뚫는데 사용되는 치공구의 제작을 의뢰받았다고 가정해보자.

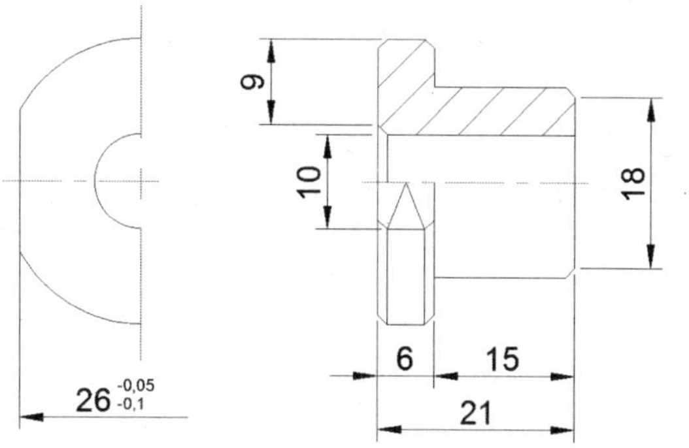

〈그림 1-1〉

공작물의 재질 : SM45C

공장물의 수량 : 5,000개

요구사항(제품의 정밀도) : 위와 같은 공작물을 제공하고, ∅20 치수와 동축도가 0.08mm 이내인 ∅10 구멍을 드릴로 가공한다.

납품기한 : 30일

01 설계 사양의 검토

설계를 시작하기 전에 여러 가지 조건과 환경을 검토하여 요구사항에 부합할 수 있는 기계의 사양을 결정하고, 제작하는 기계에서 생산되는 제품의 품질이 일정하게 유지되고, 가공시간을 단축하여 비용과 시간을 얼마나 절감할 수 있는지 그리고 다루기 쉬운 구조로 만드는 것이 가능 한가 등, 경제성을 검토하여 제작의 유무를 결정한다.

02 구성 요소의 검토

기계를 구성하는 여러 가지 요소를 검토한다.

(가) 사용 목적

생산성 향상에 기여할 수 있고, 제품의 제작비용의 절감, 제품 제작 공정의 개선, 제품 품질의 개선, 가공 시간의 단축 등이 기계를 제작하는 목적이다.

(나) 설계 조건

생산량, 안정적인 구조, 손쉬운 사용 방법, 취급 시간 단축, 기계의 제작비용과 효율성 등을 고려하여 설계에 적용한다.

A-1 학습정리

1. 기계 장치를 설계하고자 할 때, 기계의 용도와 기능을 파악하고 편리하게 사용할 수 있는 기구학적인 구조를 고려하는 내용이 포함된다.

2. 예비설계 단계에서 정해진 내용을 기초로 제조기술 측면에서 보다 경제적이고 적절한 제작 기간을 실현하기 위한 설계의 기준을 결정하는 작업내용이 포함된다.

3. 여러 가지 조건과 환경을 검토하여 요구사항에 부합할 수 있는 기계의 사양을 결정하는 내용이 포함된다.

종합평가

1. 개념설계의 과정을 설명하시오.
   (설명:)

2. 예비설계 과정에서 결정해야 할 내용들에 대해서 설명하시오.
   (설명:)

3. 상세설계 과정에서 고려해야 할 내용들에 대해서 설명하시오.
   (설명 :)

4. 설계 사양을 검토할 때 고려해야 할 내용은 무엇인가.
   (설명 :)

A-2

도면작성하기. 2D 사용 도면작성

학습모듈 개요

CAD도면을 작성하고 완성하는 기본지식을 학습하는 과정이다. 여기에는 투상법, 치수 기입법, 치수공차, 기하공차, 표면 거칠기, 재료의 선정과 열처리 등을 사용하여 도면과 3D모델링과 디자인을 KS에 규정된 도면작도법으로 표시하는 법을 알아야 한다.

학습목표

일반목표 Auto cad를 이용하여 물체의 형상을 보고 투상도를 작도할 수 있고, 이에 기계제도 설계에 대한 내용을 KS규정을 적용할 수 있으며, 기계장치의 기능과 용도에 맞는 재료를 선정할 수 있는 능력을 갖는다.

세부목표
- Auto cad를 이용 도면을 그리는 방법과 순서를 이해할 수 있다.
- 물체의 형상을 투상법으로 표현할 수 있다.
- 치수공차 및 기하공차를 적용하여 치수를 기입할 수 있다.
- 기능과 작동에 맞도록 재료를 선정할 수 있다.
- KS규정에 의하여 기계요소를 작도할 수 있다.

주요용어

- Auto cad, 투상법, 치수 공차, 기하 공차, 조립 치수
- 수정(Edit), 치수기입(Dimension), 레이아웃(Layout)과 출력
- 자격시험 템플렛, 기계요소그리기, CAD도면에서 도면해독순서와 작도하는 방법
- 2D/3D 모델링과 디자인을 이용한 부품개발 및 도면완성

기본학습 01

AutoCAD의 시작과 종료

01 AutoCAD 실행

바탕화면에 있는 Auto CAD 실행 아이콘을 더블 클릭한다.

한글판 AutoCAD 2015 실행 아이콘

실행하면 다음과 같은 창이 열리게 된다.

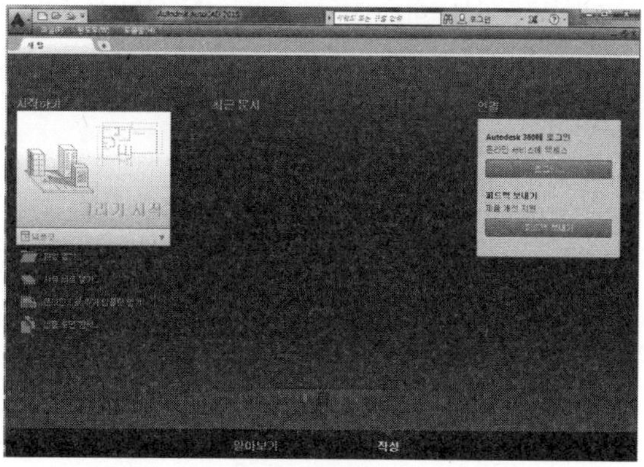

이 창은 AutoCAD 2015를 실행할 때 항상 열리는 창이다. 사용자의 선호에 따라 다음과 같은 순서로 메뉴를 바꿀 수 있으나 기본 시스템으로 사용하는 것이 가장 좋다.

① 화면 하단의 명령입력 라인에 Options을 입력한다.
또는, 마우스의 오른쪽 버튼을 눌러 메뉴창이 열리면 제일 하측에 있는 옵션을 선택하거나, 화면 상단의 풀다운 메뉴 중에서 **도구-옵션**을 선택해도 된다.
② 창이 열리면 **시스템**을 선택한다.
③ 일반적인 옵션 창에서 선호하는 옵션을 선택한다.
④ **적용**을 클릭한다.
⑤ **확인**하고 나오면 다음 작업부터는 사용자가 선호하는 창의 형태로 창이 열린다.

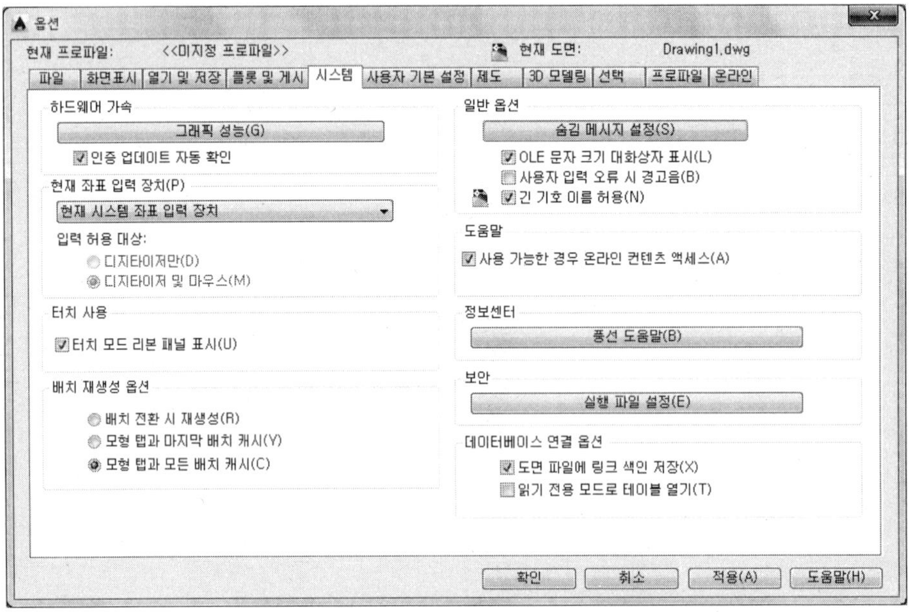

사용자가 선호하는 창의 형태로 설정하는 옵션

02 새 도면(New)

명령을 입력하면 다음과 같은 박스가 열리고 3가지 방법으로 작업을 시작할 수 있다.

① 처음부터 시작

이 작업은 AutoCAD에서 기본적으로 제공되는 상태로 시작된다.

미터법에서 제공되는 화면 영역은 A3(420㎜×297㎜) 크기로 세팅되어 있다.

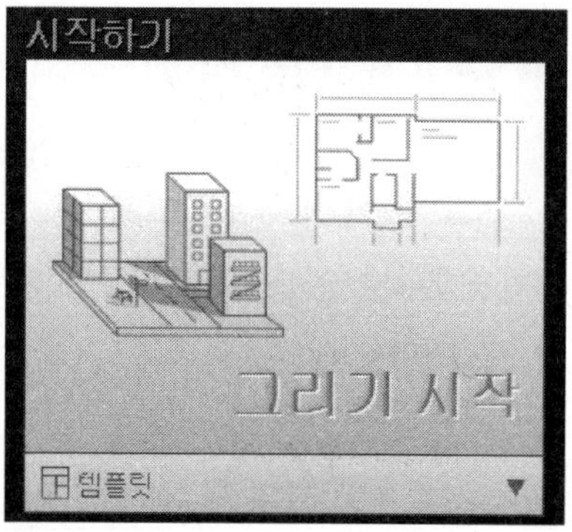

② 템플릿 사용

필요한 템플릿 파일을 지정하면 그 파일을 기반으로 도면을 시작한다.

도면의 기본 포맷이나 선의 종류, 레이어, 화면영역 등 반복되는 작업을 템플릿 파일로 만들어 놓고 사용하면 작업효율을 극대화 할 수 있다.

템플릿 파일의 확장자는 .dwt로 만들어진다.

③ 최근 문서 사용

도면의 작업환경을 최근 문서로 선택하는 창이다.

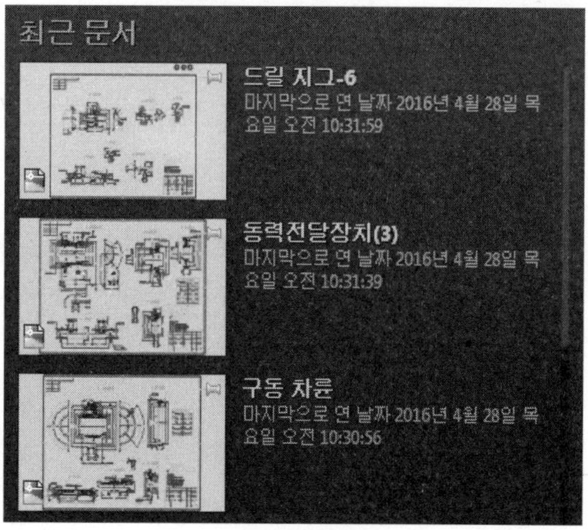

위의 세 가지 시작방법 중에 가장 많이 사용하는 방법은 ② **템플릿 사용**이다. 작업이 좀 익숙해지면 템플릿 파일을 만들어서 작업하기로 하고 지금은 ① **처음부터 시작**으로 작업하기로 하자.

03 AutoCAD 화면의 기본 구성

AutoCAD가 실행되면 다음과 같은 윈도우가 시작된다. AutoCAD를 처음 접할 때 조금은 복잡하게 보이지만 차근차근 따져 보면서 이해한다면 그렇게 어렵지 않게 인터페이스를 이해할 수 있다.

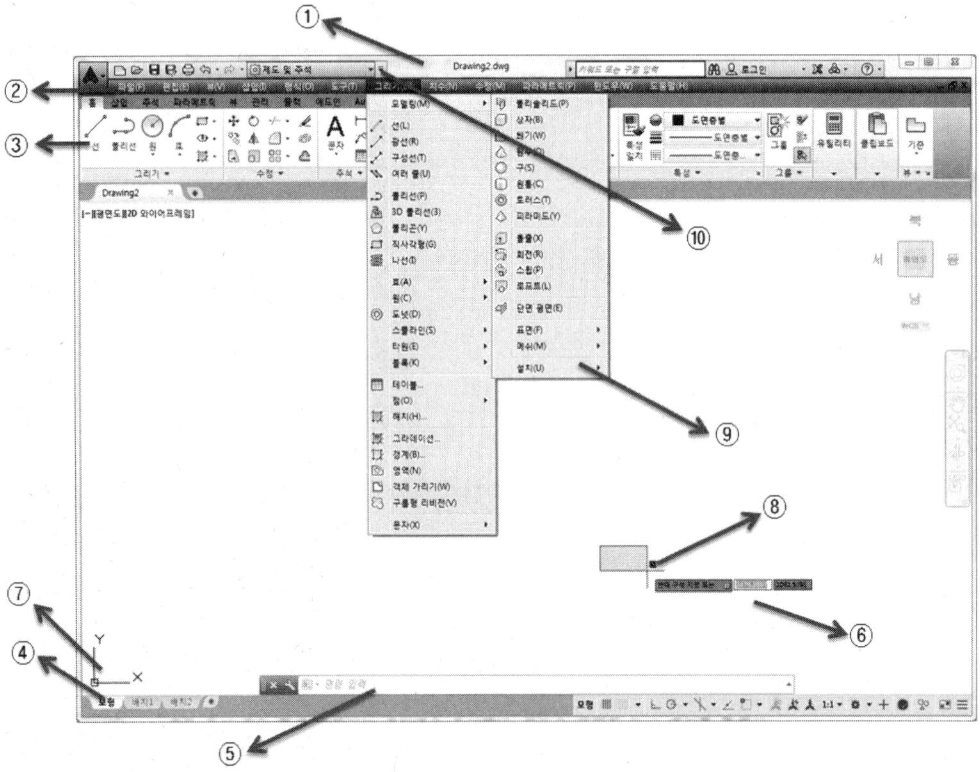

① 제목 표시 줄/Tile bar

제목 표시 줄은 현재 열려있는 파일명을 표시한다. 윈도우 설정의 도구 메뉴를 통해서 파일의 전체 경로를 표시해 줄 수도 있다.

② 메뉴 바/Menu Bar

메뉴를 눌러서 내리는 형식으로 Auto CAD 2012 대부분의 명령이 각 메인 메뉴 항목 아래에 단축메뉴(Sub Menu)가 포함되어 있다.

③ 툴바(도구막대)/Tool Bar

Auto CAD 명령을 아이콘의 형식을 빌려 종류별로 막대에 구성해 놓은 것이다.

④ 도면 영역 창/Drawing Window

도면 영역 창은 도면을 작성하는 영역이다. Auto CAD에서의 도면 영역은 무한대이다. 여러 개의 도면 영역 창을 한꺼번에 열어놓을 수 있다.

⑤ 명령입력창/Command

명령어를 입력해서 프로그램과 대화하는 창이다. 도형을 잘 그리려면 명령 입력창을 잘 살펴야 한다.

⑥ 상태 표시 줄/Status Bar

현재 작업의 환경상태를 보여준다. 커서의 좌표 위치와 오른쪽 탭의 환경 적용여부를 알려준다.

⑦ 좌표계 아이콘/UCS Icon

도면 영역창의 좌측 하단에 보이는 X, Y 화살표 모양의 심벌은 현재 보이는 화면이 어느 평면인지, 원점과 위치는 어떠한지 알려준다.

⑧ 크로스 헤어/Cross hair

현재커서의 위치를 나타낸다. 또한 크로스헤어는 그 모양으로 현재 작업 상태를 나타내기도 한다.

⑨ 풀다운 메뉴 및 서브 메뉴/Pull down menu & Sub-menu

AutoCAD에서는 주로 명령입력창에 명령을 입력하여 도면 작업을 수행하지만 단축키를 만들지 않았거나, 명령어가 긴 경우 풀다운 메뉴와 풀다운 메뉴에 연결되어 있는 서브 메뉴를 사용하여 손쉽게 명령어를 입력할 수 있다.

⑩ 신속접근 도구막대 사용자화

툴바의 사용을 최소화하고, 화면공간을 최대화할 수 있도록 역 삼각형의 아이콘 메뉴를 클릭하여 사용자에게 맞도록 선택할 수 있다.

04 메뉴 바

AutoCAD를 사용하는데 툴바에 비해서 사용빈도는 약간 떨어진다. 그러나 처음 CAD를 배우는 자는 대부분의 명령어가 포함되어 있기 때문에 체계적으로 분류되어 있는 메뉴 바와 친숙해질 필요가 있다.

메뉴 바의 각 항목을 선택하려면 마우스로 클릭해도 되고, 밑줄 친 문자를 Alt와 함께 눌러도 된다. Alt+F와 같은 경우이다. 항목을 누르면 메뉴가 나타나고 각기 단축명령들이 보인다. 이 단축 명령어들은 일부 알파벳에 밑줄이 쳐진 것들이 있는데, 해당키를 누르면 명령이 실행된다. 또한 이 세부 명령어들의 오른편에는 단축키가 표시되어 있으며, 오른 화살표(▶)가 표시되어 있는 것들은 또 다시 세부 명령이 숨어 있다는 표시이다.

그리고 명령어 뒤에 말줄임표 표시(...)가 붙어 있는 것들은 실행시키면 세부 항목을 조절할 수 있는 대화상자가 표시된다. 흐린 색으로 표시되어 있는 세부 명령은 현재 상태에서는 실행시킬 수 없는 항목을 나타낸다.

화살표(▶)를 눌려 서브메뉴 명령들을 볼 수 있다. ⇧

우측 메뉴 중 흐린 색으로 표시된 명령어는 비활성 메뉴를 나타낸다. ⇨

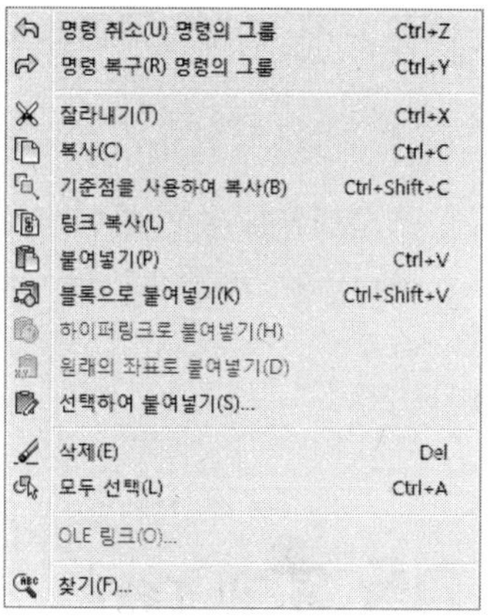

또한 툴바 아이콘의 오른쪽 아래에 작은 삼각형이 표시된 것은 플라이 아웃(Fly out)메뉴가 숨어 있다는 것을 의미한다. 삼각형을 길게 누르고 있으면 서브아이콘이 표시된다.

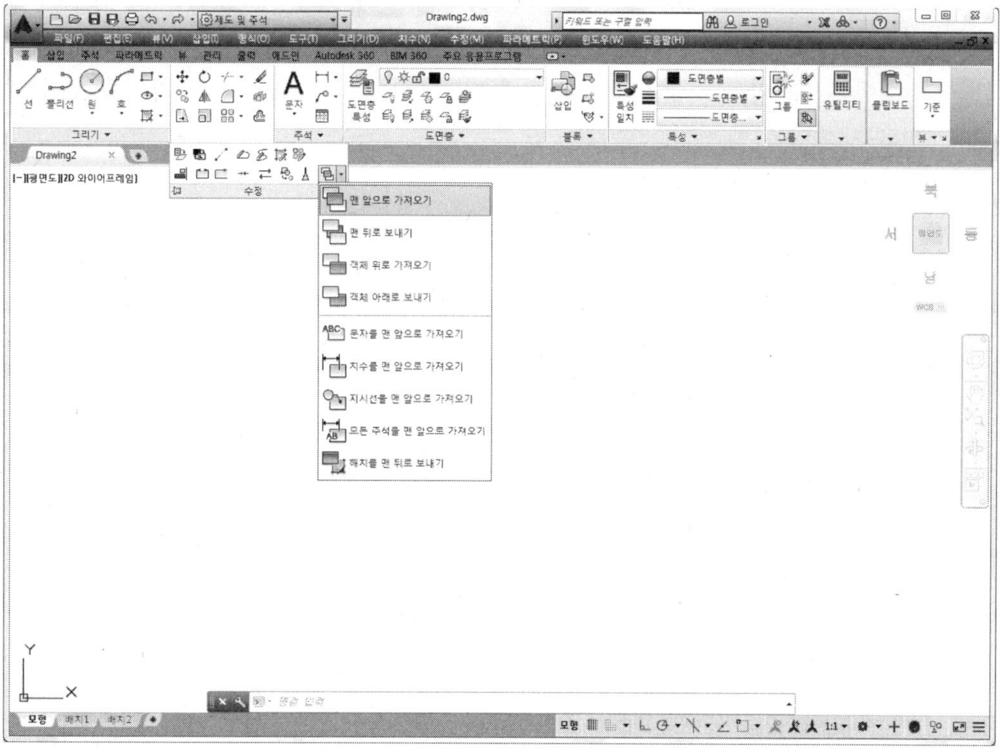

명령의 입력방법은

① 명령 입력 행에 직접 사용하고자 하는 명령어나 그 명령어의 단축키를 입력한다.

예) 선을 그리고자 할 때 ⇒ 명령 : Line / 단축키 : L

② 그리기도구에서 아이콘을 직접 클릭하여 명령을 입력한다.

예) 선을 그리고자 할 때 ⇒ 아이콘 : 

③ 팝업메뉴를 이용하여 명령을 입력한다.

예) 선을 그리고자 할 때 ⇒ 그리기(D) - 선(L)

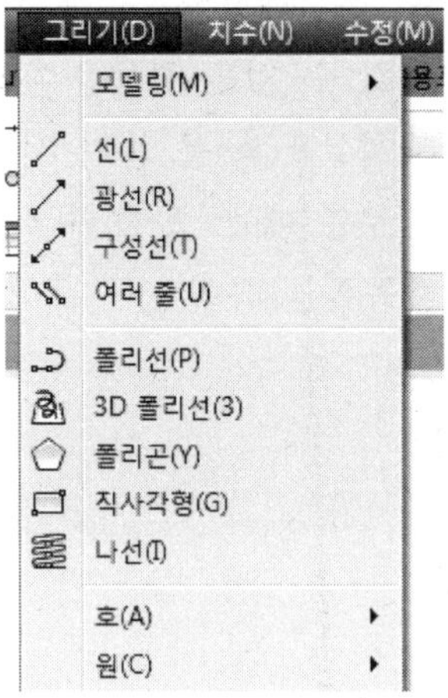

05 열기(Open)

아이콘:  / 메뉴: 파일(F) – 열기(O) / 명령: Open

이 명령은 기존에 작업해 놓았던 파일을 여는데 사용한다. Auto CAD에서 작업되는 대부분의 파일은 확장자가. dwg로 존재한다.

명령을 실행시키면 다음과 같은 창이 열리게 되고 확장자가. dwg인 모든 파일을 보여준다. 여기서 원하는 파일을 선택하면 도면을 열 수 있다.

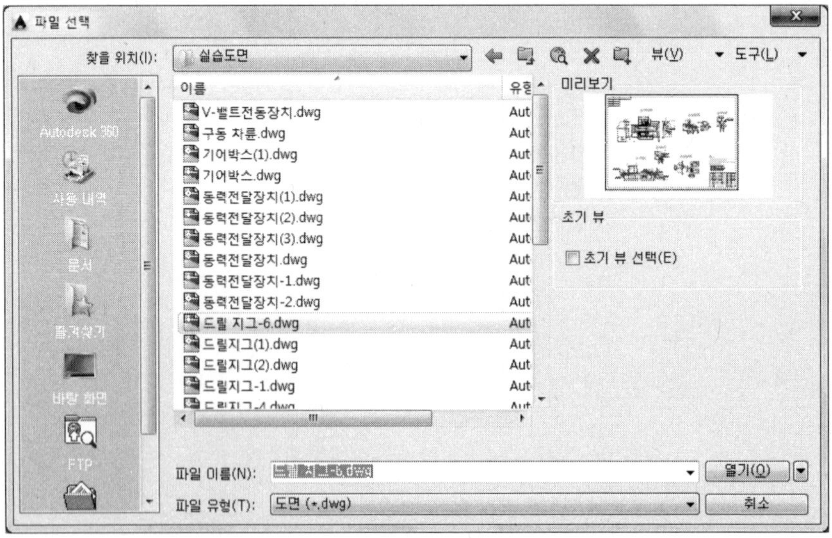

06 저장(Save, Save AS, Qsave)

아이콘:  / 명령: Qsave

이 명령은 작업이 완료된 도면파일을 현재의 컴퓨터에 저장한다.

Qsave 명령으로 저장하면 아래의 화면은 최초 1회에만 열리고 그 다음부터는 곧바로 저장된다. 하지만 명령입력 행에 Save를 직접 입력하거나, 팝업메뉴에서 **다른 이름으로 저장(A)**을 하게 되면 아래의 화면은 반드시 열리며 파일 이름을 묻는다. 또한 팝업메뉴에서의 **저장(S)** 명령은 Qsave 명령을 자동 수행한다.

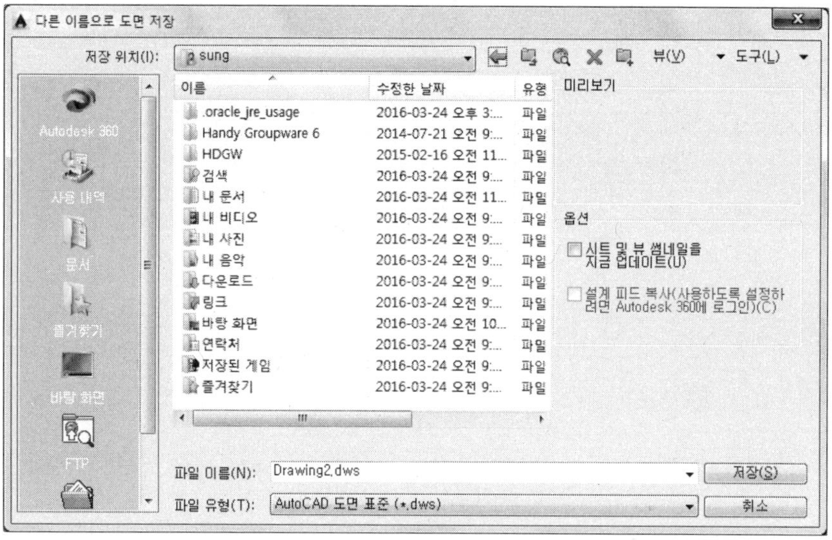

07 종료(Quit, Exit)

이 명령은 모든 작업을 마친 후 Auto CAD 실행을 종료한다.

Save 이후에 또 다른 작업이 추가 되었는데 종료 명령을 입력하면 다음과 같은 창이 열리며 Save 여부를 다시 묻게 된다.

만약 읽기 전용으로 불러들인 도면을 편집하거나 추가 작업했을 때 저장이 필요할 경우에는 다른 이름으로 저장(A)을 선택하여 작업을 종료한다.

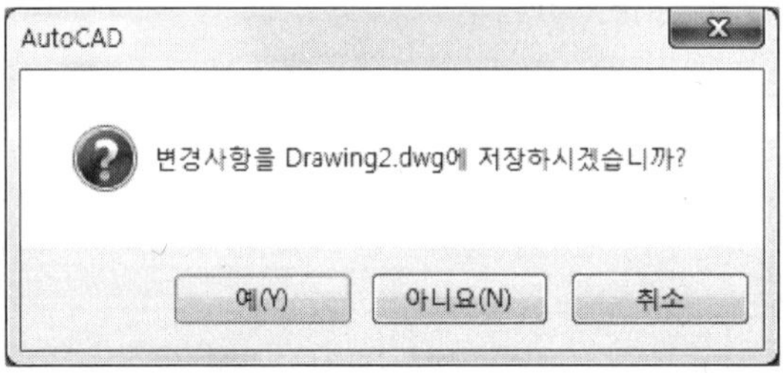

기본학습

02 좌표계와 기본 기능의 이해

01 AutoCAD 기본 좌표계

AutoCAD는 절대좌표, 상대좌표, 극좌표의 3가지의 좌표계를 주로 사용한다. 임의의 명령에 의해 좌표를 지정하라는 명령이 나타나면 다음과 같은 3가지 방법으로 명령 행에 좌표를 입력할 수 있다.

① 절대좌표

절대좌표계에는 X, Y 및 Z의 세 개의 축이 있다. 좌표 값을 입력하는 경우 좌표계의 절대원점(0, 0, 0)에 대하여 X, Y 및 Z축의 거리에 대한 값을 + 또는 -값으로 입력한다.

Auto CAD에서 제공되는 절대원점(0, 0, 0)의 위치는 화면상의 좌측 하단에 있는 사용자 좌표계 표시 위치이다.

옆의 좌표계는 절대원점(0, 0)으로부터 (-4, 1.5)점과 (4, 3)점의 좌표 입력 값을 나타낸 것이다.

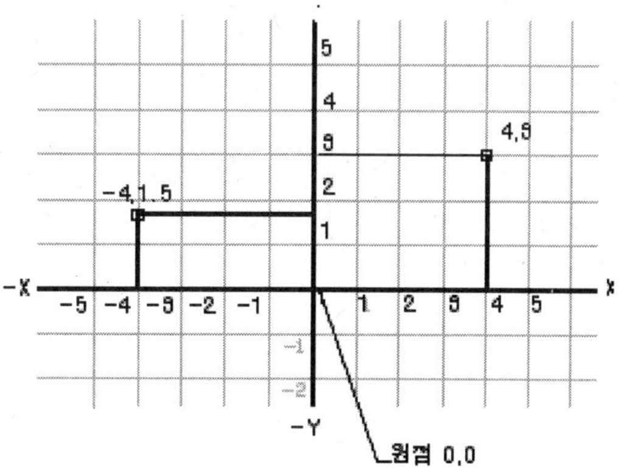

예를 들어, 선을 긋는 명령으로 시작점(3, 4), 다음 점(-2, 1)을 입력하면 절대원점으로부터 다음과 같은 위치에 선이 그어진다.

명 령 : Line
시작점 : 3, 4
다음점 : –2, 1

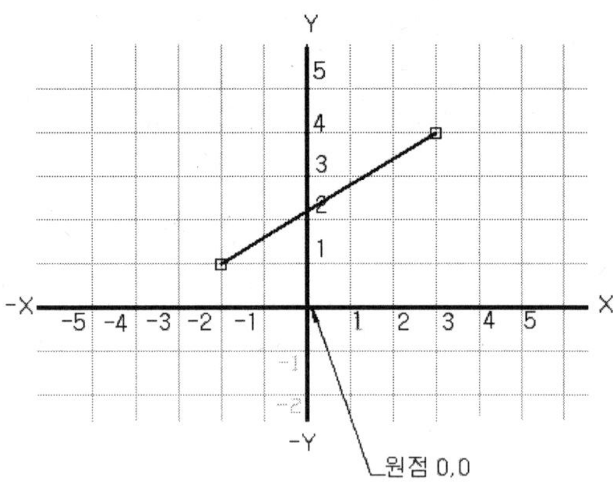

② 상대좌표

상대좌표는 절대원점과는 상관없이 마지막으로 입력된 점을 기준점으로 하여 다음점이 증분치만큼 입력되는 좌표를 말한다.

위의 절대좌표의 마지막 점(-2, 1)을 기준으로 상대좌표 값(@5, 0)을 입력하면 다음과 같이 선이 그어진다.

(엔터)
다음점 : @5, 0

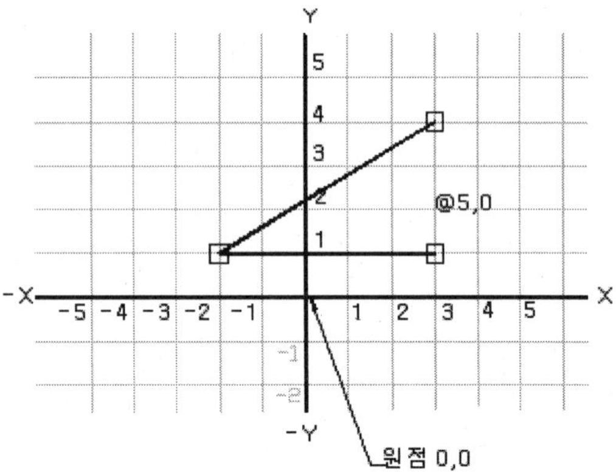

③ 극좌표

극좌표는 절대극좌표와 상대극좌표가 있으며 거리와 각도를 사용하여 점을 지정한다. 극좌표에서 각도는 3시 방향을"0"도로 하여 반시계방향이 +, 시계방향이 -로 표현된다.

그림에서 보는 바와 같이 3시 방향 0도를 기준으로 270도와 -90도는 같은 방향이다.

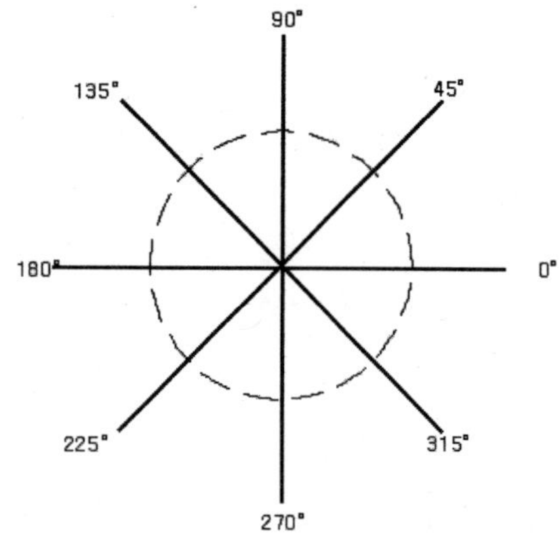

극좌표의 입력 방법을 살펴보자. 임의원점(0, 0)을 기준으로 120도 방향으로 거리 4㎜인 점, 다시 30도 방향으로 거리 5㎜인 점의 입력 예시이다.

• **입력방법**

@거리<각도

명령 : Line
시작점 : 0, 0
다음점 : @ 4<120
다음점 : @ 5<-30

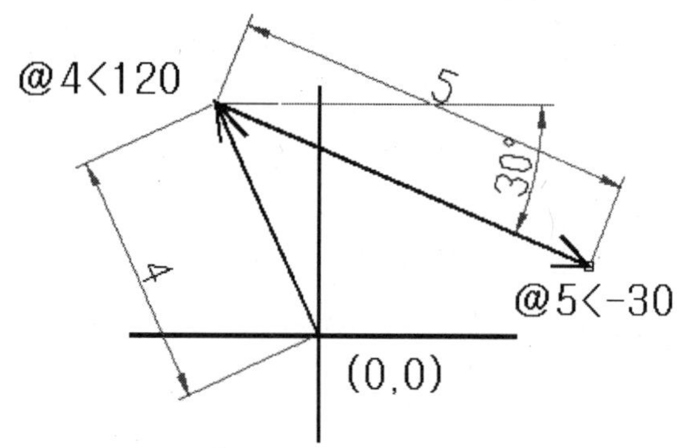

계속해서 상대극좌표 방법으로 입력해 보도록 하자.

위의 마지막 점(5<30)을 기준으로 45도 방향으로 3㎜, 285도 방향으로 5㎜를 상대극좌표 방법으로 입력한 예시이다.

(엔터)
다음점 : @3<45
다음점 : @5<285

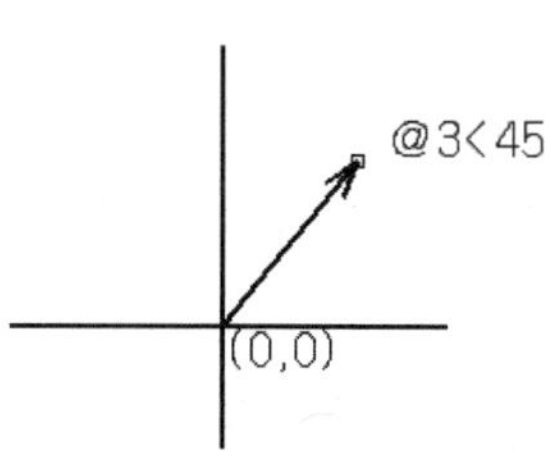

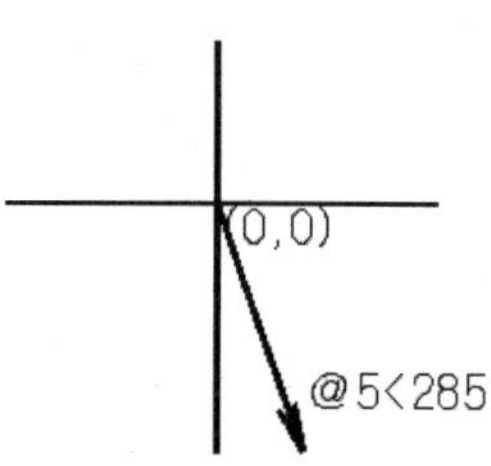

02 선(Line)

아이콘:  / 메뉴: 그리기(D)–선(L) / 명령: Line

Auto CAD에서 가장 기본적인 명령으로 가장 많이 쓰이는 명령이다. 시작점, 끝점 위치를 좌표로 입력하는 법과 임의의 점을 찾아가는 방법이 있다.

- **정의** 시작점과 끝점이 있는 가장 가까운 거리에 있는 점들의 집합

  명령 : line (단축키 : L)

  첫 번째 점 지정 : 100,70

  다음 점 지정 또는[명령취소(U)] : 190,180

  다음 점 지정 또는[명령취소(U)] : Enter

▷ 세부설명

- 첫 번째 점 : 좌표 값 또는 커서로 첫 번째 점의 위치를 지정한다.
- 다음점 : 동일한 방법으로 두 번째 점의 위치를 지정한다.
- 다음점 : 더 이상 선을 긋지 않으려면 엔터를 치고 이전에 입력했던 좌표 값을 취소하려면 U(명령취소)를 입력하여 그 부분만 취소된다.

  ☞ 선분작업 중 수직, 수평선만을 필요시 아래 직교 탭 버튼이나 F8(Ortho)버튼을 한번 누르면 실행(ON)되고 다시 누르면 취소(OFF) 된다.

〈절대좌표 개념의 이해〉

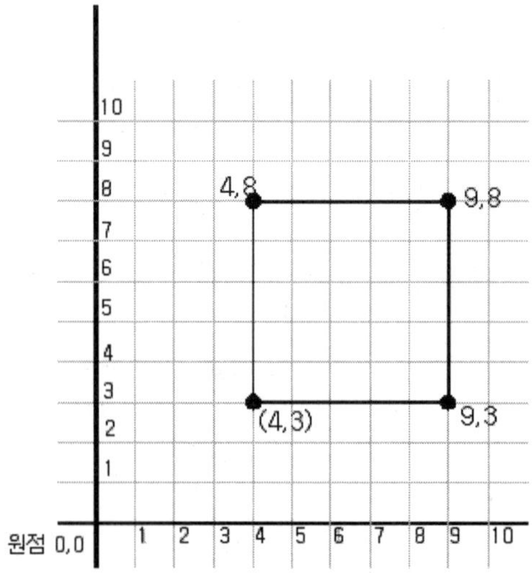

절대좌표는 원점(0, 0)을 기준으로 다음 좌표 값이 계속 누적되어 계산되어지므로 처음의 좌표 값을 알아야만 다음 좌표 값을 찾아낼 수 있다.

• 따라하기

Command : L ↲ (enter)
From point : P1
To point : @150,0 ↲
To point : @0,100 ↲
To point : @50,0 ↲
To point : @80<150 ↲
To point : ↲

Command : L ↲
From point : P1 ↲
To point : @-50,0 ↲
To point : @80<30 ↲
To point : P2
To point : ↲

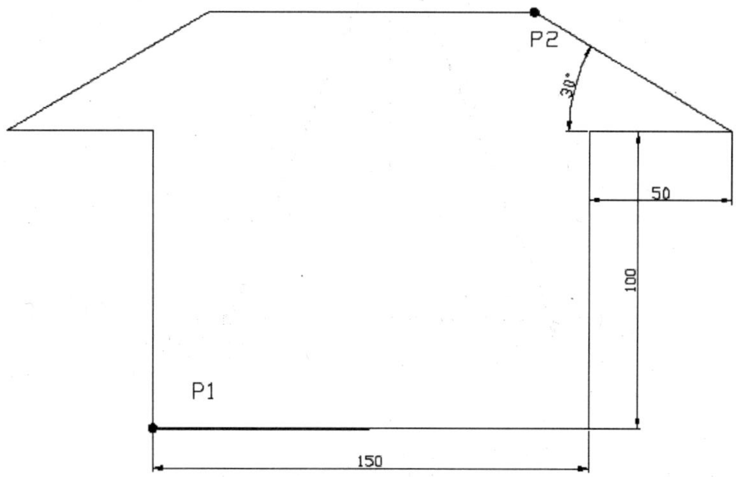

▌ 선 그리기와 상대 좌표

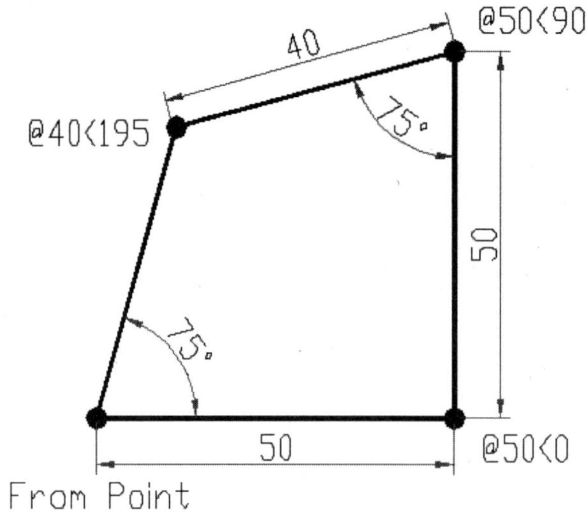

@50<90
40
@40<195
75°
50
75°
50
@50<0
From Point

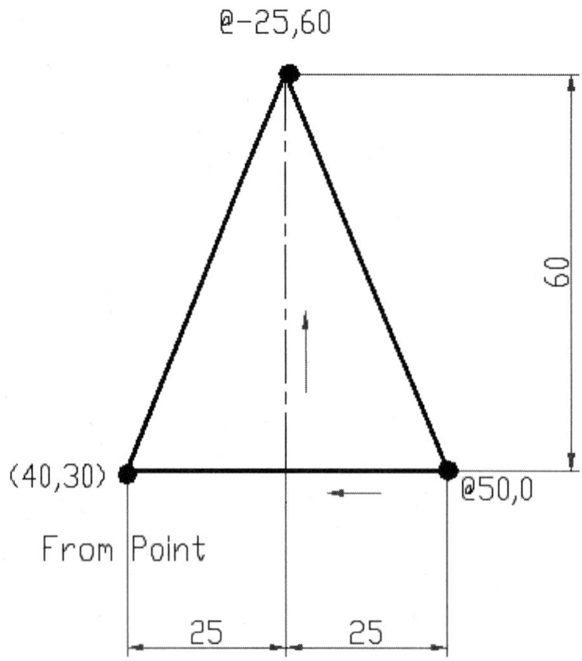

@-25,60
60
(40,30)
@50,0
From Point
25
25

▌상대좌표와 선, 사각형 그리기(rec)

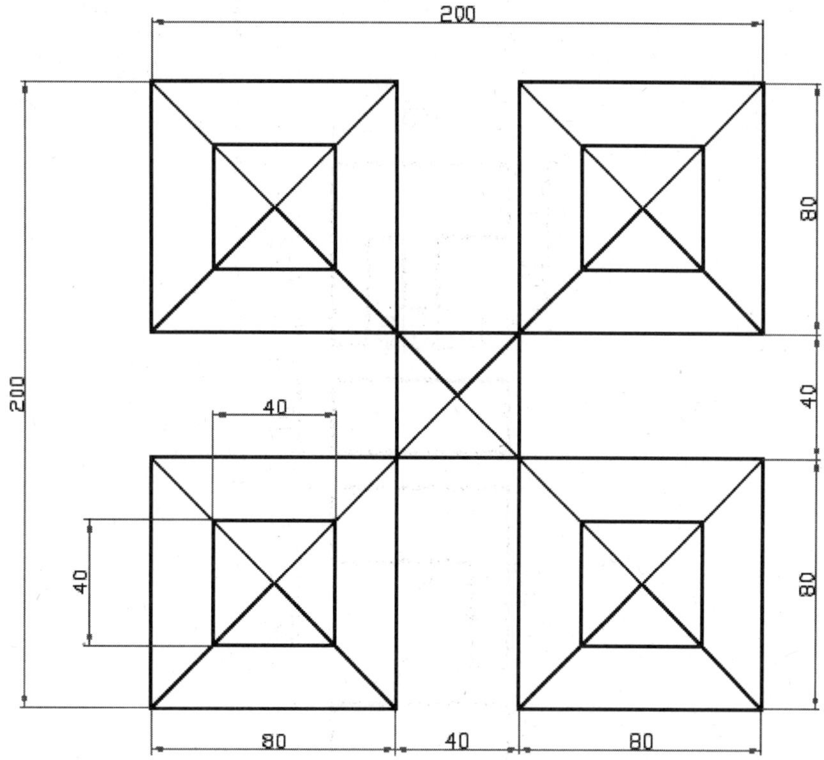

참고 : LIMITS 명령 (0,0) ~(420,297) A3 도면영역 설정

▌ 절대좌표, 상대좌표

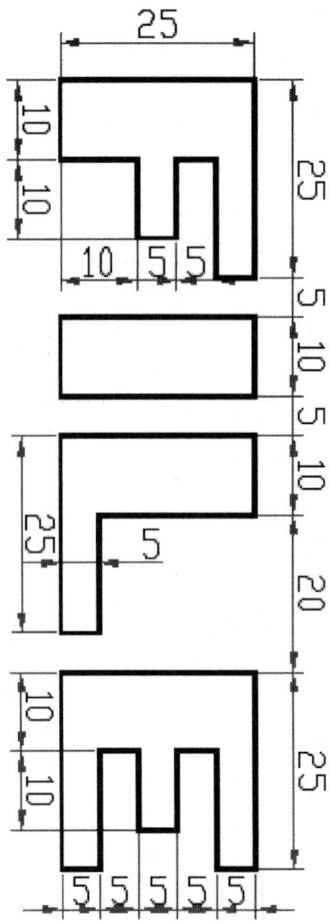

절대좌표, 상대좌표, 극좌표

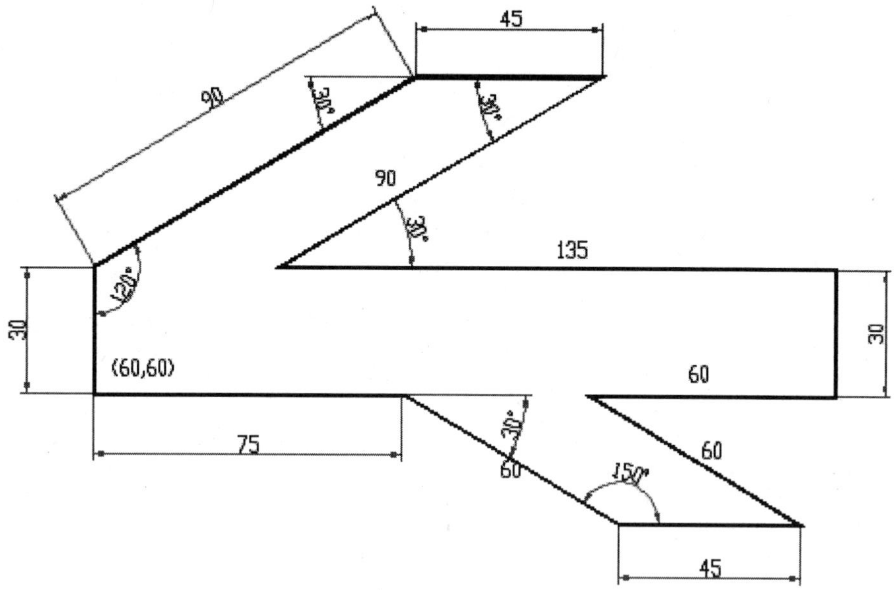

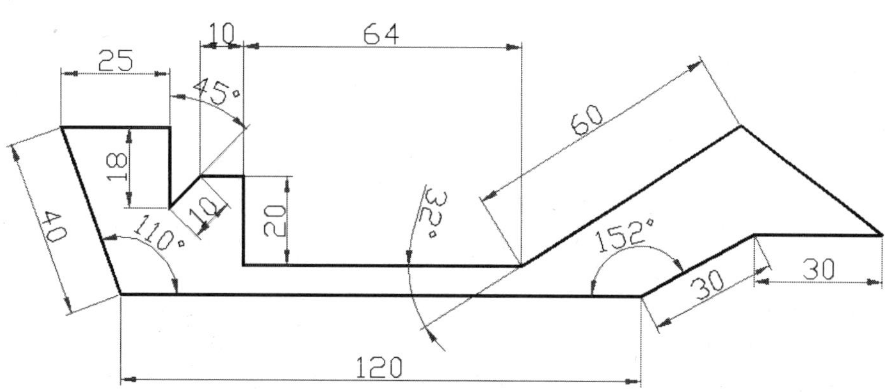

▌절대좌표, 상대좌표, 극좌표(from기능)

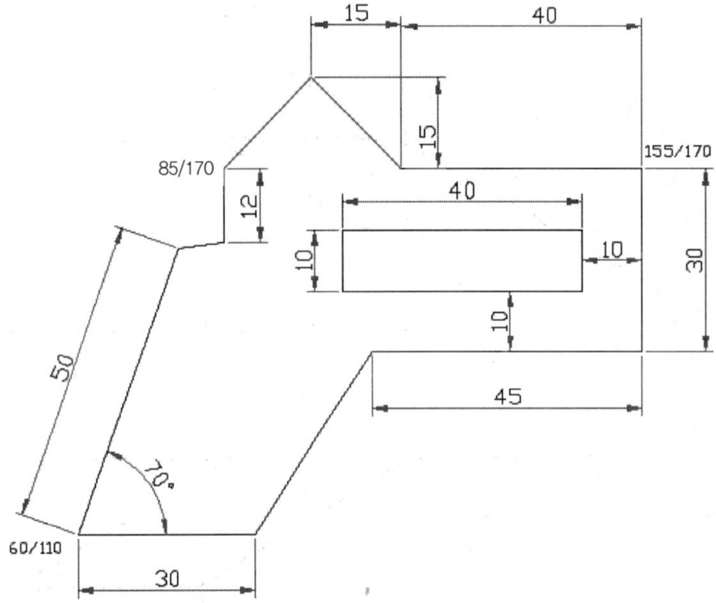

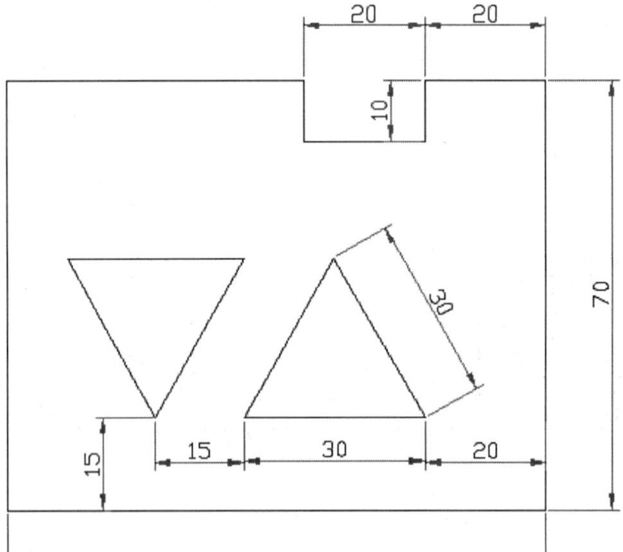

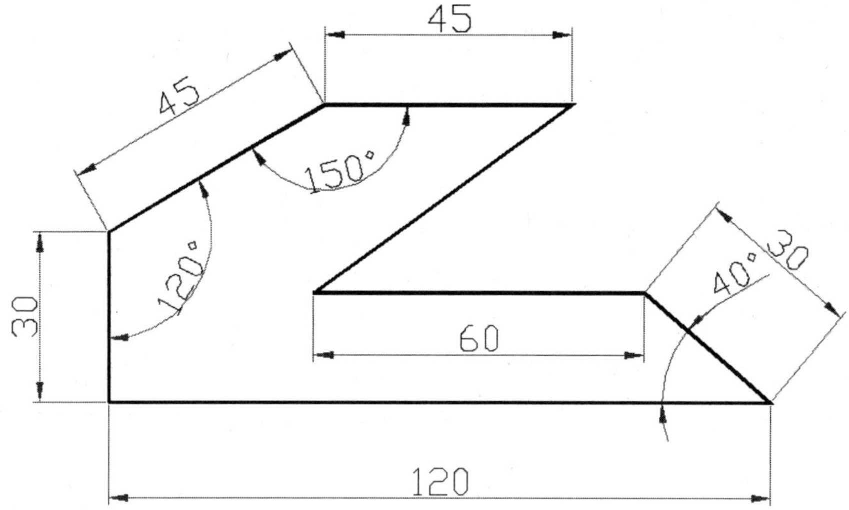
45
45
150°
120°
30
60
40°
30
120

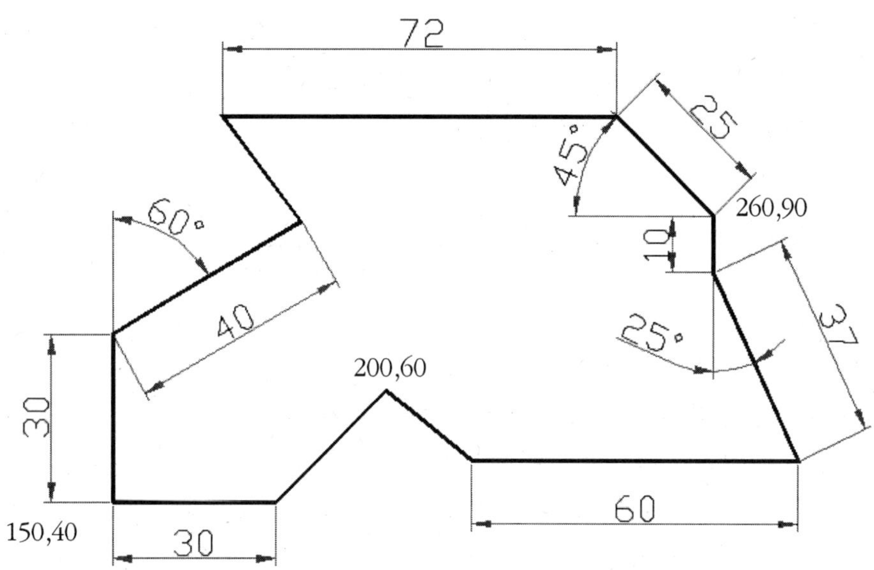
72
25
45°
260,90
60°
10
40
25°
37
200,60
30
150,40
30
60

03 상태메뉴의 정의

AutoCAD 화면의 기본 구성에서 하단의 상태 메뉴에 대하여 그 기능과 설정 방법을 알아보기로 하자. 이 기능들은 앞으로 작업하는데 있어서 반드시 알아야 할 중요한 기능이므로 정확히 익히도록 하자.

① 스냅(Snap) [기능키: F9 / 명령: Snap]

스냅은 커서를 일정한 간격으로 이동하도록 강제 구속시키는 기능이다. 일정한 간격의 그림을 그릴 때 매우 유용한 기능으로 ON/OFF는 기능키 F9 또는 화면 하측의 상태메뉴에 있는 스냅버튼을 클릭하면 되고, 세부적인 설정은 명령 행에서 Snap을 입력하면 된다. 명령 행에서 Snap을 입력했을 때는 다음과 같은 내용을 설정할 수 있다.

▷ 명령 : snap

스냅 간격두기 지정 또는 [켜기(ON)/끄기(OFF)/종횡비(A)/회전(R)/유형(S)/형태(T)]〈10,0〉:

▷ 세부 설명

- 스냅 간격두기 지정〈10,0〉 : Snap 간격을 원하는 대로 지정한다. 기본 값은 10㎜이다.
- 종횡비(A) : 가로와 세로의 스냅 간격을 다르게 설정한다.
- 회전(R) : 스냅을 일정 각도로 회전시킨다.
- 유형(S) : 표준(S)과 등각투영(I)으로 설정한다.
- 형태(T) : 원형(P)과 등각(G)으로 설정한다.

☞ 주의 : 스냅기능은 ON/OFF 하더라도 아무런 표시가 나타나지 않는다.

② 모눈(Grid) [기능키: F7 / 명령: Grid]

모눈은 화면에 일정한 간격의 모눈상태를 보여주는 기능이다.

이 기능은 도면을 그리는 데 참조만 될 뿐이지 커서의 움직임이나 도면의 출력에는 아무런 영향을 미치지 않는다. ON/OFF는 기능키 F7 또는 화면 하측의 상태메뉴에 있는 모눈버튼을 클릭하면 되고, 세부적인 설정은 명령 행에서 Grid를 입력하면 된다. 명령 행에서 Grid를 입력했을 때는 다음과 같은 내용을 설정할 수 있고, 스냅과 같이 동시에 사용하게 되면 아주 유용하게 사용할 수 있다.

▷ 명령 : grid

모눈 간격두기(X) 지정 또는 [켜기(ON)/끄기(OFF)/스냅(S)/종횡비(A)] 〈10.00〉:

▷ 세부 설명

- 모눈 간격두기 지정〈10.0〉 : Grid 간격을 원하는 대로 지정한다. 기본 값은 10㎜이다.
- 스냅(S) : 스냅간격과 동일하게 격자점을 화면상에 나타내 준다.
- 종횡비(A) : 가로와 세로의 모눈 간격을 다르게 설정한다.

③ 직교(Ortho) [기능키: F8 / 명령: Ortho]

직교는 커서의 이동 방향을 수직, 수평으로 제한하는 기능이다.

수직, 수평선을 그리거나, 수직, 수평방향으로 이동, 복사 등의 작업에 매우 유용한 기능으로 ON/OFF는 기능키 F8 또는 화면 하측의 상태메뉴에 있는 직교버튼을 클릭하여 ON/OFF할 수 있다.

④ 극좌표(Polar) [기능키: 없음 / 상태메뉴: 극좌표버튼 / 명령: 없음]

극좌표는 커서의 이동 방향을 수직, 수평 또는 설정된 임의의 각도로 제한하는 기능이다. 수직, 수평선을 그리거나, 수직, 수평방향으로 이동, 복사 등의 작업에 매우 유용한 기능으로 화면 하측의 상태메뉴에 있는 극좌표 버튼을 클릭하여 ON/OFF할 수 있다.

⑤ 객체스냅(Osnap) [기능키: F3 / 명령: Osnap]

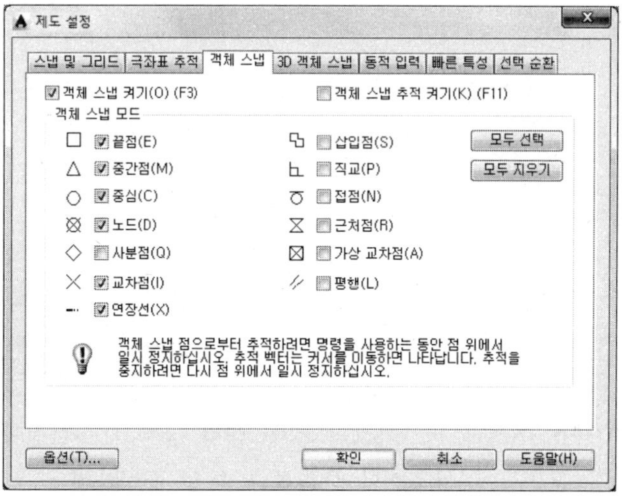

Osnap은 커서가 정확한 점을 찾아가도록 도와주는 기능이다.

정확한 그림을 그릴 때 매우 유용한 기능으로 ON/OFF는 기능키 F3 또는 화면 하측의 상태메뉴에 있는 Osnap버튼을 클릭하면 되고, 세부적인 설정은 명령 행에서 Osnap을 입력하면 된다. 명령 행에서 Osnap을 입력하거나, 상태메뉴 버튼 위에 마우스를 올려놓고 마우스 오른쪽 버튼을 클릭하면 다음과 같은 창이 뜨게 되고, 각각의 체크 박스에 원하는 객체 스냅을 지정하면 된다.

이렇게 지정된 상태에서 그림을 그리게 되면 커서가 원하는 점의 근처에 가서 각각의 객체 스냅에 대한 심벌을 화면에 나타내어 주고 이때 커서를 클릭하게 되면 명령은 정확한 점을 찾아가는데 성공한다.

현재의 설정상태는 끝점(E), 중심점(C), 교차점(I), 연장선(X)이 정의된 상태이다.

이렇게 설정되어 있으면 위의 네 가지 점은 정확하게 찾아간다. 원하는 곳에 체크하고 확인을 클릭하면 설정이 완료된다.

⑥ 그 밖의 상태메뉴 및 기능키

- 도면좌표 : 화면좌표하단의 좌표(Coordinate) ON/OFF
- F11 : 객체스냅 추적하기의 ON/OFF
- F5 : 등각평면 표시기의 평면, 좌측, 우측면
- F1 : 도움말 창 띄우기
- F2 : 문자 윈도우 창 띄우기

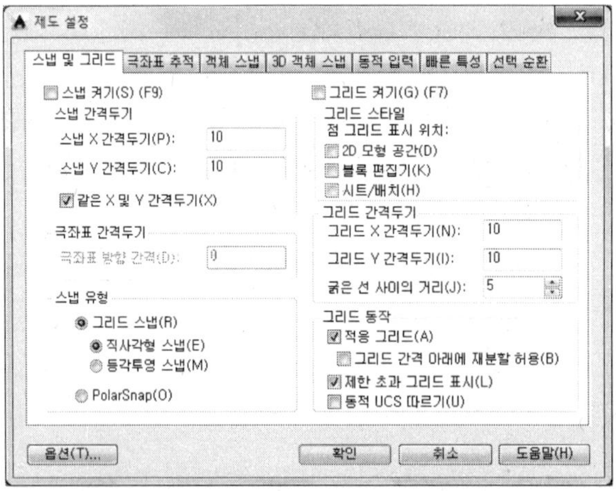

스냅 및 모눈, 극좌표 추적하기는 아래와 같이 대화 창에서도 설정할 수 있다. 이 창은 상태메뉴에 마우스를 올려놓고 마우스의 오른쪽 버튼을 클릭하면 띄울 수 있다.

아래의 상태는 스냅과 모눈이 동시에 켜진 상태이며, 스냅의 간격은 X, Y 모두 10㎜로 설정된 상태이다.

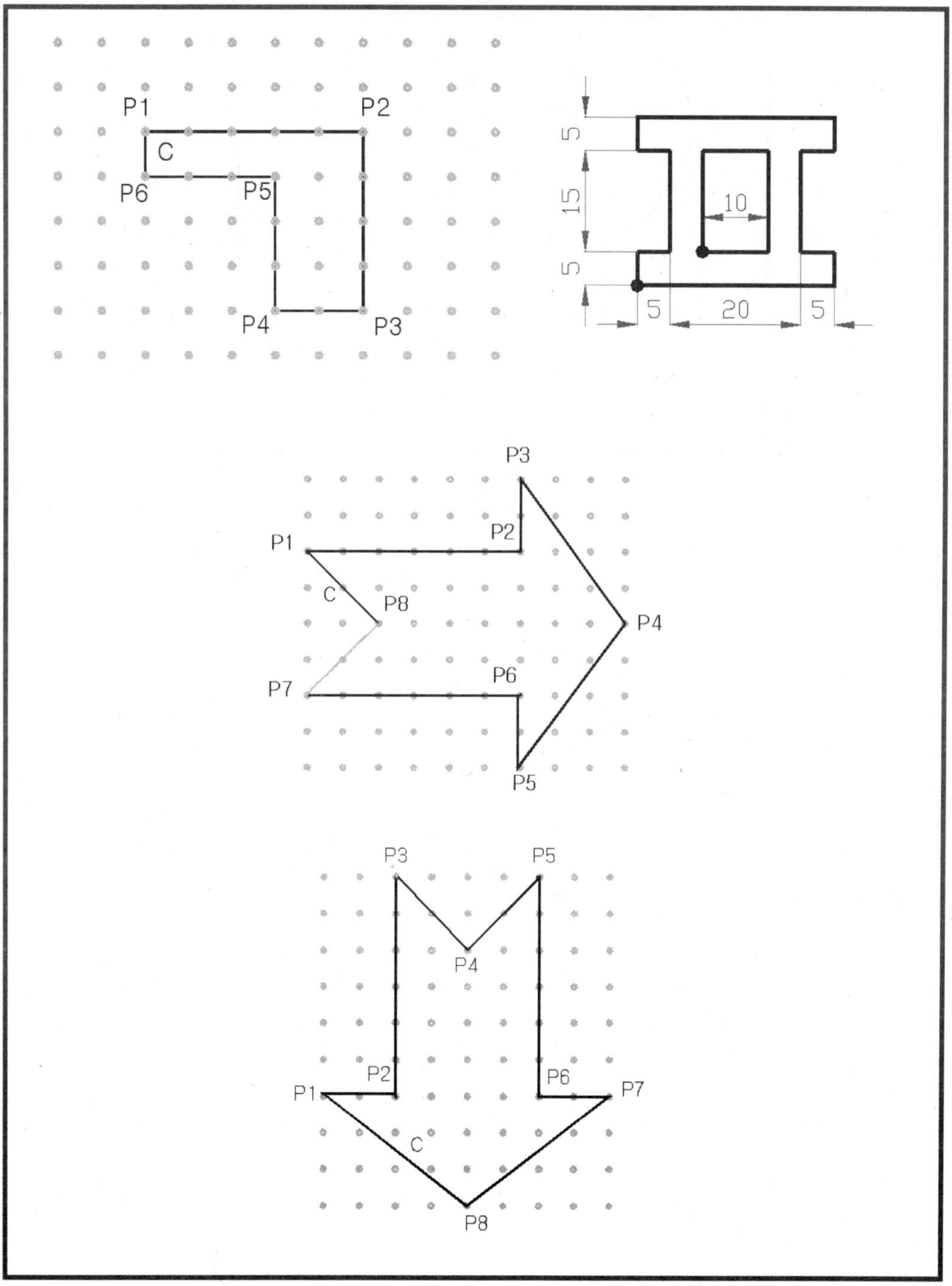

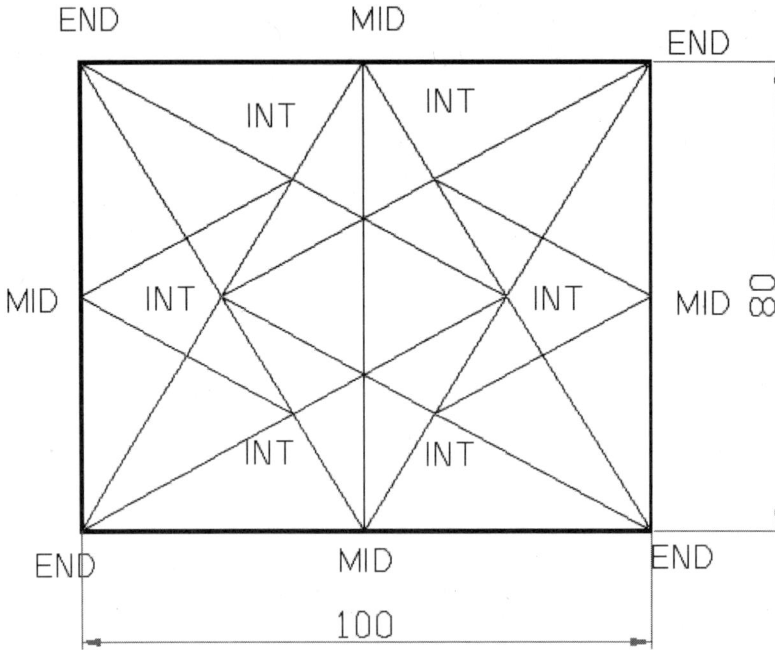
END
MID
END
INT
INT
MID
INT
INT
MID
80
INT
INT
END
MID
END
100

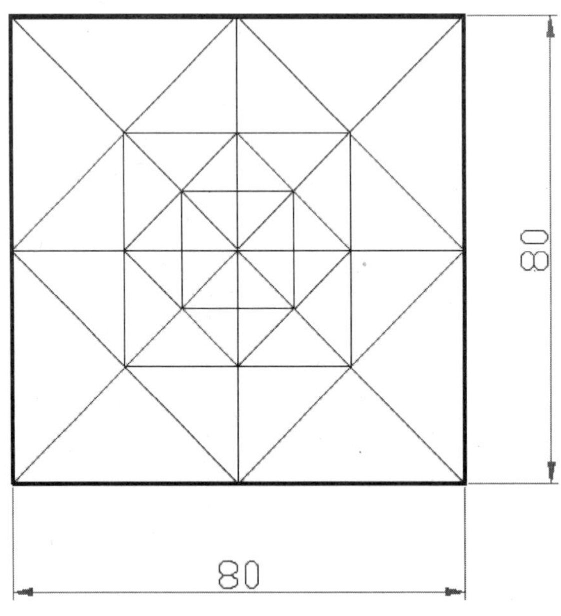
80
80

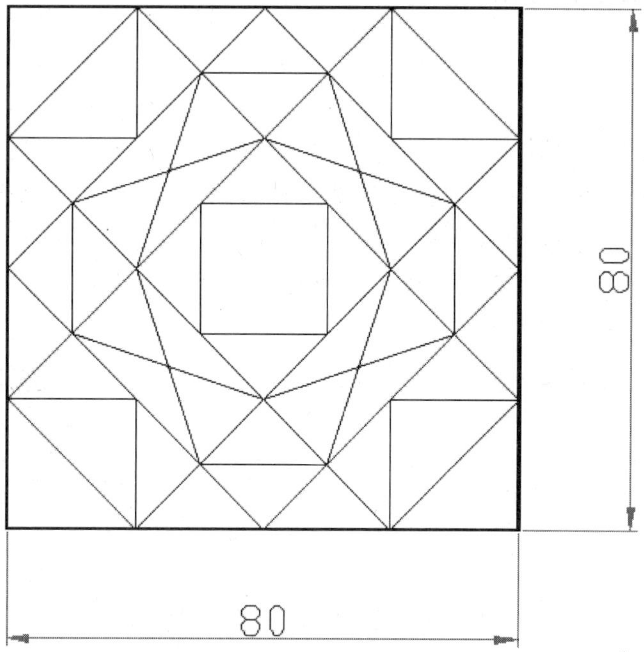
80
80

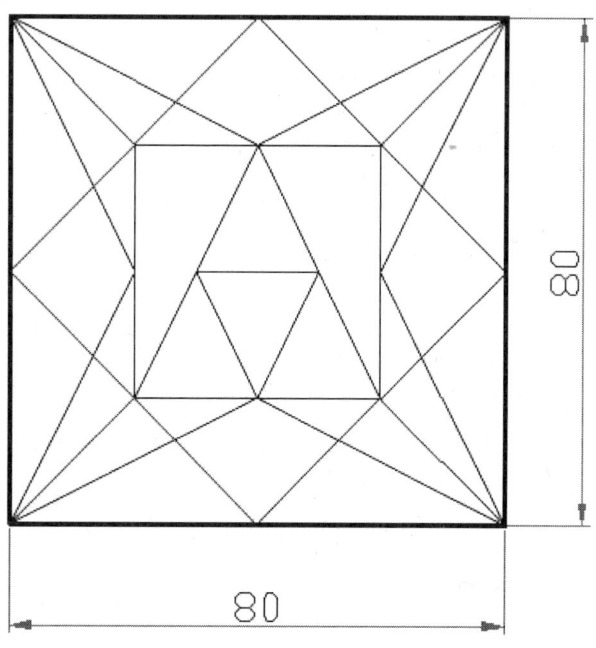
80
80

04 도면의 한계 설정(Limits)

Auto CAD는 거의 무한대의 영역에서 도면 작업을 할 수 있도록 되어있다. 이러한 무한대의 영역을 작업자의 필요에 따라 한계를 설정해 놓으면 작업을 용이하고 편리하게 사용할 수 있다. Auto CAD를 처음 설치했을 때 기본 설정은 A3(420×297)로 되어있고 더 큰 작업 공간이 필요할 경우에는 다음과 같은 방법으로 한계를 변경할 수 있다.

아이콘: 없음 / 메뉴: 형식(O) – 도면한계(A) / 명령: Limits

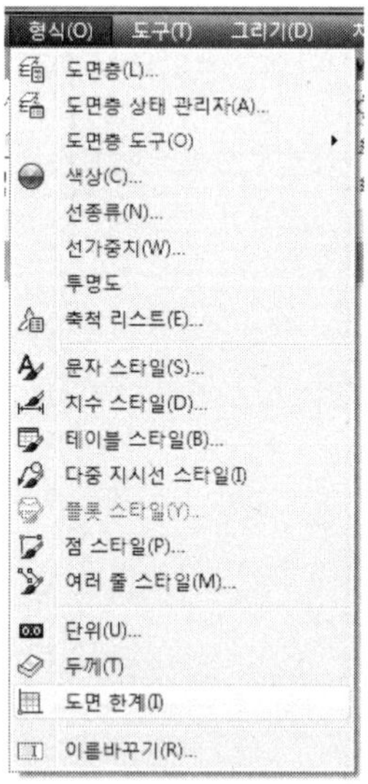

메뉴에서 찾아 갈 때는 오른쪽 그림과 같이 형식(O)-도면한계(A)를 클릭하면 되고, 명령 행에서는 Limits를 입력하면 된다.

도면의 영역은 아래에 나타난 것처럼 화면상에서 좌측하단(왼쪽 아래구석)과 우측상단(오른쪽 위 구석)의 두 점으로 지정한다.

▷ 명령 : limits

도형 공간 한계 재설정 :
왼쪽 아래 구석 지정 또는 [켜기(ON)/끄기(OFF)] 〈0.0000, 0.0000〉 :
오른쪽 위 구석 지정 〈420.0000, 297.0000〉

▷ 세부 설명

- 켜기(ON) : 지정된 영역 밖에서는 그림을 그리지 못하도록 통제한다.
- 끄기(OFF) : 지정된 영역 밖에서도 그림을 그릴 수 있도록 한다.
- 왼쪽 아래 구석지정 : 설정할 영역의 좌측하단 점을 입력한다. 기본 값은 0,0이다.
- 오른쪽 위 구석 지정 : 설정할 영역의 우측상단 점을 입력한다.
  기본 값은 420, 297(A3)이다.

KS 제도총칙에 규정되어 있는 도면의 크기

구분	가로(mm)	세로(mm)
A0	1,189	841
A1	841	594
A2	594	420
A3	420	297
A4	297	210

05 화면의 확대 및 축소(Pan/Real/Zoom)

AutoCAD는 제한된 작은 화면에서 작업을 하기 때문에 복잡하거나 실제크기가 큰 도면은 한 번에 볼 수가 없다. 그래서 카메라 줌렌즈처럼 화면을 크게 보거나, 작게 볼 필요가 있다. 이 명령을 수행하려면 화면의 객체가 작아지거나 커지지만 객체의 실제 크기는 변함이 없다. 다음의 여러 가지 명령을 통하여 화면의 크기를 마음대로 조절해 보자.

① 실시간 초점이동(Pan) [아이콘: / 메뉴: 뷰–줌–초점이동(P) / 명령: Pan]

실시간 초점 이동은 화면을 확대하거나 축소하지 않고 마우스만을 가지고 화면을 이동 시키는 명령이다.

② 실시간 줌(Real) [아이콘: / 메뉴: 뷰–줌–실시간(R) / 명령: Zoom–엔터]

실시간 줌 아이콘을 실행시키면 화면상에서 아이콘을 움직임으로서 화면의 크기를 확대하거나 축소할 수 있다. 마우스를 아래로 끌면 화면이 축소되고, 마우스를 위로 끌면 확대된다.

③ 줌(Zoom) [아이콘: 아래 아이콘 선택 / 메뉴: 뷰–줌–(선택) / 명령: Zoom]

줌은 다양한 선택 명령을 가지고 있다. 화면상에 아이콘은 제일 마지막에 사용한 것이 항상 보인다. 다른 아이콘을 선택하려면 그 아이콘을 길게 누르고 있으면 된다. 그리고 마우스를 끌어 원하는 명령을 선택한다.

마우스를 임의 아이콘 위에 올려놓고 마우스의 오른쪽 버튼을 누르면 아이콘 메뉴 선택창이 보여 진다.

여기서 줌을 체크하면 아래와 같은 아이콘 창이 뜨고 이것을 화면상에 적당히 배치하면 계속 보이는 아이콘을 사용할 수 있다.

명령 행에서 Zoom을 입력해도 다양한 선택메뉴를 사용할 수 있다.

각각의 기능은 다음과 같다. 매우 많은 명령이므로 도면을 그리면서 빠른 시간 안에 기능을 숙달하는 것이 좋다.

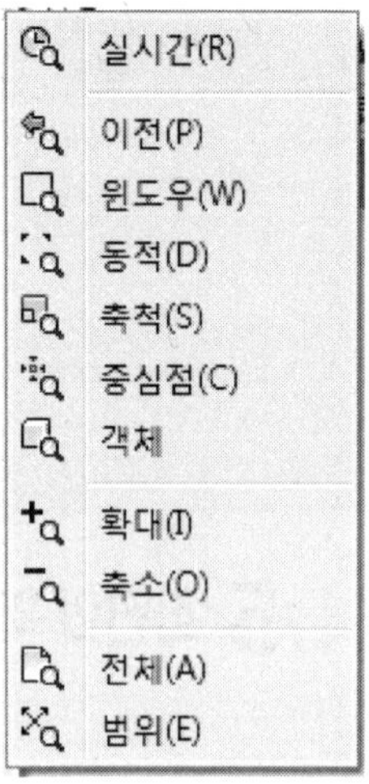

▷ 명령 : zoom (단축키 : Z)

윈도우 구석을 1지정, 축척 비율(nX 또는 nXP)을 입력,
또는 [전체(A)/중심(C)/동적(D)/범위(E)/이전(P)축척(S)/윈도우(W)]〈실시간〉 :

▷ 세부설명

- 전체(A) : 도면의 모든 요소를 다 보여준다.
- 중심(C) : 지정한 중심점을 기준으로 입력된 반경 안 부분을 확대한다.
- 동적(D) : 보기 창을 이용하여 동적으로 탐색하여 본다.
- 범위(E) : 도면의 한계와 관계없이 도면에 그려진 객체를 모두 보여준다.
- 축척(S) : 전체 화면을 기준으로 입력 배율만큼 축소 또는 확대한다.
- 윈도우(W) : 두 점으로 지정된 사각박스 안을 화면에 표시한다.

▷ 마우스 기능설명

- 왼쪽(1) : 도면의 객체나 요소를 클릭한다.(선택)
- 오른쪽(2) : 선택한 객체나 요소를 실행한다.(엔터)
- 가운데(3) : 객체나 요소를 이동하거나 확대 축소한다.(휠)

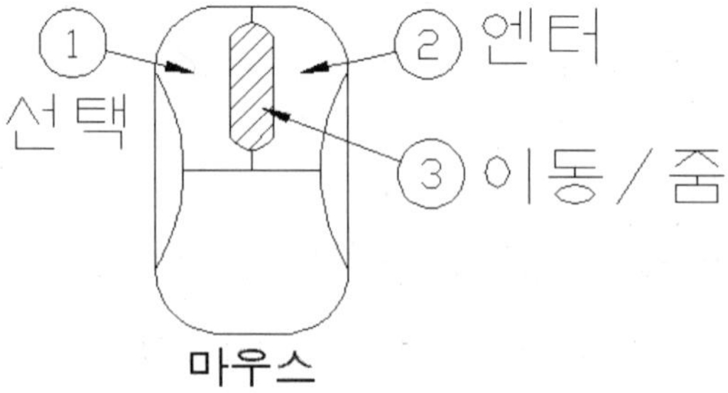

▌ Limits는 〈0, 0〉 ~ 〈420, 297〉로 설정하시오.
Zoom 명령은 All(전체 : A) 지정 또는 Extents(범위 : E)

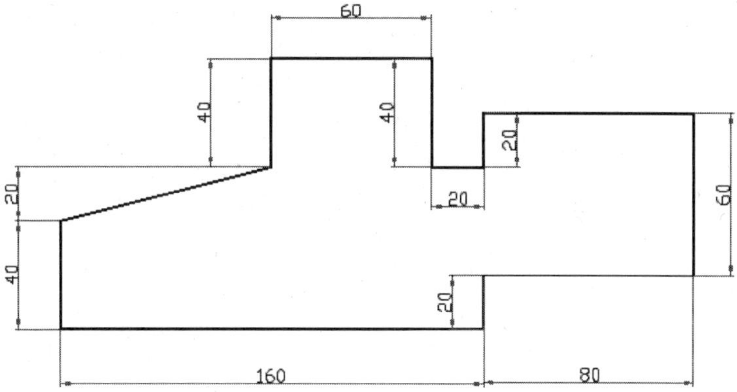

☛ 따라하기

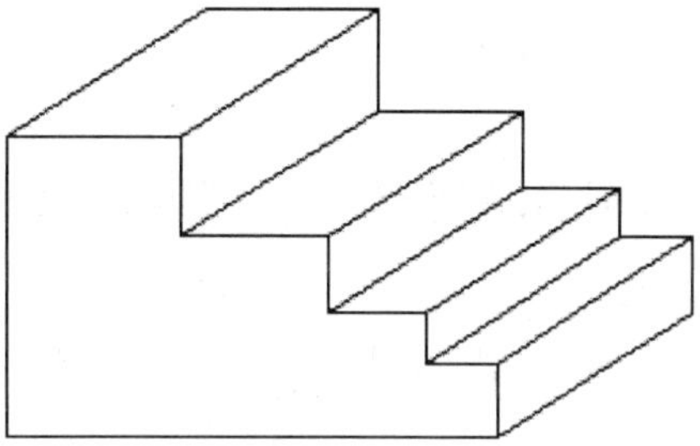

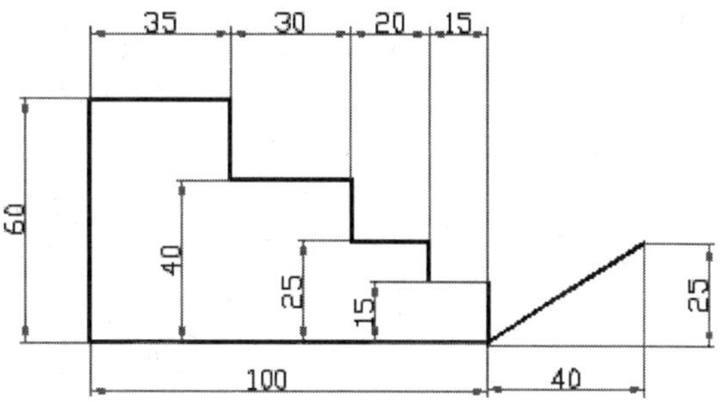

Command : L ↲ (enter)
F8을 눌러 수직수평이동으로 한
From point : P1(왼쪽아래)설정
To point : 100↲
To point : @40,25(대각선)↲
P1(왼쪽아래)에서 연결
To point : 60 ↲ (수직위로)
To point : 35 ↲ (수평으로)
To point : 20 ↲ (수직아래)
To point : 30 ↲ (수평으로)
To point : 15 ↲ (수직아래)
To point : 20 ↲ (수평으로)
To point : 10 ↲ (수직아래)
To point : 15 ↲ (수평으로)
To point : 아래로 연결하고 앞면을 카피한다.
To point : CO ↲ 앞면을(선) 전부선택해서 대각선 끝에 붙인다.
Command : L ↲
To point : 각모서리끼리 연결하고 간섭되는 선을 지운다.

상대 극좌표로 입체도를 그리시오.

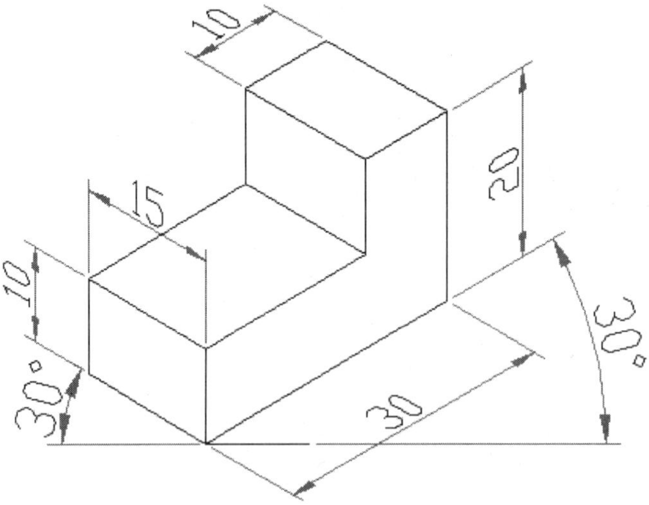

입체도를 보고 정면도와 평면도를 그리시오.

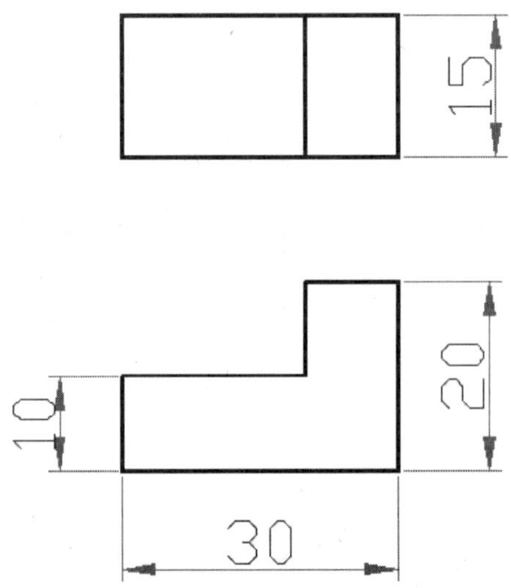

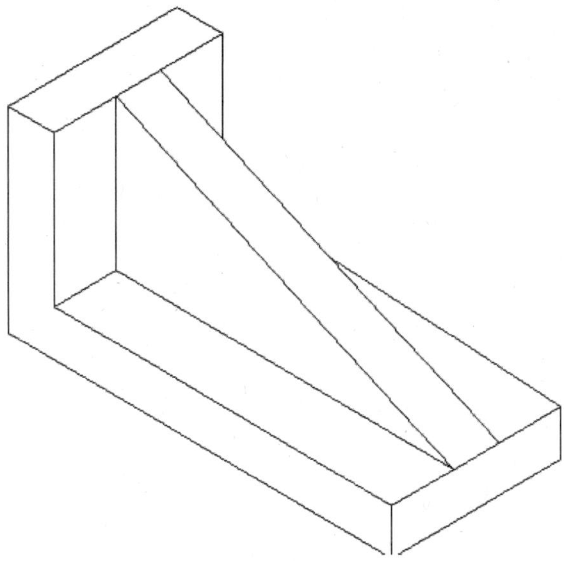

정면도, 평면도 이해를 위한 입체도

평면도

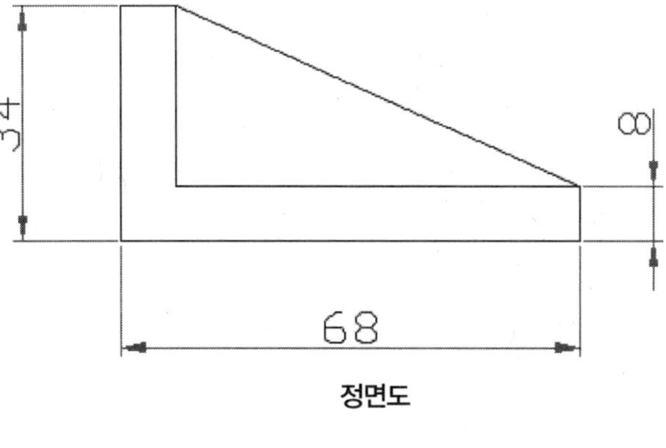

정면도

▌입체도를 보고 정면도, 측면도, 평면도를 완성하시오
(상대좌표와 극좌표 사용)

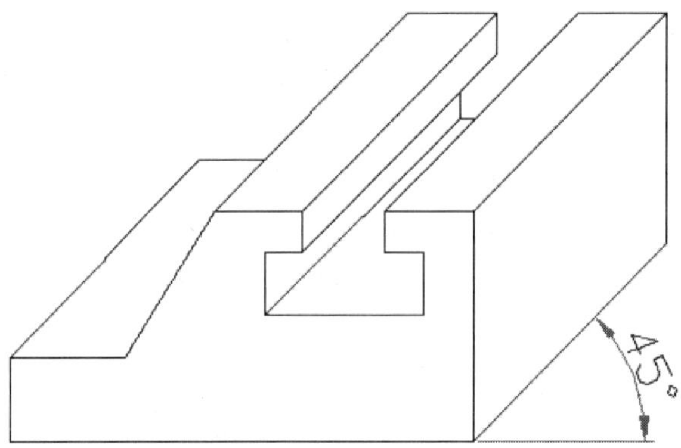

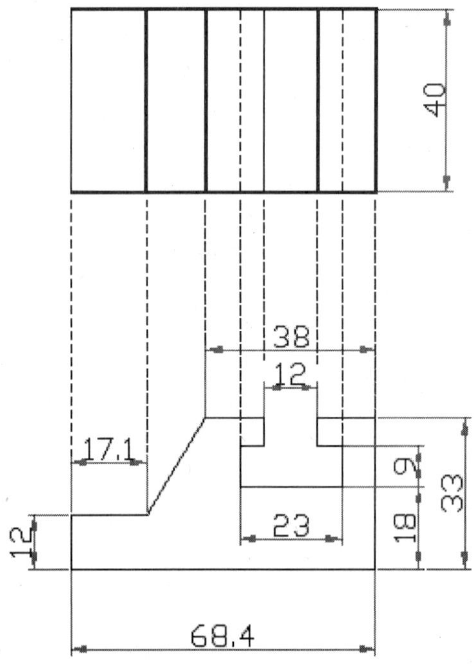

기본학습 03

그리기(Draw)

이제부터 실제로 도면을 그리는 명령에 대해서 알아보기로 한다. 이 단원을 공부하기 전에 반드시 제2장까지의 여러 가지의 기본 조작기능을 숙달하도록 하고 연습과제를 그리면서 모르는 부분이 나오면 다시 앞부분으로 되돌아가서 그 기능을 확실하게 익히도록 하자.

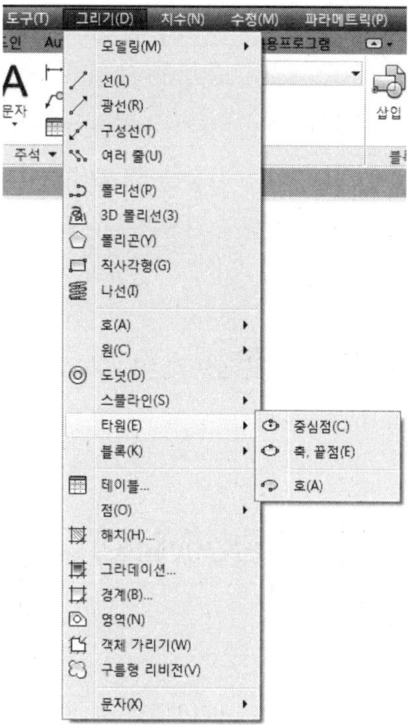

화면의 그림은 메뉴와 아이콘에서의 그리기 메뉴들이다.

메뉴에서 우측에 화살표가 있는 것은 또 다른 2차 메뉴가 있음을 의미하고, 해칭(H)…. 등과 같이 점이 있는 것은 다른 대화창이 올라와서 작업할 수 있도록 하는 명령들이다.

작업에서 많이 쓰이는 명령들만 살펴보기로 하자.

01 구성선(Xline)

아이콘: ⤢ / 메뉴: 그리기–구성선(T) / 명령: Xline

구성선 그리기 명령은 수직, 수평 또는 경사방향의 무한대의 선을 그리는데 사용한다. 주로 단일 투상이 아닌 정면도를 기준으로 측면도, 평면도 등을 작업할 때 보조 및 작도용으로 쓰이는 명령이다.

▷ 명령 : xline (단축키 : XL)

점을 지정 또는 [수평(H)/수직(V)/각도(A)/이등분(B)/간격띄우기(O)] :

▷ 세부설명

- 점을 지정 : 임의의 점과 방향의 두 번째 점을 양쪽으로 무한대 선을 그린다.
- 수평(H) : 지정한 점 또는 좌표를 통과하는 무한 수평선을 그린다.
- 수직(V) : 지정한 점 또는 좌표를 통과하는 무한 수직선을 그린다.
- 각도(A) : 지정한 점 또는 좌표를 통과하여 입력된 각도로 무한 선을 그린다.
- 이등분(B) : 지정한 점 또는 좌표를 통과하며 지정된 각도의 이등분선을 그린다.
- 간격띄우기(O) : 임의의 객체와 일정거리 떨어진 평행한 무한 선을 그린다.

▷ 광선 (xline와 같으나 한쪽방향으로 무한대인 선) 명령 : ray

02 다중선(Mline) 그리기

메뉴: 그리기(D)–다중선(M) / 명령: Mline

다중선 그리기 명령은 아래의 그림과 같이 일정한 간격의 두 선 또는 그 이상의 선을 그리는 명령이다. 기계설계에서는 많이 쓰이지 않지만 건축설계, 도로설계에서는 자주 쓰이는 명령이다.

다음의 그림과 같이 그려진 다중선은 여러 개의 객체로 구성되어 있지만 실제로는 하나로 묶여있다. 선택하면 전체가 선택되므로 개별선택을 할 때는 분해하여야 한다.

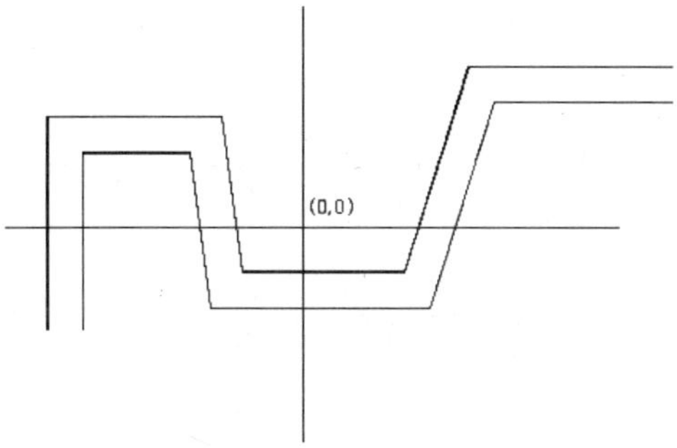

▷ 명령 : mline (단축키 : ML)

현재 설정 값 : 자리 맞추기 = 맨 위, 축척 = 5.00, 유형 = STANDARD
시작점 지정 또는 [자리 맞추기(J)/축척(S)/유형(ST)] :

▷ 세부설명

- 자리 맞추기(J) : 그리기 기준을 맨 위(T), 중간(Z), 맨 아래(B)로 지정한다.
- 축척(S) : 두 선 사이의 간격(거리)를 지정한다.
- 유형(ST) : 선의 유형을 지정한다.

☞ 현재 위의 설정 상태는 맨 위 자리 맞춤, 선 간격 5㎜, 선 유형은 표준으로 되어있다.

03 다각형(Polygon) 그리기

아이콘: ⬠ / 명령: Polygon

다각형 명령은 삼각형 이상의 다각형을 그리는 명령이다. 최대로 그릴 수 있는 도형은 1024각형이다.

옆의 그림은 5각형을 그린 것이다. 실제 작업에서는 원과 치수가 보이지 않는다. 직경 30㎜에 외접선택과 내접 선택의 차이를 나타낸다.

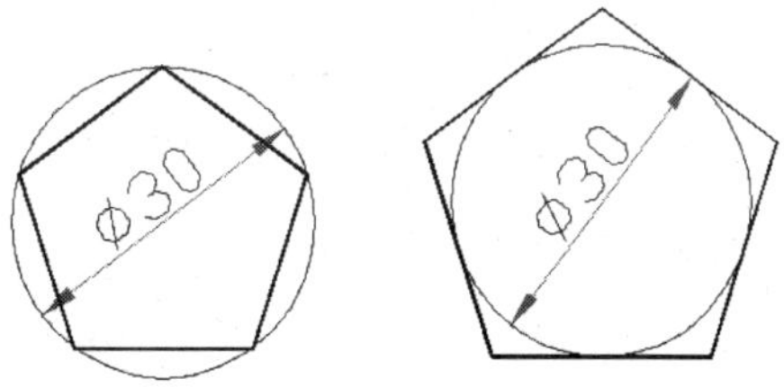

5각형 내접(I) 5각형 외접(C)

▷ 명령 : polygon (단축키 : POL)

변의 수 입력 〈5〉 : 5
다각형의 중심을 지정 또는 [모서리(E)] : (좌표입력 또는 커서로 위치지정)
옵션 입력 [내접원(I)/외접원(C)] 〈C〉 :
원의 반지름 지정 : 15

▷ 세부설명

- 변의 수 : 3각형에서부터 1024각형 중 원하는 각형의 수를 입력한다.
- 다각형의 중심을 지정 : 그리고자 하는 다각형의 중심을 입력한다.
- 옵션 입력 [내접원(I)/외접원(C)] : 내접 또는 외접을 지정한다.
- 원의 반지름 지정 : 접하는 원의 반지름을 입력한다.

04 직사각형(Rectang) 그리기

아이콘:  / 명령: Retang

직사각형 명령은 두 점의 입력 값으로 사각형을 그리는 명령이다. 다각형 그리기 명령으로도 사각형을 그릴 수 있지만 많이 쓰이는 도형이므로 별도로 명령을 만들어 기능을 세분화 시켜 놓았다.

각 모서리를 지정하는 명령에 대해서 익혀두자. 옆의 그림은 모따기 값을 5로 하여 가로 50㎜, 세로 30㎜인 직사각형을 그린 것이다.

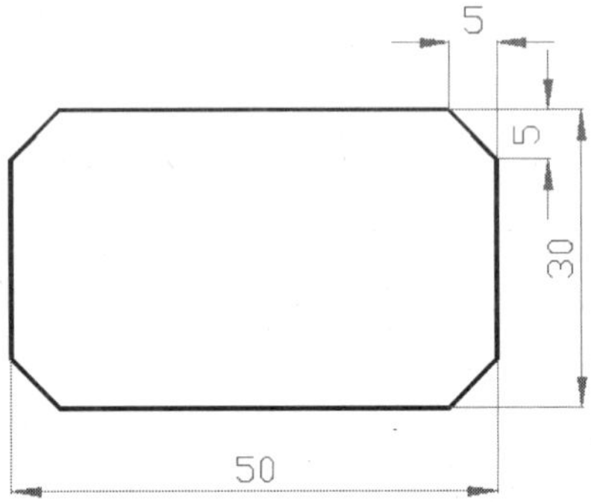

▷ 명령 : rectang (단축키 : REC)

첫 번째 구석점 지정 또는 [모따기(C)/고도(E)/모깎기(F)/두께(T)/폭(W)] :
다른 쪽 구석점 지정 또는 [치수(D)] :

▷ 세부설명

- 첫 번째 구석점 지정 : 직사각형의 첫 번째 좌측하단 점을 입력한다.
- 모따기(C) : 직사각형의 네 모서리의 모따기 값을 지정한다.
- 모깎기(F) : 직사각형의 네 모서리의 라운드 값을 지정한다.
- 고도(E)/두께(T)/폭(W) : 직사각형의 Z축 높이, 두께와 폭을 지정한다.
- 다른 쪽 구석점 지정 : 직사각형의 크기를 결정하는 우측 상단 점을 입력한다. 우측 상단 점은 상대좌표(@X, Y)로 입력하면 편리하다.

05 원(Circle) 그리기

아이콘: / 명령: Circle

원 그리기 명령은 아래서 보는 바와 같이 약 6가지 방법으로 그림을 그릴 수 있다.

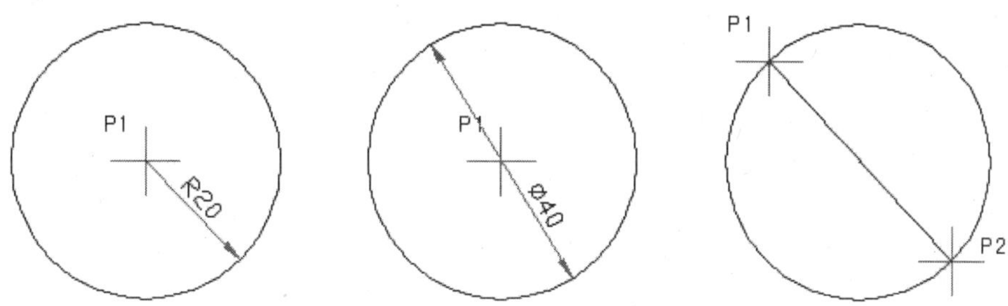

중심점, 반지름(R)　　중심점, 지름(D)　　2점(2)

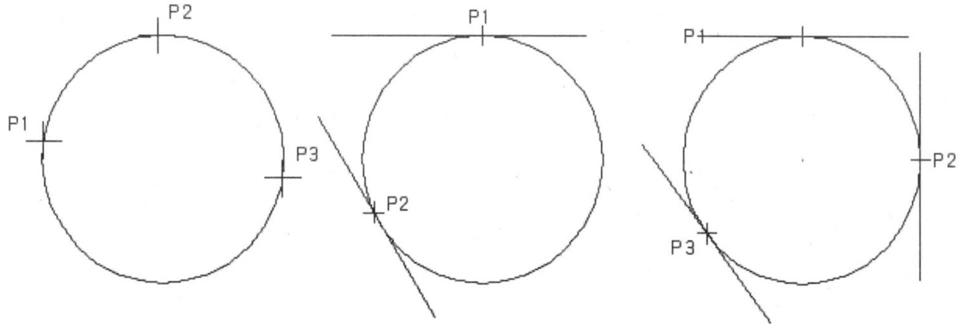

3점(3)　　접선(T),접선(T), 반지름(R)　　접선, 접선, 접선(A)

옆 그림에서 보는 바와 같이 주로 쓰이는 6가지 방법에 대해서 알아보기로 하자 명령행 메뉴에서는 접선, 접선, 접선(A)옵션이 없으므로 이 명령이 필요한 경우에는 옆 그림과 같이 팝업메뉴에서 선택해야 한다. 또는 스크린 메뉴를 ON시켜서 선택해야 한다.

아래의 그림은 각 옵션에 따른 실제 작도 순서이고 P1, P2, P3는 점의 입력 순서이다.

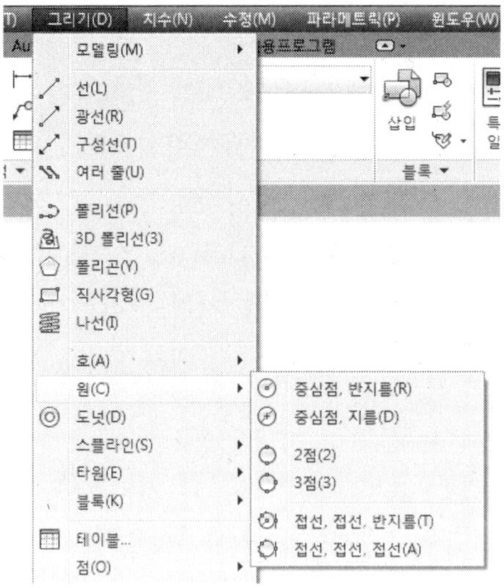

▷ 명령 : circle (단축키 : C)

원에 대한 중심점 지정 또는 [3P/2P/TTR (접선, 접선, 반지름)] :

▷ 세부설명

- 원에 대한 중심점 지정 : 그리고자 하는 원의 중심점을 입력하거나 지정한다.
- 3P : 3점을 지나는 원을 그린다.
- 2P : 2점을 원의 지름으로 하는 원을 그린다.
- TTR(접선, 접선, 반지름) : 두 선을 접하고 반지름을 입력하여 원을 그린다.
- 접선, 접선, 접선(A) : 3선을 접하는 원을 그린다.(팝업 메뉴에서만 사용 가능)

06 호(Arc)

아이콘: / 메뉴: 그리기 - 호(A) / 명령: Arc

호 그리기 명령은 팝업메뉴에서 보는 바와 같이 11가지 방법으로 도면을 그릴 수 있다. 명령 행에서는 옆에 나타난 3점 그리기 방법을 기본으로 수행할 수 있다.

다른 옵션을 선택할 때에는 메뉴에서 먼저 선택하고 선택된 명령 순서에 따라 호를 그린다.

☞ 참고 : 그리는 순서를 반 시계 방향으로 그리면 편리하다.

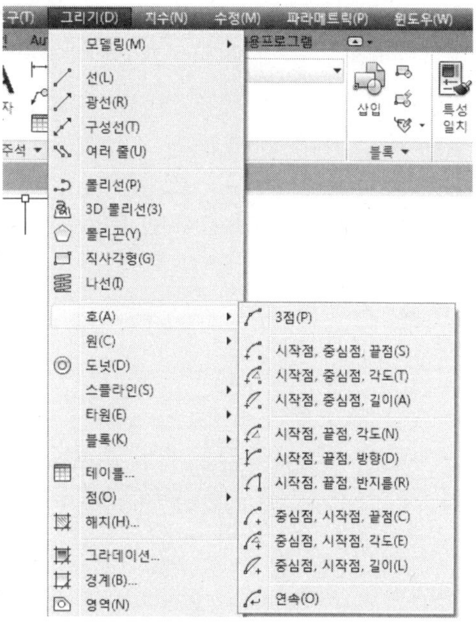

▷ 명령 : arc (단축키 : A)

호의 시작점 지정 또는 [중심(CE)] :

호의 두 번째 점 지정 도는 [중심(CE)/끝(EN)] :

호의 끝점 지정 :

▷ 세부설명

- 호의 시작점 지정 : 그리고자 하는 호의 시작점의 값을 입력하거나 지정한다.
- 중심(CE) : 호의 중심점을 입력한다.
- 호의 두 번째 점 : 그리고자 하는 호의 시작점의 값을 입력하거나 지정한다.
- 호의 끝점 : 그리고자 하는 끝점의 값을 입력하거나 지정한다.

Circle (원, 그리기)
중심점, 반지름 값 입력

☛ 따라하기

command : Line (중심선그리기) – 사각형을 그린다.

command : circle

center point : int

Diameter/〈Radius〉 : 25

참고 : from 기능을 사용하면 편리하다.

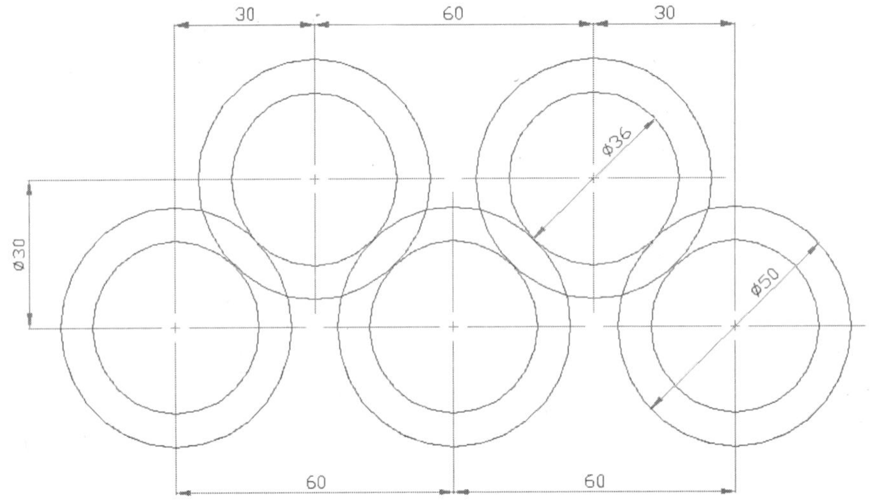

▌ LINE, CIRCLE(2P 사용)

☛ 따라하기

command : circle
3p/2p/ttr/(center point) :
Diameter/〈Radius〉 : 10(또는 5)

command : circle (가운데 큰 원)
3p/2p/ttr/(center point) : 2p (사분모서리와 센터)

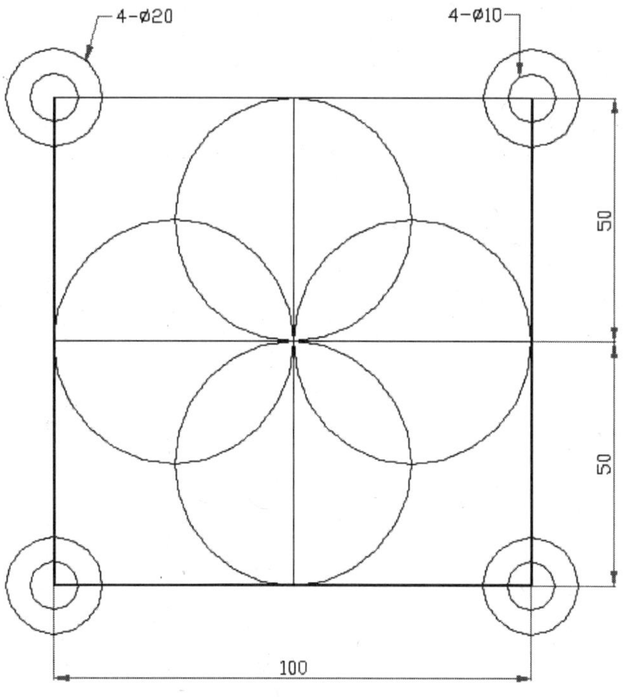

LINE, CIRCLE(center, ttr 사용)

☛ 따라하기

command : L (상대좌표) 완성시킨다.(집 모양)

command : circle
3p/2p/ttr/(center point) : Start point 왼쪽아래 (@ 50, 90)
Diameter/〈Radius〉 : 20↵(enter)
↵ (엔터를 하면 먼저 실행했던 명령이 다시 실행된다)
중심에서 @ −25, −50
〈Radius〉 : 15 ↵
↵
30원 중심에서 : @ 50, 0
〈Radius〉 : 15 ↵

command : C
3p/2p/ttr/(center point) : ttr
첫 번째 접선(옆) 확인, 두 번째 접선(아래) 확인, 반지름 5(작은 원 2.5)를 이용 완성한다.

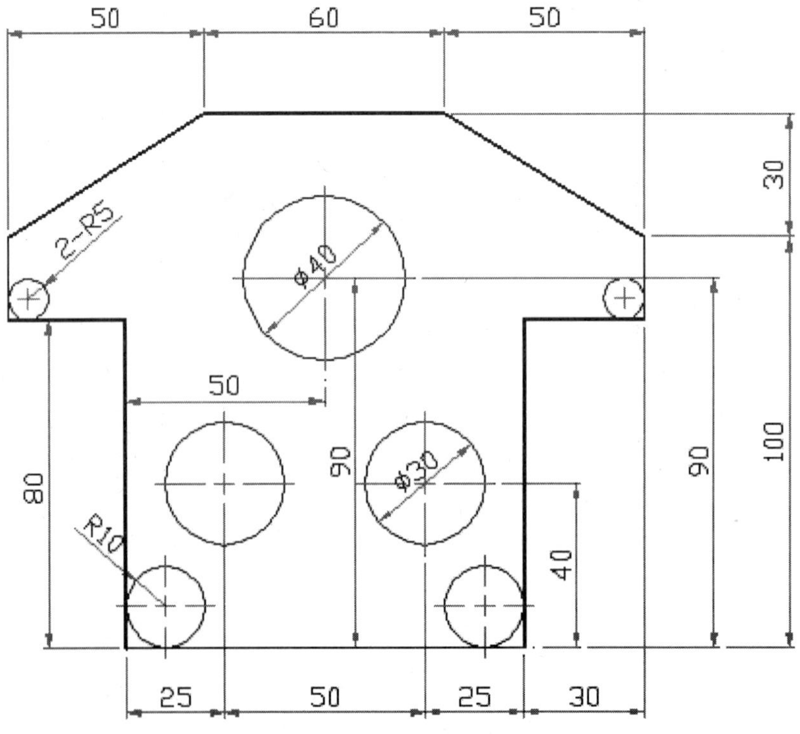

LINE, CIRCLE 그리기

☛ 따라하기

1. 직경 40 원을 완성 (임의 점)
2. 4개 선 극좌표 값으로 완성 (사분점에서 @70<45 또 @10<135)
3. TTR로 접선 원 완성 (직경 50원)
4. 원 2P 이용 끝 원 2개 완성 (끝점과 @10<45 또 @10<135)
5. mirror를 이용 Φ40원의 9시, 3시 사분점을 기준으로 대칭시킨다.

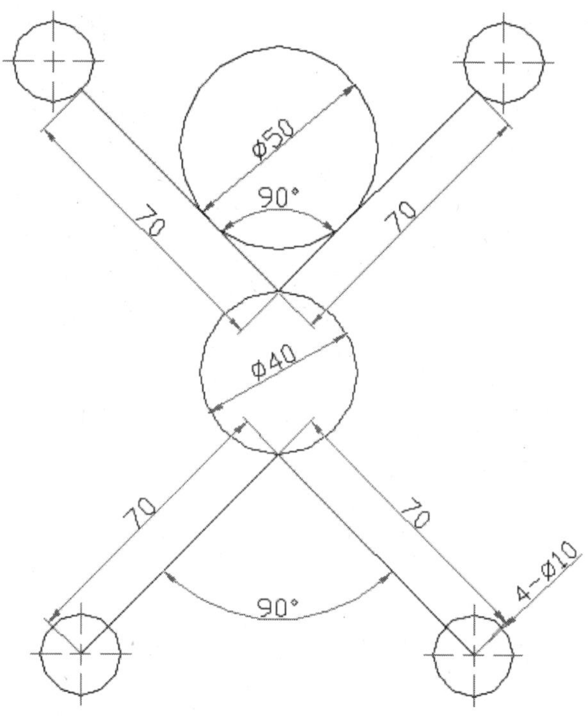

직 사각형(Rectang), 원(Circle) 그리기

원(3P/ttr)을 이용해서 완성하시오.

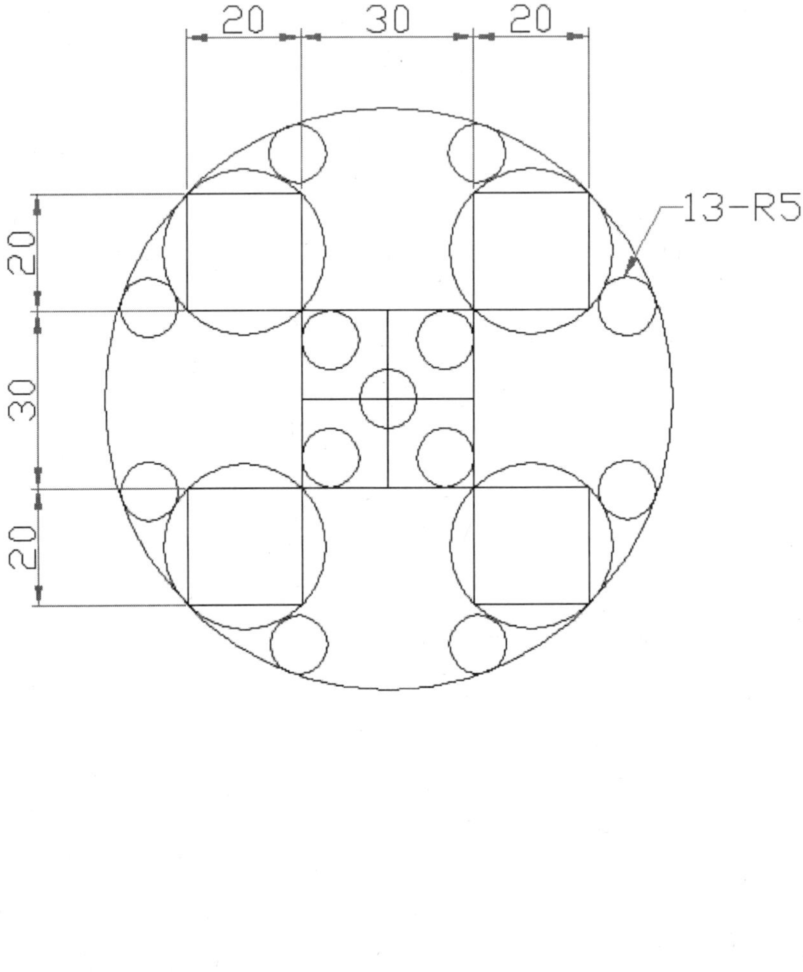

POLYGON 다각형 그리기

다각형 방향 회전은 Rotate 명령을 이용하거나, 좌표 값을 이용하여 위치를 결정한다.

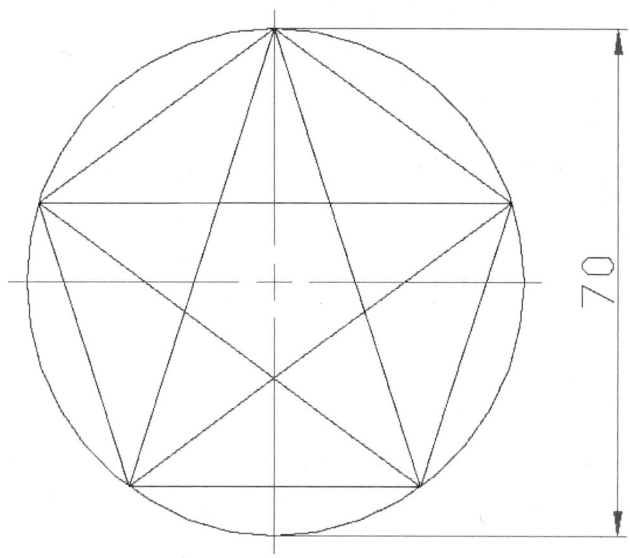

원의 크기에 적당한 다각형을 그린 후 END point를 지정하여 LINE으로 연결한다.

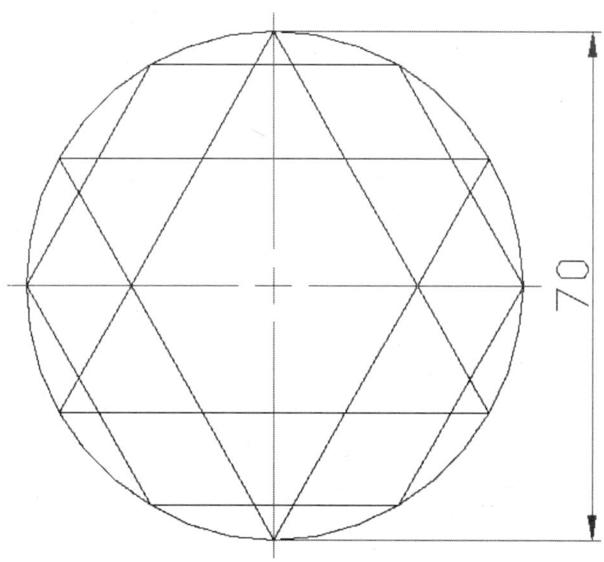

ARC 호 그리기

절대좌표를 사용하여 호를 그리시오

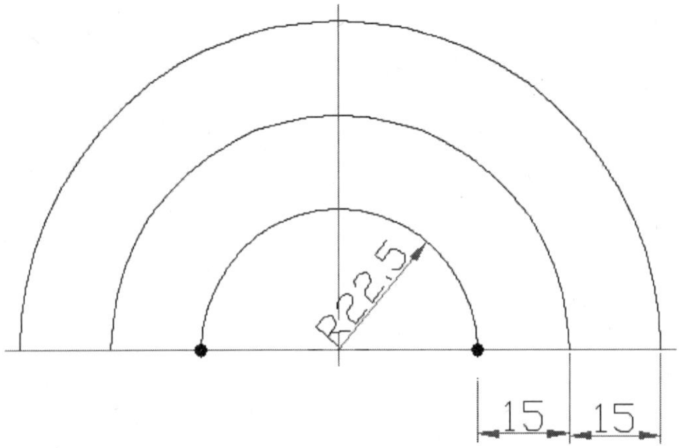

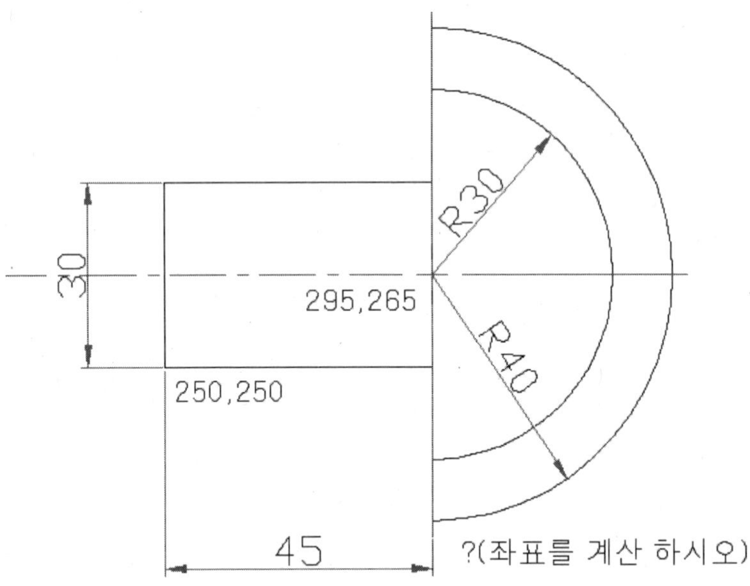

LINE, ARC, CIRCLE

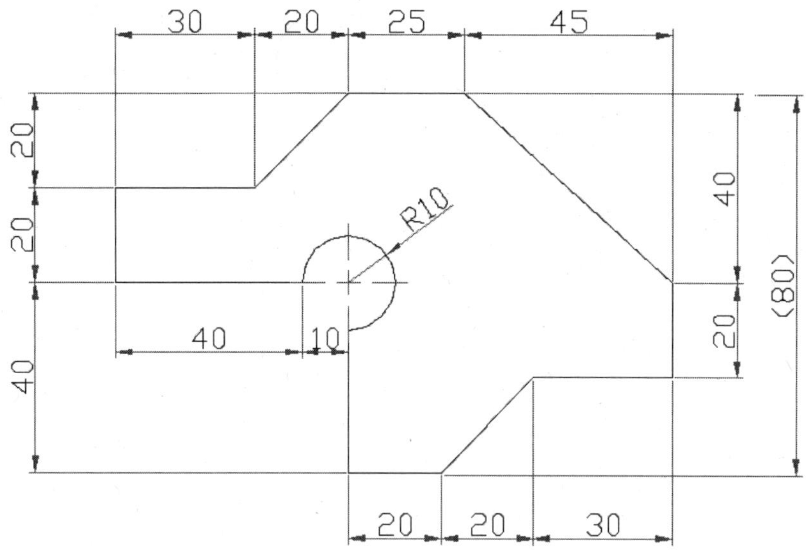

절대좌표, 원과 접선 그리기

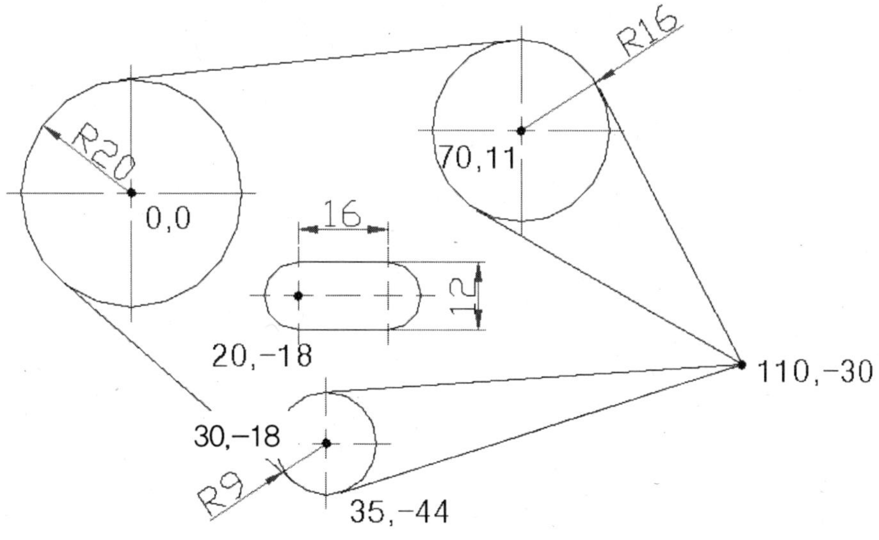

LNE, ARC, CIRCLE

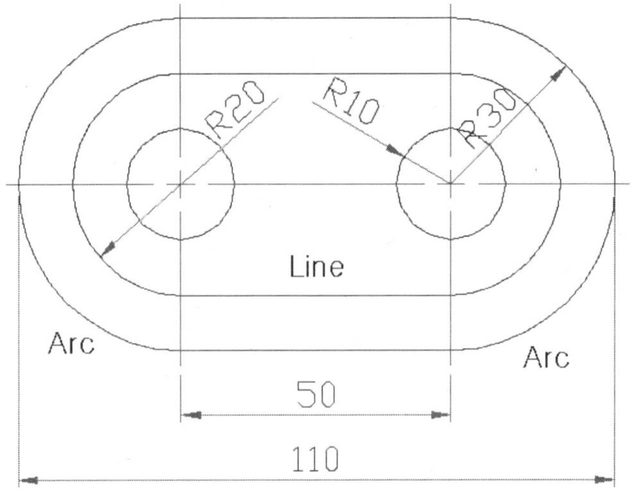

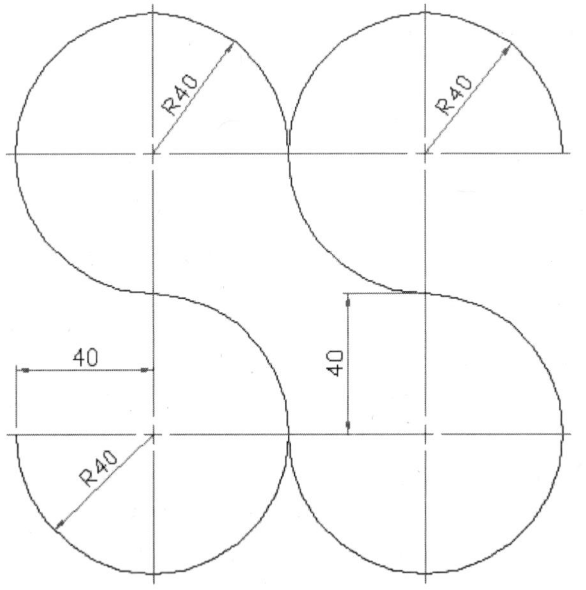

▌ 직사각형, 원(3P/ttt), 호(C, E)

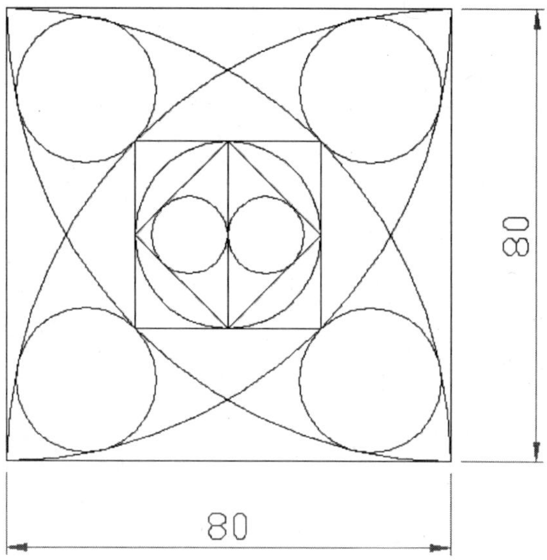

▌ ARC(CE, ST, EN) 시작점 좌표값, 끝점 좌표값

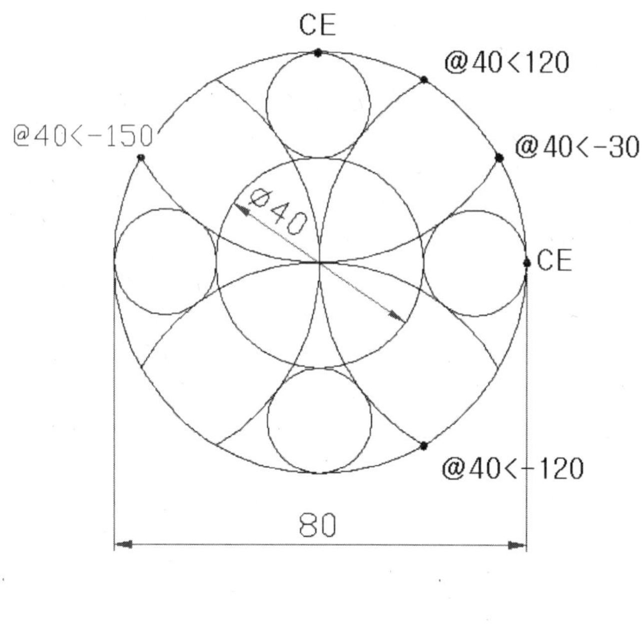

07 두께선(Trace) 그리기

아이콘: 없음 / 메뉴: 없음 / 명령: Trace

지금까지 그리기에 사용하는 선(Line)은 두께를 가지지 않는 객체인데 반하여, 두께선(Trace)은 작업자가 임의로 지정하여 만든 두께를 가지는 선이다. 이 두께선은 일반적인 선과는 달리 화면상에서 실제의 두께만큼 표현되며, 출력할 때도 프린터의 설정과 관계없이 실제의 두께로 출력된다.

▷ 명령 : trace

두께선 폭 입력 〈1.0000〉 : 2
시작점을 지정 :
다음점 지정 :
다음점 지정 :
다음점 지정 :

▷ 세부 설명

- 두께선 폭 입력 : 선의 두께를 입력한다.
- 시작점 지정 : 선의 처음 시작점을 지정한다.
- 다음점 지정 : 두 번째, 세 번째 점들을 차례로 지정한다.
  선은 한 템포 늦게 표시되고, 최종 엔터를 치면 모두 그려진다.

08 타원(Ellipse) 그리기

아이콘: / 명령: Ellipse

장축과 단축을 갖는 타원을 그리는 명령이다.

▷ 명령 : ellipse : 한 축의 지름 나머지 축의 반지름으로 그릴 때

타원의 축 끝점 지정 또는 [호(A)/중심(C)] : (P1)
축의 다른 끝 점 지정 : (P2)
다른 축으로 거리를 지정 또는 [회전(R)] : (P3)

▷ 명령 : ellipse : 중심과 두 반지름으로 그릴 때

타원의 축 끝점 지정 또는 [호(A)/중심(C)] : C
타원의 중심 지정 : (P1)
축의 끝점 지정 : (P2)
다른 축으로 거리를 지정 또는 [회전(R)] : (P3)

▷ 세부 설명

- 타원의 축 끝점 지정 : 장축의 첫 번째 점을 지정한다.
- 축의 다른 끝점 지정 : 장축의 두 번째 점을 지정한다.
- 다른 축으로 거리를 지정 : 다른 한 축의 반지름 값을 입력하거나 지정한다.
- 회전(R) : 타원을 회전하여 그릴 경우 회전각을 입력한다.
- 중심(C) : 타원의 중심을 지정한다.
- 축의 끝점 지정 : 한 축의 반지름 값을 입력하거나 지정한다.

09 스플라인(Spline) 그리기

아이콘: / 명령: Spline

화면상에 지정하는 각각의 점들을 통과하는 자유곡선인 스플라인을 그리는 기능이다. 도면에 부분단면을 할 때 사용하는 파단선으로 쓰이거나, 점들을 연결하는 그래프 등을 그릴 때 유용한 명령이다.

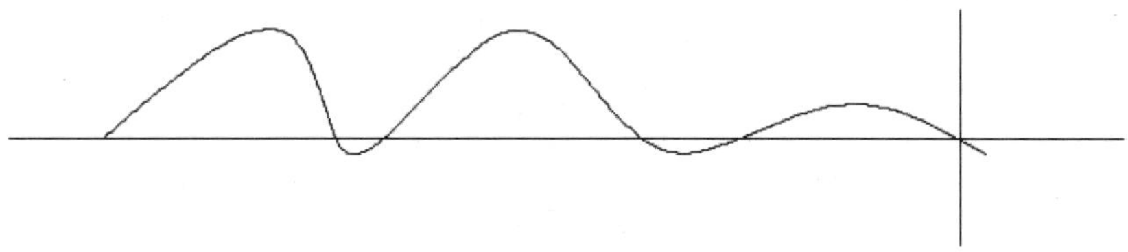

▷ 명령 : spline

첫 번째 점 지정 또는 [객체(O)] :
다음 점 지정 :
다음 점 지정 또는 [닫기(C)/공차 맞춤(F)] 〈시작 접선〉 :
다음 점 지정 또는 [닫기(C)/공차 맞춤(F)] 〈시작 접선〉 :
시작 접선 지정 :
끝 접선 지정 :

▷ 세부 설명

- 첫 번째 점 지정 : 스플라인의 시작점을 지정한다.
- 다음 점 지정 : 원하는 만큼의 두 번째, 세 번째 점 등을 지정한다.
- 시작 접선 지정 : 스플라인 곡선의 시작점에 대한 접합부를 정의한다.
- 끝 접선 지정 : 스플라인 곡선의 마지막 점에 대한 접합부를 정의한다.

10 스케치(Sketch) 하기

아이콘: 없음 / 메뉴: 없음 / 명령: Sketch

아래의 그림과 같이 자유로운 선을 그리는 기능이다. 스플라인은 지정하는 점들을 통과하지만 스케치는 커서가 움직이는 대로 모양이 그려진다. 그렇지만 아래의 그림은 하나의 객체가 아니고 수없이 많은 객체의 모임이다

POLYGON, ELLIPSE

사각 100x150을 그린다.

polygon – 면의 수 3 – 사각모서리선택 – 내접 – 반지름 r14 – 회전(ro : 90도)

ellipse 그리기

ellipse에서 타원끝점선택(100선의 중심)–축의 다른점 선택(60원의 12시 사분점)

다른 축의 거리 10으로 한다.(이런 식으로 다른 타원을 그린다.)

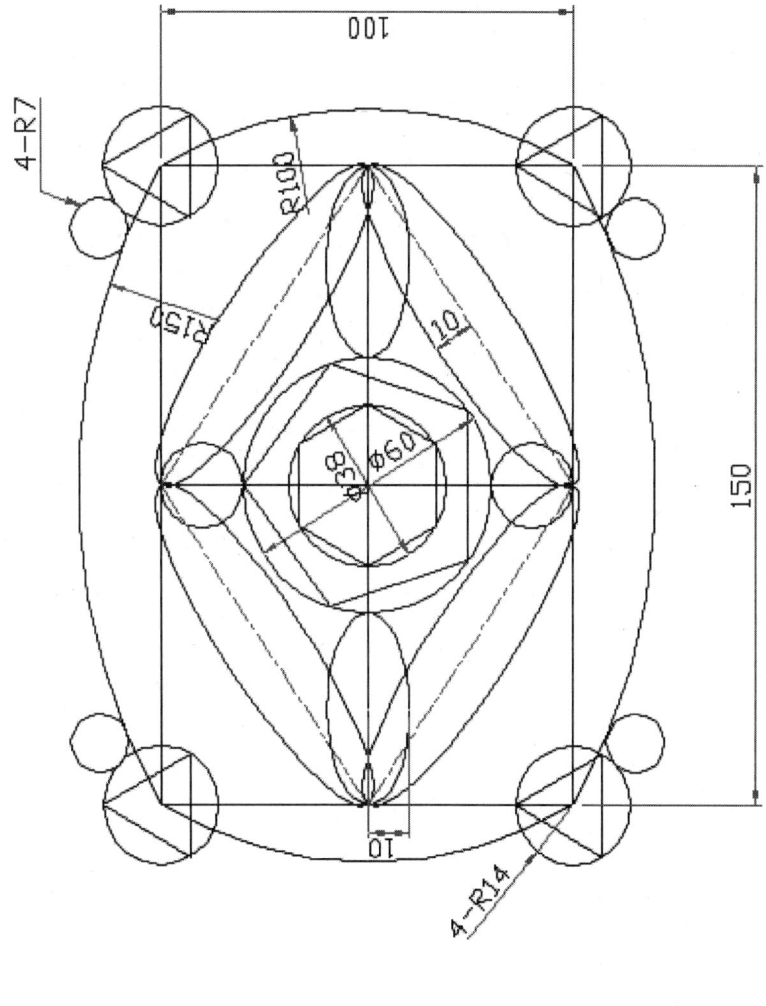

TRIM, ELLIPSE, OFFSET, MIRROR

원을 그리고 45도 선을 X, Y축의 60만큼 offset한 거리까지 그린다.
ellipse로 45도 선의 양끝으로 하고 거리를 30만 큼 준다.

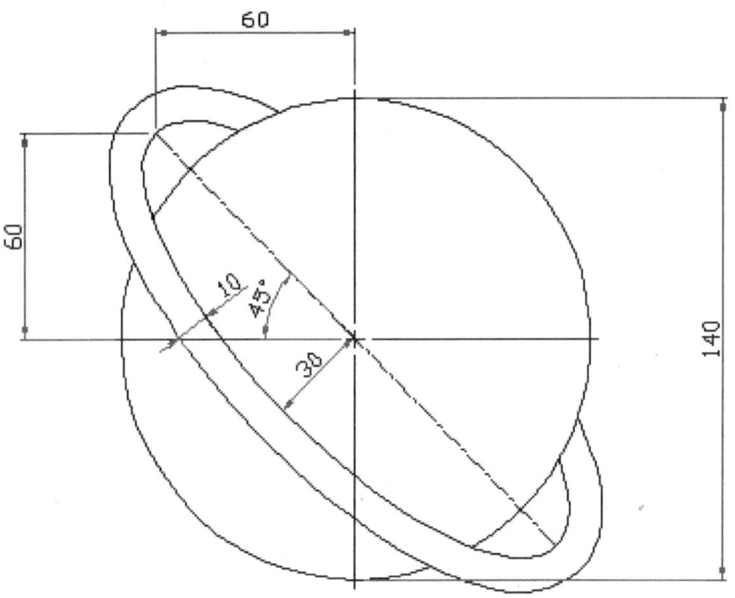

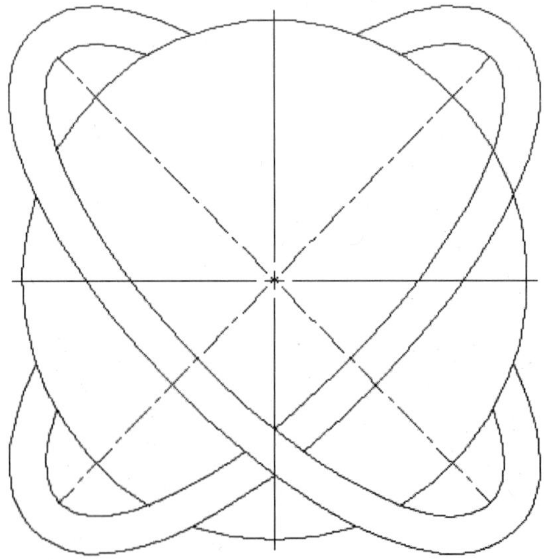

기본학습

04

수정(Edit)

AutoCAD의 수정 기능은 매우 중요한 기능이다. 개개인마다 수정기능의 사용여부에 따라 도면 작성 시간은 많은 차이가 보인다. 그리기 명령만으로 정의되지 않는 것들은 수정 기능을 통해서 정리해야 하며, 반복되거나 비슷한 도형은 또다시 그리지
않고 수정 기능을 통하여 편집하게 되면 매우 신속하게 도면을 작성할 수 있다.

우측 그림은 메뉴와 수정 아이콘들이다.

그리기 수정 작업에서 가장 많이 쓰이는 명령들만 살펴보기로 하자.

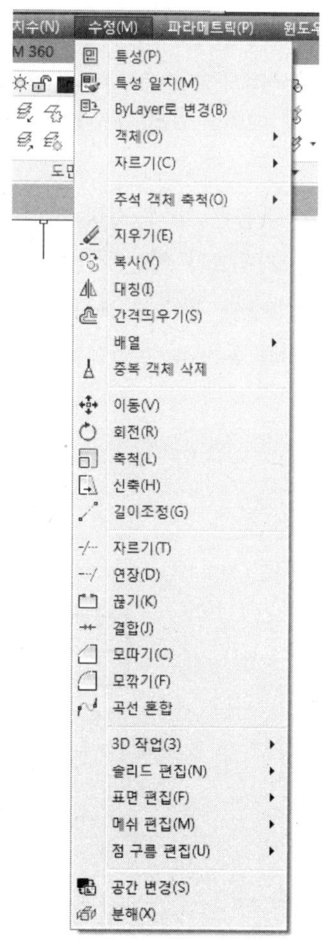

01 지우기(Eraser)

아이콘: / 명령: Eraser

지우기 명령은 선택된 객체를 지우는 명령이다. 지우기 명령을 잘못 실행했을 경우에는 명령취소(Undo)를 하면 된다. 그러면 지워졌던 도형이 다시 살아난다.

▷ 명령 : eraser (단축키 : E)

객체 선택 : 첫 번째 객체
객체 선택 : 두 번째 객체선택

▷ 세부설명

- 객체 선택 : 지우고자 하는 객체를 선택한다.

☞ 여러 개를 동시에 지울 때는 윈도우 지정으로 작업할 수 있다. 윈도우 지정방법에 따라 선택되는 객체가 다름에 주의해야 한다.

다음은 객체 지정 방법에 따라 다르게 나타나는 결과이다.

지우고자 하는 객체를 윈도우로 지정할 때 좌측 상단에 첫 번째 점(P1)을 찍고 두 번째 점(P2)을 찍으면 그림과 같이 실선 박스가 생긴다. 이때 선택되고 지워지는 객체는 사각박스 안에 완전히 포함되는 것으로만 제한된다.

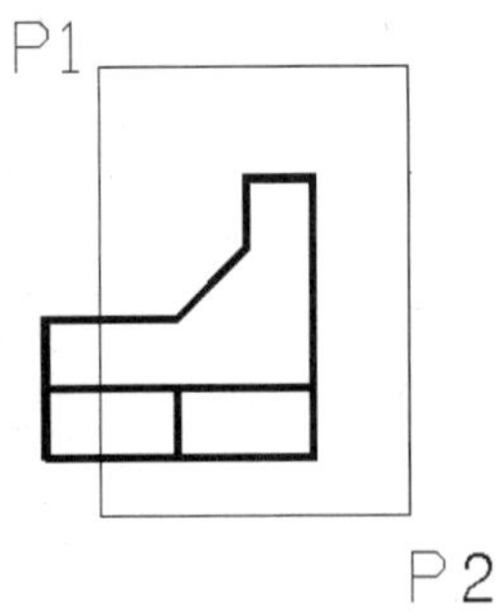

지우기 객체 지정

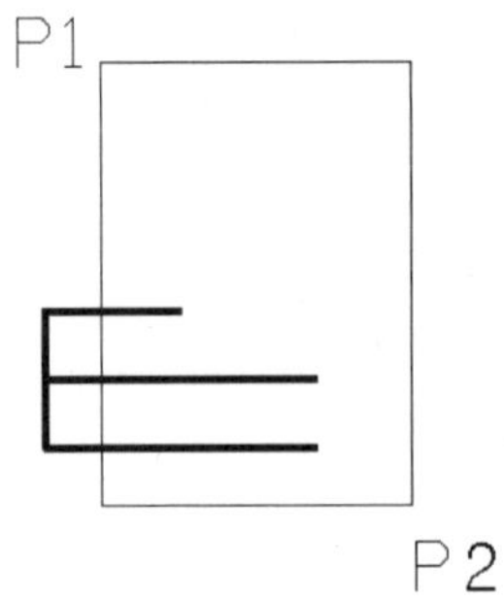

지우기 결과

반대로 우측상단에 첫 번째 점(P1)을 찍고 좌측 하단에 두 번째 점(P2)을 찍으면 그림과 같이 사각 박스는 점선으로 표시되고 이때 지워지는 객체는 점선 박스에 포함되는 것은 물론 점선 박스에 걸쳐있는 모든 객체를 포함하게 된다.

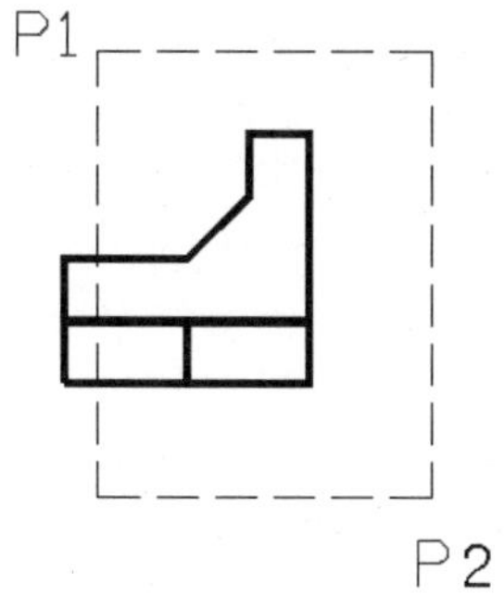

지우기 객체 지정

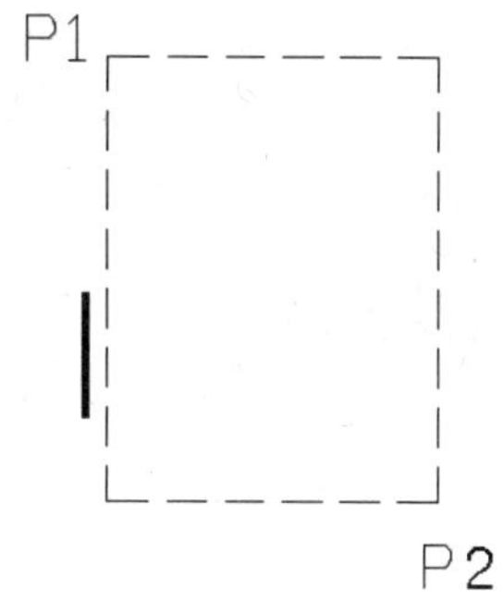

지우기 결과

위의 객체 선택 요령은 지우기 명령 뿐만 아니라 모든 수정 명령에 동일하게 된다.

02 복사(Copy)

아이콘: / 명령: Copy

복사 명령은 이미 그려진 객체나 도형 등을 다른 위치에 동일한 모양으로 복사시키는 기능이다. AutoCAD의 최대 장점은 이미 그려진 도면을 또다시 그리지 않아도 된다는 것이다.

▷ 명령 : copy (단축키 : CO)

객체 선택 : 첫 번째 객체 선택
객체 선택 : 두 번째
기준점 :
변위의 두 번째 점 지정 또는 〈변위로 첫 번째 점 사용〉 :

▷ 세부설명

- 객체선택 : 복사하고자 하는 객체를 선택한다.
- 기준점 : 복사하려고 하는 객체의 기준 점을 지정한다.
- 변위의 두 번째 점 : 복사하고자 하는 위치를 지정한다. 계속해서 복사하고자 하는 위치를 지정하면 다중 복사가 된다.

03 대칭(Mirror)

아이콘:  / 명령: Mirror

대칭 명령은 이미 그려진 도형을 거울에 비쳐진 모양처럼 대칭축을 중심으로 대칭 복사하는 명령이다.

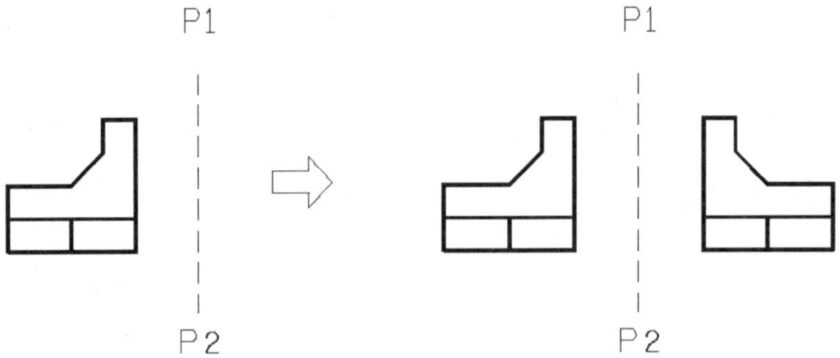

대칭축 지정 / 대칭 실행결과

▷ 명령 : mirror (단축키 : Mi)

객체선택 : 대칭 하고자 하는 객체 선택
대칭선의 첫 번째 점 지정 : P1지정
대칭선의 두 번째 점 지정 : P2지정
원시 객체를 삭제합니까? [예(Y)/아니오(N)]〈N〉 : 예하면 원래의 객체가 지워지면서 대칭 복사된다.

04 간격 띄우기(Offset)

아이콘: / 명령: Offset

간격 띄우기 명령은 이미 그려져 있는 개체 선, 원, 호 등을 동일한 속성으로 일정한 거리만큼 띄워서 복사하는 기능이다. 도형을 그릴 때 좌표 값을 입력하지 않고 간격띄우기 명령을 사용하면 쉽게 원하는 그림을 그리 수 있다.

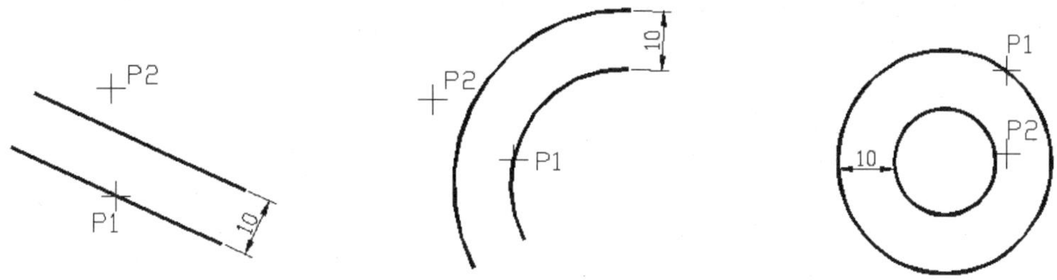

▷ 명령 : offset (단축키 : O)

간격 띄우기 거리 또는 통과점 [통과점(T)]〈10.000〉 : ↵

간격 띄우기 할 객체 선택 또는 〈나가기〉 : P1

간격 띄우기 할 방향으로 점 지정 : P2

05 배열(Array)

아이콘: / 명령: Array

배열에는 직사각형 배열과 원형 배열 두 가지가 있다. 동일한 객체를 여러 개 작성하는 경우 복사 명령보다는 배열 명령을 쓰는 것이 속도가 빠르다. 주의할 사항은 배열하는 데는 다음 대화 화면에서와 같이 반드시 일정한 간격, 일정한 각도를 가지고 있어야 한다.

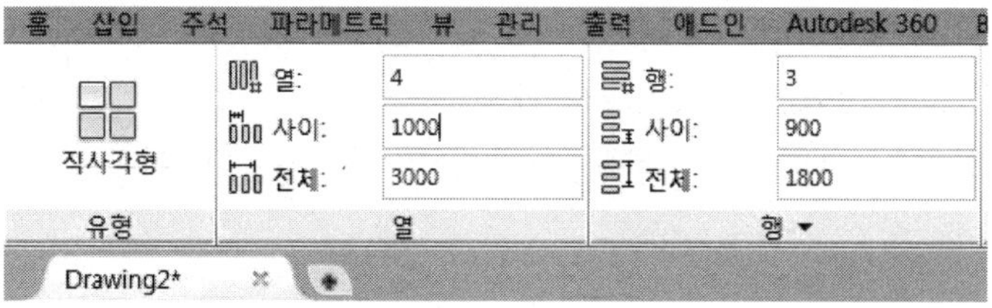

▷ 명령 : array (단축키 : Ar)

- 행의 수, 열의 수 : 행과 열의 수를 입력한다.
  ❖ -값을 지정하면 방향이 반대로 배열된다.
- 행 사이 : 배열하려고 하는 객체간의 행 간격을 입력 한다
- 열 사이 : 배열하려고 하는 객체간의 열 간격을 입력한다.

아래 그림은 3행, 4열로 배열해 놓은 그림이다.

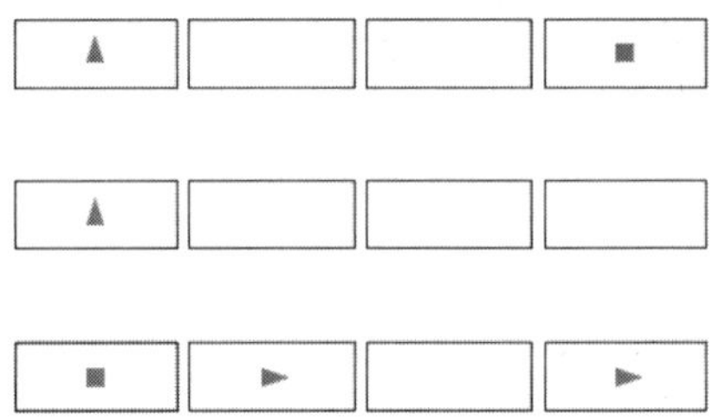

다음은 원형 배열을 선택했을 때 나타나는 배열 상자이다.

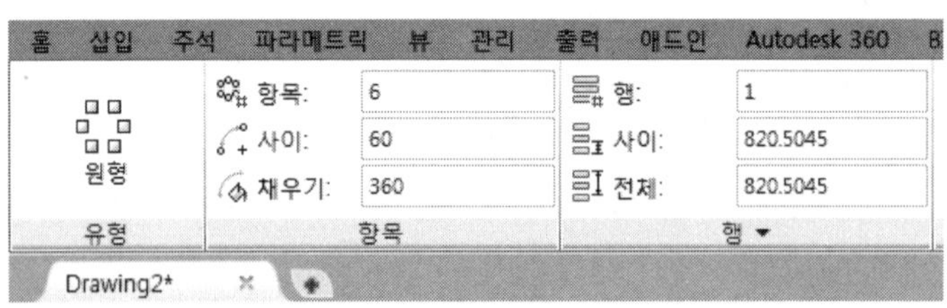

▷ 세부설명

- 중심점 : 원형배열의 중심점을 좌표 값 또는 커서로 입력한다.
- 객체수의 총계(I) : 배열 하려고 하는 객체의 총수량을 입력한다.
- 채울 각도 : 배열 구간 각도를 입력한다.
- 복사형식으로 객체 회전(T) : 선택 시 객체 방향을 바꾸면서 배열하도록 한다.

아래의 오른쪽 그림은 원주상에 6개를 배열하고 채우기 각도가 360인 경우이며, 오른쪽 그림은 객체를 회전하는 옵션을 선택하는 아이콘 메뉴이다.

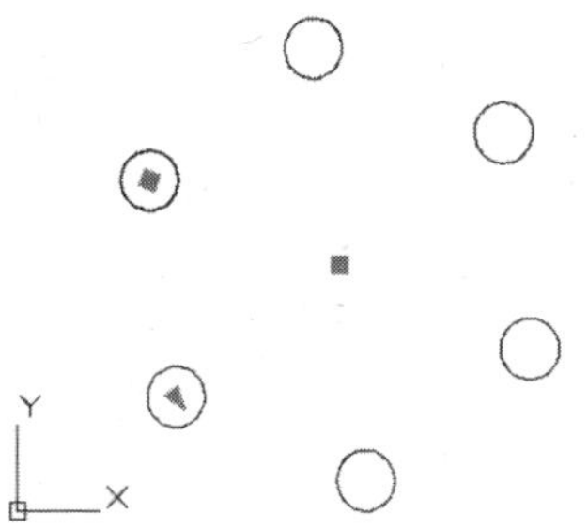

06 이동(Move)

아이콘: / 명령: Move

이동명령은 선택된 객체를 도면상의 임의의 위치로 옮기는 명령이다.

▷ 명령 : move (단축키 : M)

▷ 세부명령

- 객체선택 : 옮기려고 하는 객체를 지정한다.
- 기준점 또는 변위 지정 : 옮기려는 객체의 기준점을 지정한다. P1
- 변위의 두 번째 점 지정 : 옮길 위치를 지정한다. P2(커서 혹은 좌표 값 입력)

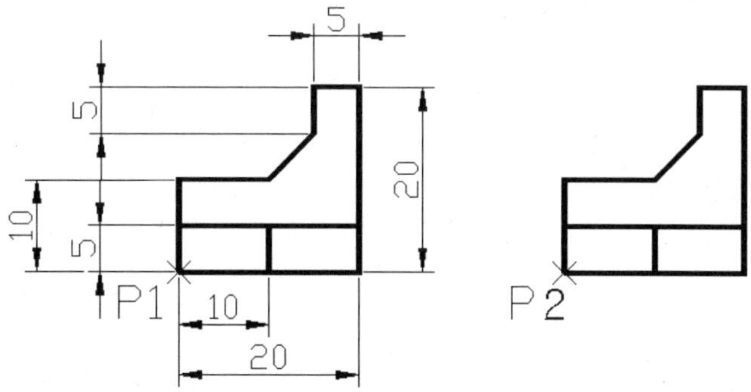

07 회전(Rotate)

아이콘: ⟳ / 명령: Rotate

회전 명령은 선택된 객체를 지정한 위를 중심으로 회전시키는 명령이다.

▷ 명령 : Rotate (단축키 : RO)

▷ 세부설명

- 객체 선택 : 회전하려고 하는 객체를 선택한다.
- 기준점 지정 : 회전하려고 하는 객체의 회전 중심점을 지정한다.
- 회전각도 지정 : 회전시킬 값(각도)을 입력한다.

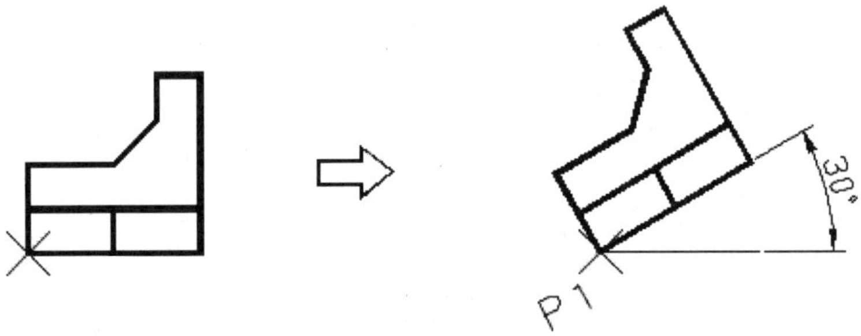

위의 그림은 객체를 P1을 회전 중심으로 양의 방향으로 회전시킨 상태이다.

회전 각도를 지정할 때 0도 방향은 3시 방향이고 0도를 기준으로 시계반대 방향이 +값이다. 만약 회전 각도입력을 -30으로 하면 객체는 양의 방향으로는 270도 회전한 결과와 같게 된다. 즉, 270도와 -30도의 방향은 같다는 것을 의미한다.

08 축척(Scale)

아이콘:  / 명령: Scale

축척 명령은 선택된 객체를 지정한 비율로 크게 하거나 줄이는 명령이다. Zoom에서 화면이 확대되고 축소되는 개념과는 완전히 다르다. 실제 객체의 크기가 비율만큼 변경된다.

▷ 명령 : scale (단축키 : SC)

- 객체선택 : 확대하거나 축소하려는 객체를 지정한다.
- 기준점 지정 : 축척의 기준이 되는 점(P1)을 지정한다.
- 축척 비율 지정 : 확대 또는 축소의 비율을 입력한다.

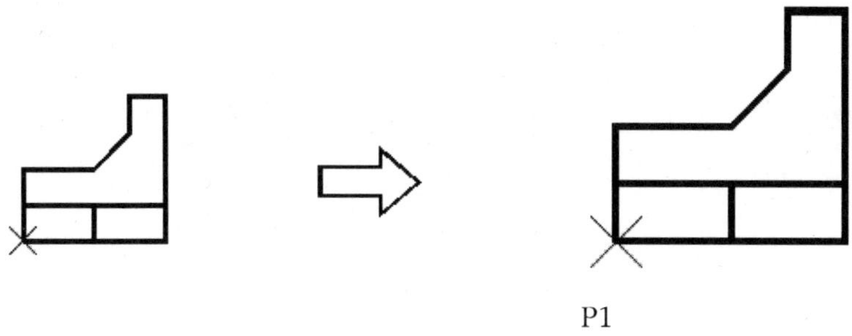

09 신축(Stretch)

아이콘: / 명령: Stretch

신축 명령은 선택된 객체의 일부분을 늘리거나 줄이는 명령으로 자르기, 연장하기, 이동 등의 기능을 동시에 수행하는 복합적 기능을 한다.

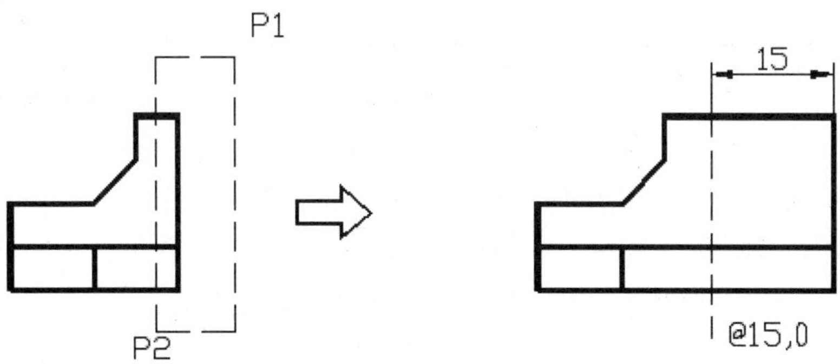

이 기능은 위의 그림에서 보는 바와 같이 P1점과 P2점이 반드시 신축하려는 객체를 걸치고 있어야 하고 윈도우 박스도 점선으로 표시되도록 오른쪽에서 왼쪽으로 지정되어야 한다. 위의 그림은 15mm가 늘어난 상태를 나타낸 것이다.

▷ 명령 : stretch (단축키 : S)

걸침 윈도우 또는 걸침 다각형만큼 신축할 객체 선택 : P1
반대구석 지정 : P2
기준법 또는 변위 지정 :
변위의 두 번째 점 지정 또는 〈변위로 첫 번째 점 지정〉 :

▷ 세부설명

- 기준점 지정 기준점 도는 변위 지정 : 신축하려는 기준점을 지정한다.
- 변위의 두 번째 점 지정 : 거리를 입력하거나 신축될 최종점을 입력한다.

10 자르기(Trim)

아이콘:  / 명령: Trim

자르기 명령은 선, 원, 호 등의 단일 객체를 지정된 객체를 기준으로 원하는 길이만큼 자르는 명령이다.

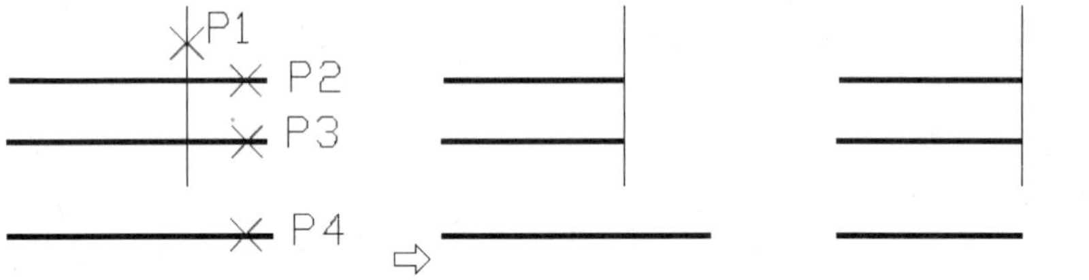

모서리 연장(E)하지 않을 때　　모서리 연장(E)할 때

자르기 기본 설정은 서로 교차하지 않으면 자르기가 되지 않도록 되어 있으나 모서리(E) 옵션에서 모서리 연장을 선택하면 교차하지 않아도 자르기가 실행된다. 한 번의 수정으로 Auto CAD를 ON/OFF하더라도 이 옵션이 유지된다.

▷ 명령 : Trim (단축키 : TR)

현재 설정 값 : 투영=UCS, 모서리=없음
절단 모서리 선택 : P1

자르기할 객체 또는 연장을 위한 shift+선택 또는
[투영(P)/모서리(E)/명령취소(U)] : (P2, P3, P4)

▷ 세부설명

- 절단 모서리 선택 : 자르기 구간을 지정한다.
- 자르기할 객체 선택 : 절단 모서리 선택을 기준으로 자르고자 하는 쪽을 지정한다.
- 모서리(E) : 절단 모서리와 자르기할 객체의 교차, 비교차시 절단 여부를 지정한다.

11 연장(Extend)

아이콘: --/ / 명령: Extend

연장 명령은 선, 원, 호 등의 단일 객체를 지정된 객체까지 원하는 길이만큼 연장하는 명령이다.

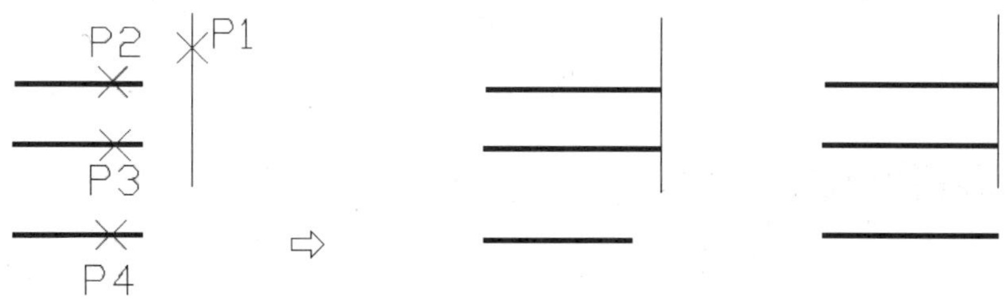

모서리 연장(E)하지 않을 때　　　모서리연장(E)할 때

연장 기본 설정은 가상 연장하여 서로 교차 하지 않으면 연장되지 않도록 되어 있으나 모서리(E) 옵션에서 모서리 연장을 선택하면 교차하지 않아도 연장이 실행된다. 한 번의 수정으로 Auto CAD를 ON/OFF하더라도 이 옵션은 유지된다.

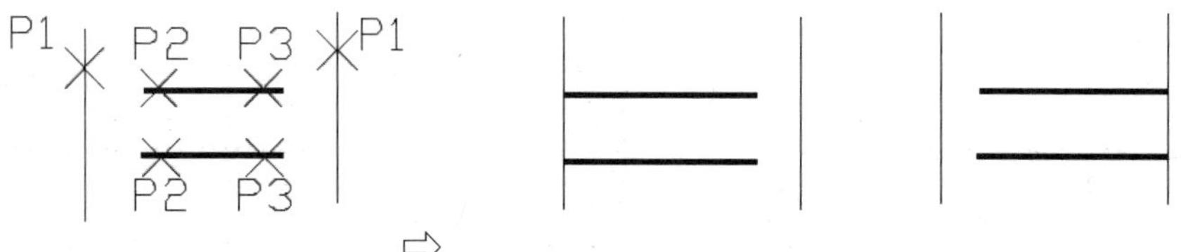

P2를 지정한 결과　　　P3를 지정한 결과

위의 그림은 연장할 객체의 지정 위치에 따른 각기 다른 결과를 나타낸 것이다. 연장경계(P1)까지 연장하고자 할 때 P2위치를 지정할 때와 P3위치를 지정할 때 객체의 중심에서 어느 쪽에 더 치우쳐서 지정하느냐에 따라 결과가 달라짐에 주의한다. 이러한 현상은 원이나 호의 접점을 찾거나 연장할 때도 동일하게 발생하는 현상이다. 그래서 점을 지정할 때는 원하는 결과와 가장 근접한 위치를 지정하는 습관을 들여야 한 번에 올바른 도면을 그릴 수 있다.

▷ 명령 : extend (단축키 : EX)

현재 설정 값 : 투영=UCS, 모서리=연장
경계 모서리 선택 : P1
연장할 객체 선택 또는 자르기를 위한 shift+선택 또는
[투영(P)/모서리(E)/명령취소(U)] : (P2, P3, P4)

▷ 세부설명

- 경계 모서리 선택 : 연장을 위한 경계를 지정한다.
- 연장할 객체선택 : 연장 모서리 선택을 기준으로 연장할 쪽을 지정한다.
- 모서리(E) : 연장 모서리와 연장할 객체의 교차, 비교차시 연장여부 지정한다.

12 끊기(Break)

아이콘: [icon] / 명령: Break

끊기 명령은 자르기(Trim)처럼 객체의 일부를 끊어 내는 명령이다. 자르기 명령과 다른점은 끊기를 위한 별도의 경계가 필요하지 않다는 것이다. 자르고자 하는 객체의 첫 번째 점(P1)과 두 번째 점(P2)을 지정하면 두 점 사이가 끊어지게 된다.

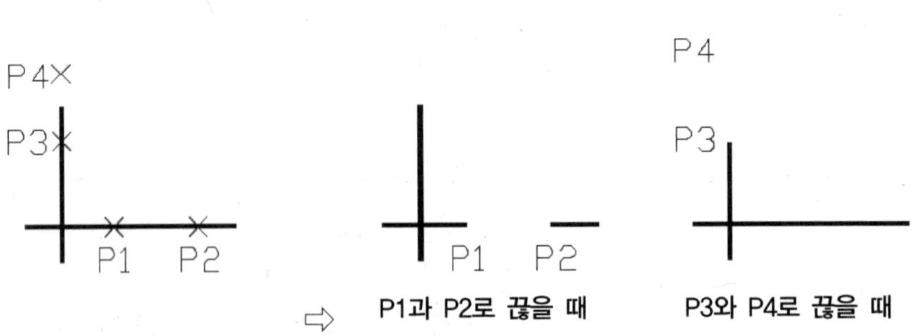

P1과 P2로 끊을 때　　P3와 P4로 끊을 때

끊기 명령을 사용할 때는 가급적 객체스냅 모드를 끄고 사용하는 것이 좋다. 왜냐하면 객체스냅의 구속에 의해 원하는 점을 지정할 수 없는 경우가 생기기 때문이다.

▷ 명령 : break (단축키 : BR)

객체선택 :
두 번째 끊기 점을 지정 또는[첫 번째 점(F)] :

▷ 세부설명

- 객체선택 : 끊으려고 하는 객체의 첫 번째 점 (P1)을 지정한다.
- 두 번째 끊기 점 : 두 번째(P2)를 지정한다.
- 첫 번째 점(F) : 이미 지정한 첫 번째 점을 취소하고 재지정 한다.

원에서 끊기 명령을 할 때는 첫 번째 점(P1)과 두 번째(P2)의 지정 순서에 따라 완전히 결과가 달라진다. 첫 번째 점을 기준으로 시계반대 방향으로 끊어짐을 유의해야 한다.

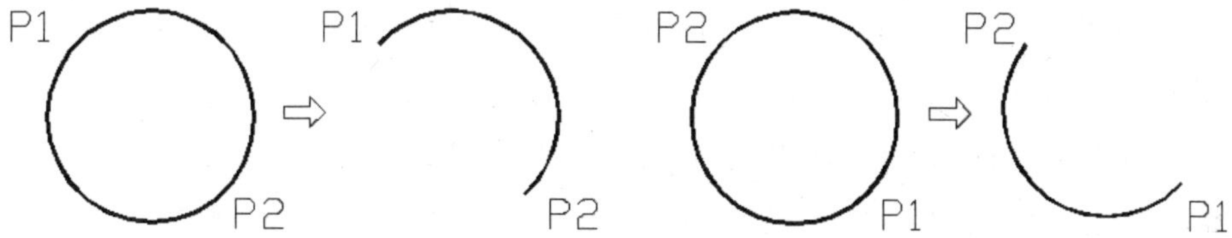

원을 끊기 작업할 때 P1과 P2의 지정 순성에 따른 결과

13 모따기(Chamfer)

아이콘:  / 명령: Chamfer

모따기 명령은 두 선이 만나는 모서리를 임의의 각도와 길이로 형상을 추가하는 명령이다.

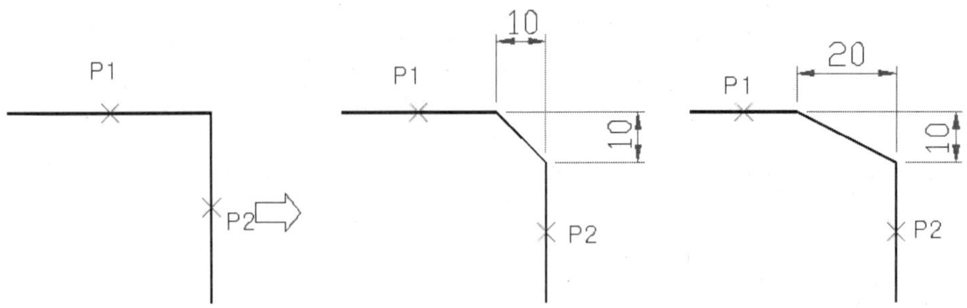

▷ 명령 : chamfer (단축키 : CHA)

(TRIM모드) 현재 모따기 거리1=10.0000, 거리2=10.0000
첫 번째 선 선택 또는 [폴리선(P)/거리(D)/각도(A)/자르기(T)/방법(M)] : a
첫 번째 선 선택
두 번째 선 선택

▷ 세부 설명

- 폴리선(P) : 폴리선 으로 그려진 도형의 모든 모서리를 한 번에 모따기 한다.
- 거리(D) : 모따기 값을 입력한다. 거리1과 거리2를 다르게 지정할 수 있다.
- 각도(A) : 거리(D)와 각도(A)를 입력하여 모따기 한다.
- 자르기(T) : 이 옵션을 선택하면 자르기 및 연장 기능이 자동 수행된다.
- 방법(M) : 자르기 방법을 지정한다.
- 첫 번째 선 선택 : 첫 번째 객체를 지정한다. (P1)
- 두 번째 선 선택 : 두 번째 객체를 지정한다. (P2)

14 모깎기(Fillet)

아이콘: / 명령: Fillet

모깎기 명령은 두 선이 만나는 모서리를 임의의 라운드로 형상을 추가하는 명령이다. 원이나 호를 라운드 처리할 때에는 지정 위치에 따라 도면이 다르게 그려질 수 있다. 연장(Extend) 명령의 설명을 다시 한 번 보기 바란다.

▷ 명령 : fillet (단축키 : F)

현재 설정 값 : 모드=TRIM, 반지름=15.0
첫 번째 객체 선택 또는 [폴리선(P)/반지름(R)/자르기(T)] : r
모깎기 반지름 지정 〈0.0000〉 : 15
첫 번째 객체 선택
두 번째 객체 선택

▷ 세부 설명

- 폴리선(P) : 폴리선으로 그려진 도형의 모든 모서리를 한 번에 모깎기 한다.
- 반지름(R) :모깎기 값을 입력한다.
- 자르기(T) : 이 옵션을 선택하면 자르기 및 연장 기능이 자동 수행된다.
- 모깎기 반지름 지정 : 반지름 값을 입력한다.
- 첫 번째 선 선택 : 첫 번째 객체를 지정한다. (P1)
- 두 번째 선 선택 : 두 번째 객체를 지정한다. (P2)

15 분해(Explode)

아이콘: / 명령: Explode

직사각형, 다각형, 폴리선 등의 작업이나, 치수기입, 블록의 인서트 작업 시에는 여러 객체가 하나의 객체로 묶여 있게 된다. 이럴 때 도형의 일부분만을 수정하기 위해서는 묶여진 객체를 분해해야 하는데 여기에 쓰이는 명령이 분해(Explode) 명령이다.

분해(객체분리)를 할 때는 분해되었을 때의 결과를 미리 예측하여 도면에 불량부분이 생기지 않도록 주의해야 한다.

16 선축척(Ltscale)

아이콘: 없음 / 메뉴: 없음 / 명령 : Ltscale

점선, 일점쇄선, 이점쇄선 등의 축척 비율을 일괄적으로 조정한다. 양의 수치로 나타내며 너무 작거나 큰 도면에서 명확한 선을 나타내기 위해서 사용하는 명령이다.
다음은 동일한 그림을 각기 다르게 선축척을 적용한 예이다.

Ltscale = 0.3　　Ltscale = 0.5　　Ltscale = 0.7

17 특성일치(Matchprop)

아이콘: / 명령: Matchprop / 단축키: ma

선택한 객체의 특성을 임의의 지정한 객체에 적용하는 기능이다. 다시 말해서 도면층, 색상, 선 형태, 문자크기, 문자기입방향 등 지정한 객체의 모든 요소가 그대로 다른 객체로 적용되는 편리한 기능이다.

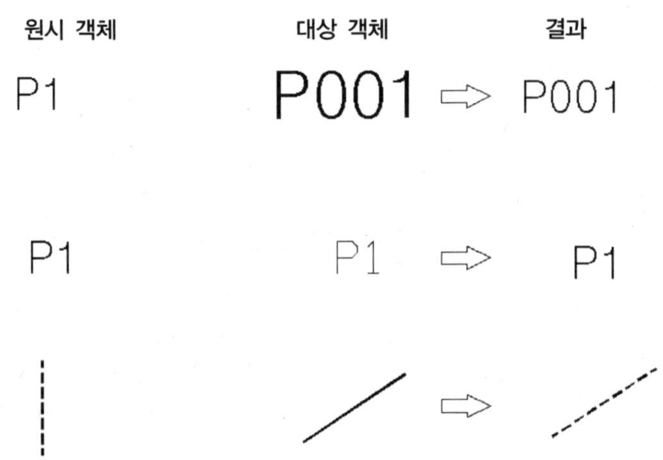

특성일치 설정 값을 정의하면 원시 객체의 특성 중 원하는 일부만을 일치시킬 수 있다. 설정 값(S)을 지정하면 다음과 같은 특성 설정 값 대화 창이 올라오고, 필요한 부분을 체크하면 대상객체를 일치시킬 수 있다.

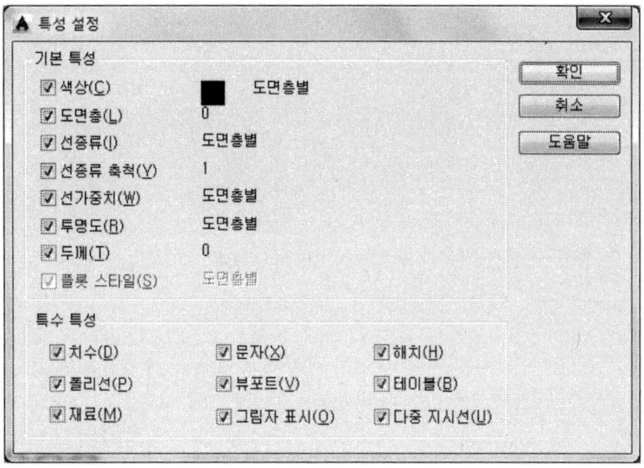

GRID, SNAP, ARC, CIRCLE

그리드 간격 : 10 (그리드 ON)
스냅 간격 : 10 (스냅 ON)

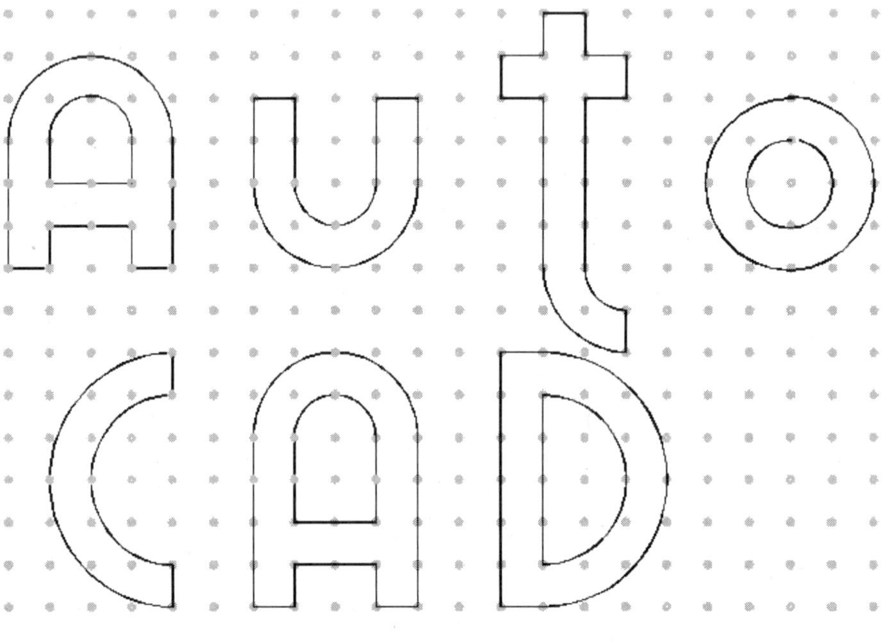

ARC, CIRCLE, LINE

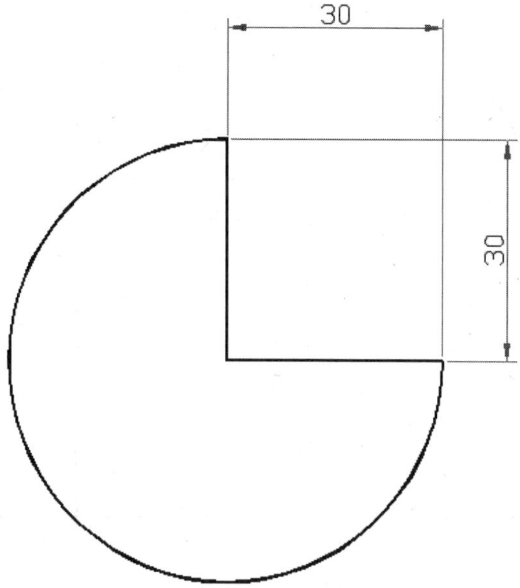

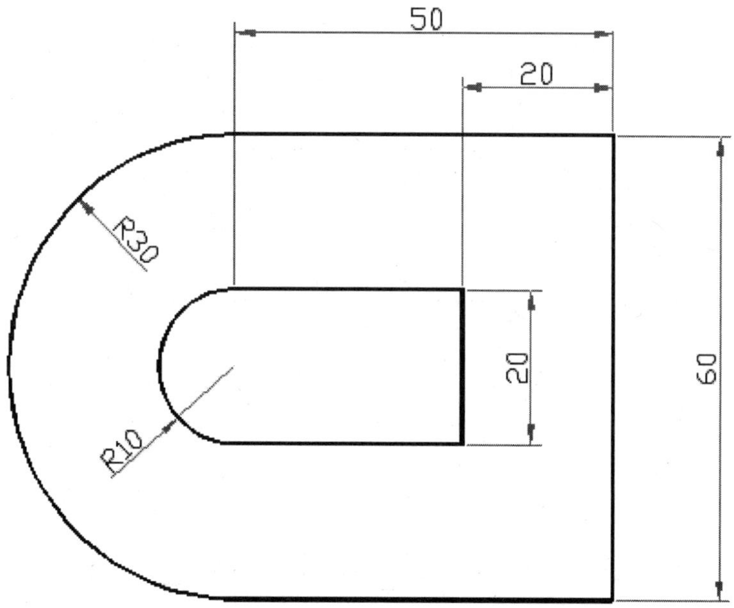

TRIM, CIRCLE, ARC, LINE 명령

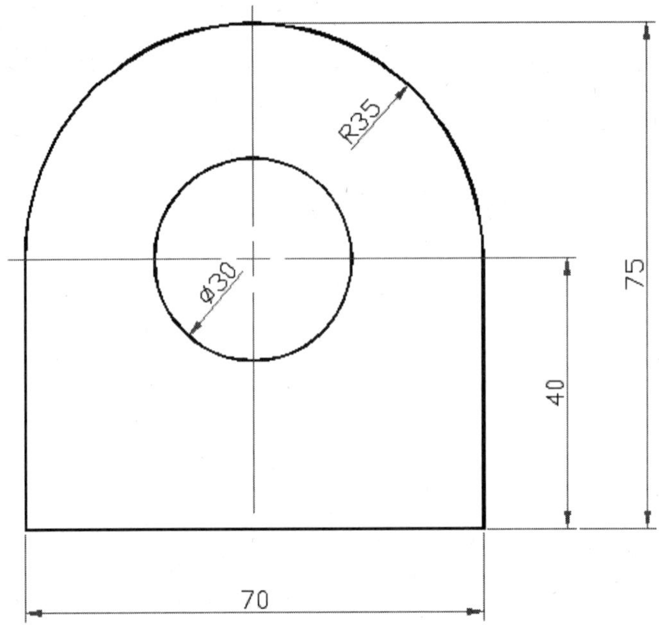

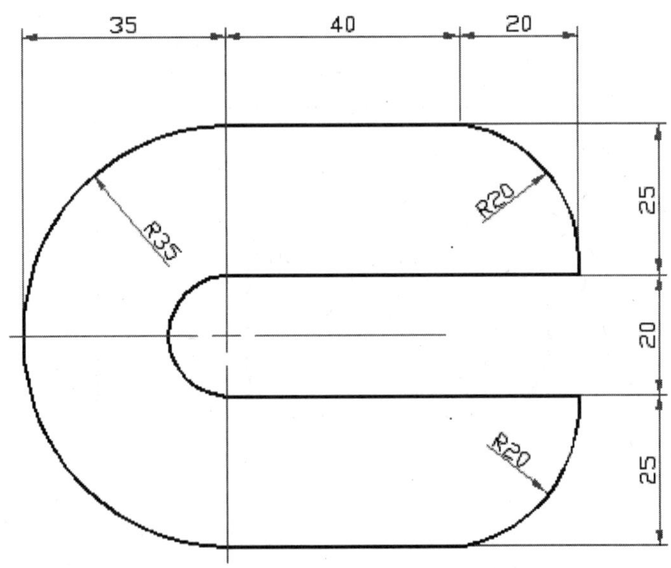

CIRCLE, OSNAP

osnap의 기능 익히기(끝점. 중심. 사분점 등)

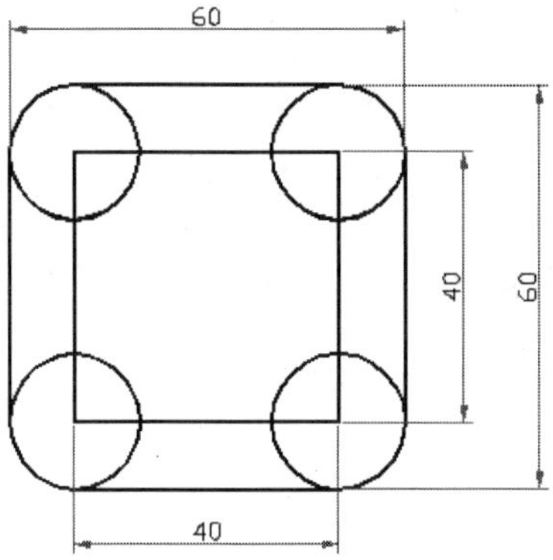

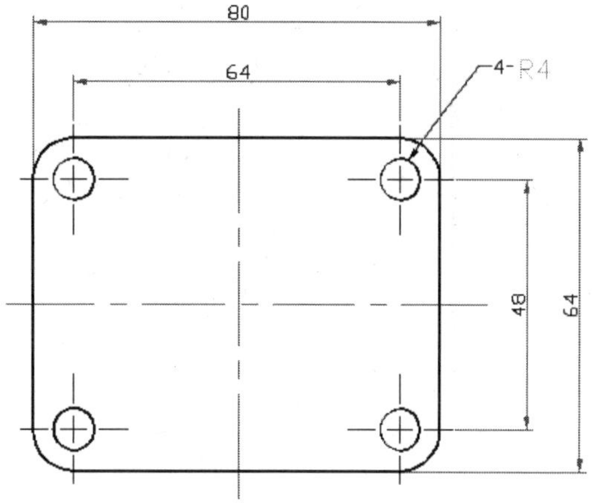

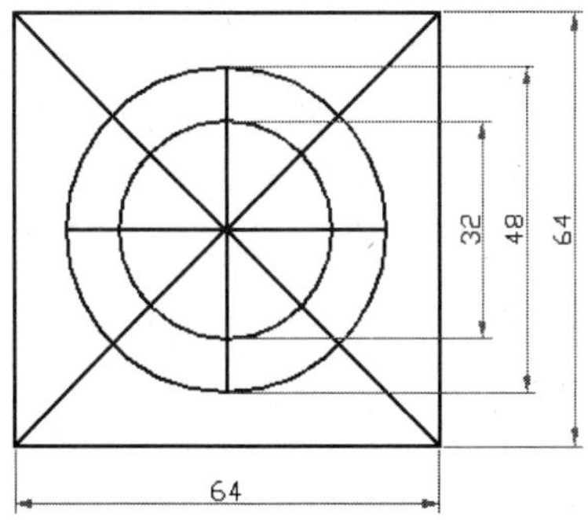

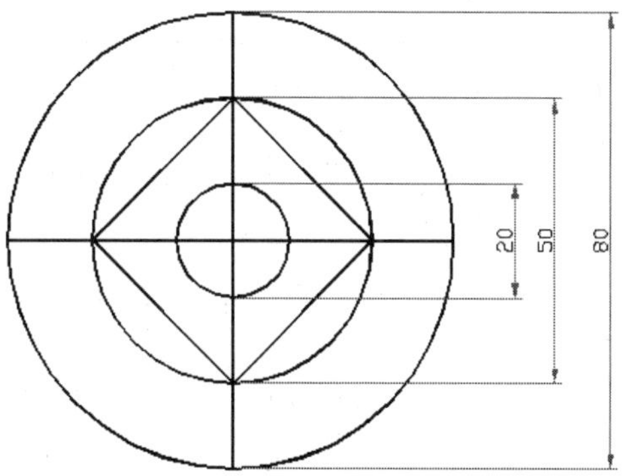

LINE, ARC

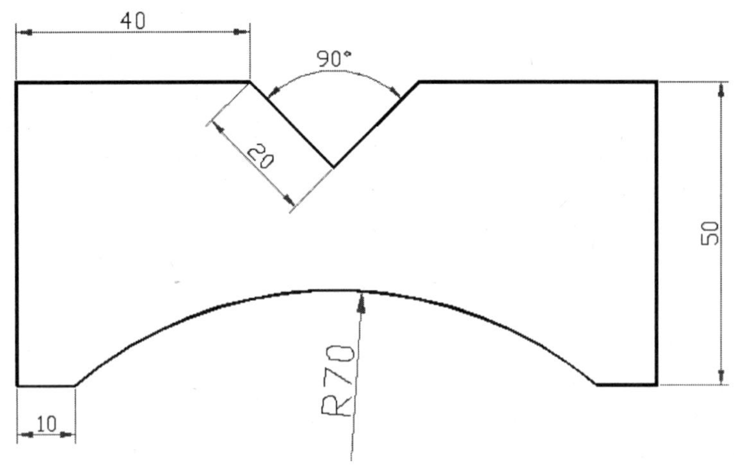

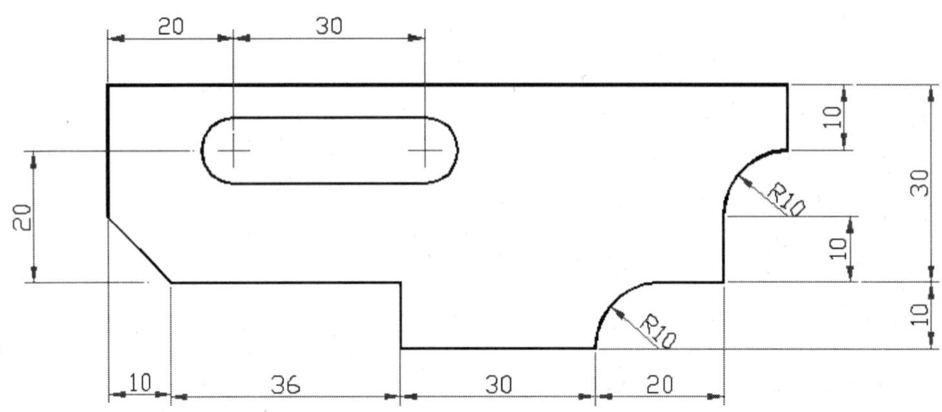

ARC, OFFSET, TRIM
COMMAND : ARC(S,E,R)

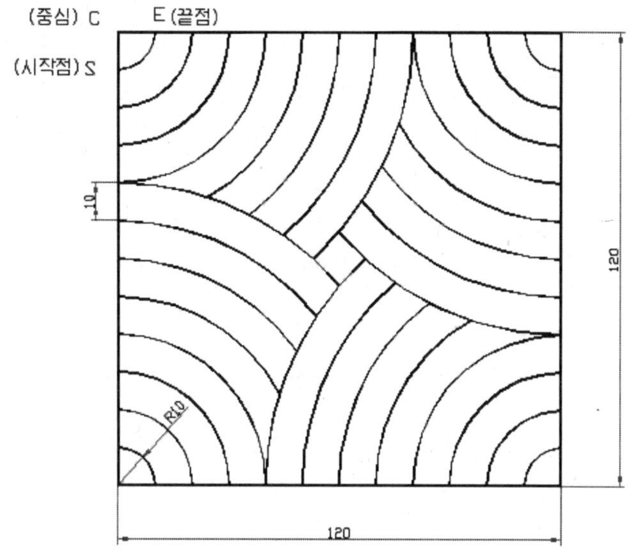

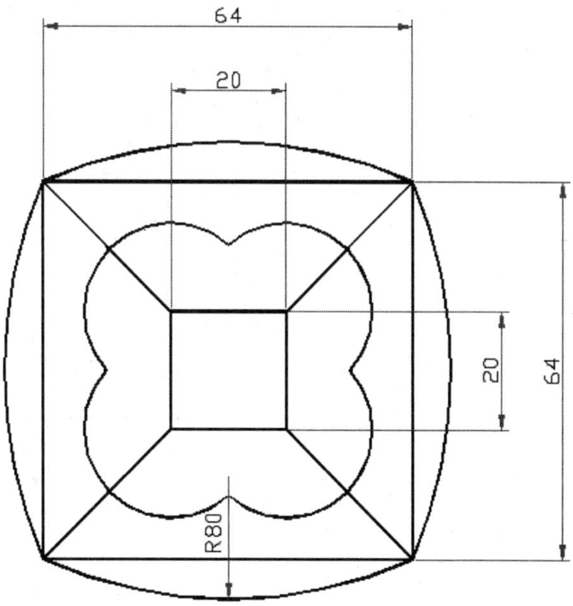

절대좌표와 극좌표 그리기

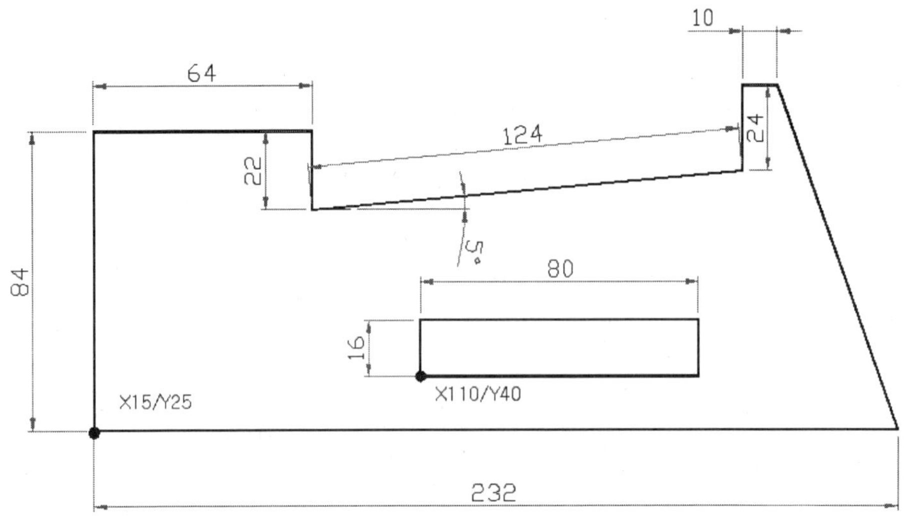

from기능사용

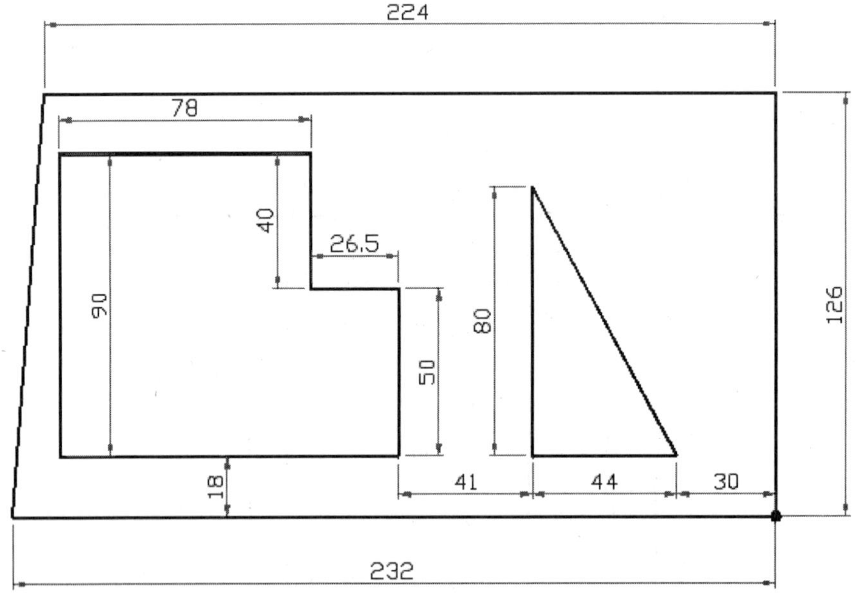

Line, Circle, Trim명령

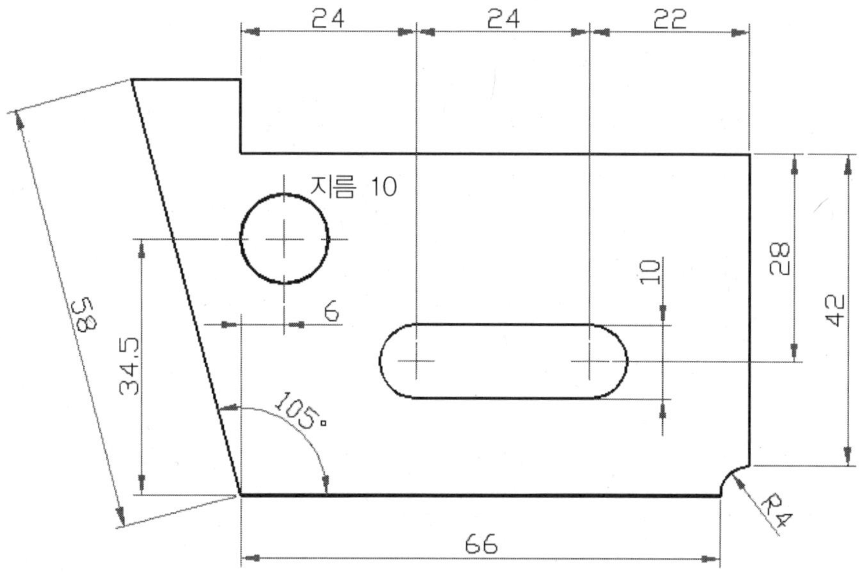

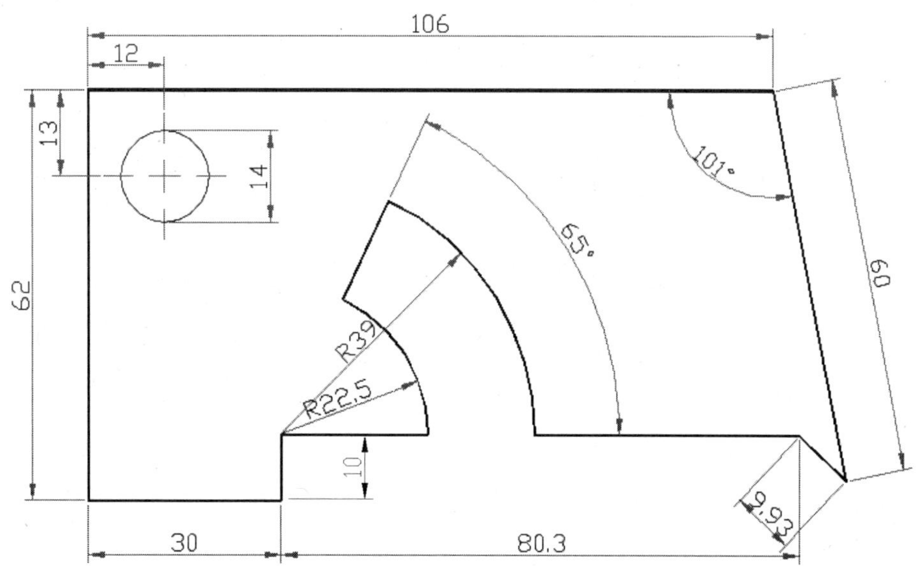

CIRCLE, TRIM 명령

주의 : 자르기는 밖에서 안쪽으로 자른다.

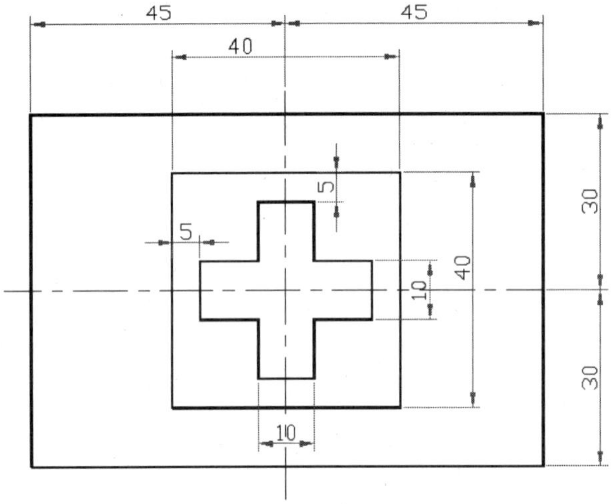

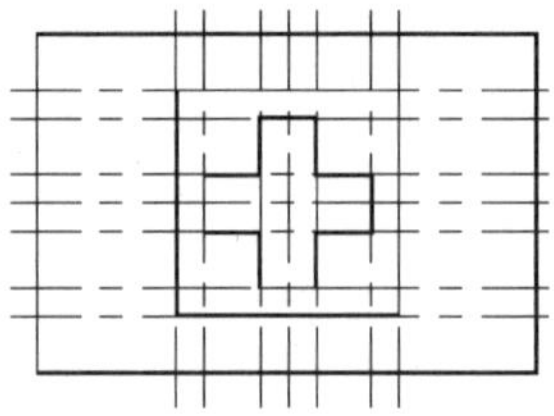

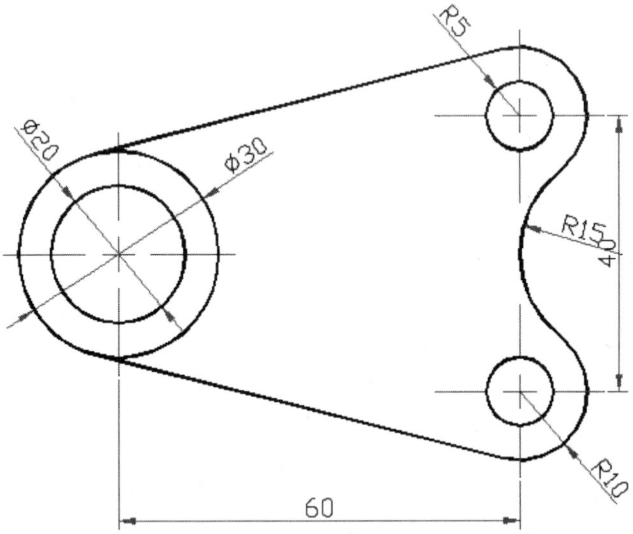

CIRCLE, TRIM, Rectang 명령

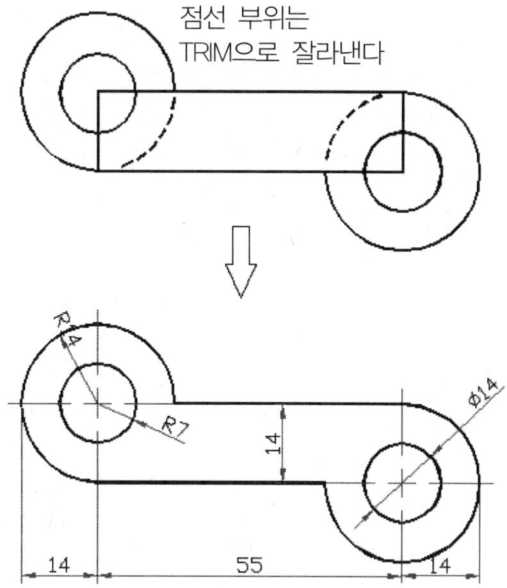

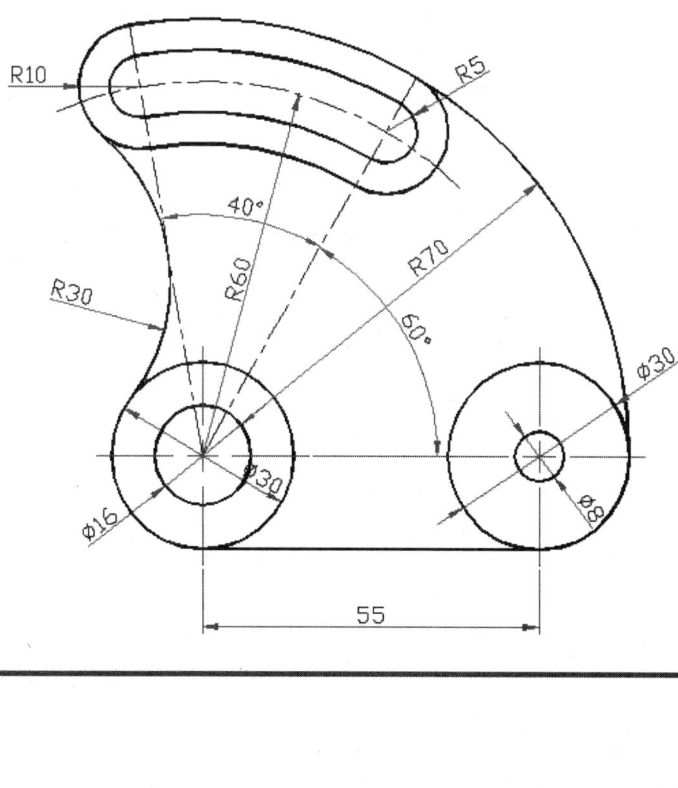

■ 반 단면도법 그리기

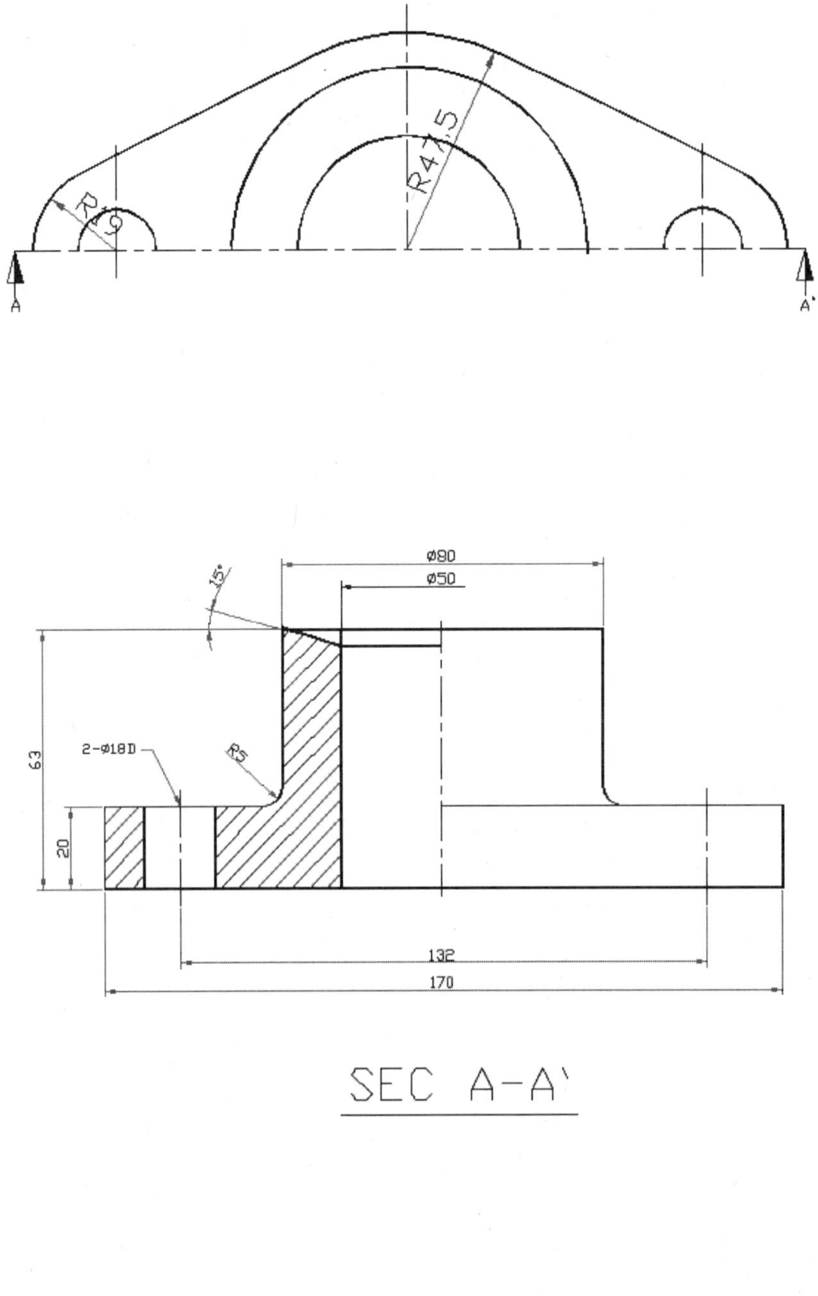

TTR활용 그리기

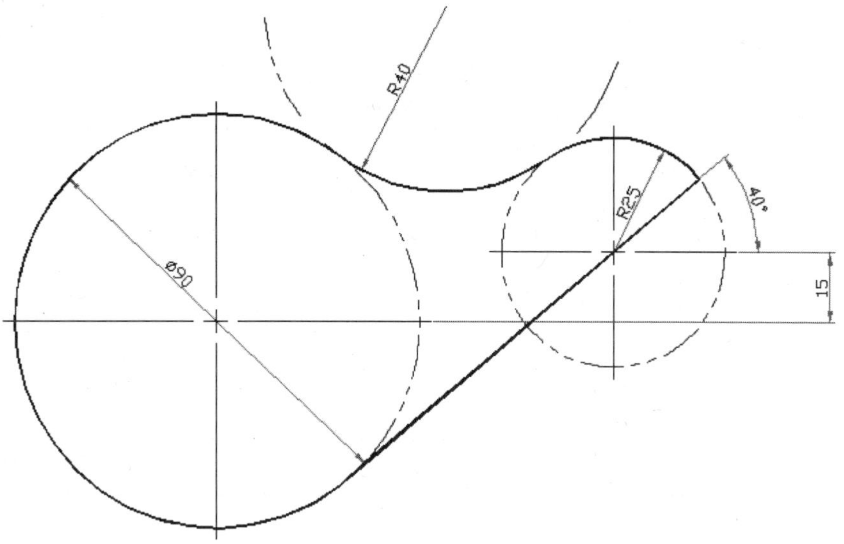

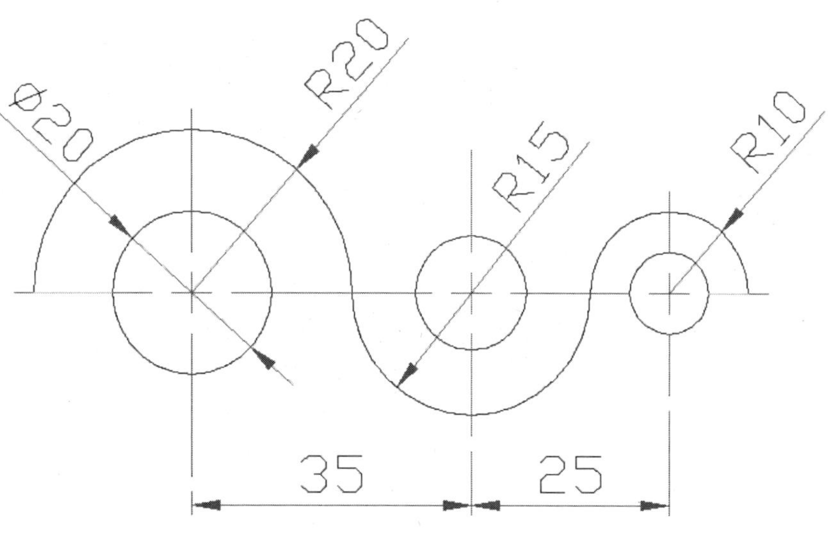

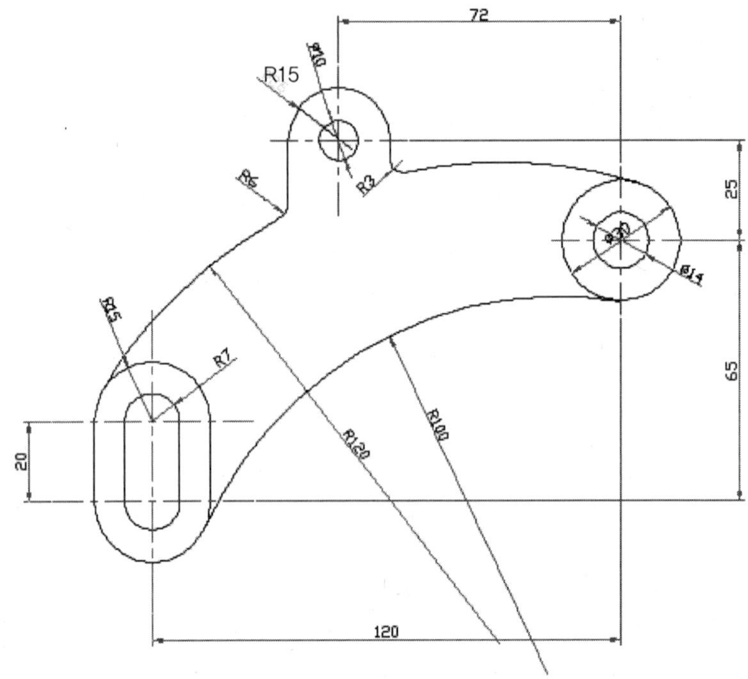
72
Ø10
R15
R6
R3
25
Ø30
Ø14
R15
R7
65
20
R120
R100
120

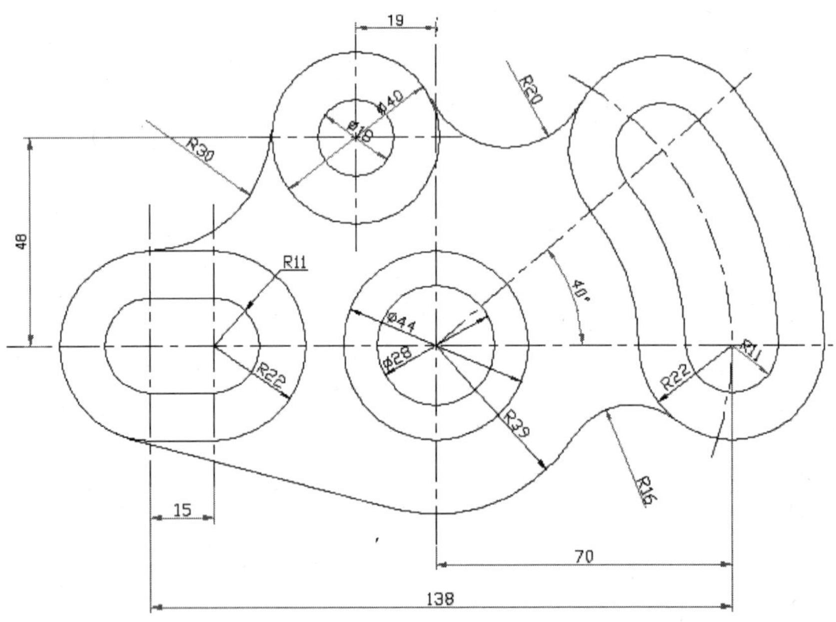
19
R20
Ø40
Ø18
R30
48
R11
40°
Ø44
Ø28
R22
R39
R22
R11
R16
15
70
138

ARRAY(직사각형. 원형배열) MIRROR

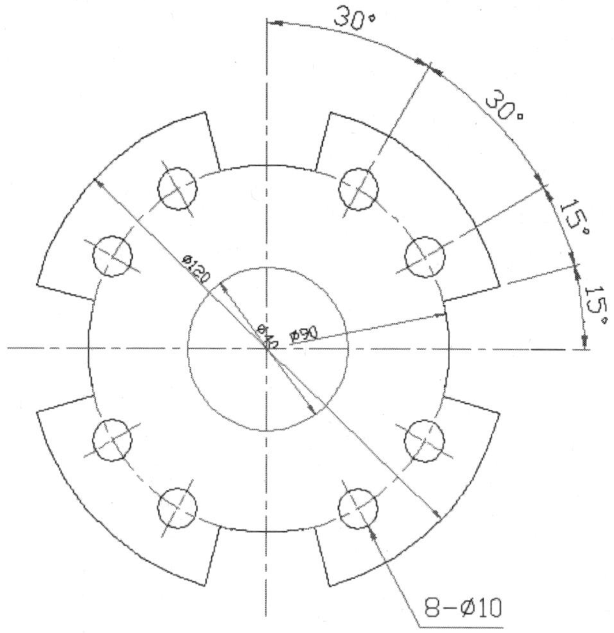

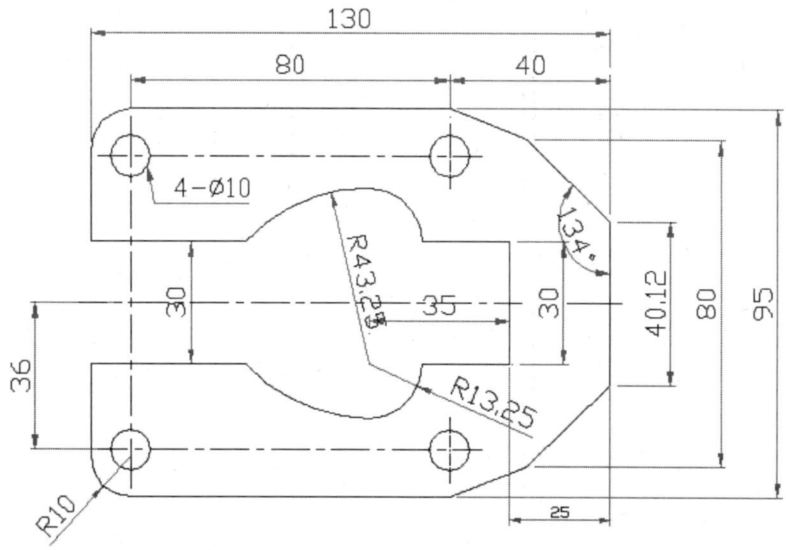

따라하기(LIMITS 조정)

command : limits

왼쪽아래〈0,0〉 오른쪽 위〈420,297〉 1200,2500 정도로 한다.

command : rec(직사각형)

command : 왼쪽아래 : 0, 0 오른쪽 위 900, 2100

command : offset으로 25

command : offset으로 175하고 또 25(안쪽 사각형)

밑면에서 양쪽으로 조금 큰 선을 그린다.

그린 선을 offset으로 750 또 150 한 다음 양쪽으로 25씩 offset하고 trim한다.

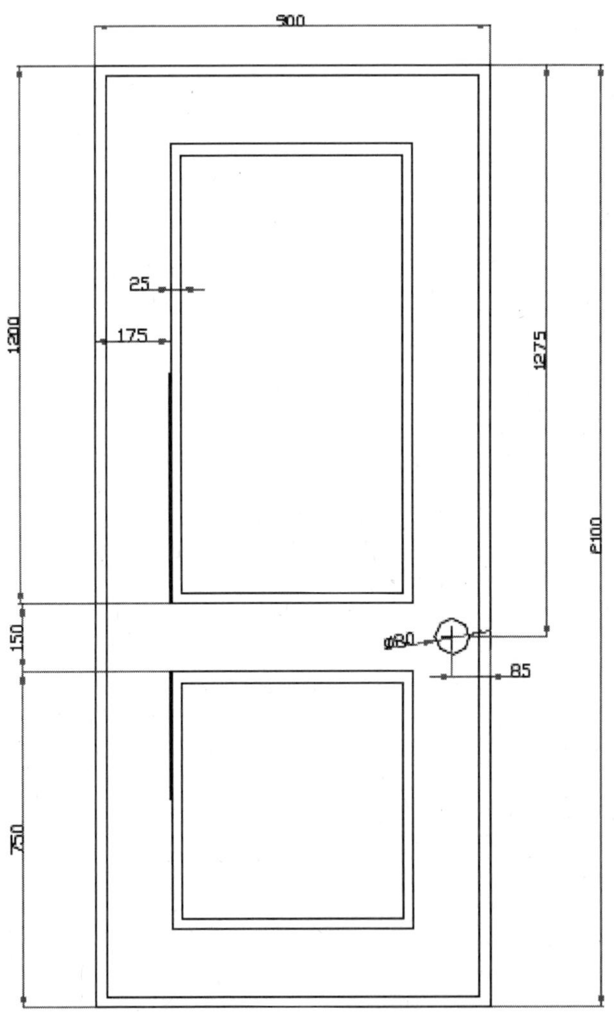

OFFSET, TRIM

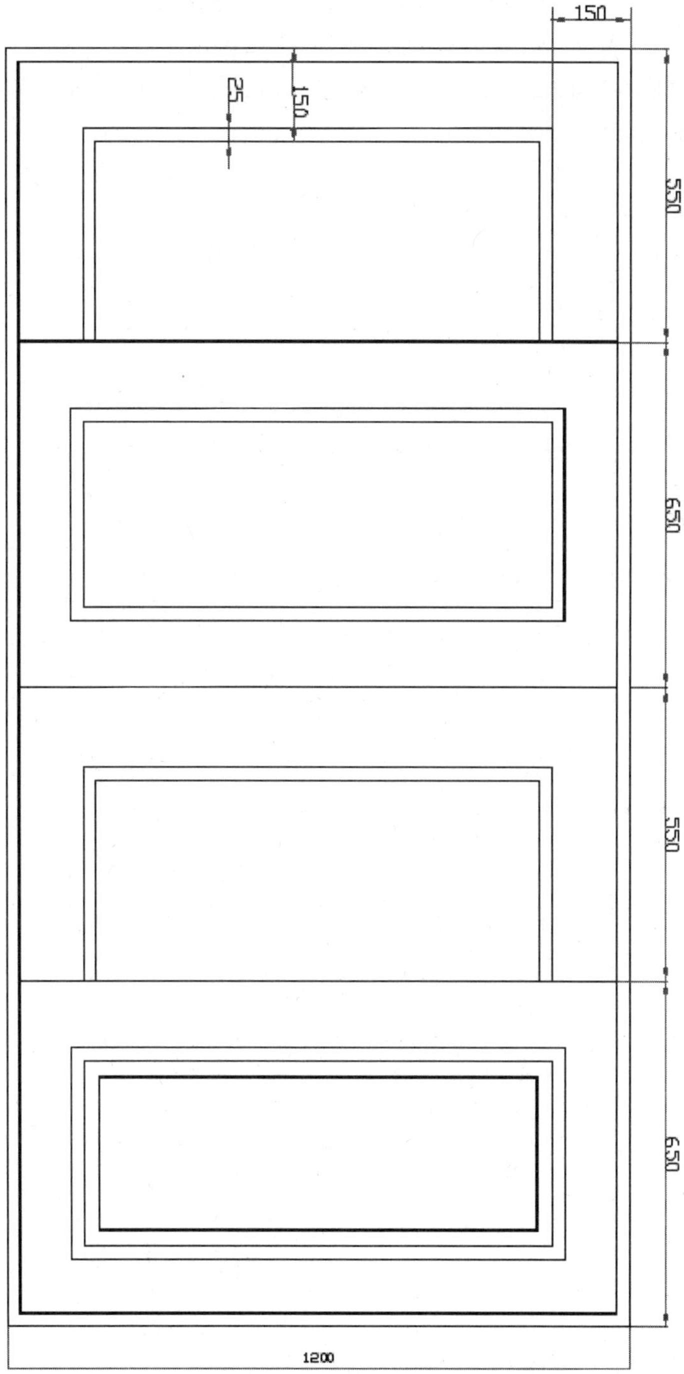

따라하기 (POLYGON, CIRCLE)

pol ↵ 면의 수 : 6 ↵ 중심점 : a점과 b점에서 R25로(6각형을 그린다)
C점에서 R19로 원을 그리고 A.B점에서 R30원을 그린다.
R19원 접선에서 수직으로 내리고 f선의 접점에서 r19원을 그리고 원과 원을 접선 연결하고 trim한다.

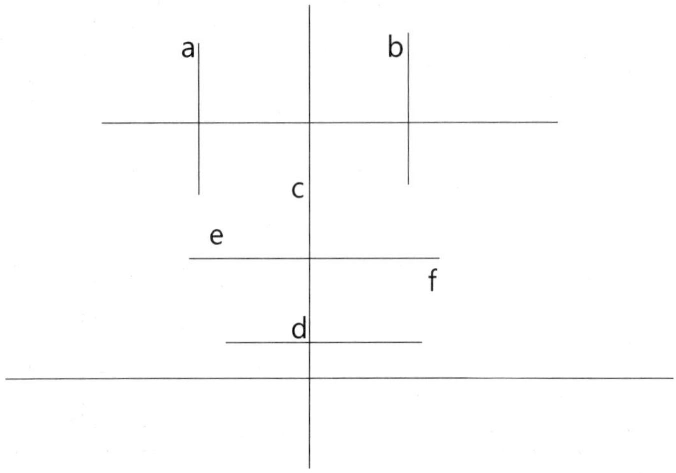

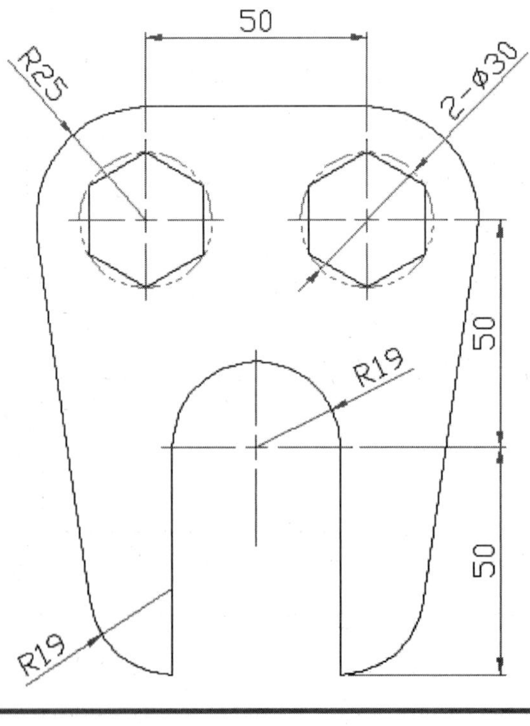

ARRAY

직사각형 배열. 원형배열을 이용한 그리기

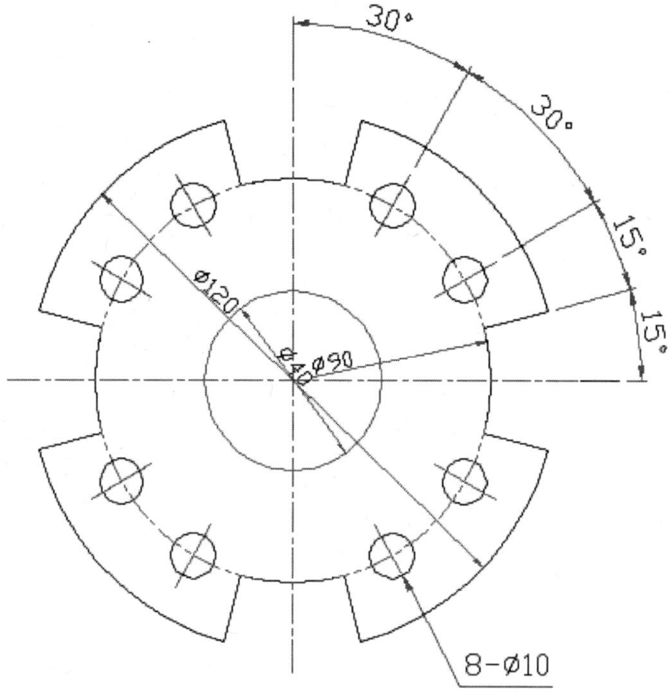

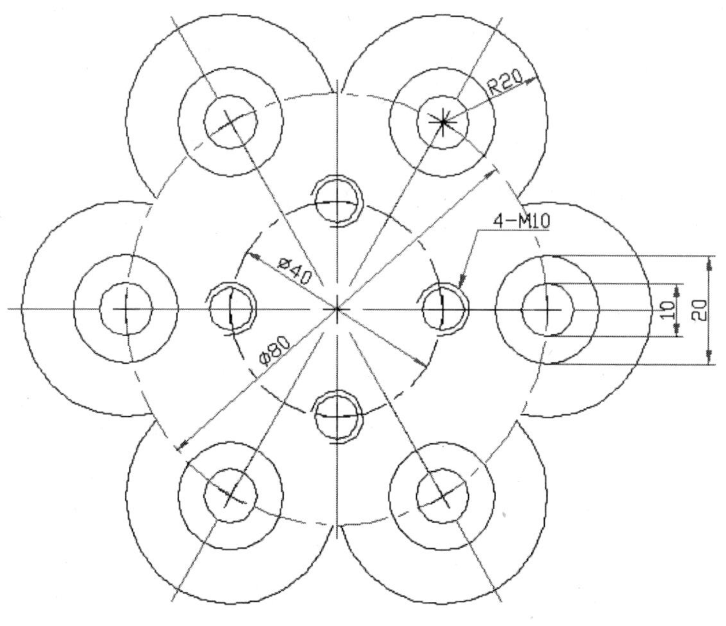

Memo

기본학습

05 도면층(Layer)과 주요기능

이 장에서는 AutoCAD가 가지고 있는 유용하면서도 편리한 주요 기능들을 익혀서 도면 그리는데 더욱 향상된 작업이 이루어진다.

01 도면층(Layer)

아이콘:  / 명령: Layer

도면의 구성은 간단히 말해서 선, 호, 문자들의 조합이라고 볼 수 있다. 이 세 가지가 조합되어서 수 만 가지의 복잡한 도면을 만들어 내는 것이다. 그렇기 때문에 도면을 편리하고 간단한 방법으로 객체를 통제하기 위해서 도면층이 사용된다. 에를 들어 도면의 외형선의 도면층과 치수의 도면층을 서로 다르게 하면 화면상에 외형선과 치수선을 따로 따로 ON/OFF시켜 수정 시 불필요한 것들을 통제할 수 있게 된다. 다음은 정의되지 않은 초기 상태의 도면층 대화창이다. 도면층을 새로 만들거나 삭제할 수 있고 선의 종류나 색을 지정할 수도 있다. 각기 다른 용도의 선은 도면층을 다르게 사용하면 편집이나 수정 작업 시 매우 편리하게 할 수 있다.

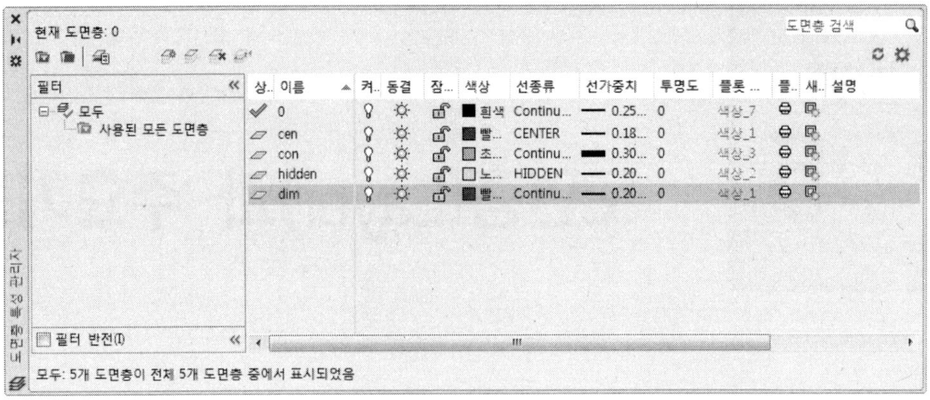

다음과 같은 몇 가지 도면층을 만들어 보기로 하자

숨은선	노란색	점선(Hidden)
외형선	녹색	길선(Continuous)
중심선	선홍색	일점쇄선(Center)
치수선	적색	실선(Continuous)
가상선	파랑색	이점쇄선(Phantom)

새 도면층을 선택하면 아래 화면에서 보는 바와 같이 정의되지 않은 도면층이 하나 생성된다. 각각의 이름, 색상, 선 종류를 앞장의 표와 같이 정의해 보자.

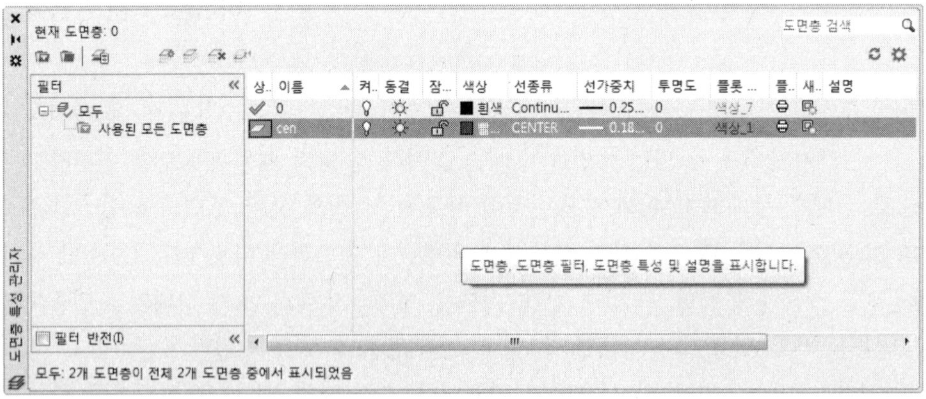

① 커서를 이용하여 도면층1을 중심선으로 수정한다.

② 커서로 흰색 부분을 선택하고 다음과 같은 창이 뜨면 노란색을 선택한다.

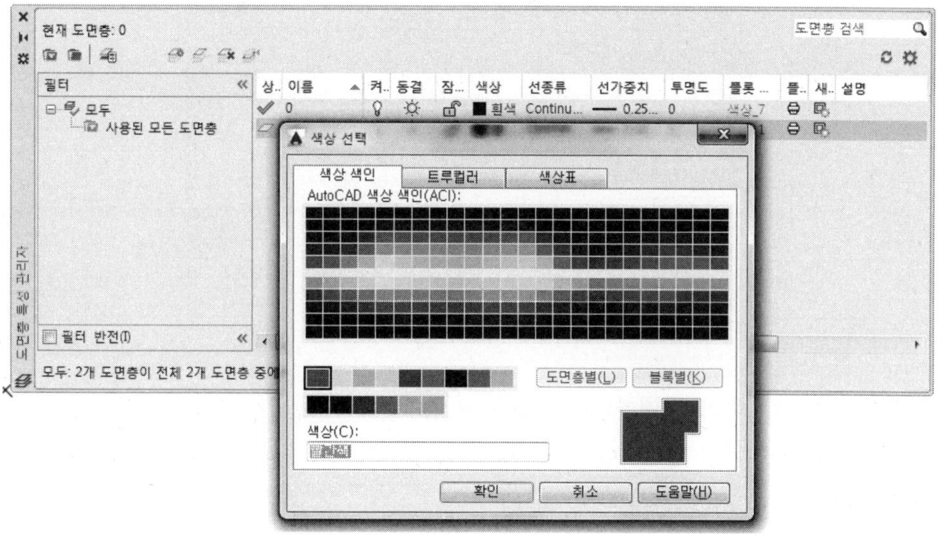

③ AutoCAD에서 기본으로 제공되는 여러 가지 형태의 선이 acadiso.lin이라는 파일에 정의되어 있고, 올리기(Load)를 하지 않으면 사용할 수 없다. 따라서 커서로 continuous 부분을 선택하고 다음과 같은 창이 뜨면 올리기를 선택한다.

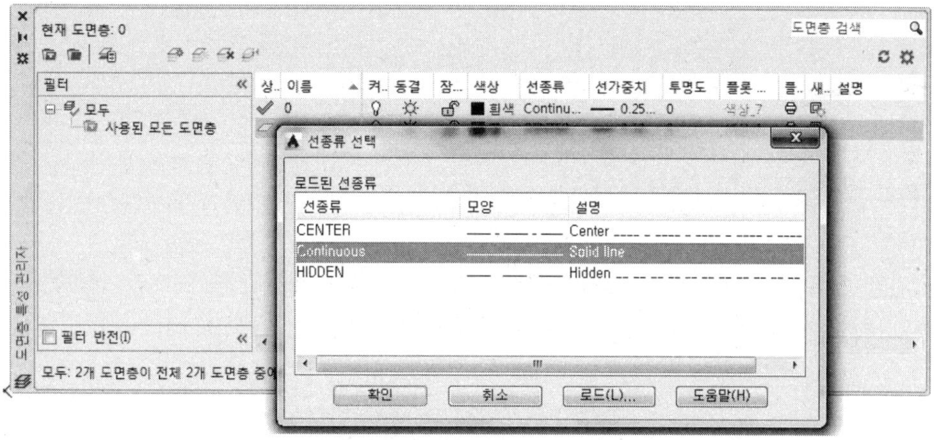

④ 여러 가지 선 종류 중에서 CENTER를 선택한다. 이렇게 하면 올리기가 완성되고 위의 화면처럼 선 종류 선책 창의 올려진 선 종류에 center가 추가가 된다. 이때 center를 마지막으로 지정해 주면 된다.

⑤ 이렇게 해서 한 개의 도면층(중심선)이 생성되었다 계속해서 동일한 방법으로 외형선, 중심선, 치수선, 가상 선을 만들어 보자. 올려진 선 종류에 Hidden, Phantom도 위와 같은 방법으로 올려야 한다.
최종적으로 완성된 도면층은 다음과 같다.

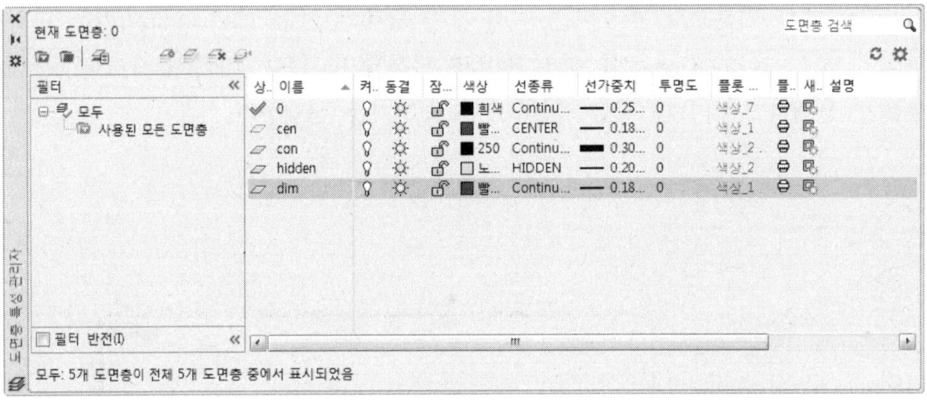

⑥ 확인을 누르고 화면으로 돌아와서 좌측상단의 도면층 제어판을 누르면 원하는 도면층으로 작업할 수 있다. 다음은 도면층 지정이 정상적으로 된 상태이다.

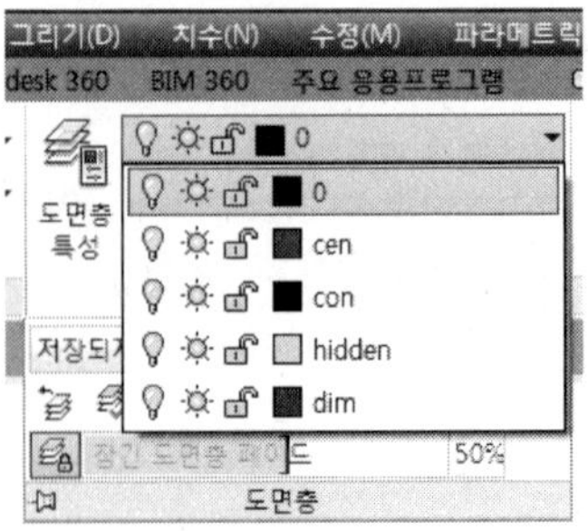

이렇게 정의된 도면층은 ON/OFF를 자유롭게 하면서 도면 작업을 할 수 있고, 도면층 마다 각기 다른 색으로 지정되어 있으므로 출력할 때도 두께를 각기 다르게 지정하여 출력할 수 있다. 또한 이 파일을 템플릿 파일(*.dwt)로 저장해 놓으면 새 도면(New)을 그릴 때마다 정의해야 하는 번거로움도 없앨 수 있다.

▷ 템플릿 파일의 저장 순서

① 파일에서 다른 이름저장에서 하단에 파일형식(T)를 (*.dwt)로 수정

② 파일 이름을 입력하고 저장

02 해칭(Hatch)하기

아이콘:  / 명령: Hatch

도면으로 나타내려고 하는 물체의 형상에 따라 물체 내부를 도시해야 할 필요가 있는 것이 많다. 이 때 물체를 절단하여 도면을 단면도 상태로 나타내게 되는데 물체의 외형과 구별되게 하기 위하여 단면 부분에 표시하는 일정한 패턴을 해칭이라 한다.

명령 행에서 Hatch를 입력하여 실행시킬 수도 있지만 해칭 패턴을 그림으로 보면서 작업하기 위해서는 아이콘 메뉴나 팝업메뉴를 사용하는 것이 좋다.

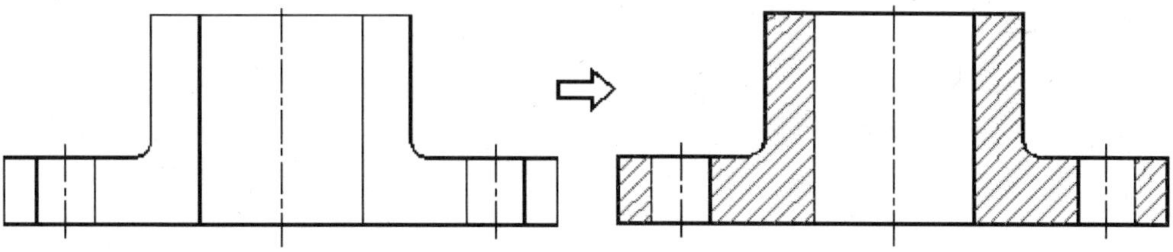

해칭 전 도면　　해칭 후 도면

다음은 해칭 명령을 실행시켰을 때 올라오는 툴바이다.

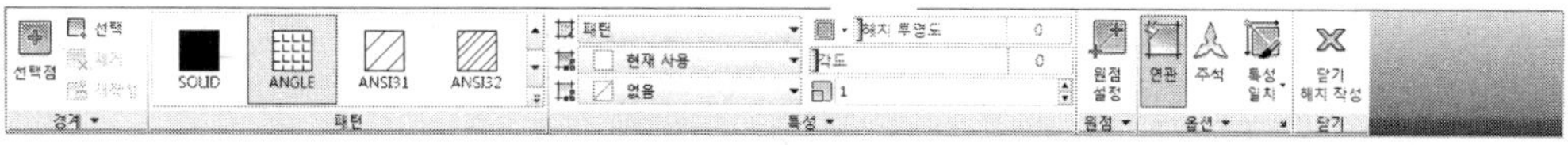

패턴에서 사용하고자 하는 무늬를 선택한다.

패턴 메뉴에서 우측에 있는 삼각형과 역삼각형 버튼을 클릭하면 수십 가지의 다양한 패턴을 보면서 선택할 수 있다.

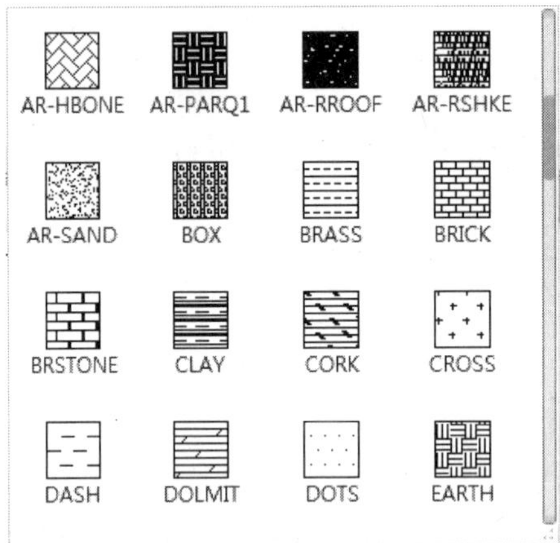

모두 해치형을 선택하는 대화상자로 사용자 입장에서는 해치형만 다를 뿐 어떤 것을 사용하든 기능상 차이점은 없다.

ANSI형 : 미국공업규격 해치형

ISO형 : 국제규격 해치형

기타형 : Auto CAD가 제공하는 해치형

사용자형 : 사용자 스스로 만들어 쓰는 해치형

☞ ISO 패턴보다는 ANSI패턴을 많이 이용하고 있다.

▷ **명령** : hatch (단축키 : H)

(1) 도형의 기본 해치

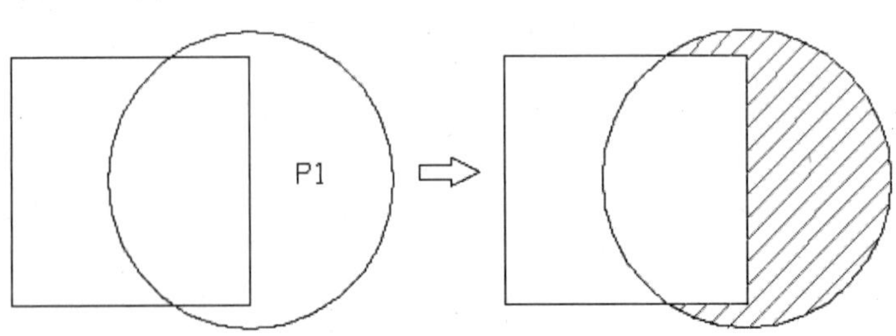

해치 명령을 하면 상단의 메뉴가 다음과 같이 변한다.

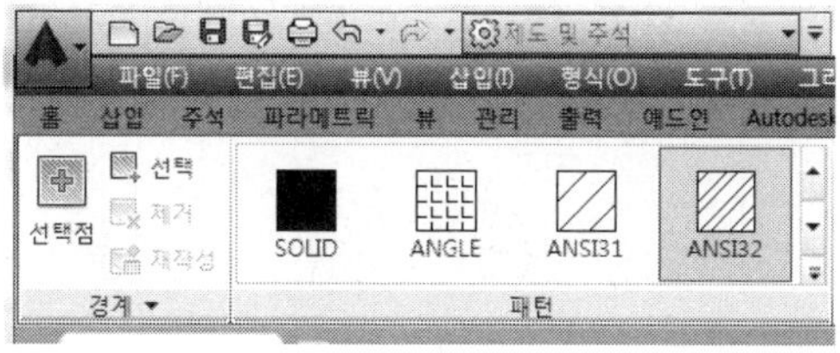

패턴 ANSI32 선택 후 선택점 아이콘 메뉴를 클릭한다. 마우스를 P1영역에 위치한 후 클릭한다. 엔터를 하면 해칭이 완료된다.

(2) 정사각형 객체선택 해치

정사각형 내부를 자갈 패턴을 선택하고 정사각형〈A〉에서 해칭해 본다.

점 선택 버튼을 이용하여 구역을 선택하면 〈B〉와 같은 해치가 된다. 만약 사용자가 어떤 모양을 지정해서 해치하고 싶다면 객체선택 버튼을 누르고 해치될 영역의 경계를 직접 지정하면 〈C〉와 같이 해칭된다.

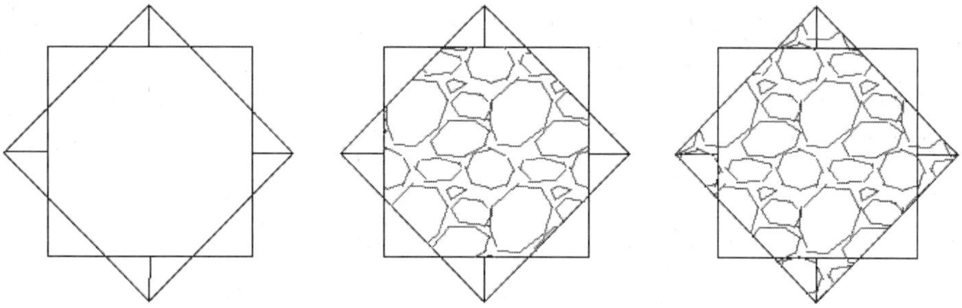

〈그림A〉 〈그림B〉 〈그림C〉

(3) 정사각형 내부 또 다른 영역 해치

변화를 주기 위해 패턴을 벌집으로 바꾸고 축척을 0.5로 지정한다. 정사각형 내부에 원 a와 원 b 두 개의 원을 그린다. 경계점을 선택하고 c를 지정하면 도형은 〈그림B〉와 같이 해치가 된다. 이것은 정상적인 해치지만 만약 사용자가 원 a부분을 해치의 경계로 인식시키고 싶지 않다면 고립영역제거(Remove Islands)를 클릭하여 원 a를 지정하면 된다.

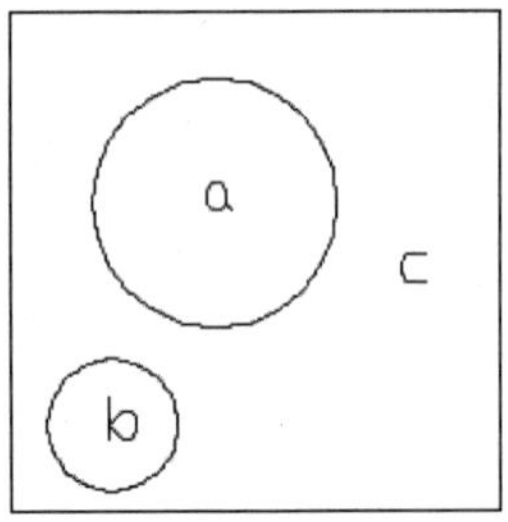

〈그림A〉

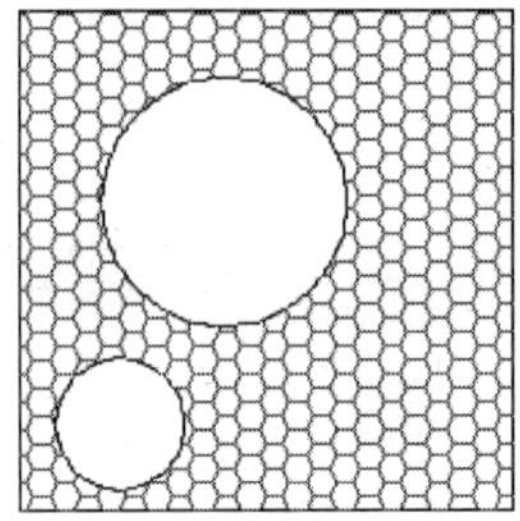

〈그림B〉

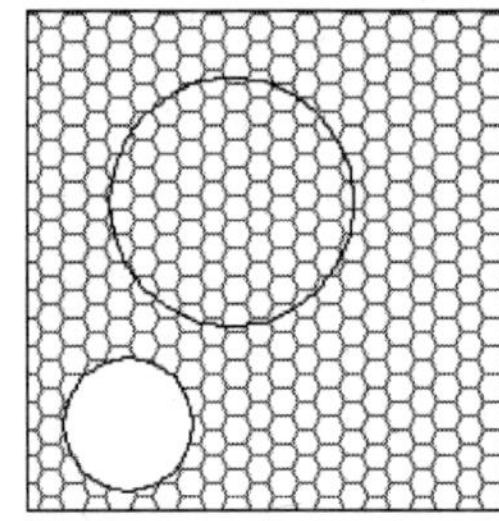

〈그림C〉

▷ 세부설명

• 해칭의 옵션 사항에서 개별해치 작성을 선택하고 c를 지정하면 〈그림B〉와 같은 결과를 얻는다.

• 다시 a를 지정하면 〈그림C〉를 얻는다.

다음은 해칭 명령을 실행시켰을 때 올라오는 고급 대화 창이다. 복합되거나 겹쳐진 도형에서 해칭의 영역을 제한할 수 있다.

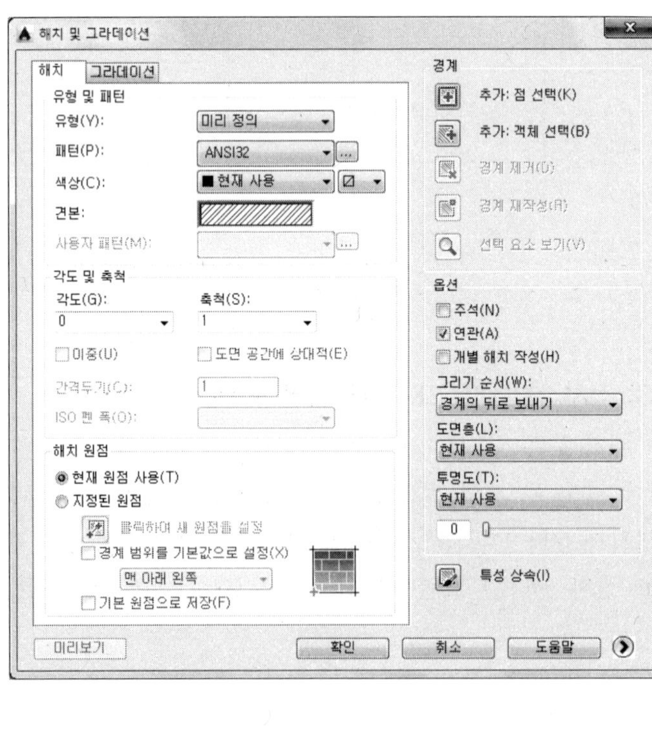

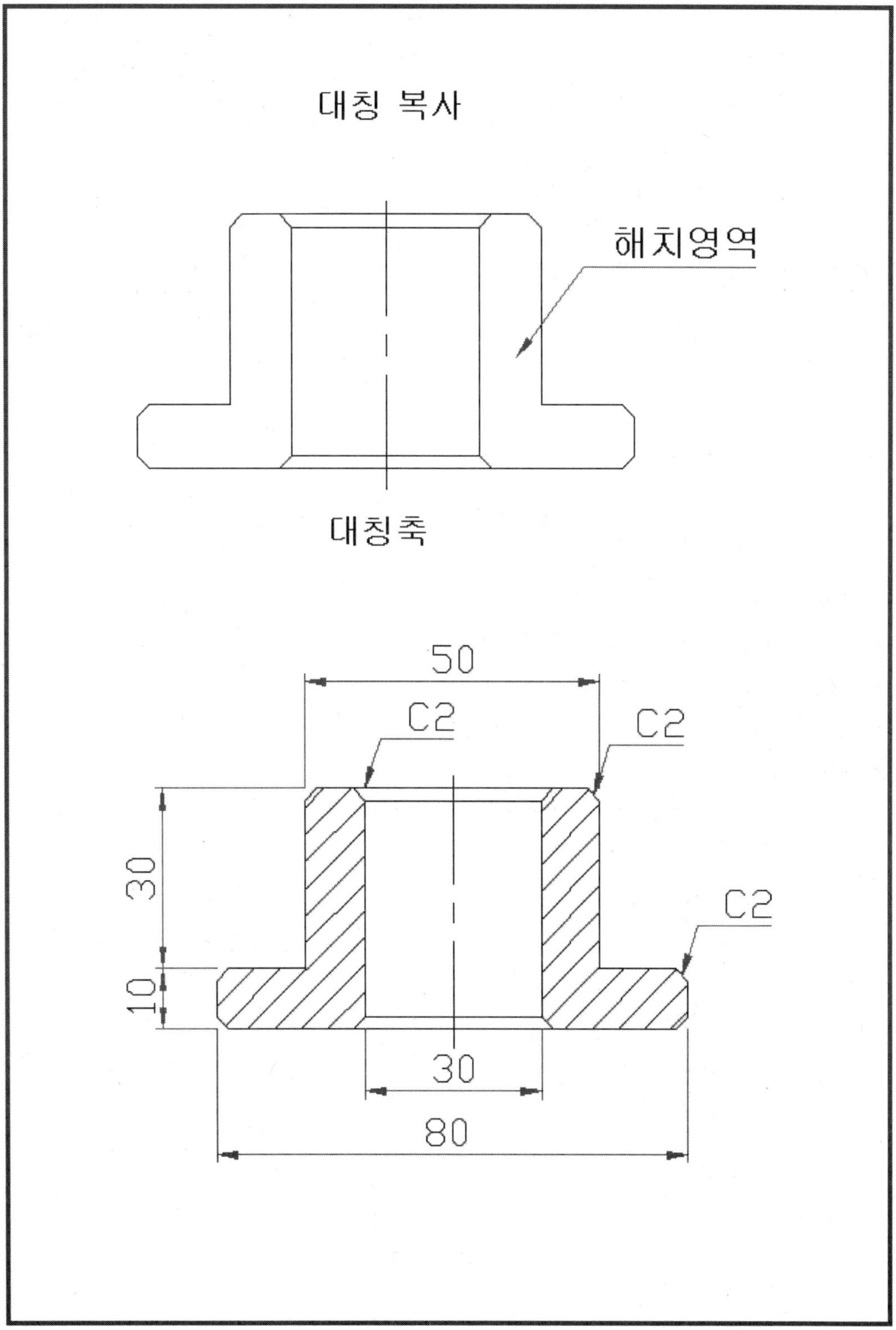
대칭 복사
해치영역
대칭축
50
C2
C2
30
C2
10
30
80

▷ 투상도 그리기

- 단면도는 해칭한다.
- 실물도를 보고 정면도
- 평면도와 우측면도(좌)를 또 저면도를 그린다.

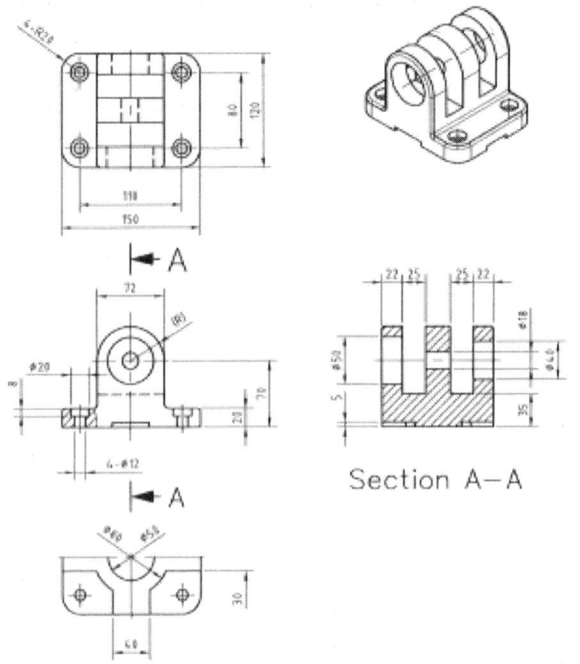

▷ 기어그리기

- 기어의 피치원지름 d=zm
- 이끝원 지름 D=(z+2)m
- 이뿌리높이(h) h=1.25m으로 한다.
- 모듀율 값 m=d/z

m : 모듀율 / z : 잇수 / d : 피치원지름 / D : 이끝원 지름 / h : 이뿌리높이

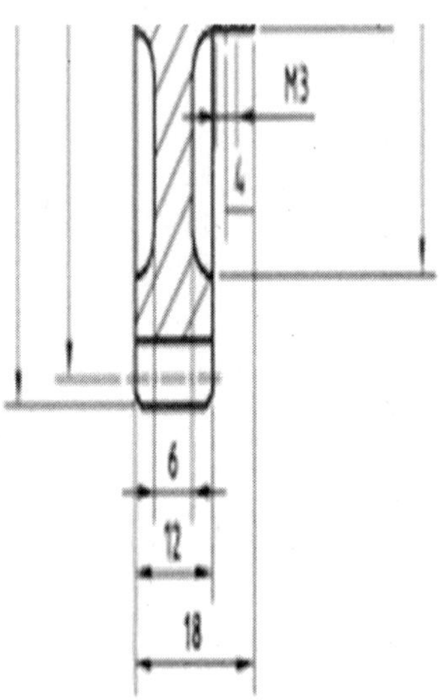

잇 수	34
피치원지름	68
전체이높이	4.5
다듬질방법	호 브 절 삭
정 밀 도	KS B1405, 5급

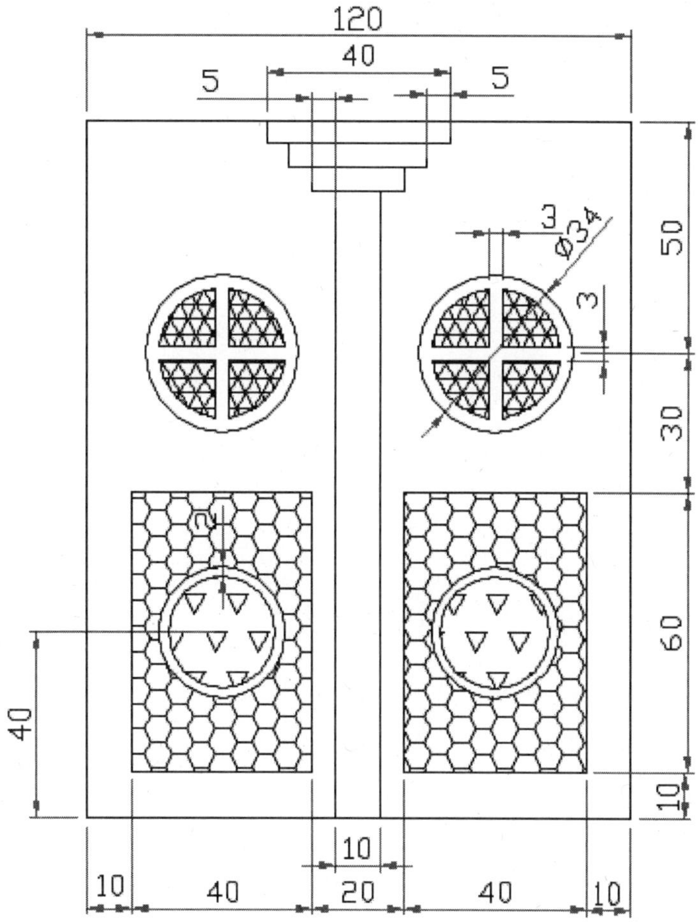
120
40
5
5
3
ø34
3
50
30
60
10
40
2
10
10
40
20
40
10

Memo

기본학습

06

문자입력(Text)

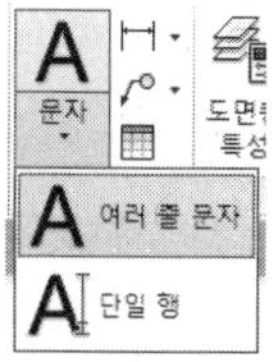

도면을 작성 후 필요에 따라 영문, 한글, 한문, 숫자 등 여러 가지 문자를 입력해야 하는데 입력에 따라 다양한 방법이 제공되고 있다. AutoCAD에서는 흔히 사용하는 한글워드의 기능을 거의 대부분 할 수 있으며 시스템 변수를 활용하면 그 이상의 기능도 활용이 가능하다.

01 문자유형(Style)

아이콘: / 명령: Style

AutoCAD는 다양한 문자 유형을 제공한다. 파일이 *.shx, *.pfb인 파일이 문자유형을 지원하는 파일이고 AutoCAD2007에는 Windows에 지원하는 것들을 포함하여 약 85가지의 문자 유형이 지원된다. 사용자마다 별도로 만들거나 다른 경로로 지원되는 문자유형을 사용하는 경우도 많이 있다.

아래 대화창은 다양한 문자 유형을 정의한다.

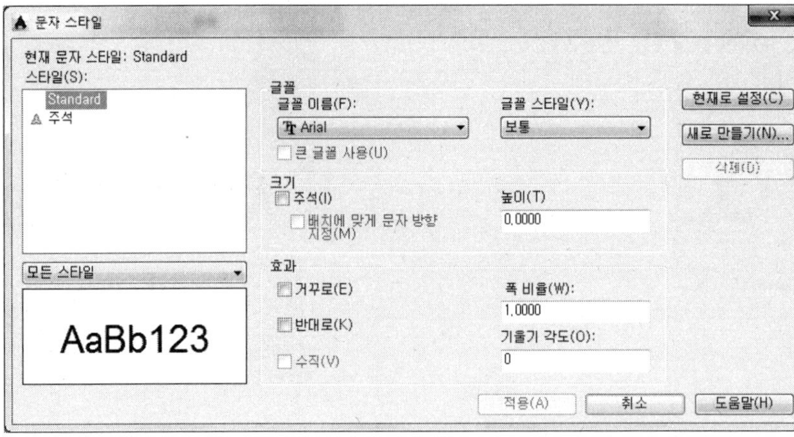

① 유형이름(S) : 정의하려고 하는 문자 유형의 이름을 지정한다.
② 글꼴이름(F) : AutoCAD에서 지원되는 문자유형 85개중 1개를 선택한다.
③ 글꼴 스타일(Y) : 역삼각형 버튼을 클릭하면 굵은체, 기울임체 등을 선택할 수 있다.
④ 효과 : 문자를 수직, 거꾸로, 뒤집힘, 기울기 등의 효과를 줄 수 있다.
⑤ 폭 비율(W) : 가로, 세로 비율을 정할 수 있으며 기울기를 정할 수 있다.
⑥ 새로 만들기(N) : 문자 스타일을 새롭게 만들어 지정할 수 있다.

02 다중행 문자(Mtext)

아이콘: A / 명령: Mtext

일반적인 워드처럼 여러 줄의 문자를 계속해서 입력할 수 있다. 명령을 실행하면 먼저화면상 두 점을 요구하는데, 문자가 위치할 곳에 커서로 두 점을 지정한다. 그러면 다음과 같은 대화창이 올라오게 되고 왼쪽 상단에 ㄴ 자 모양의 아이콘을 클릭하면 문자가 쓰여지는 방향과 위치를 지정할 수 있다.

문자 유형에서 정의된 이름의 유형이 사용된다. 엔터를 치면 줄 바꿈이 되고, 반드시 빈 공간을 클릭해야 창이 없어지면서 화면상에 입력이 완료된다.

03 단일행 문자(Dtext)

아이콘: A / 명령: Dtext

화면상에 자유로이 커서를 옮겨 가면서 원하는 곳에 문자를 입력할 수 있다. 이 명령은 이미 설정된 Style에 의해서 문자가 입력된다.

▷ 명령 : dtext (단축키 : DT)

현재문자유형 : "standard" 문자높이 : 3.5000
문자의 시작점 지정 또는 [자리 맞추기(J)/유형(S)] :
높이지정〈3.5000〉 :
문자의 회전각도 지정〈0〉 :
문자입력 :

▷ 세부설명

- 현재문자유형, 문자높이 : 현재 설정된 상태를 보여준다.
- 문자의 시작점 : 화면상에 문자가 시작될 위치를 지정한다.
- 자리 맞추기(J) : 기준점에 대한 문자의 자리를 맞춘다.
- 유형(S) ; 문자의 유형을 재정의 한다.
- 높이지정 : 문자의 높이를 지정한다. 기본 값은 3.5mm이다.
- 문자의 회전 각도지정 : 문자의 회전 각도를 지정한다. 기본 값은 0도이다.
- 문자입력 : 원하는 문자를 입력한다. 원하는 위치에 커서를 옮겨도 된다.

04 문자 편집(Ddedit)

아이콘: A / 명령: Ddedit

화면상에 이미 입력되어 있는 문자를 수정할 때 사용하는 명령이다.

다중행 입력(Mtext)으로 쓴 문자는 다중행 입력 창이 올라오고, 단일행(Dtext)으로 쓴 문자는 다음과 같은 문자편집 창이 올라온다. 수정 후 확인을 누르면 수정이 완료된다.

이 명령은 잘못 기입된 문자를 지우지 않고 수정하는 작업이므로 긴 글의 일부 수정에 매우 용이하다. 한글을 수정할 때에는 폰트에 주의하여야 한다.

05 찾기 및 대치(Find & Replace)

아이콘: / 명령: Find

화면상에 이미 입력되어 있는 문자열을 찾거나 찾은 문자열을 다른 문자로 대치시킬 때 사용하는 명령이다.

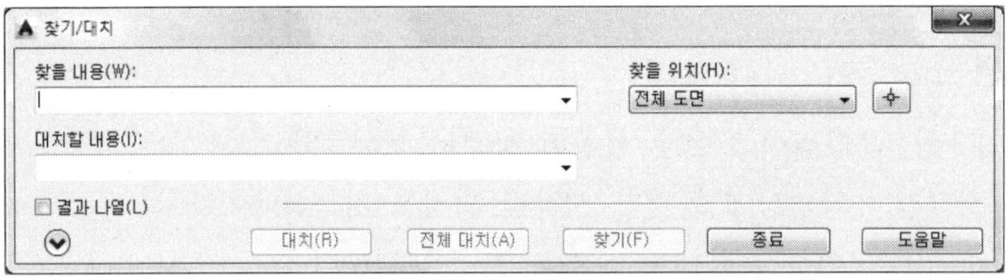

① 찾을 내용(W) : 찾고자 하는 문자열을 입력한다.
② 찾을 위치(H) : 검색 대상 범위을 지정한다.
③ 대치할 내용(I) : 찾은 문자열과 대치할 문자를 입력한다.
④ 결과 나열(L) : 체크를 하면 찾은 결과를 나열한다.
⑤ 찾기(F) : 한 번씩 누를 때마다 한 개씩 찾아 나간다.
⑥ 대치(R) : 한 번씩 누를 때마다 한 개씩 찾음과 동시에 대치시킨다.
⑦ 전체 대치(A) : 한 번에 전체를 찾아 대치시킨다.

06 문자 축척(Scaletext)

아이콘: [A] / 명령: Scaletext

화면상에 입력되어 있는 전체 또는 일부 문자의 크기를 원하는 높이로 키우거나 줄일 수 있는 기능이다.

AUTO CAD2005 ⇨ AUTO CAD2005

P1

▷ 명령 : scaletext

객체 선택 : P1
축척의 기준 점 옵션 입력
[기존(E)/왼쪽(L)/중심(C)/중간(M)/오른쪽(R)/TL/TC/TR/ML/MC/MR/BL/BC/BR]〈기존〉:
새 높이 지정 또는 [객체 일치(M)/축척 요인(S)]〈3.5〉: 6

▷ 세부 설명

- 객체 선택 : 높이를 수정하려는 문자를 선택한다.
- 축척의 기준점 옵션입력 : 커지거나 줄이는 기준점을 입력한다.
- 새 높이 지정 : 수정 후의 원하는 높이를 입력한다.
- 객체 일치(M) : 새로운 높이지정 값을 입력하지 않고 원하는 크기의 문자를 선택한다.
- 축척 요인(S) : 이미 지정된 값으로 키우거나 줄인다.

〈 〉안의 숫자는 현재 문자의 수정 전 높이이다.

07 특수문자(Special Text)

자판에 없는 특수 문자를 쓰거나 문장에 아랫줄 혹은 윗줄을 그을 때는 그 문장이나 문자 앞에 다음과 같은 기호를 추가함으로써 실행할 수 있다.

입력기호	기호설명	입력 예	결 과
%%o	윗줄 긋기	%%oGood%%oGirl	Good Girl
%%u	아래줄 긋기	%%u Gwang Ju%%u	Gang Ju
%%d	각도기호나 온도기호	60%%d	60°
%%p	±공차기호	%%p0.02	±0.02
%%c	Ø 지름기호	%%c50	Ø50
%%(번호)	ASSCII 코드 번호에 해당하는 기호	–	–

기본학습 07

치수기입(Dimension)

치수기입은 이미 그려진 도형에 일정한 규칙에 따라 길이, 거리 각도 등을 표시하여 도형의 크기나 모양을 결정하도록 하는 것이다. 치수는 치수선, 화살표, 치수문자, 치수보조선 또는 지시선 등으로 구성되어 있고 제도의 일반적인 규칙을 따르도록 되어 있다.

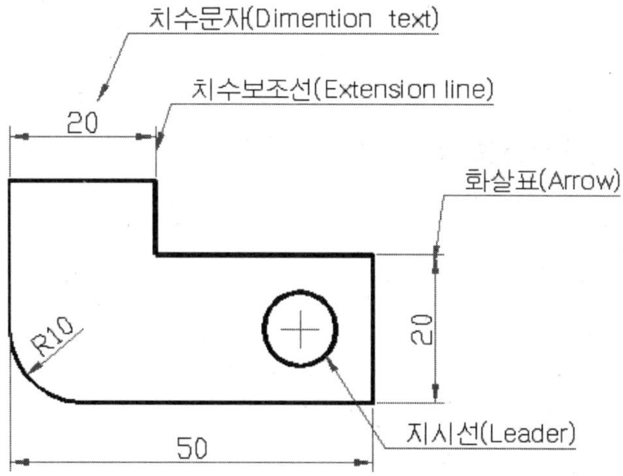

AutoCAD는 치수기입 규칙이 편리하게 적용될 수 있도록 다양한 기능들을 제공한다. 팝업 메뉴와 아이콘 메뉴의 여러 가지 치수 기입 구성은 다음과 같다.

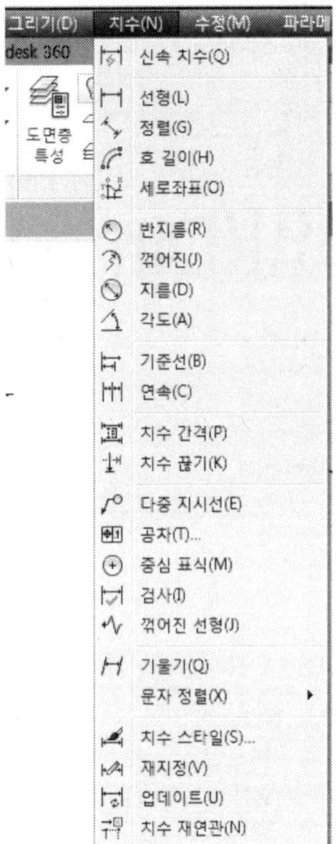

팝업메뉴의 치수 구성

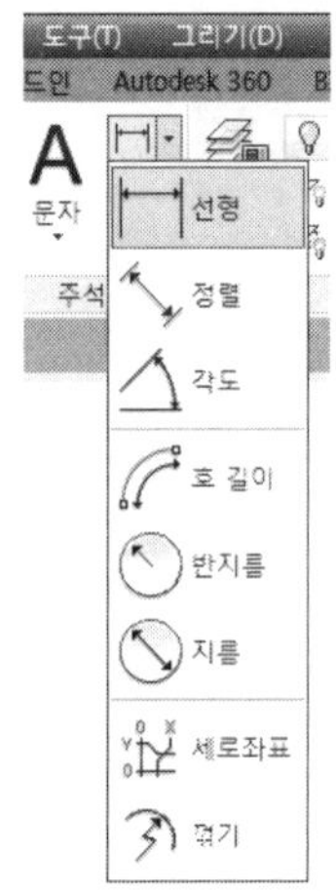

아이콘 메뉴의 치수기입 구성

위 아이콘 메뉴에서 ISO-25는 현재 설정되어 있는 치수 유형을 나타낸다. 다양하게 제공되는 치수 유형을 정의하는 방법에 대하여 알아보자.

01 치수유형(Dimension style)의 정의

아이콘: [icon] / 명령: Dimstyle

치수 기입을 어떤 방법을 할 것인지 그 유형을 정하는 명령이다. 매우 다양한 치수 유형이 제공되므로 방법을 정확히 알아 놓으면 인치 치수기입, 정밀도, 인치-미터계 복합치수기입, 축척도면 치수기입 등 많은 부분에서 편리하게 작업할 수 있다.

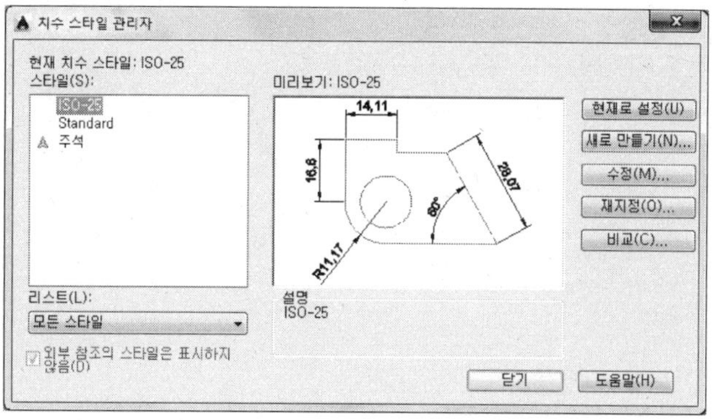

위의 대화창은 현재 3가지의 치수유형이 정의되어 있는 상태이고 그 중에서 ISO-25유형의 미리보기 화면을 나타내고 있다. 이 미리보기의 치수기입 형태를 수정하거나, 신규로 또 다른 유형을 만들 수 있다. 먼저 수정(M)으로 다양한 메뉴를 살펴보기로 하자.

다음 창은 치수선, 치수보조선을 정의한다.

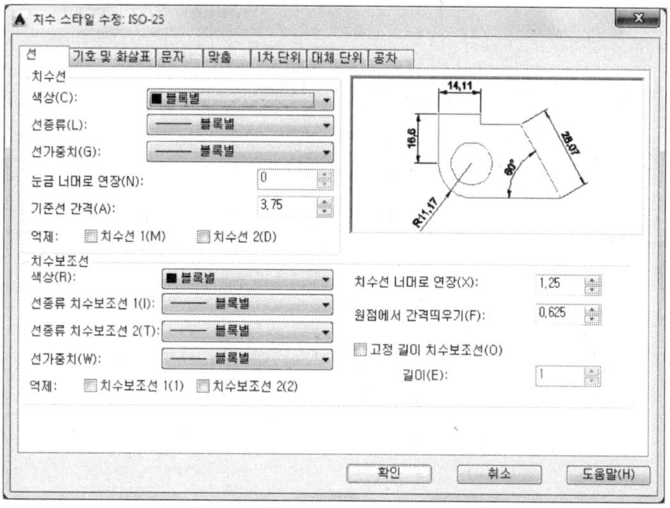

① 치수선의 색상(C) : 주로 빨강색으로 정의하여 가는 굵기 선으로 출력한다.

② 치수보조선 색상(R) : 치수선의 색상과 동일하게 정의한다

③ 치수선 너머로 연장 시(X) : 보통 2~3mm로 지정한다.

④ 원점에서 간격 띄우기(E) : 보통 0.6mm 정도로 지정한다.

⑤ 선 가중치(W) : 보통 0.18~0.2mm로 지정한다.

아래 창은 문자모양, 문자배치, 및 문자정렬 상태를 정의한다.

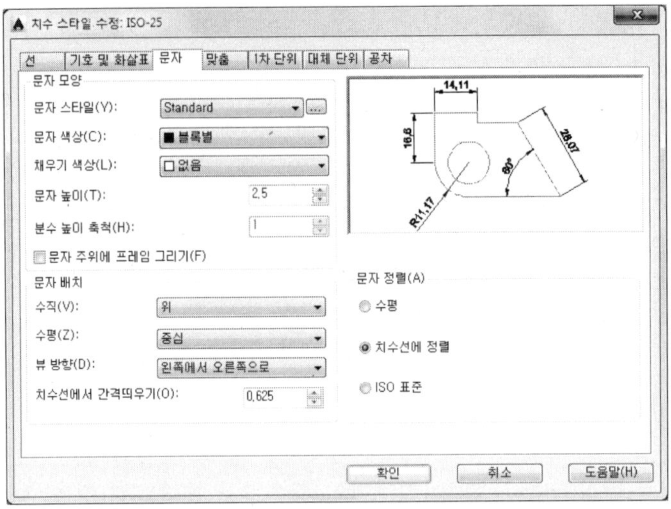

① 문자유형(Y) : 문자유형(Style)을 지정한다.

② 문자 색상(C) : 주로 노란색으로 정의하여 중간 굵기 선으로 출력한다.

③ 문자높이(T) : 보통 2.5~3.5mm로 지정한다. 일반적으로 화살표 크기와 같게 한다.

④ 치수선에서 간격 띄우기(O) : 보통 0.5~0.8mm 이하로 지정한다.

⑤ 문자정열 : 보통 치수선에 정렬방식을 지정한다.

아래 창은 1차 단위 지정에 대한 상태를 정의한다.

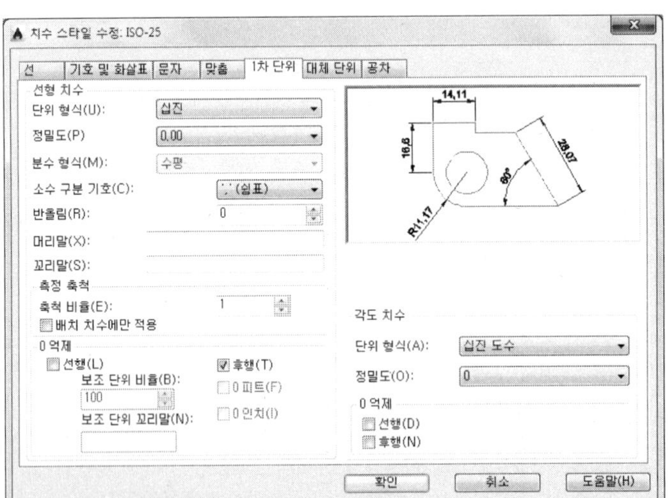

① 단위 형식(U) : 십진, 과학, 공학 등의 단위를 정의한다.

② 정밀도(P) : 소수점 이후의 자릿수를 지정한다.

③ 소수 구분 기호(C) : 소수점을 표시하는 기호를 지정한다.

④ 단위 형식(A) : 각도를 기입할 때 형식을 지정한다. 십진도수로 지정한다.

아래의 창은 문자모양, 문자배치 및 문자정렬 상태를 정의한다.

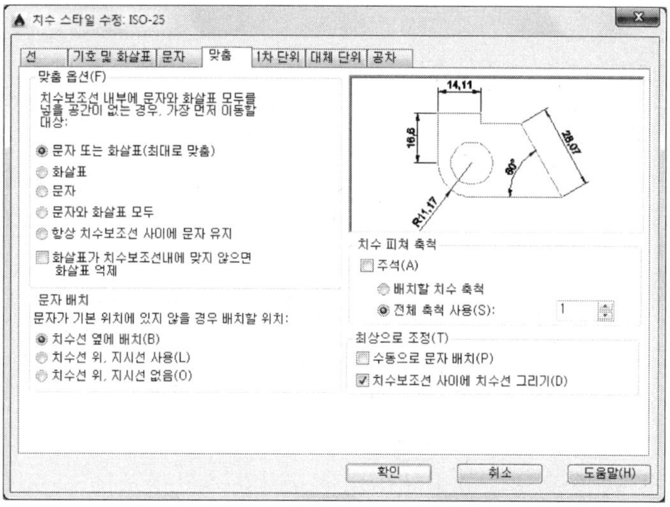

① 맞춤옵션(F) : 문자와 화살표가 들어가는 우선순위를 지정한다.

② 문자배치 : 문자가 기준위치에 있지 않을 경우 문자의 위치를 지정한다.

③ 전체적인 축척사용(S) : 정의된 문자, 화살표 등의 비율을 지정한다.

④ 최상으로 조정(T) : 문자의 위치 및 보조선의 유무를 지정한다.

아래의 창은 대체단위 상태를 정의한다.

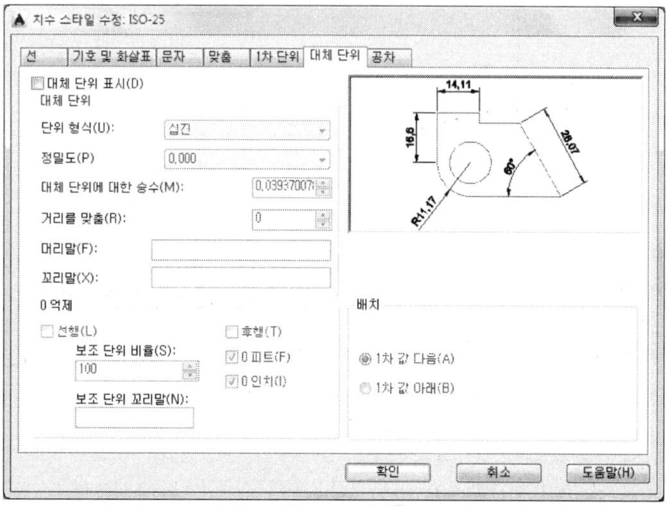

① 단위 형식 : 십진, 과학, 공학 등의 단위를 정의한다.

② 정밀도 : 소수점 이후의 자릿수를 지정한다.

③ 대체 단위에 대한 승수(M) : 인치나 피트 등 2가지 치수를 기입할 때 비율을 지정한다.

02 선형치수(Dimension)

아이콘:  / 명령: Dimlinear

수평 또는 수직 치수를 기입한다. 거리를 이루는 두 점 또는 길이를 갖는 하나의 객체를 지정하고 치수를 넣을 위치를 지정하면 아래의 그림과 같이 치수 기입이 완료된다. 두 점을 연결하는 선이 수평 또는 수직에 대해 인의의 각을 이루고 있으면 이 점들에 대한 치수는 커서의 위치에 따라서 수평치수가 기입될 수도 있고, 수직 치수가 기입될 수도 있다. 따라서 경사객체의 치수기입은 커서로서 조정하거나, 치수기입 옵션 중에서 수평(H) 또는 수직(V)으로 강제 구속해야 한다.

아래의 30mm와 같은 치수가 이런 경우이다.

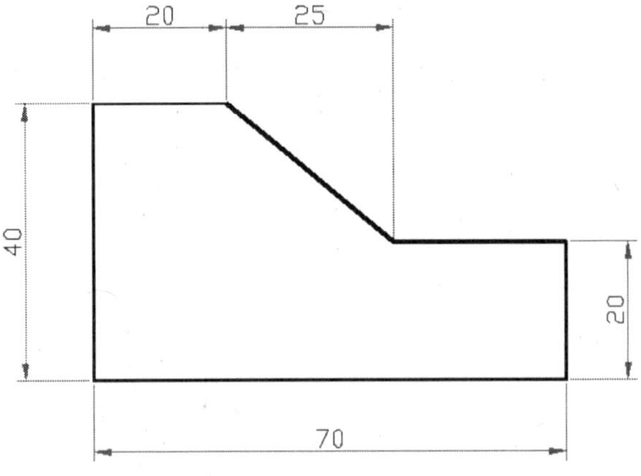

▷ 명령 : dimlinear

첫 번째 치수보조선 원점 지정 또는 〈객체 선택〉:

두 번째 치수보조선 원점 지정:

비 연관 치수가 작성됨

치수선의 위치 지정 또는 [다중행 문자(M)/문자(T)/각도(A)/수평(H)/수직(V)/회전(R)]:

▷ 세부설명

- 첫 번째 치수보조선 원점 지정 : 기입하려는 구간의 첫 번째 점을 지정한다.
- 객체선택 : 길이를 가진 객체를 지정한다.
- 두 번째 치수보조선 원점 지정 : 첫 번째 점을 지정했을 경우 두 번째 점을 지정한다.
- 치수선의 위치지정 : 치수가 놓일 위를 지정한다.
- 문자(T) : 측정된 치수에 부호를 추가하거나 새로운 치수를 입력한다.
- 각도(A) : 문자에 각도를 주어서 기울여 기입한다.
- 수평(H) : 커서의 위치와 관계없이 수평치수로 구속한다.
- 수직(V) : 커서의 위치와 관계없이 수직치수로 구속한다.
- 회전(R) : 치수선에 각도를 주어서 기울여 기입한다. 치수 값이 달라진다.

03 정열치수(Dimaligned)

아이콘: / 명령: Dimaligned

치수 기입하려는 두 점을 연결한 직선이 수평 또는 수직이 아닌 경사일 때 길이의 실제 치수를 기입하는 기능이다. 경사인 개체를 직접 선택하거나 양 끝점을 지정하고 치수가 놓일 위치를 지정하면 아래와 같이 기입이 완료된다.

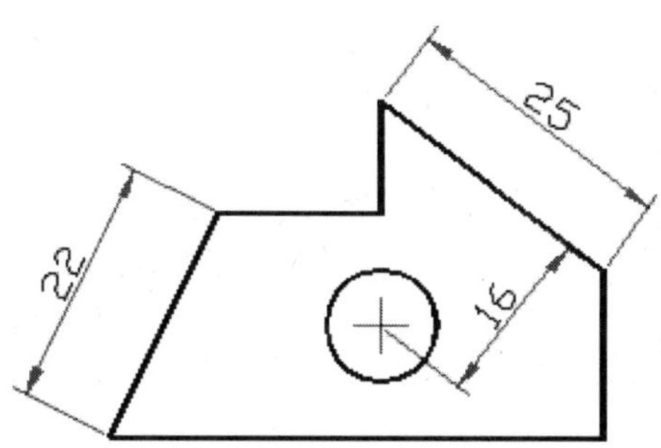

▷ 명령 : Dimaligned

첫 번째 치수보조선 원점 지정 또는 〈객체 선택〉:
두 번째 치수보조선 원점 지정:

비 연관 치수가 작성됨
치수선의 위치 지정 또는 [다중행 문자(M)/문자(T)/각도(A)] :

▷ 세부설명

- 첫 번째 치수보조선 원점 지정 : 기입하려는 구간의 첫 번째 점을 지정한다.
- 객체선택 : 길이를 가진 객체를 지정한다.
- 두 번째 치수보조선 원점 지정 : 첫 번째 점을 지정했을 경우 두 번째 점을 지정한다.
- 치수선의 위치지정 : 치수가 놓일 위를 지정한다.
- 문자(T) : 측정된 치수에 부호를 추가하거나 새로운 치수를 입력한다.
- 각도(A) : 문자에 각도를 주어서 기울여 기입한다.

04 세로좌표치수(Dimordinate)

아이콘: / 명령: Dimordinate

도면에서 지정한 원점(0, 0)을 기준으로 하여 X-축, 또는 Y-축의 치수를 기입하는 기능이다. 원점은 사용자 좌표계(UCS)를 사용함으로서 도형의 임의의 위치로 옮겨 놓을 수 있다. 다음 그림은 좌측하단 모서리를 원점(0, 0)으로 하여 X-축, Y-축 치수 기입을 한 도면이다.

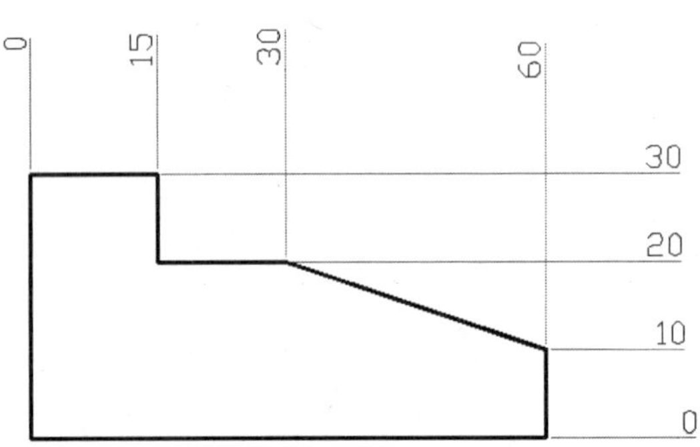

▷ 명령 : dimordinate

피쳐 위치를 지정 :
지시선 끝점을 지정 또는[X기준(X)/Y기준(Y)/다중행 문자(M)/문자(T)/각도(A)] :

▷ 세부설명

- 피쳐 위치를 지정 기입하려는 객체의 특정위치를 지정한다.
- 지시선 끝점을 지정 ; 치수가 놓일 위치를 지정한다.
- X기준(X) : 커서의 위치와 관계없이 X-축 치수를 기입한다.
- Y기준(Y) : 커서의 위치와 관계없이 Y-축 치수를 기입한다.
- 다중 행 문자(M) : 다중 행문서 편집기를 올려 치수를 입력한다.
- 문자(T) : 측정된 치수에 부호를 추가 하거나 새로운 치수를 입력한다.
- 각도(A) : 문자에 각도를 주어서 기울여 기입한다.

UCS(User Cordinate System)는 사용자 좌표계로서 AutoCAD 원래의 절대 좌표를 사용자의 필요에 따라 임시로 옮긴 새로운 좌표계를 말한다.

▷ 세부설명

- 신규(N) : 새로운 좌표계 지정을 명령한다.
- 새로운 UCS의 원점 지정 : 커서를 사용하여 원점으로 원하는 점을 지정한다.
- 표준(W) : 원래의 AutoCAD 절대 원점으로 돌아간다.

표제란, 부품난 그리기

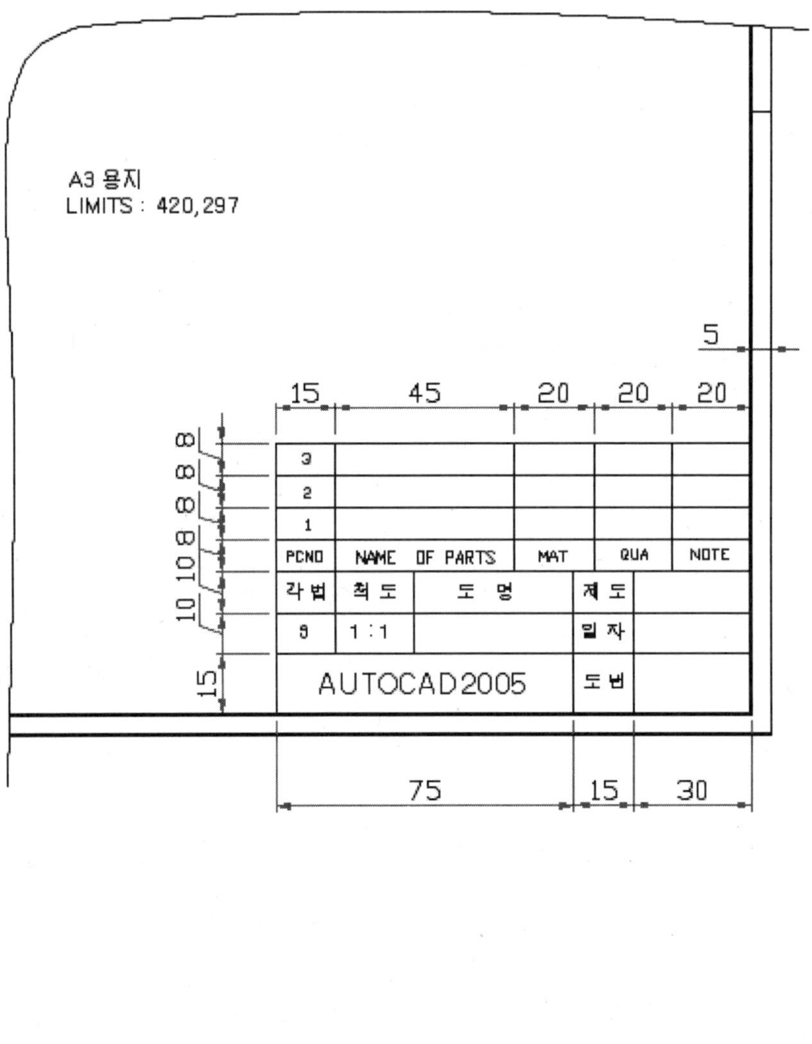
A3 용지
LIMITS : 420,297
5
15
45
20
20
20
8
8
8
8
10
10
15
3
2
1
PCNO
NAME OF PARTS
MAT
QUA
NOTE
각 법
척 도
도 명
제 도
3
1 : 1
일 자
AUTOCAD2005
도 번
75
15
30

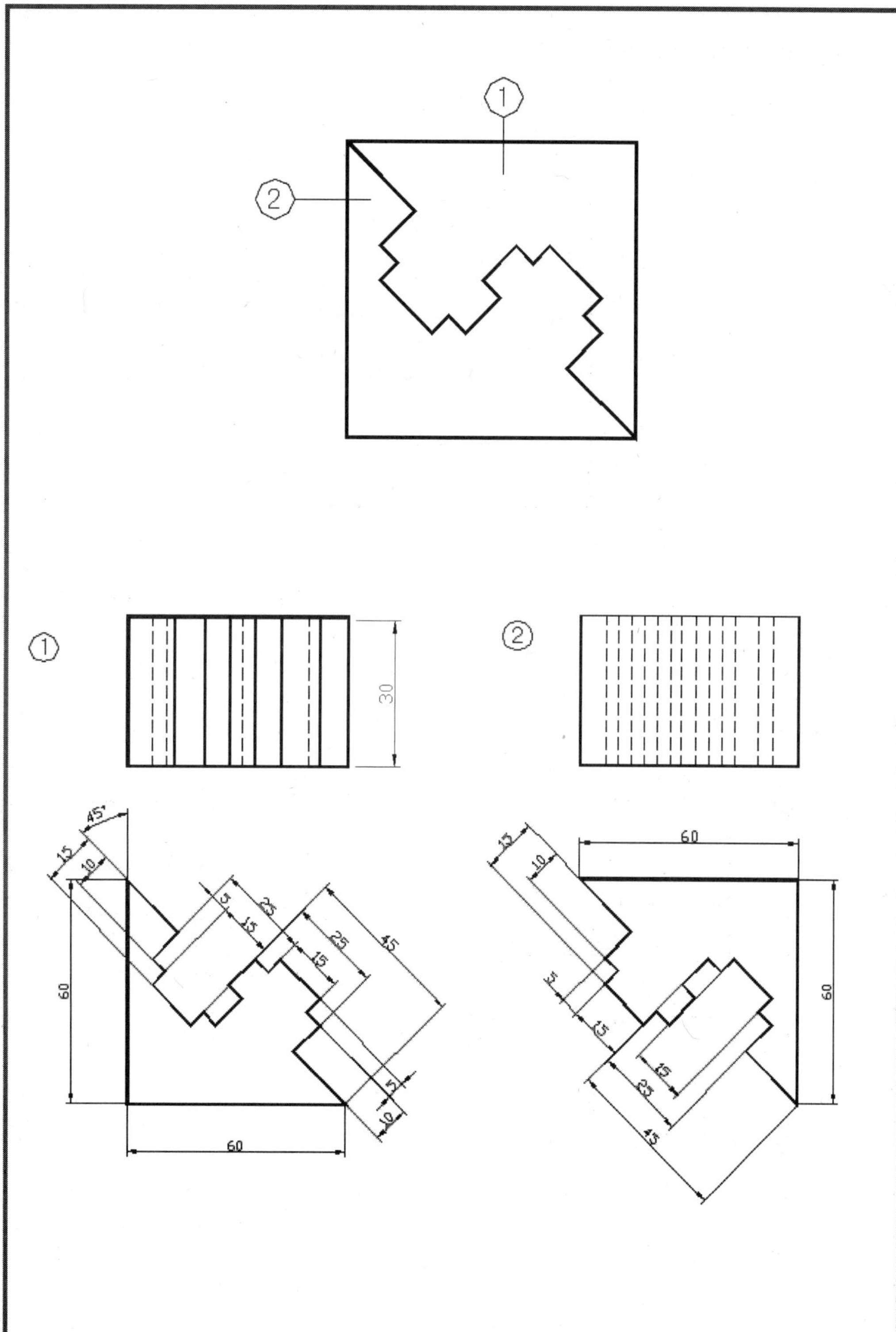
①
②
30
45°
15
10
60
5
25
45

▌ DIM–치수기입

지시선사용(le)

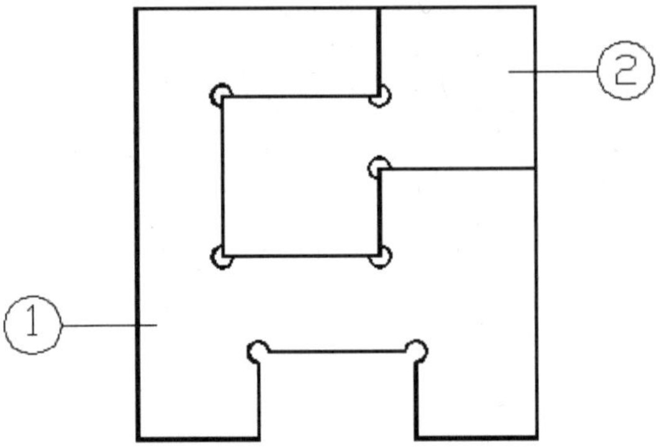

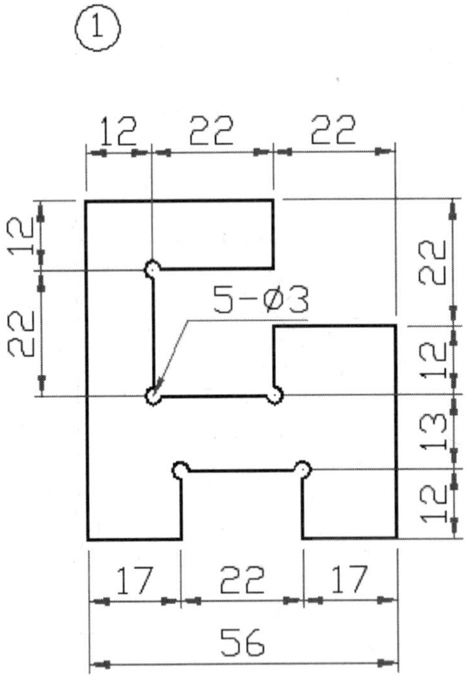

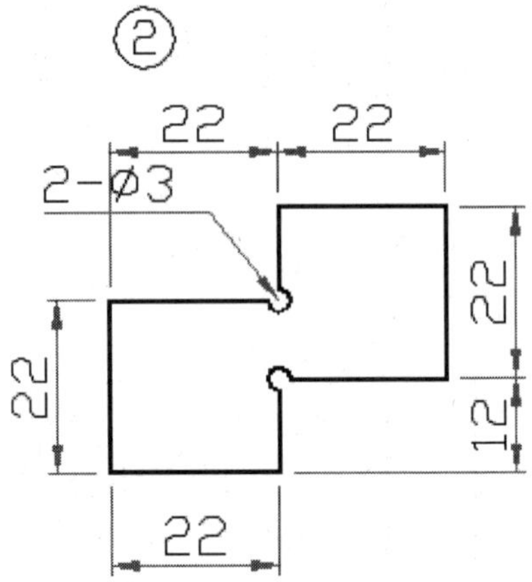

05 반지름 치수(Dimradius)

아이콘: / 명령: Dimradius

원이나 호의 반지름 치수를 기입한다.

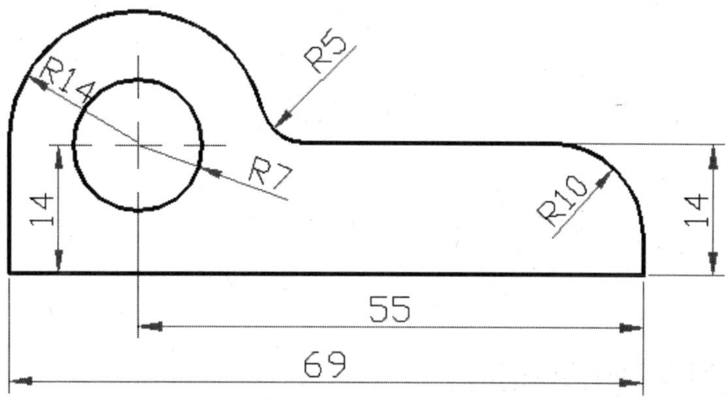

▷ 명령 : dimradius

호 또는 원 선택 :
문자높이 : 2.5
치수선의 위치 지정 또는 [다중 행 문자(M)/문자(T)/각도(A)] :

▷ 세부설명

- 호 또는 원 선택 ; 기입하려는 객체를 지정한다.
- 치수문자 : 측정된 치수 값을 나타내 준다.
- 치수선의 위치 지정 : 치수가 놓일 위치를 지정한다.
- 다중행 문자(M) : 다중 행 문서편집기를 올려 치수를 입력한다.
- 문자(T) : 측정된 치수에 부호를 추가 하거나 새로운 치수를 입력한다.
- 각도(A) : 문자에 각도를 주어서 기울여 기입한다.

06 지름치수(Dimdiameter)

아이콘: / 명령: Diameter

원의 지름 치수를 기입한다.

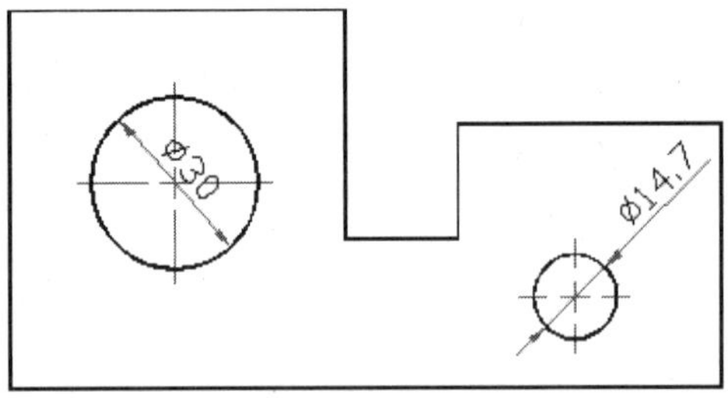

07 각도치수(Dimangular)

아이콘: / 명령: Dimangular

임의 각을 이루는 두 선, 호의 일부, 원주상의 임의의 점 사이 등의 각도를 기입한다.

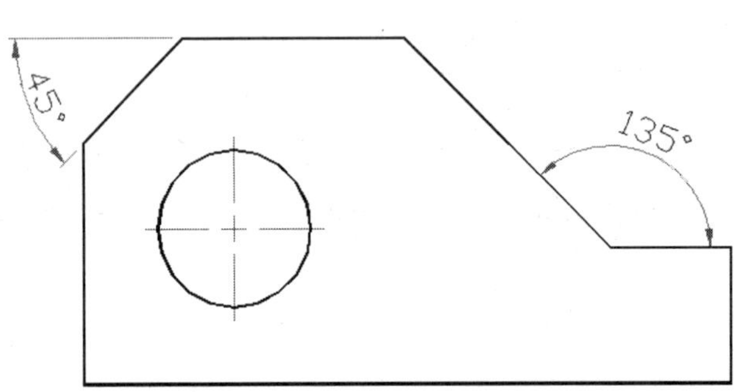

▷ 명령 : dimangular

호, 원, 선을 선택하거나 〈정점 지정〉

두 번째 각도 끝점 지정 :

치수 호 선의 위치 지정 또는 [다중행 문자(M)/문자(T)/각도(A)] :

▷ 세부설명

- 호, 원, 선을 선택 : 호, 원, 선 등의 기입하려는 객체를 지정한다.
- 정점 지정 : 각의 중심이 되는 점을 지정한다.
- 두 번째 각도 끝점 지정 : 각을 이루는 두 번째 객체 또는 점을 지정한다.
- 치수 호 선의 위치 지정 : 각도 치수가 놓일 위치를 지정한다.
- 다중행 문자(M) : 다중 행 문자 편집기를 올려 치수를 입력한다.
- 문자(T) : 측정된 치수에 부호를 추가 하거나 새로운 치수를 입력한다.
- 각도(A) : 문자에 각도를 주어서 기울여 기입한다.

08 신속치수(Qdim)

아이콘:  / 명령: Qdim

치수 기입을 하나씩 하지 않고 동시에 많은 객체를 지정하여 한 번에 시행하는 치수 기입방법이다. 잘 사용하지는 않지만 기능을 알아 두면 유용하게 쓰인다.

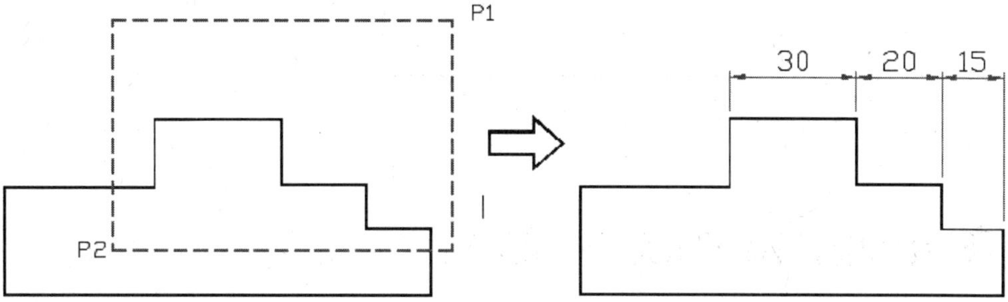

위 그림에서 보는 바와 같이 P1에서 P2의 영역으로 객체를 선택하면 오른쪽 그림처럼 치수 3개가 연속적으로 기입됨을 알 수 있다.

09 기준선 치수(Dimbaseline)

아이콘: / 명령: Dimbaseline

한 쪽을 기준으로 계속해서 치수를 기입하는 기능이다. 제일 처음엔 선형치수 기입을 하고 두 번째부터 기준선 치수 기입을 사용한다. 기준선 치수 기입에서는 이미 입력된 선형치수 기입에서의 첫 번째 점을 기억하고 있으므로 두 번째 점만을 계속해서 지정하면 아래 그림과 같이 자동으로 치수가 기입된다. 이 기능은 선형 치수뿐만 아니라 각도나 경사치수에도 그대로 적용된다.

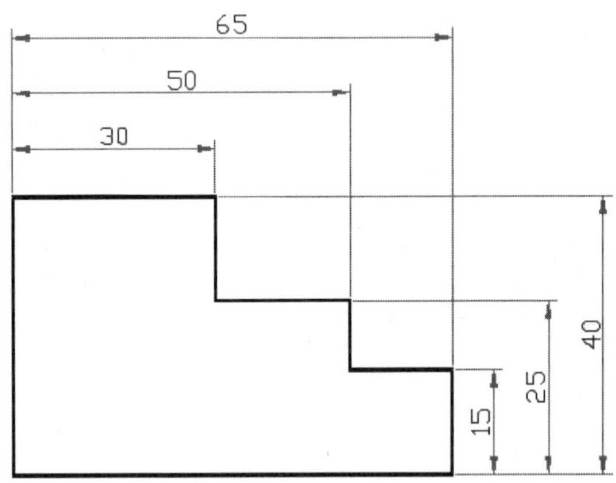

10 치수기입 계속하기(Dimcontiue)

아이콘: / 명령: Dimcontiue

선형치수 기입된 두 번째 점을 기준으로 계속해서 치수를 연결해 나가며 기입하는 기능이다. 이 기능은 선형 치수뿐만 아니라 각도나 경사치수에도 그대로 적용된다.

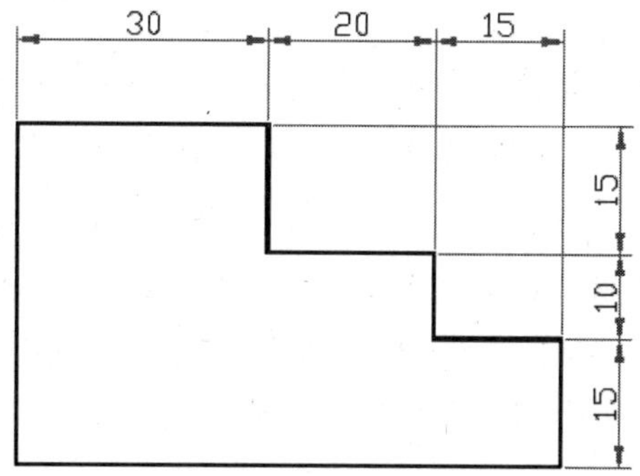

11 신속 지시선(Qleader)

아이콘:  / 명령: Qleader

성형치수나 각도치수, 원, 반지름 등의 치수기입 이외에 형상들은 아래 그림에서 보는 것처럼 지시 선을 만들어 신속하게 치수나 주서를 기입할 수 있다.

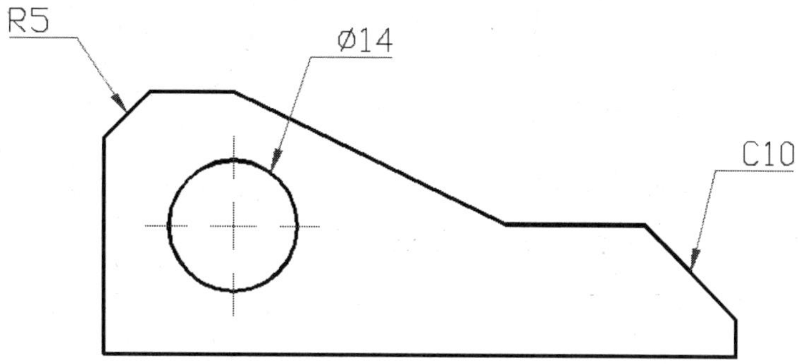

▷ 명령 ; qleader

첫 번째 지시선 지정, 또는 [설정값(S)]〈설정값〉 :

다음점 지정 :

주석 문자의 첫 번째 행 입력 또는 〈다중행문자〉 :

주석 문자의 다음 행을 입력 :

▷ 세부내용

- 첫 번째 지시선 지정 : 화살표를 위치하고자 하는 곳을 지정한다.
- 설정 값(S) : 화살표나 문자에 대한 여러 가지 값을 지정할 수 있다.
- 다음점 지정 : 지시선이 끝나는 위치를 지정한다.
- 주석 문자의 첫 번째 행 입력 : 기입하고자 하는 문자를 입력한다.
- 다중행 문자 : 다중행 문서 편집기를 올려 치수를 입력한다.
- 주석 문자의 다음 행을 입력 : 두 번째 줄에 기입하고자 하는 문자를 입력한다.

12 중심표식(Dimcenter)

아이콘: ⊕ / 명령: Dimcenter

원이나 호에 중심마크 또는 중심선을 표시한다. Dimcen 값이 "-"일 경우엔 원 외부로 값만큼 돌출시킨다.

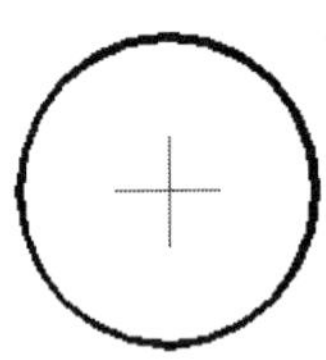

Dimcen = 2.5

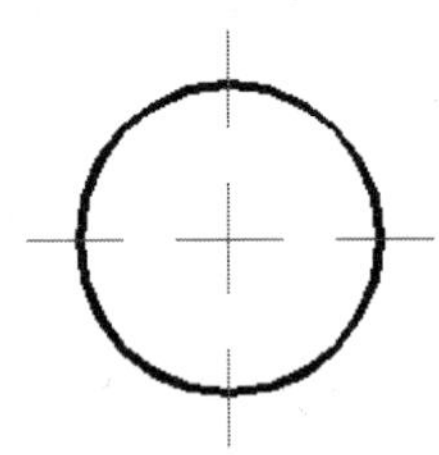

Dimcen = −2.5

BHATCH

전단면(자른면) 표시 방법으로 해칭을 한다.
해칭하고자 하는 면은 폐곡선으로 이루어져야 한다.(열린선은 해칭 안됨)

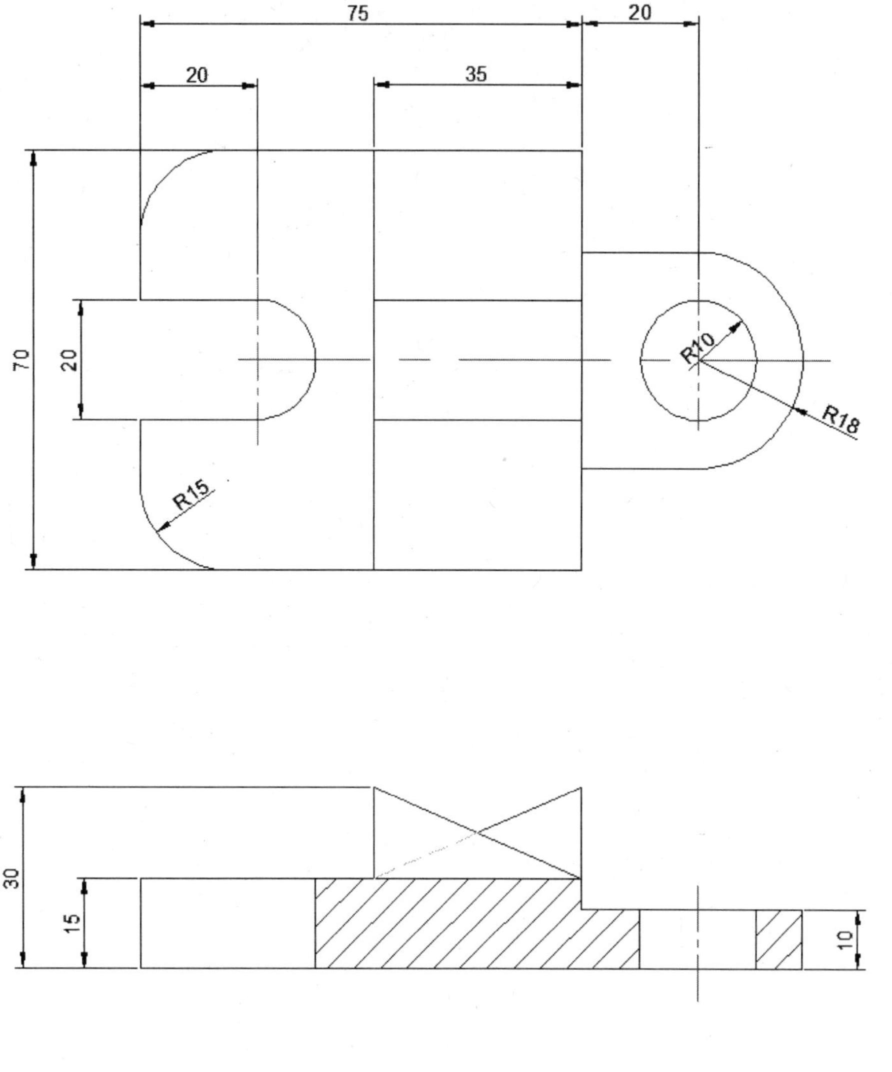

BHATCH(전단면 도시)

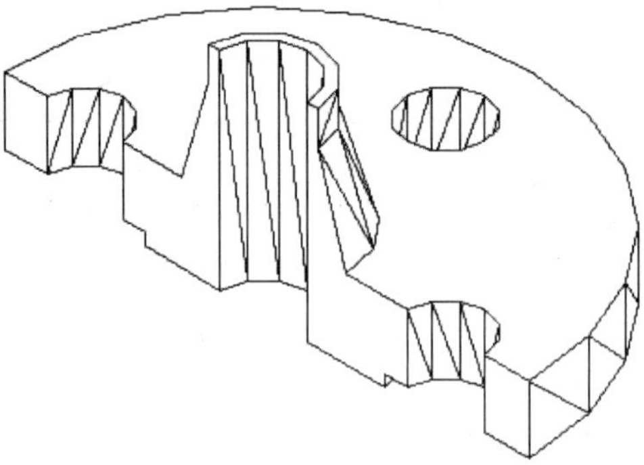

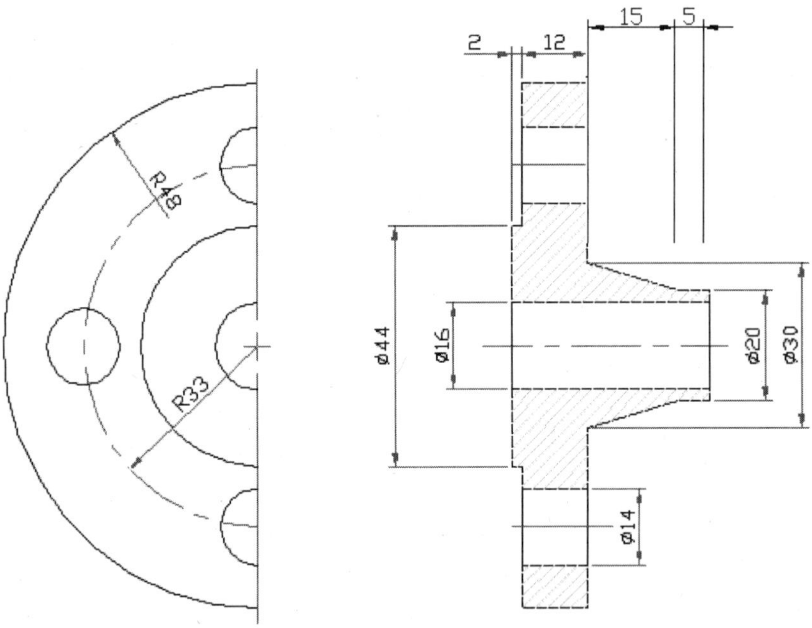

MIRROR, ARC, FILLET, HATCH(단면도시)

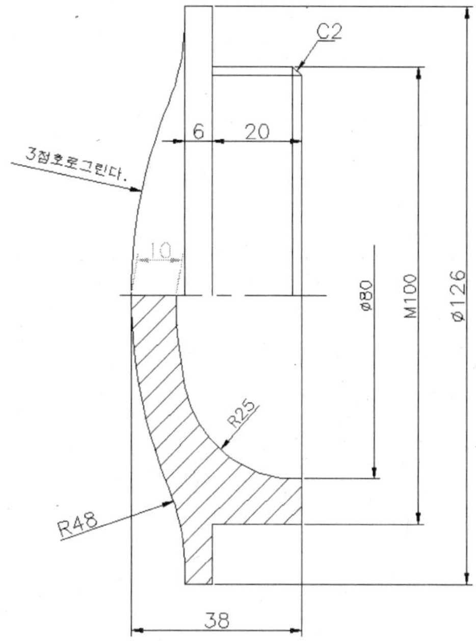

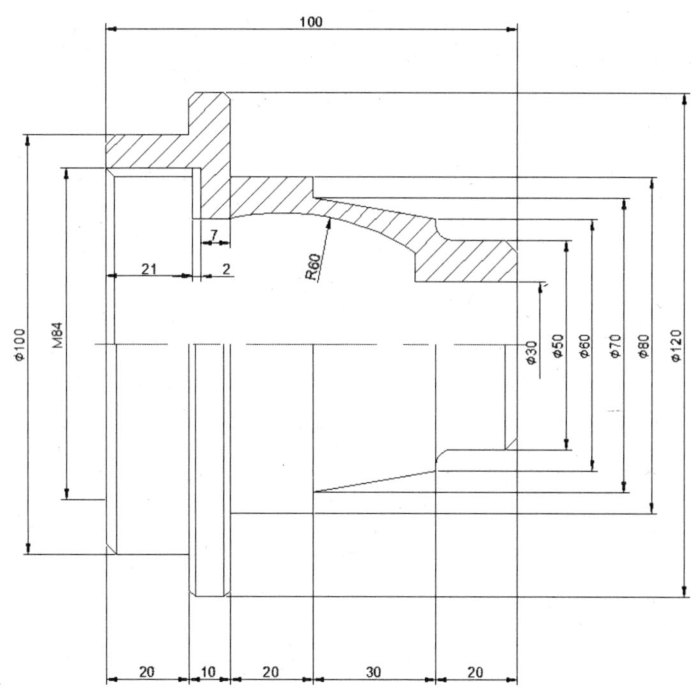

BHATCH, MIRROR(SCREW JACK)

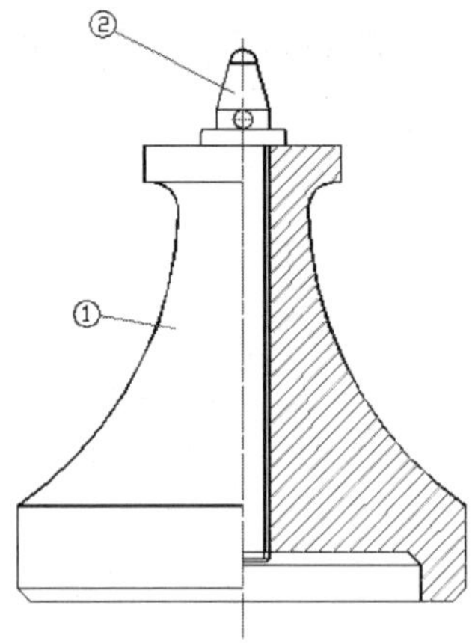

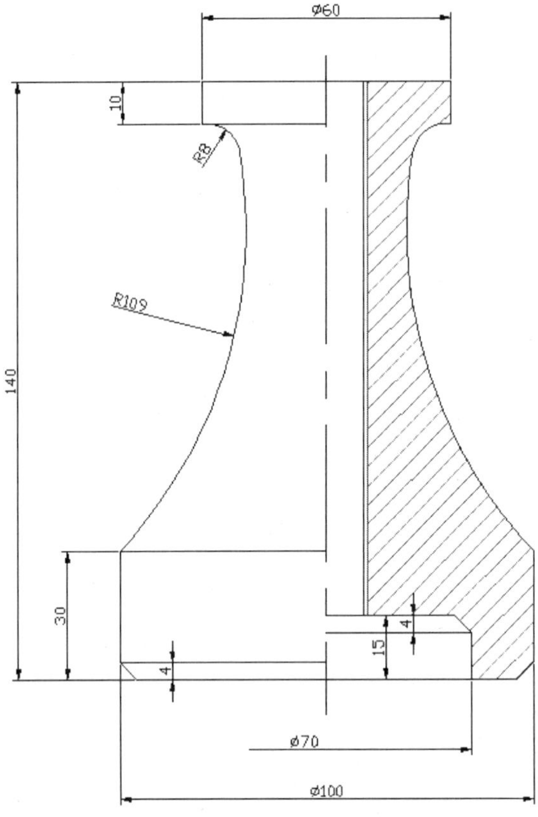

■ BHATCH(단면도시) 상세도 표시

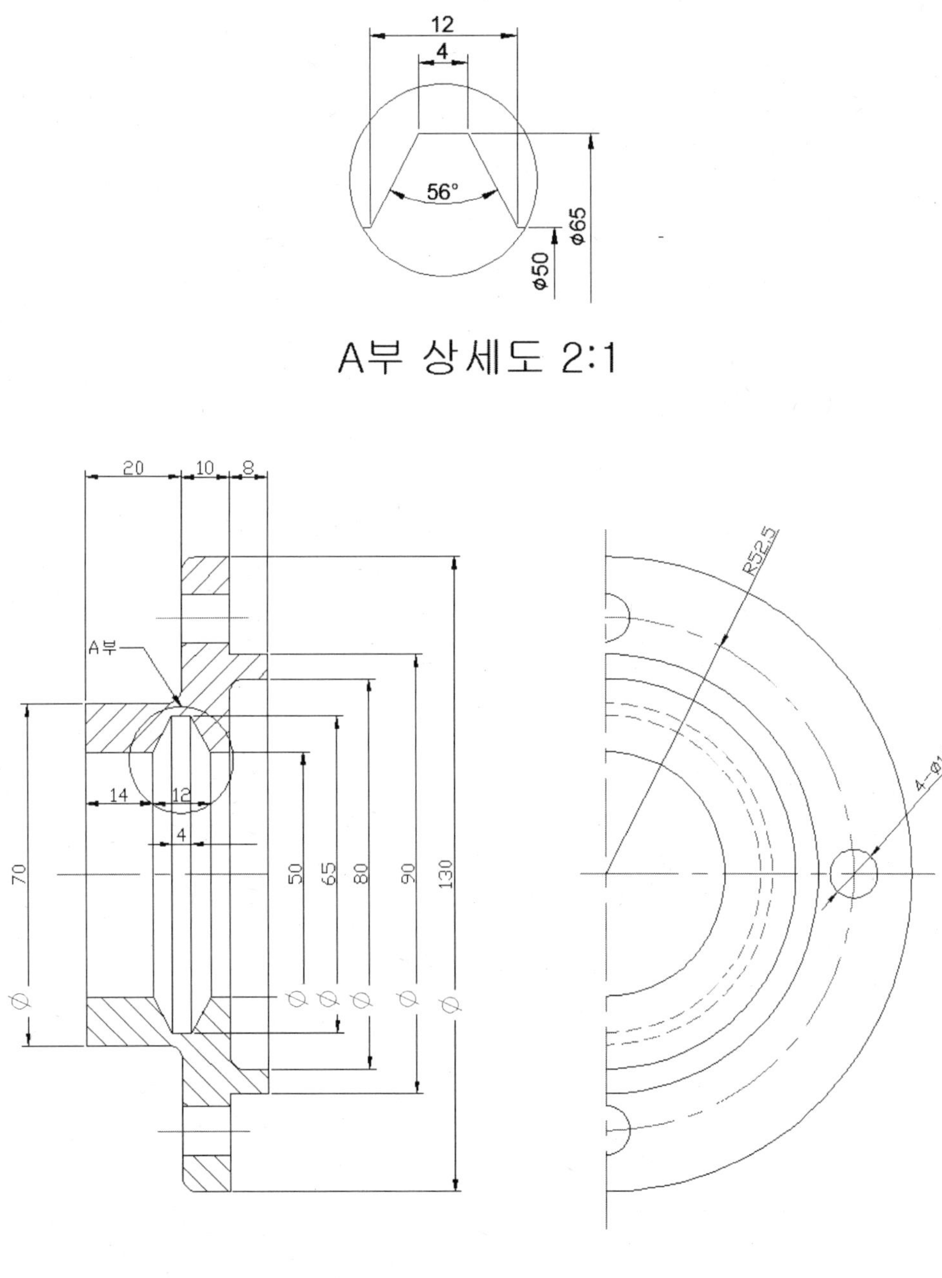

CIRCLE(2P/TTR), ARRAY

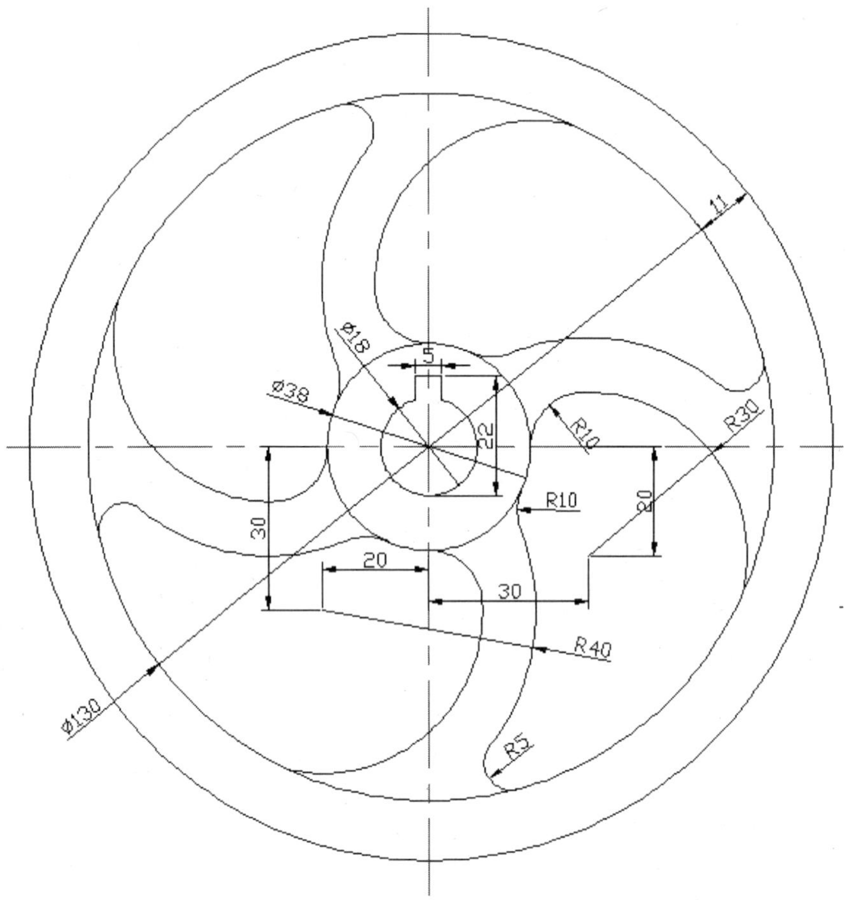

치수기입, 투상도 그리기

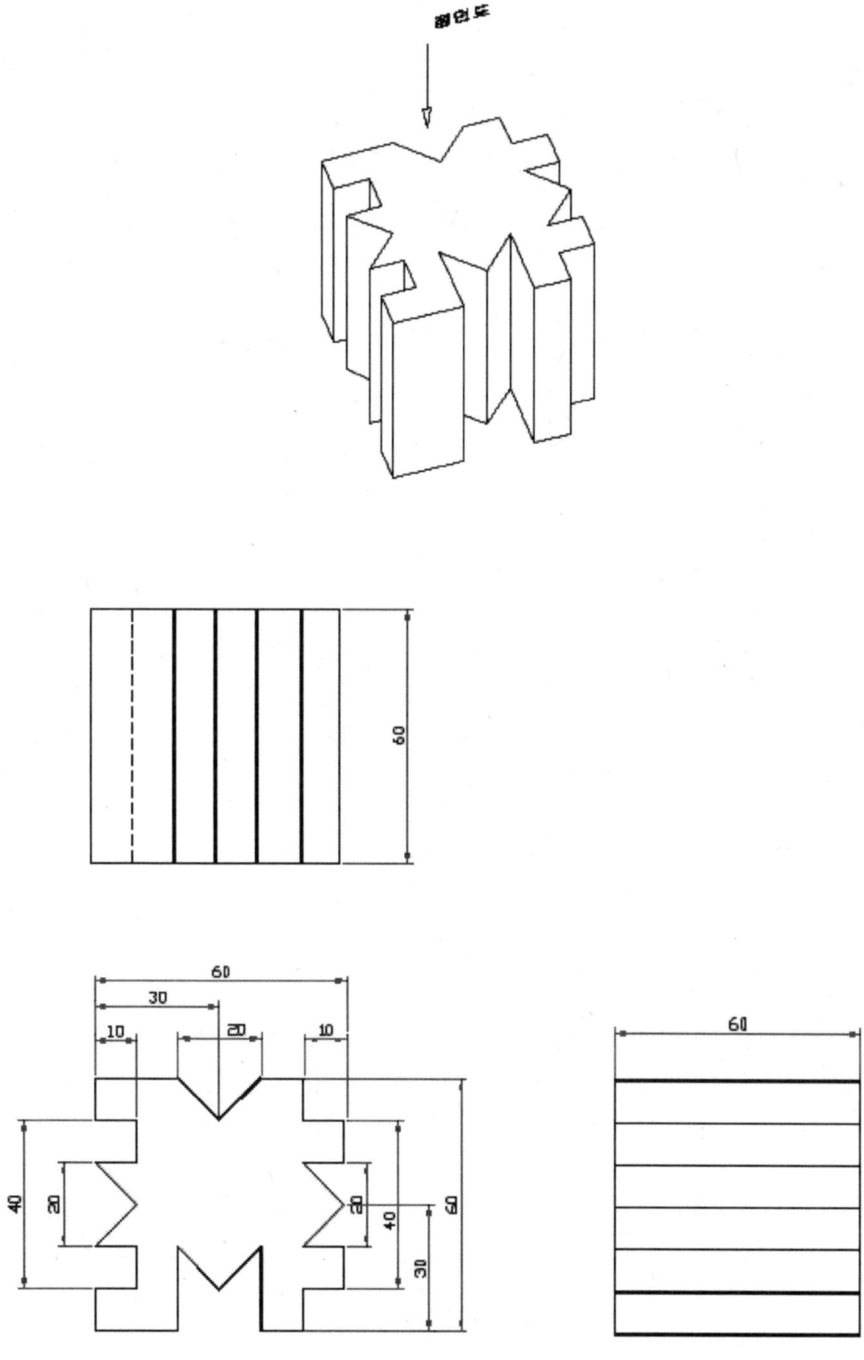

치수기입, 투상도 그리기

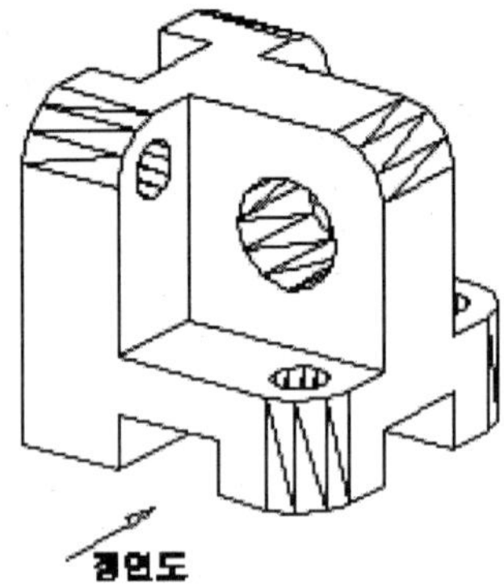
정면도

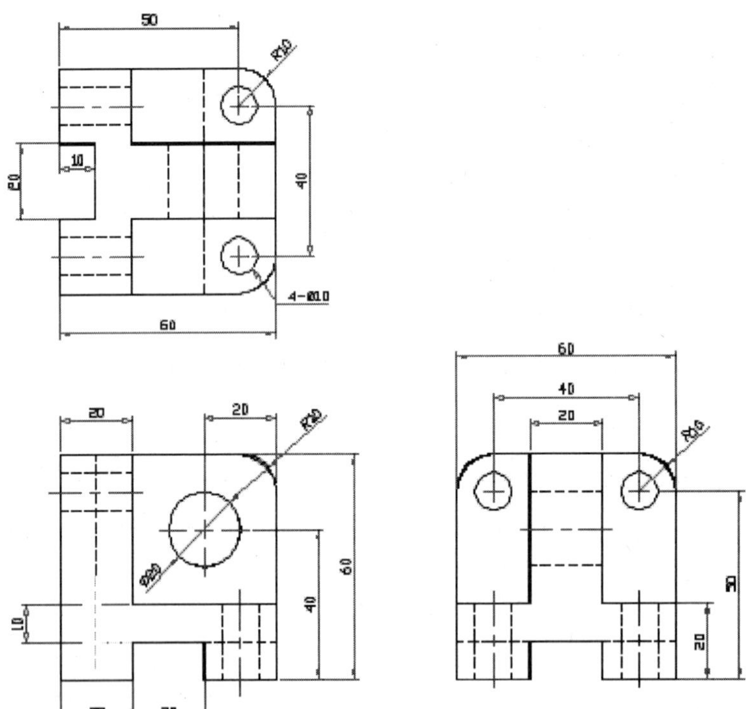
50
R10
20
10
40
4-Ø10
60
60
40
20
R10
30
20
20
20
R20
Ø20
60
40
10
20
20

평면표시. 너링표시

원형손잡이 조립 시 상관선은 임의 형태로 그린다.

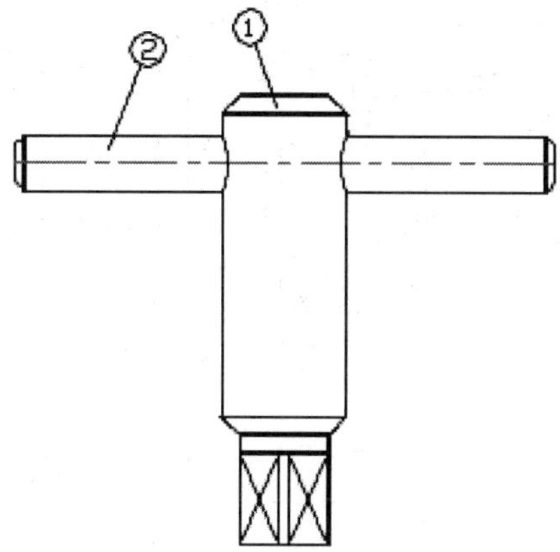

①

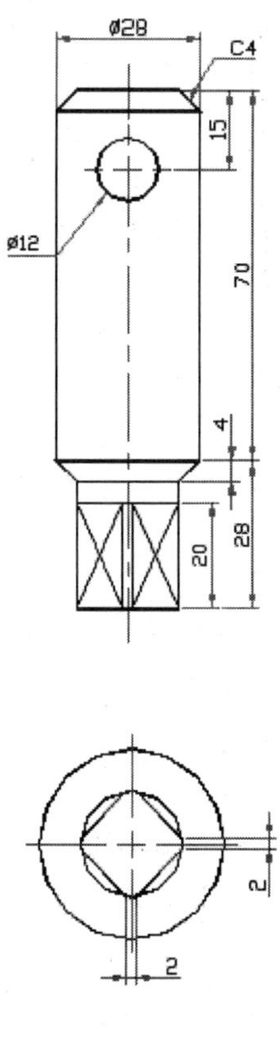

②

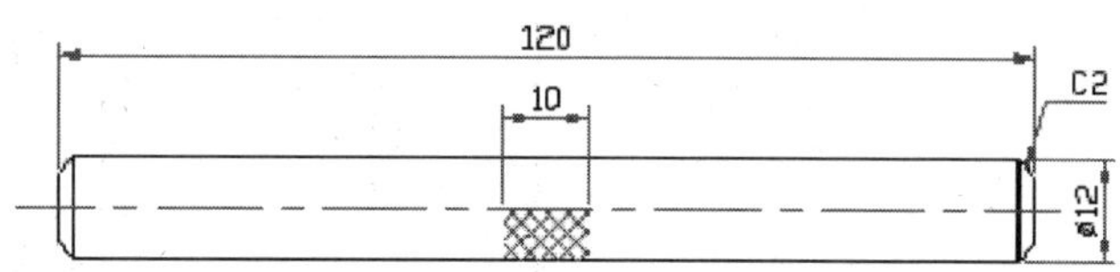

BHATCH, DIM(축과 캡)

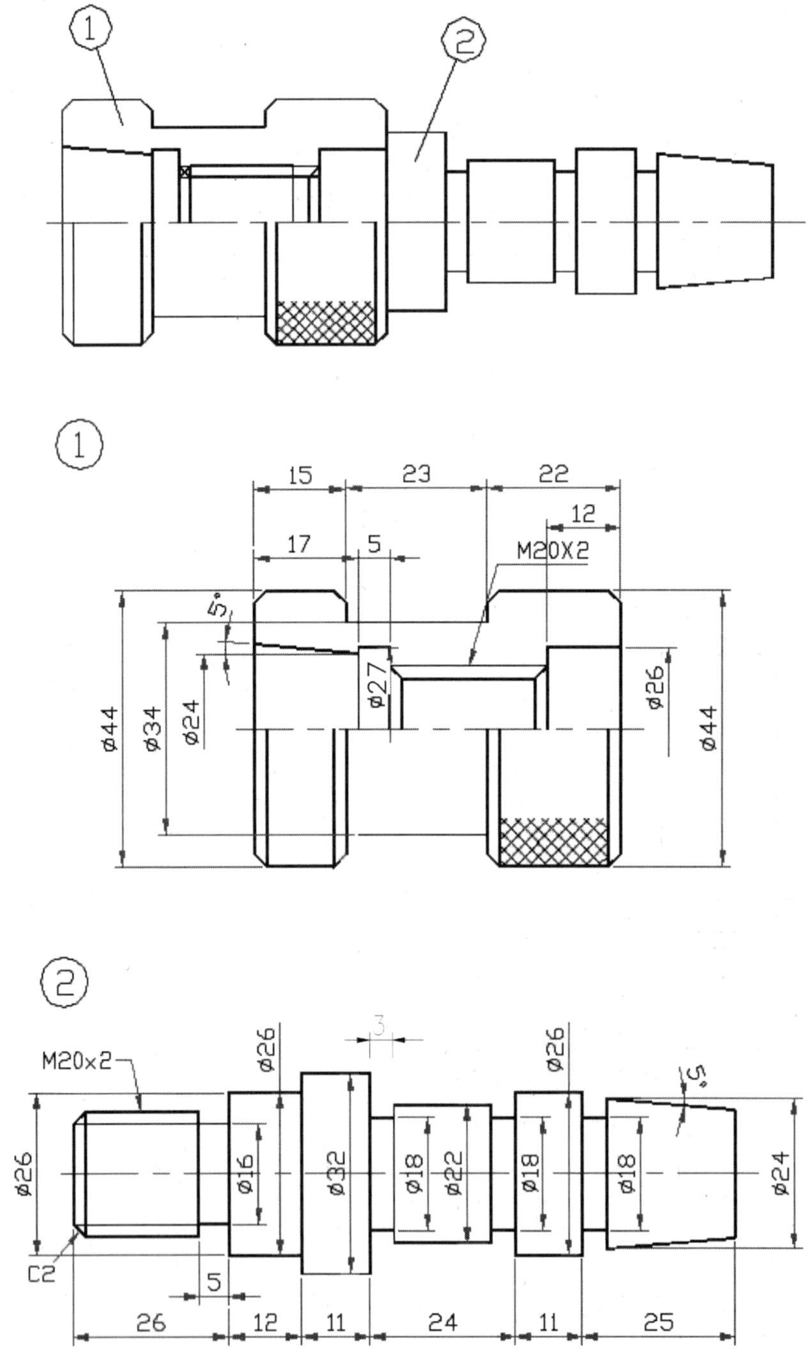

13 공차기입(Tolerance)

아이콘: / 명령: Tolerance

공차를 입력하는 명령어이다.

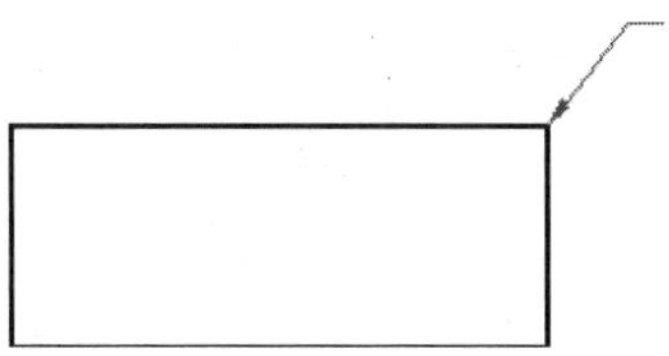

〈그림A〉

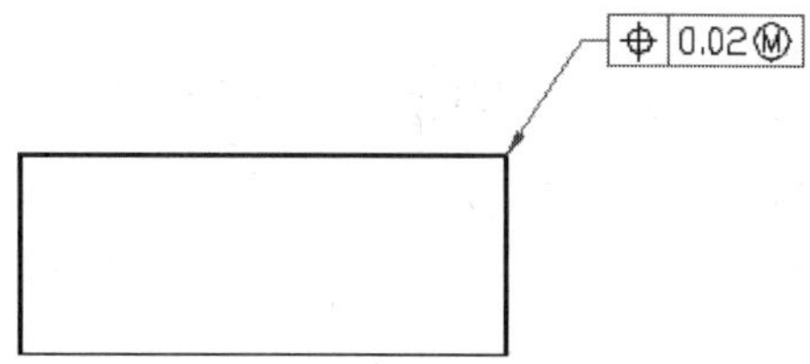

〈그림B〉

〈그림A〉처럼 지시선을 그린다. 그리고 을 누르면 아래와 같은 상자가 나타난다.

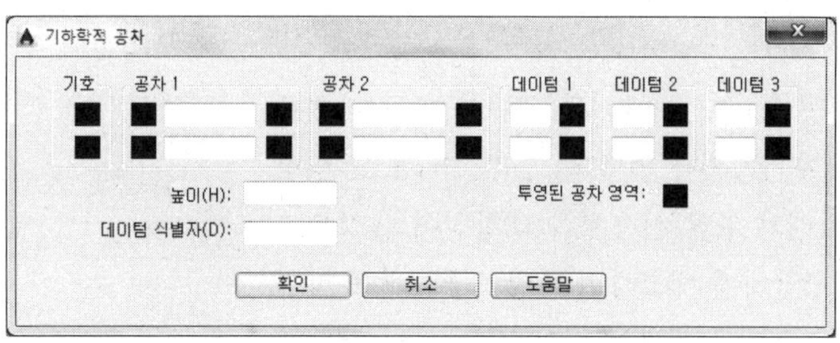

첫 번째 기호에서 ■을 클릭하면 다음과 같은 상자가 나타난다.

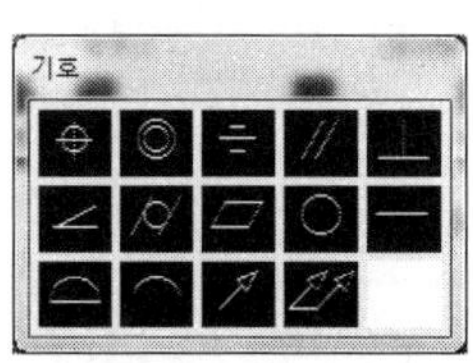

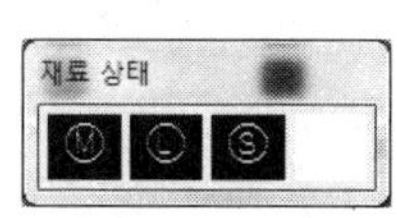

맨 앞의 지름표시를 선택하고, 공차1에서 ■클릭하면 Ø가 자동으로 표시된다. 우측 빈 사각형에 허용 오차 값을 입력하고 옆에 ■클릭하면 오른쪽과 같은 재질 표시가 나타난다. M을 선택한다.

대화상자가 다음과 같이 세팅된다.

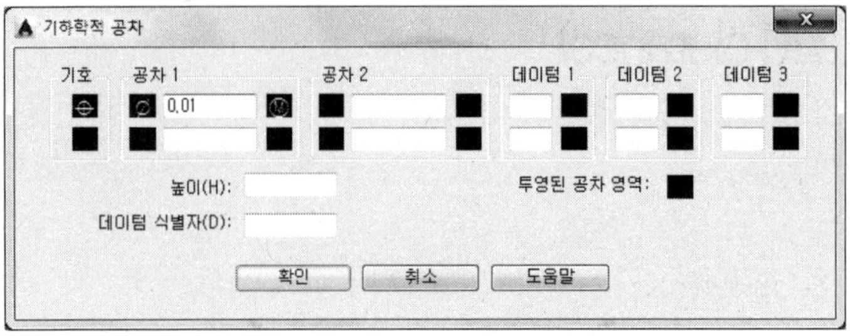

확인을 누르고 대화상자가 나오면 〈그림B〉와 같은 기호가 나타난다. 이것을 지시 선에 붙인다. 이 방법을 기초로 사용자가 원하는 형식의 허용 오차 값을 표시할 수 있다.

14 기타 보조기능

① 도구막대(Toolbar)사용 [메뉴: 뷰–도구막대 / 명령: Toolbar]

AutoCAD는 화면에 나타난 아이콘 메뉴의 도구 막대를 사용자가 임의로 추가하거나 없앨 수 있다. Toolbar 명령을 실행시키면 아래와 같은 사용자화 대화창이 올라오고 이 때 원하는 도구막대에 체크하면 해당도구막대가 화면에 나타난다. 마우스로 끌어서 화면의 적당한 위치에 배치시켜 사용하면 된다.

옆의 창이 보이는 상태에서는 화면상에 나타나 있는 모든 아이콘들이 그룹에 관계없이 이동이나 삭제 그리고 추가가 가능하다. 또한 사용자가 원하는 새로운 아이콘을 만들어 사용할 수도 있다.

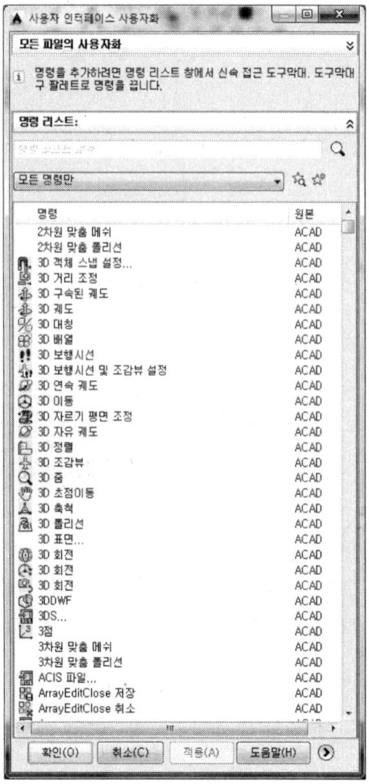

② 복구(Recover) [메뉴: 파일–도면 유틸리티–복구(R) / 명령: Recver]

도면작성 도중에 치명적인 오류나 내부에러로 인해 컴퓨터가 다운되었을 때 또다른 이유로 파일의 일부가 손상되어 열기(Open)가 안될 때, 복구(Recver)
명령을 시행하여 도면을 복구시킬 수 있다.

③ 소거(Purge) [메뉴: 파일–도면 유틸리티–소거(P) / 명령: Purge]

도면 작성 완료 후에 도면에 쓰이지 않는 여러 가지 객체를 소거하여 파일의 상태를 최적화시키는 기능이다. 소거 명령을 실행시키면 아래와 같은 소거 창이 올라오고 블록, 선 종류, 치수유형 등 현재 도면에서 사용하지 않은 모든 것들을 소거시킨다.

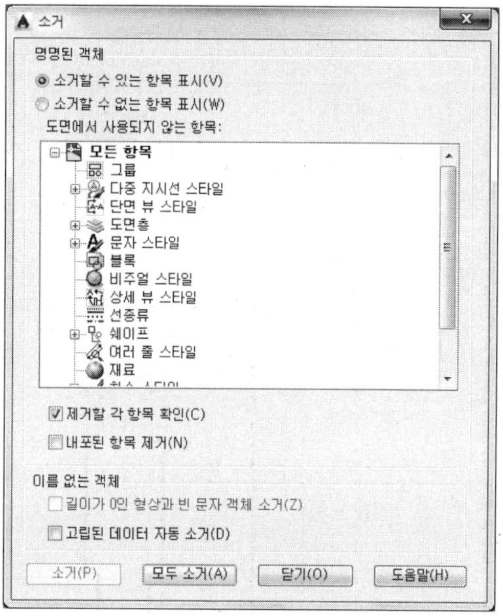

④ 상태 (Status) [메뉴: 없음 / 명령: Status]

현재 도면의 작업상태, 시스템 변수 설정 상태, 한계설정상태 등의 모든 정보를 텍스트 화면으로 보여준다.

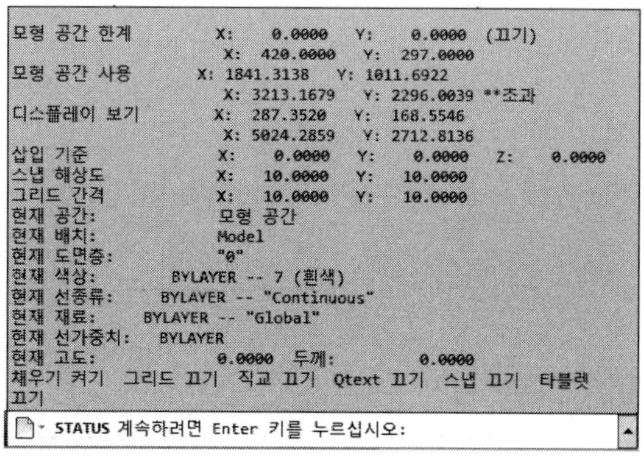

▌ DIM, 기하공차 그리기

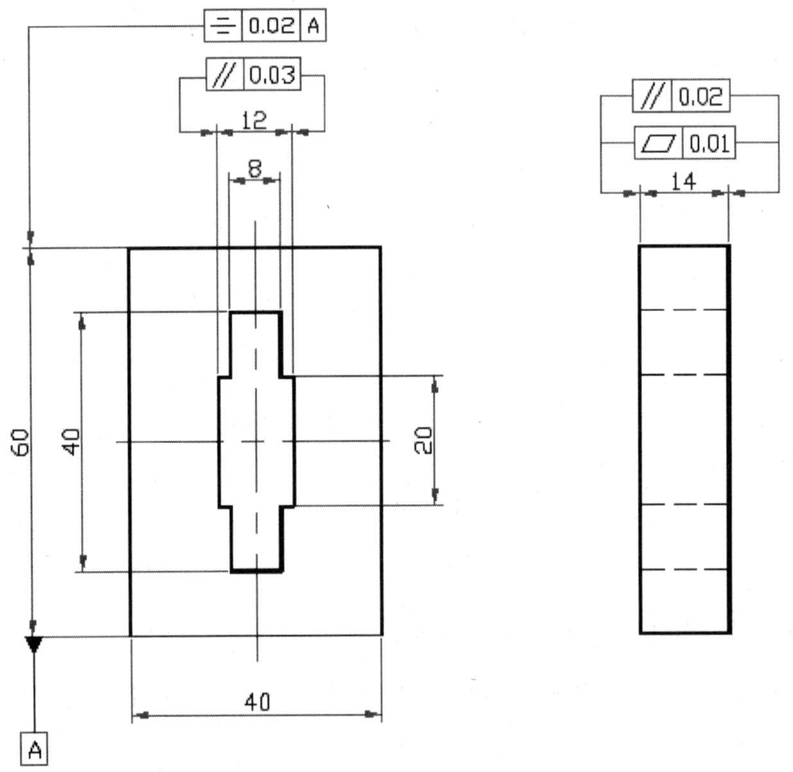

절단도시, DHATCH

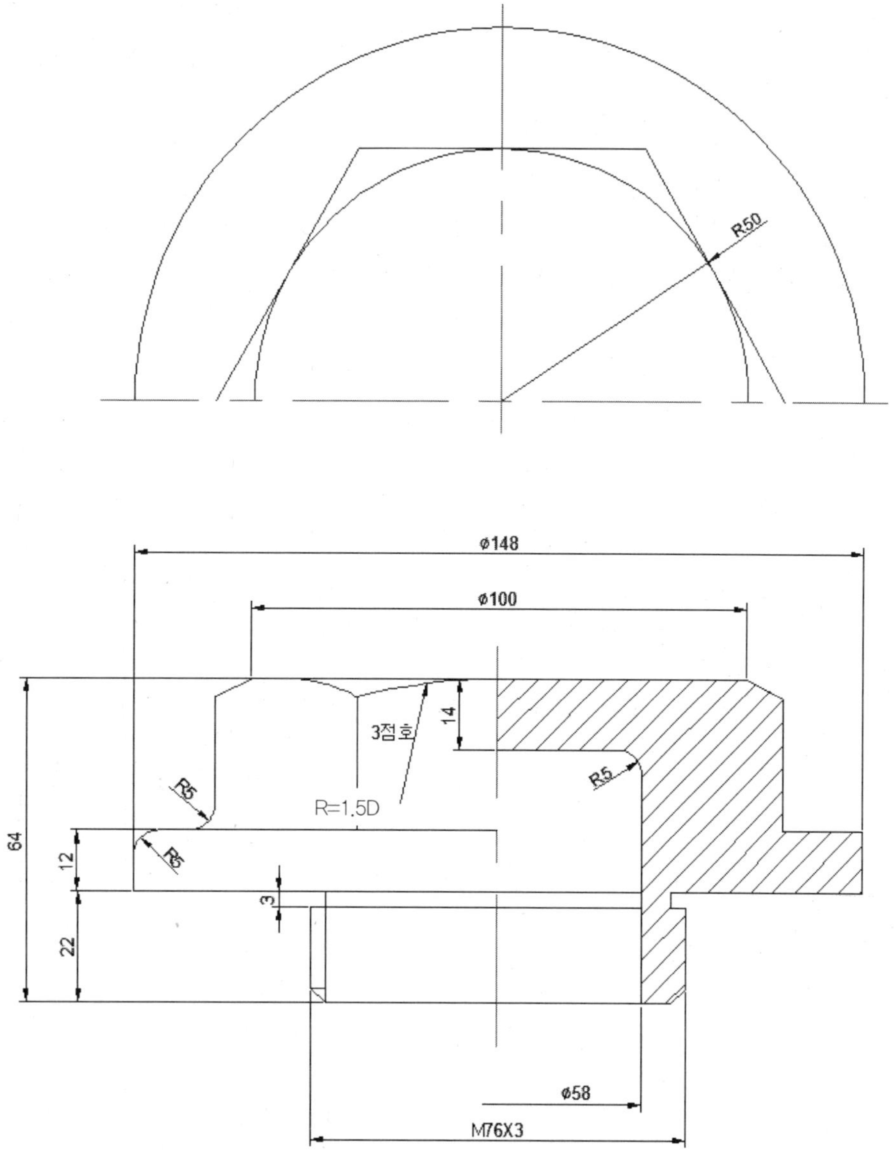

■ 치수기입, 기하공차

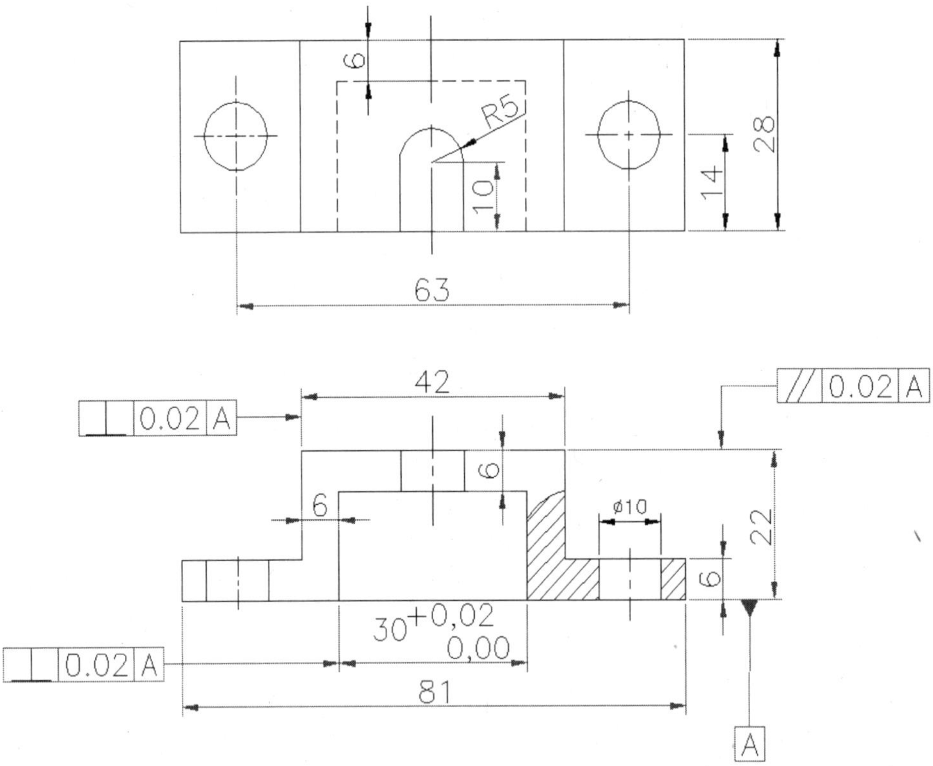

기본학습

08

블록(Block)

01 블록의 설정

여러 개의 객체를 한 개의 객체로 그룹화하여 이용하는데 사용되는 것으로 같은 모양의 부품을 설계할 때 삽입하여 활용할 수 있도록 하는 것이다.

예를 들면 회사의 로고, 표면 거칠기, 금형부품, 나사 등을 블록으로 사용한다.

1) 블록 정의 :

- 명령 : block
- 메뉴 : 그리기(D) → 블록(K) → 만들기(M)로 실행.

① 블록의 이름 입력한다.

② 객체 선택을 Window나 Closed를 이용하여 객체를 선택한다.

③ 확인하면 블록이 만들어진다.

④ 블록삽입을 실행하면 삽입이 된다.

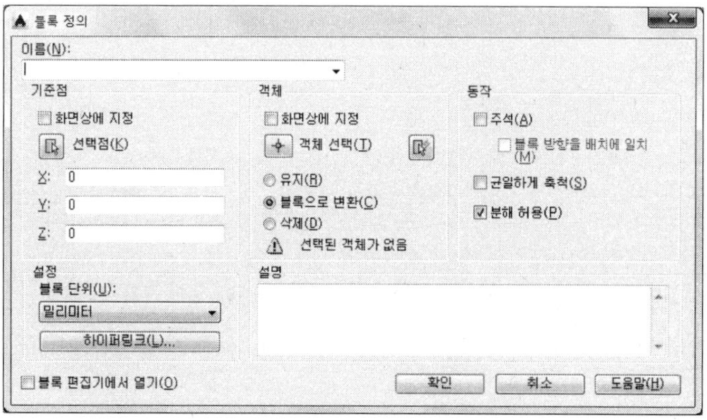

명령 : block
객체 선택: 반대 구석 지정: 1개를 찾음

☛ **표면 거칠기 블록 만들기**

명령 : polygon (단축키 : pol)

변의 수 : 6(육각형)
외접으로 반지름을 : 3 (아래 그림참고)
6각형의 점을 연결해서 표면거칠기 기호를 만든다.
6각형을 지운다. (윗면에 y를 쓴다)
복사해서 하나를 더 만들고 180도 회전한 다음 특성에서(ctr+1) y글자를 0도 회전한다.

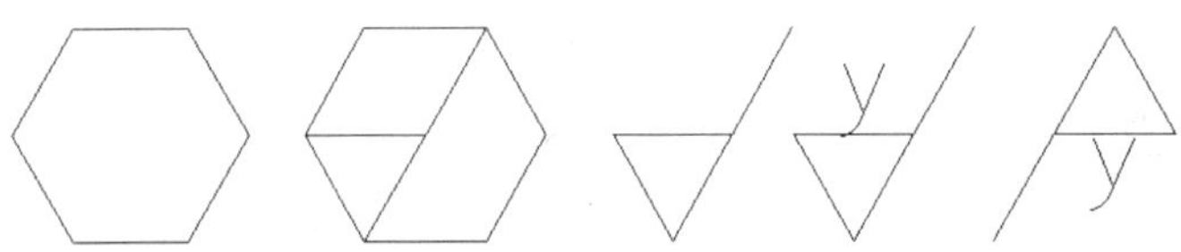

2) 블록 삽입 :

- 명령 : insert (단축키 : I)
- 메뉴 : 삽입(I) → 블록(B)로 실행.

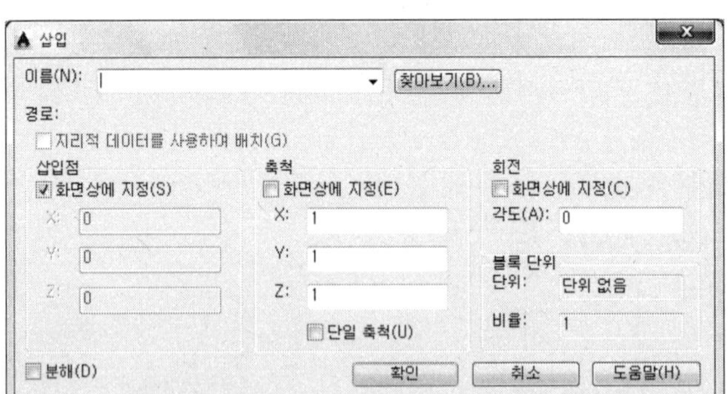

① 블록의 이름 입력하거나 찾아보기(B)에서 File을 찾는다.
② 확인을 하고, 삽입 점을 지정하면 저장된 Block이 바로 삽입된다.

```
명령 : insert
삽입 점 지정 또는 [축척(S)/X/Y/Z/회전(R)/플롯축척(PS)/PX/PY/PZ/플롯회전(PR)] :
```

③ 삽입된 Block의 수정을 하려면 분해(Explode) 를 하면 된다.

```
명령 : explode (단축키 : x)
객체 선택 : 1개를 찾음
객체 선택 :
```

3) 파일 블록(File Block)

- 명령 : wblock

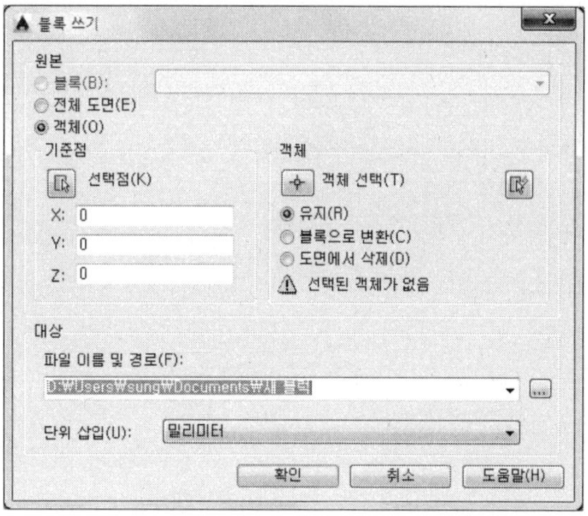

① 객체 선택을 Window나 Closed를 이용하여 객체를 선택한다.
② 파일이름 및 경로(F)를 입력하고 확인하면 block이 파일로 만들어진다.

```
명령 : wblock
객체 선택 : 반대 구석 지정: 1개를 찾음
객체 선택 :
```

③ 블록삽입을 실행하면 삽입이 된다.

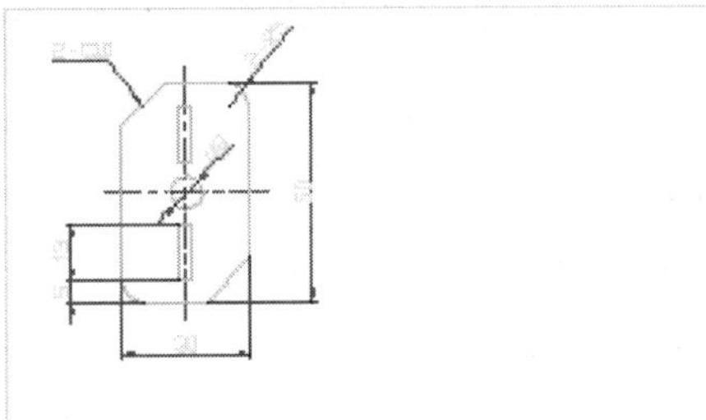

블록 삽입 전

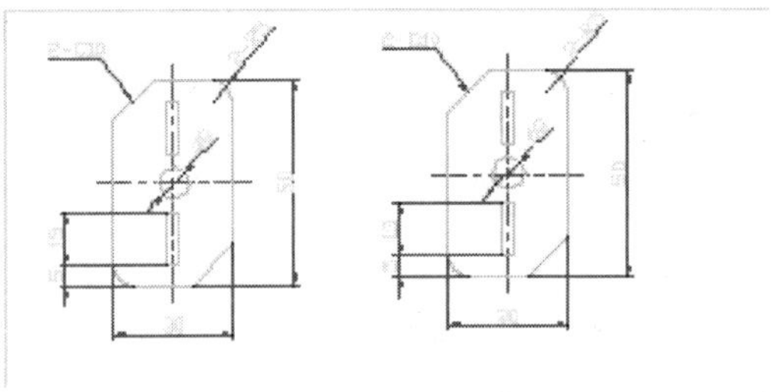

블록 삽입 후

4) 선택적 블록 삽입

- 명령 : minsert

명령 : minsert
블록 이름 입력 또는 [?] 〈pd〉 :
삽입점 지정 또는 [축척(S)/X/Y/Z/회전(R)/플롯축척(PS)/PX/PY/PZ/플롯회전(PR)]: 삽입점 지정
X축척 비율 입력, 반대구석 지정, 또는 [구석(C)/XYZ] 〈1〉 :
Y축척 비율 입력 〈X 축척 비율 사용〉 :
회전각도 지정 〈0〉 : 45
행 수 입력(——) 〈1〉 : 3
열 수 입력 (|||) 〈1〉 : 4
행 사이의 단위 셀 또는 거리 (——) : 거리 또는 점 지정
반대 구석 지정 : 거리 또는 점 지정

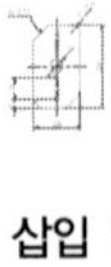

블록 삽입 전

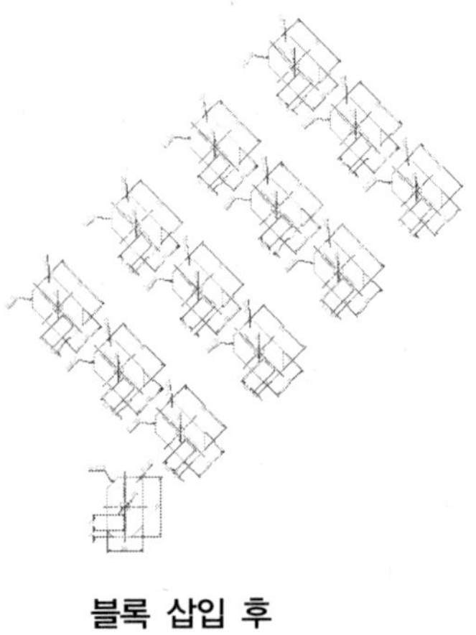

블록 삽입 후

02 블록의 속성

1) 다른 파일형식으로 Format

- 명령 : export
- 메뉴 : 파일(F) → 내보내기(E)로 실행하며, 다른 형식의 파일로 저장할 수 있다.

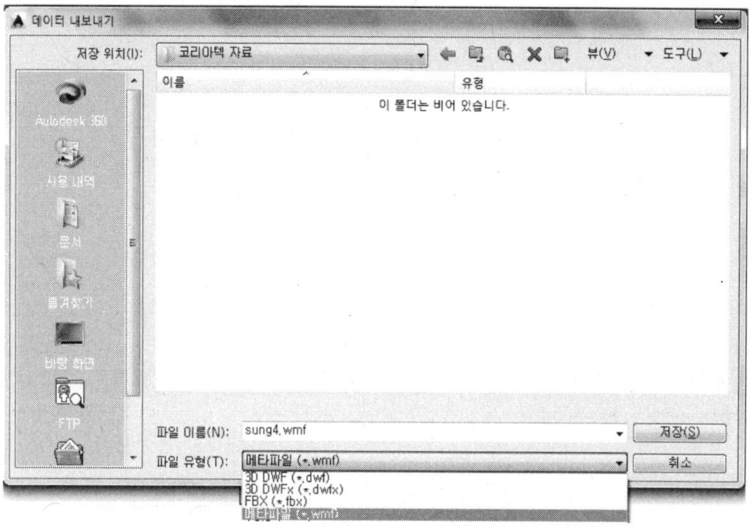

명령 : export
기존 블록의 이름 입력 또는
[= (블록=출력 파일)/* (전체 도면)] 〈새로운 도면 정의〉 :
삽입 기준점 지정 :
객체 선택: 반대 구석 지정 : 27개를 찾음

실행이 완료되면 sung4.wmf 파일로 저장이 된다.

2) 다른 이름으로 저장하여 다른 형식의 파일로 저장할 수도 있다.

- 명령 : saveas
- 메뉴 : 파일(F) → 다른 이름으로 저장(A)으로 실행하며, 다른 형식의 파일로 저장할 수 있으며, 주로 View 파일이나. DXF(호환)파일로 저장하는 경우에 사용된다.

① 파일 형식을 지정한다.

② 파일명을 입력한다.

③ 저장(S)을 누르면 새로운 파일이 생성된다.

3) iges 파일로 저장할 수도 있다.

- 명령 : export
- 메뉴 : 파일(F) → 내보내기(E)로 실행하며, 다른 형식의 파일로 저장할 수 있다.

① 파일 형식을 지정 : *.iges

② 파일명을 입력한다.

③ 저장(S)를 누르면 새로운 파일이 생성된다.

④ 파일 내보내기 작업 처리 팝업 창이 나타난다.

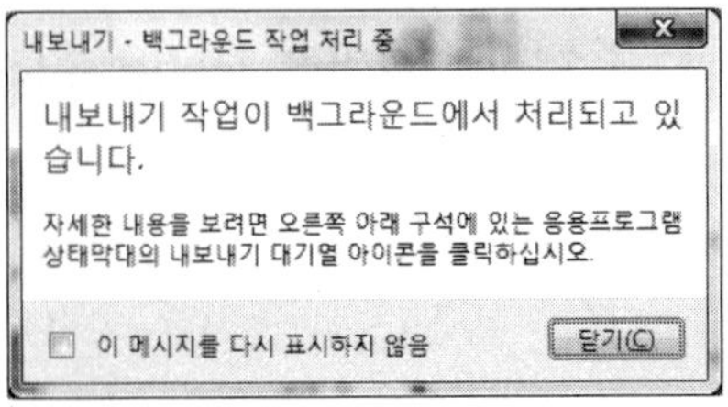

명령 : export

객체 선택 : 반대 구석 지정: 27개를 찾음
객체 선택 :

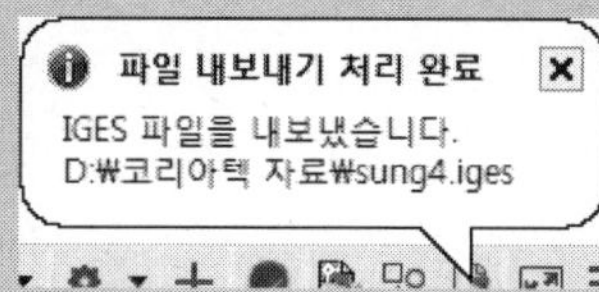

03 블록의 삽입과 편집

1) 다른 파일형식을 가져오기

- 명령 : import

① 파일 형식을 지정 : *.iges

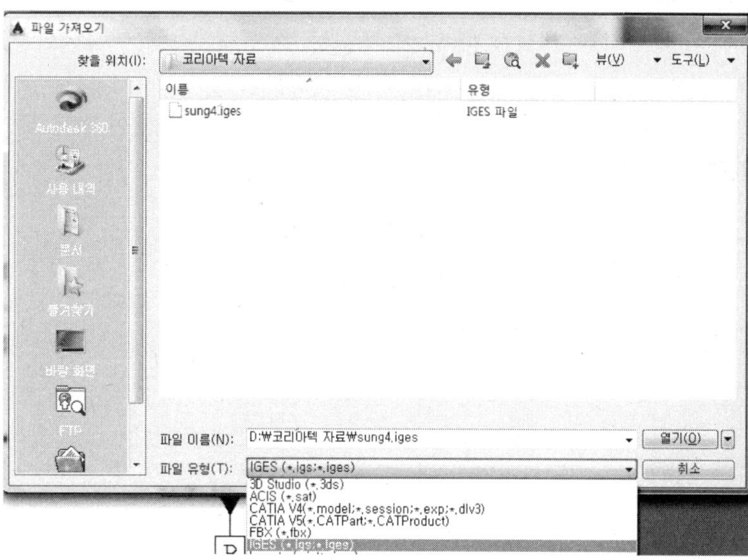

② 전체 추가(A)를 누르면 객체가 선택됨.

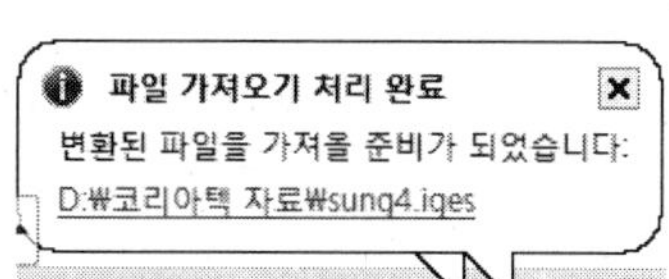

③ 확인을 누르면 새로운 파일을 가져오기가 완료된다.

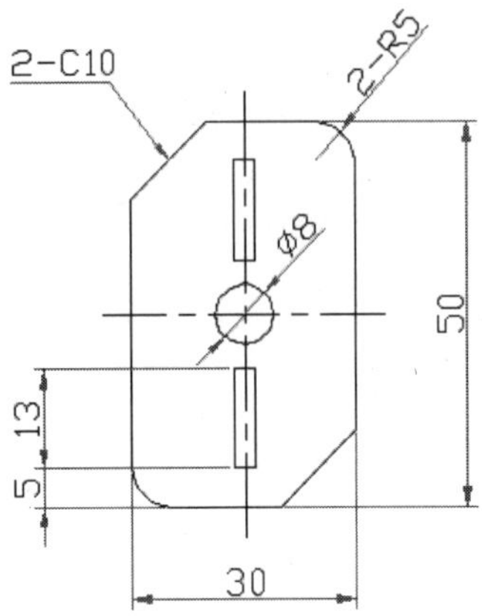

Import 전

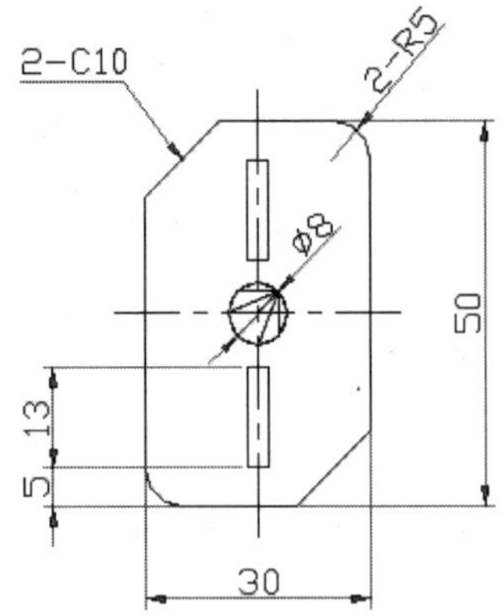

Import 후

2) 문서에 도면 삽입

도면을 설계하여 보고서로 작성할 때 많이 사용될 수 있다. 이때는 화면의 색을 흰색으로 전환하는 것이 좋으며, 그림판과 같은 편집기가 필요하다.

가. 도면 설계

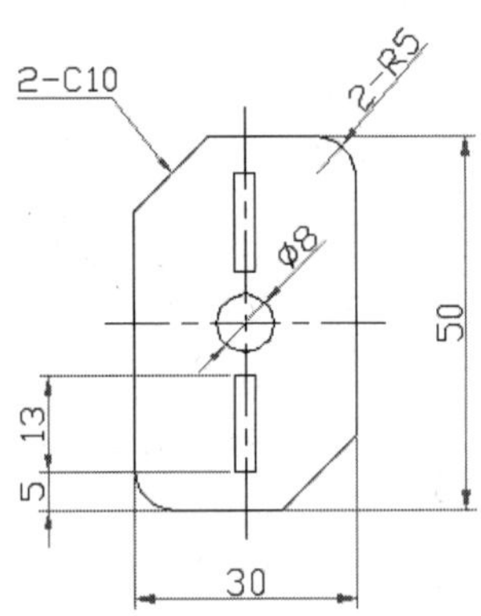

나. 그리기영역의 색상을 흰색으로 전환

- 메뉴 : 도구(T) → 옵션(N) 실행

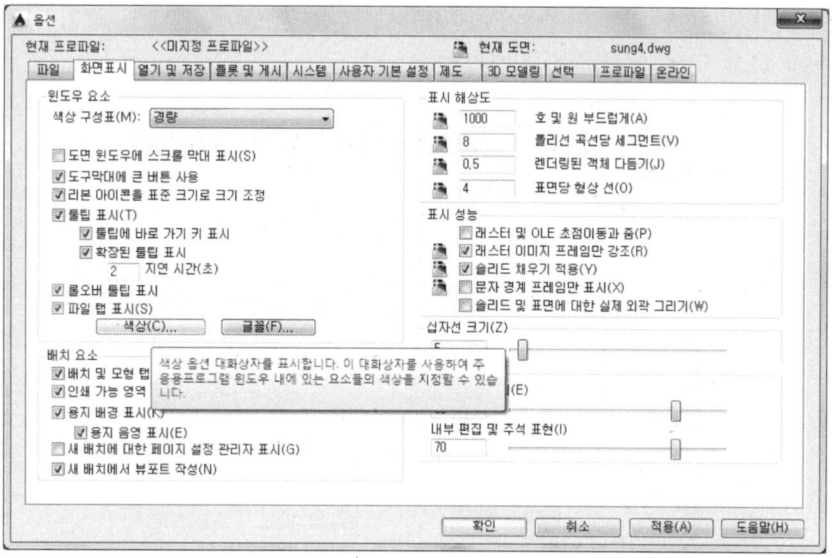

적용 및 닫기 → 확인하면 화면이 흰색으로 전환된다.

다. 그림판에 그림 삽입

① CAD화면에서 키보드의 'prtscr'를 눌러 화면을 임시 저장한다.

② 그림판의 화면에 그림을'붙이기'한다. 〈그림 A〉

③ 선택 아이콘 을 누르고 그림을 선택한다. 〈그림 B〉

④ 마우스 우측버튼을 눌러 선택영역을 복사한다.

⑤ 사용 중인 문서에 문서 마우스 우측버튼을 눌러 붙이기를 한 후 그림의 크기와 위치 등을 결정하면 된다. 〈그림 C〉

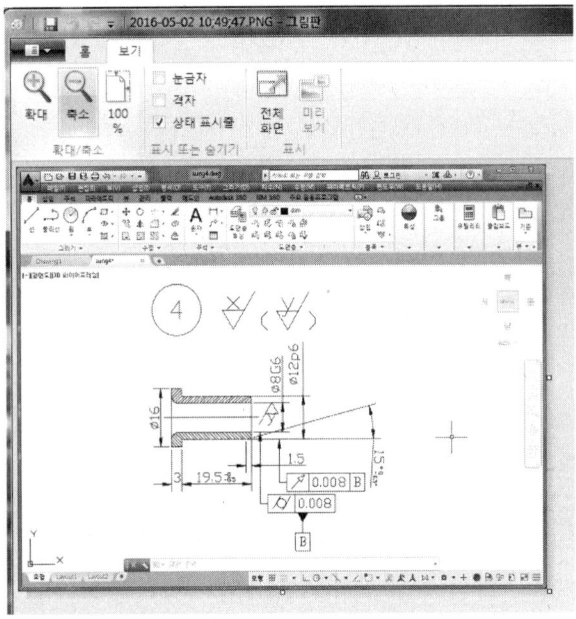

〈그림 A〉

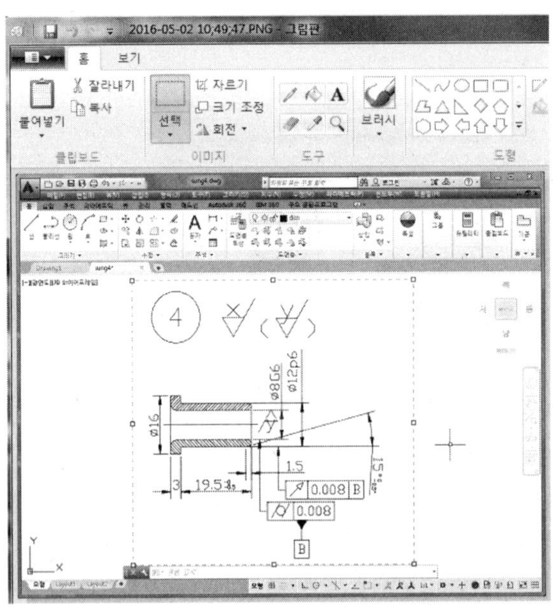

〈그림 B〉

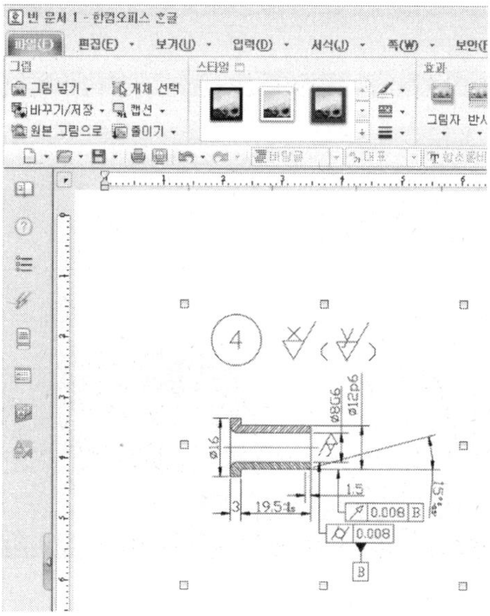

〈그림 C〉

3) 이미지 삽입

- 명령 : import
- 메뉴 : 삽입(I) → 래스터이미지(I)로 실행.

가. 이미지 파일 선택

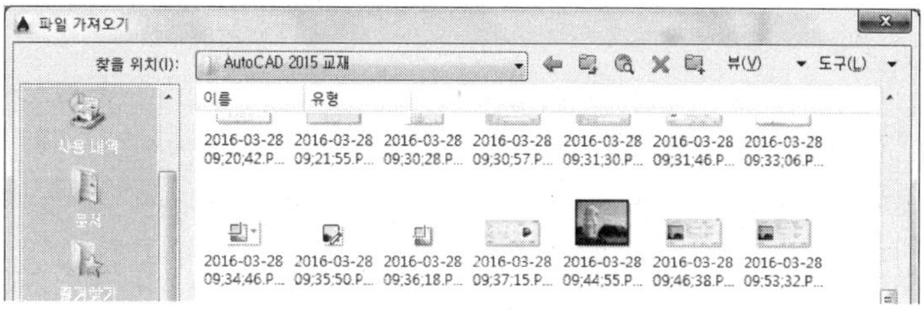

나. 이미지 삽입 형식

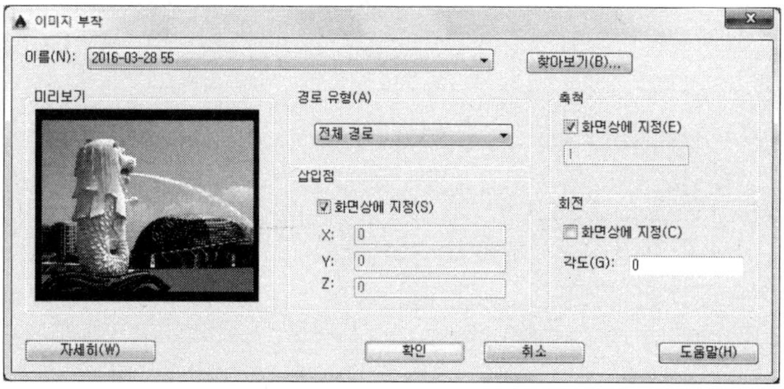

다. 삽입된 이미지

라. 이미지 편집 :

① Image Clip

- 명령 : imageclip
- 메뉴 : 수정(M) → 자르기(C) → 이미지(I)로 실행.

명령 : imageclip

자를 이미지를 선택하십시오. 반대 구석 지정:
자를 이미지를 선택하십시오.
이미지 자르기 옵션 입력 [켜기(ON)/끄기(OFF)/삭제(D)/새로운 경계(N)] 〈새로운 경계〉 : n
자르기 유형 입력 [다각형(P)/직사각형(R)] 〈직사각형(R)〉 : p
첫 번째 점을 지정하십시오.
다음 점 지정 또는 [명령 취소(U)]:
다음 점 지정 또는 [명령 취소(U)]:
다음 점 지정 또는 [닫기(C)/명령 취소(U)] :
다음 점 지정 또는 [닫기(C)/명령 취소(U)] :
다음 점 지정 또는 [닫기(C)/명령 취소(U)] :
다음 점 지정 또는 [닫기(C)/명령 취소(U)] :
다음 점 지정 또는 [닫기(C)/명령 취소(U)] :
다음 점 지정 또는 [닫기(C)/명령 취소(U)] :
다음 점 지정 또는 [닫기(C)/명령 취소(U)] :

이미지 수정 전

이미지 수정 후

② Image Adjust

- 명령 : imageadjust
- 메뉴 : 수정(M) → 객체(O) → 이미지(I) → 조정(A)으로 실행.

명령 : imageadjust

이미지를 선택하십시오.반대 구석 지정: 1개를 찾음

이미지를 선택하십시오.

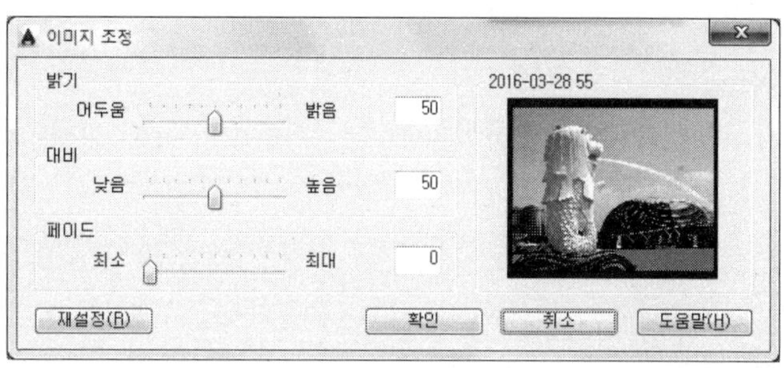

이미지의 밝기, 대비, 흐림 등을 조정 후 확인하면 이미지가 수정된다.

③ Image Quality

- 명령 : imagequality
- 메뉴 : 수정(M) → 객체(O) → 이미지(I) → 품질(Q)로 실행.

```
명령 : imagequality
이미지 품질 설정값 입력 [자세하게(H)/간단하게(D)] <자세하게> :
```

H : 고품질의 이미지가 제공되며, 속도가 느려진다.
D : 일반적인 이미지가 제공되며, 속도가 느려진다.

④ Image Transparency
- 명령 : transparency
- 메뉴 : 수정(M) → 객체(O) → 이미지(I) → 투명도(T)로 실행.

```
명령 : transparency
이미지를 선택하십시오. 1개를 찾음
이미지를 선택하십시오.
투명 모드 입력 [켜기(ON)/끄기(OFF)] <OFF> : on
```

ON : 이미지가 투명해져 아래의 객체가 보임.
OFF : 이미지가 불투명해져 아래의 객체가 보이지 않음.

⑤ Image Frame
- 명령 : imageframe
- 메뉴 : 수정(M) → 객체(O) → 이미지(I) → 프레임(F)으로 실행.

```
명령 : imageframe
이미지 프레임 설정값 입력 [켜기(ON)/끄기(OFF)] <ON> : off
```

ON : 이미지 외곽에 프레임을 보여주며, 이미지를 선택할 수 있다.
OFF : 이미지 외곽의 프레임을 없애며, 이미지를 선택할 수 없다.

기본학습

09 레이아웃(Layout)과 출력(Plot)

01 레이아웃 작성과 편집

도면을 세팅하여 근사하게 출력하기 위하여 사용되며, 스케일과 관점을 조정하고, 작업자가 원하는 형식으로 도면을 배치할 수 있는 것이다.

1) 모델 공간(Model Space)와 도면 공간(Paper Space)

- 모델 공간 : 일반적인 작도를 하는 공간
- 도면 공간 : 모델공간에서 작도한 도면을 종이의 크기에 맞추어 축척으로 세팅하는 공간
- 명령 : tilemode

```
명령 : tilemode
tilemode에 대한 새 값 입력 〈1〉 : 0
캐쉬된 뷰포트 복원 중 - 배치 재생성 중.
```

1 : 모델 공간(Model Space) : 화면의 하단에 “모형”

0 : 도면 공간(Paper Space) : 화면의 하단에 “배치1”, “배치2”

2) 도면을 Lay Out하기 전 해야 할 일

① 도면을 그리고 도면 공간으로 전환

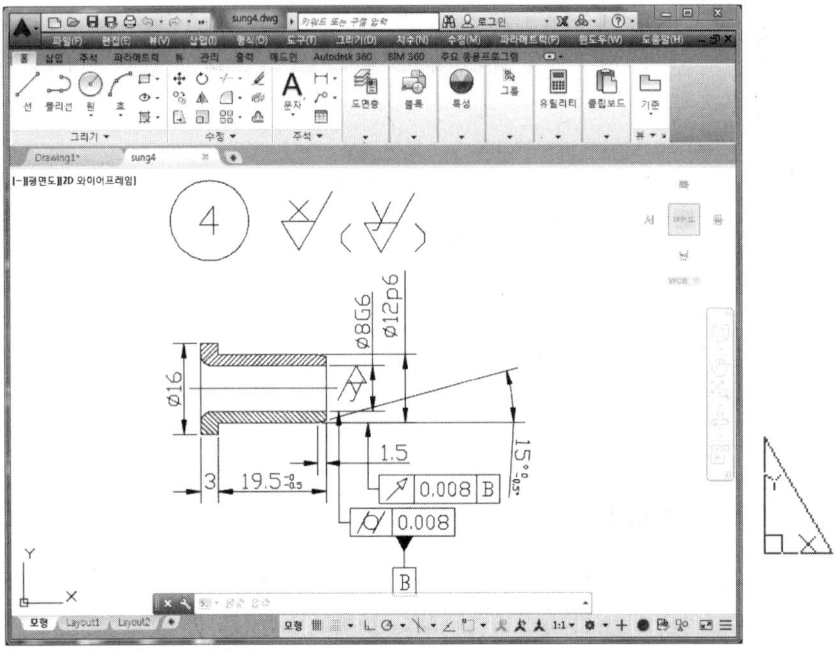

② 도구(T) → 옵션(N) → 화면표시를 선택하고 그림처럼 조정

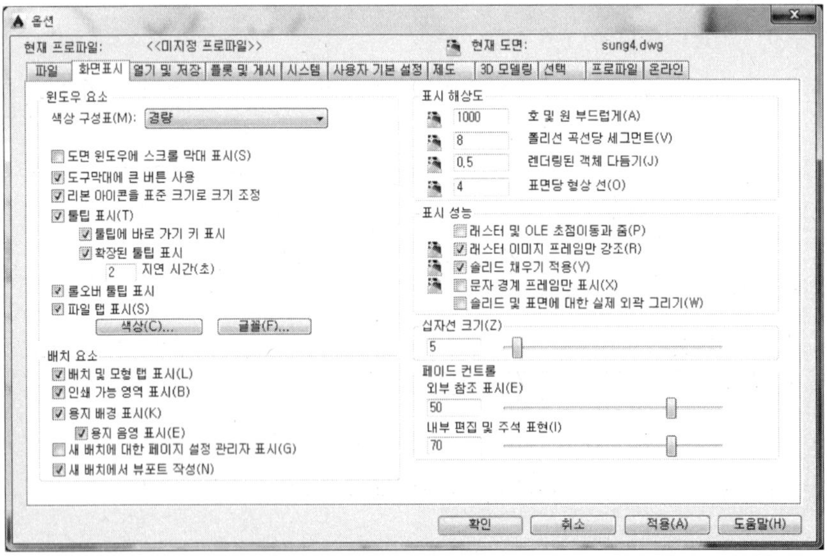

③ 배치 탭 공간을 검정색으로 전환

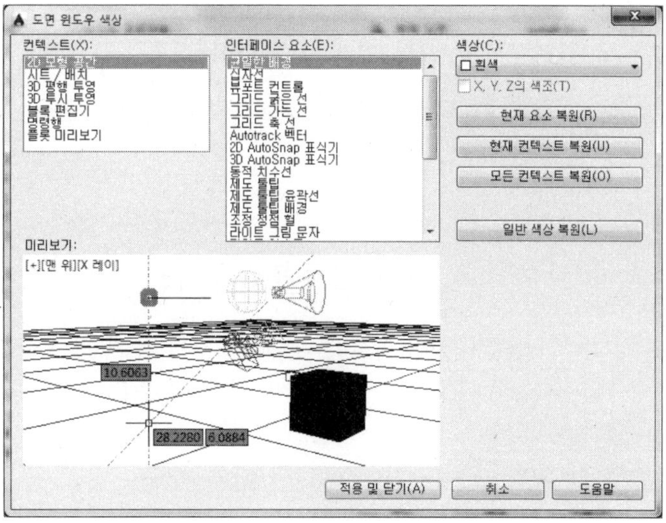

3) 종이 크기를 정하고 테두리선 긋기

① 도면의 한계를 A4로 설정

명령 : limits

도면 공간 한계 재설정:
왼쪽 아래 구석 지정 또는 [켜기(ON)/끄기(OFF)] 〈-0.2500,-0.2500〉 : 0, 0
오른쪽 위 구석 지정 〈10.7500,8.2500〉 : 297, 210
명령 : z ZOOM
윈도우 구석을 지정, 축척 비율 (nX 또는 nXP)을 입력, 또는
[전체(A)/중심(C)/동적(D)/범위(E)/이전(P)/축척(S)/윈도우(W)/객체(O)] 〈실시간〉 : a
배치 재생성 중.

② 도면의 테두리 작도

명령 : rectang

첫 번째 구석점 지정 또는 [모따기(C)/고도(E)/모깎기(F)/두께(T)/폭(W)] : 10,10
반대쪽 구석점 지정 또는 [치수(D)] : 287,200

4) 2차원 도면 Lay Out하기

가. Mview

먼저 Layer를 한 개 열어 그 Layer를 현재로 설정한다.

① Mview를 4개로 지정한다.

```
명령 : mview
뷰포트 구석 지정 또는
[켜기(ON)/끄기(OFF)/맞춤(F)/음영플롯(S)/잠금(L)/객체(O)/다각형(P)/복원(R)/2/3/4]
〈맞춤(F)〉 : 4
첫번째 구석 점 지정 또는 [맞춤(F)] 〈맞춤〉 : 점 지정
반대 구석 지정:  점 지정  모형 재생성 중.
```

② View 한 개를 지운다.

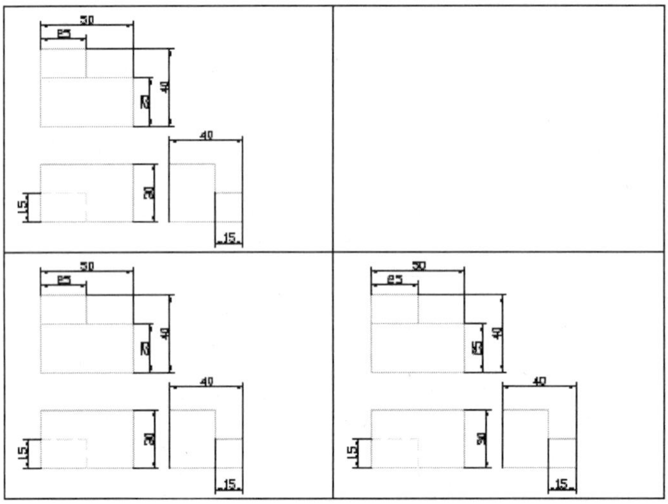

```
명령 : mview
뷰포트 구석 지정 또는
[켜기(ON)/끄기(OFF)/맞춤(F)/음영플롯(S)/잠금(L)/객체(O)/다각형(P)/복원(R)/2/3/4]
〈맞춤(F)〉 : off
객체 선택 : 1개를 찾음
```

③ View 한 개를 선택(Double Click)하여 Ucsicon을 활성화 시킨다.
이때 선택된 view는 모델공간이 된다.

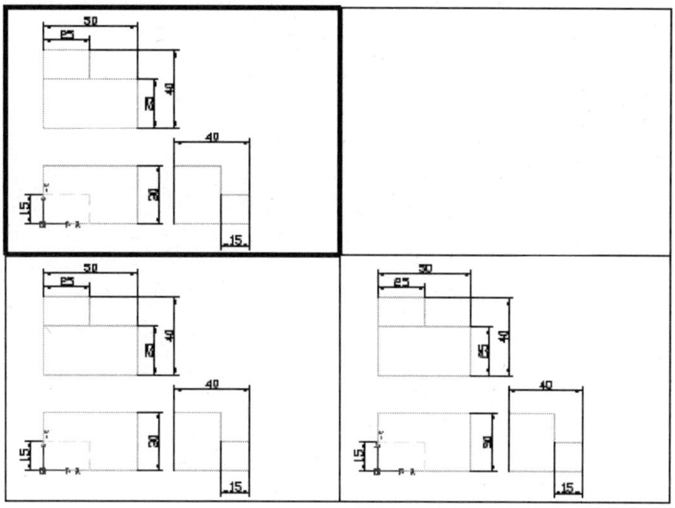

명령 : MSPACE

④ 각 view마다 선택을 하여 활성화시키고, zoom 2xp로 각 상에 맞게 pan을 이용하여 배치한다.

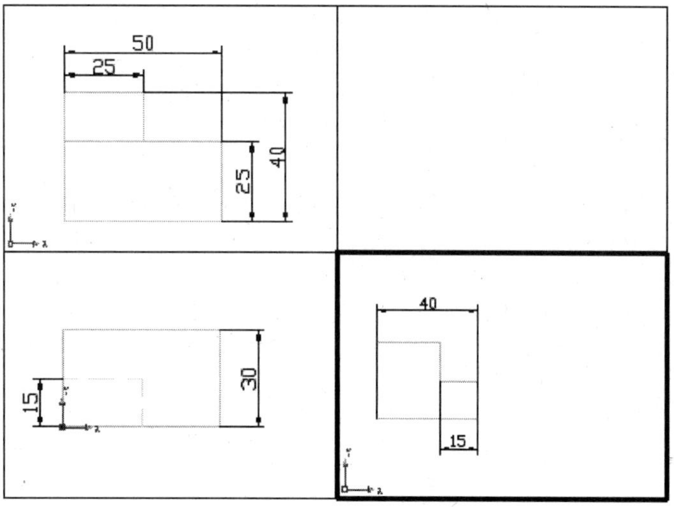

```
명령 : z ZOOM
윈도우 구석을 지정, 축척 비율 (nX 또는 nXP)을 입력, 또는
[전체(A)/중심(C)/동적(D)/범위(E)/이전(P)/축척(S)/윈도우(W)/객체(O)] <실시간> :
2xp

명령 : z ZOOM
윈도우 구석을 지정, 축척 비율 (nX 또는 nXP)을 입력, 또는
[전체(A)/중심(C)/동적(D)/범위(E)/이전(P)/축척(S)/윈도우(W)/객체(O)] <실시간> :
2xp

명령 : z ZOOM
윈도우 구석을 지정, 축척 비율 (nX 또는 nXP)을 입력, 또는
[전체(A)/중심(C)/동적(D)/범위(E)/이전(P)/축척(S)/윈도우(W)/객체(O)] <실시간> :
2xp
```

나. Mvsetup

각 투상도간의 도면들을 정렬하는 것으로 평면도와 정면도, 정면도와 우측면도를 정렬하는 것이다.

① 투상도간 정렬

```
명령 : mvsetup
옵션 입력 [정렬(A)/작성(C)/뷰포트 축척(S)/옵션(O)/제목 블록(T)/명령 취소(U)] : a
옵션 입력 [각도(A)/수평(H)/수직 정렬(V)/뷰 회전(R)/명령 취소(U)] : v
기준점 지정 : 평면도 지정 후 모서리 지정 <그림 A>
초점이동 할 뷰포트에서 점을 지정 : 정면도 지정 후 모서리 지정 <그림 B>
옵션 입력 [각도(A)/수평(H)/수직 정렬(V)/뷰 회전(R)/명령 취소(U)] : h
기준점 지정 : 정면도 지정 후 모서리 지정 <그림 C>
초점이동 할 뷰포트에서 점을 지정 : 우측면도 지정 후 모서리 지정 <그림 D>
옵션 입력 [각도(A)/수평(H)/수직 정렬(V)/뷰 회전(R)/명령 취소(U)] :
옵션 입력 [정렬(A)/작성(C)/뷰포트 축척(S)/옵션(O)/제목 블록(T)/명령 취소(U)] :
```

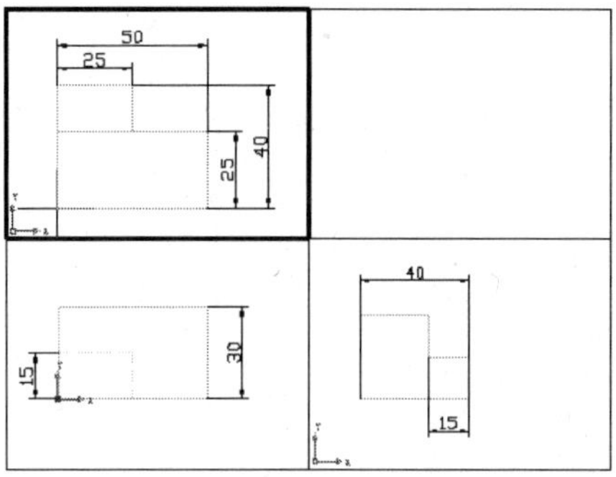

〈그림 A〉

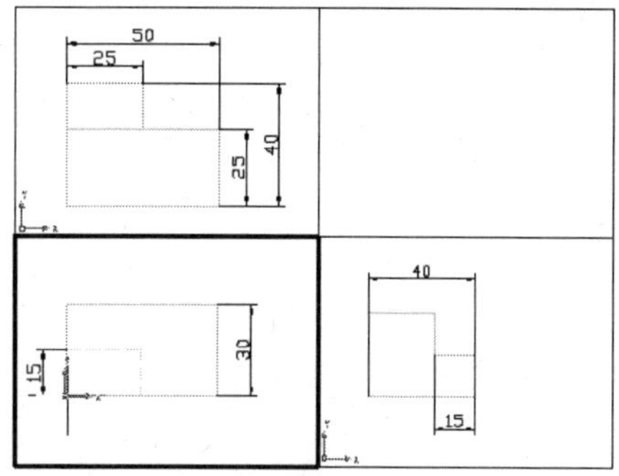

〈그림 B〉

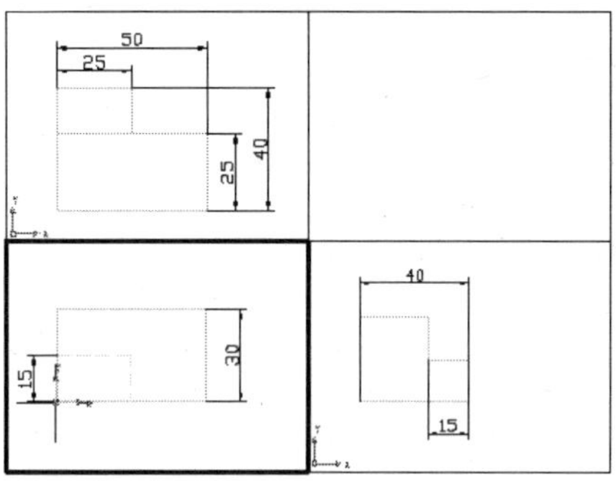

〈그림 C〉

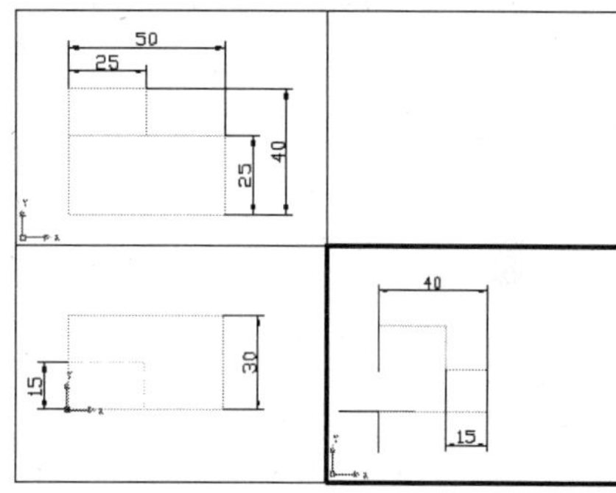

〈그림 D〉

② 창의 숨김

다중창의 테두리를 얼려서 도형만 보이도록 하면 된다.

현재 사용 중인 "도면층1" 레이어를 "0"번 레이어로 전환하고, "도면층1"번 레이어는 얼려놓는다.

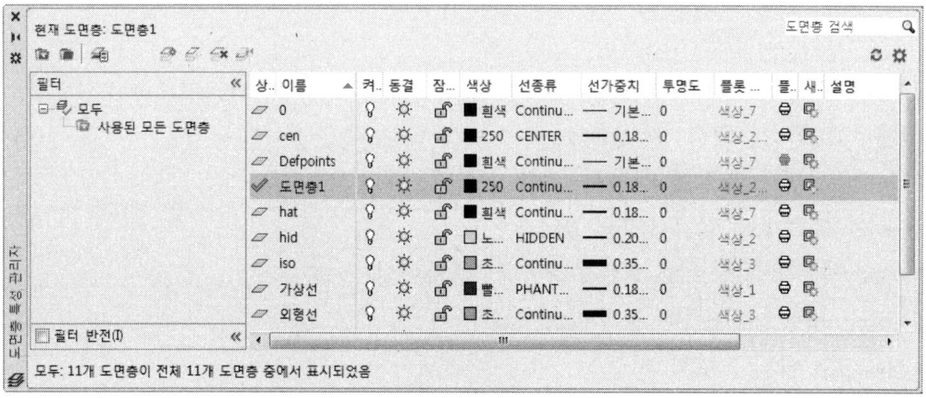

레이어 변환 전

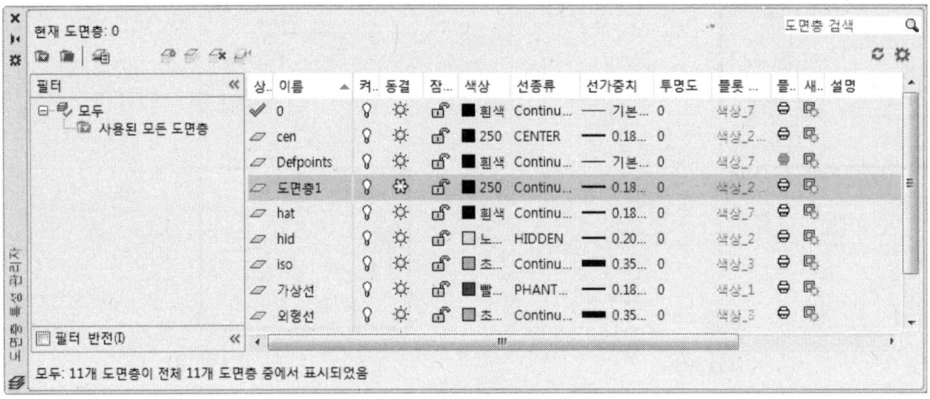

레이어 변환 후

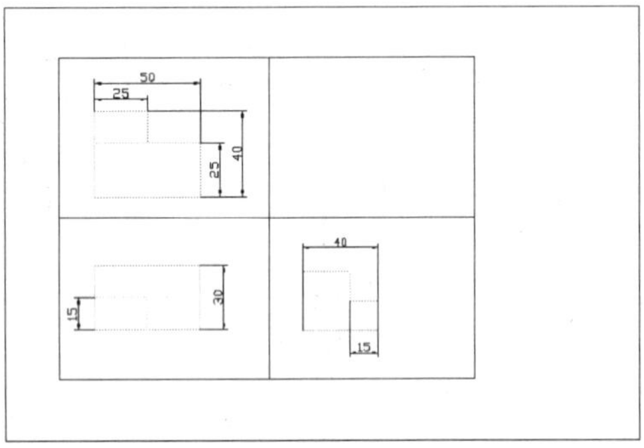

다중창 얼리기 전

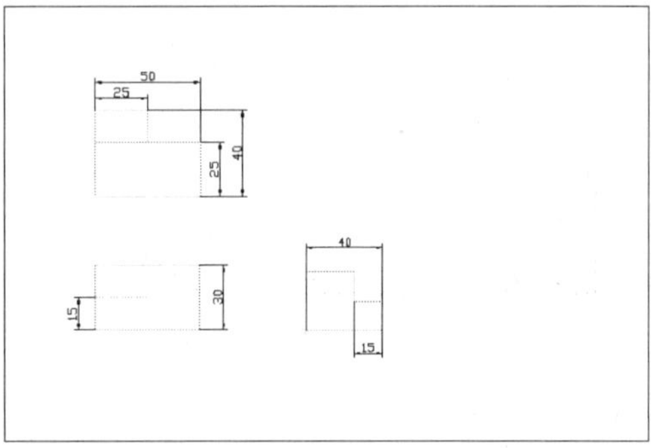

다중창 얼리기 후

5) 3차원 도면 Lay Out하기

① 3차원 Model 열기 〈그림 A〉

② 도면공간으로 전환

③ Lay Out의 Elements 조정

④ Layer를 한 개 열기 (도면층1)

⑤ Limits 설정과 사각형 테두리 그림

⑥ Mview를 4개로 열기 〈그림 B〉

⑦ Mview를 각 투상도로 전환 (뷰 도구 상자에서 실행)

⑧ Zoom 명령으로 Scale 조정 (2XP정도)

⑨ Mvsetup 설정 : 도형 정렬

⑩ Layer를 "0"으로 전환하고, "도면층1"을 얼려놓으면 〈그림 C〉와 같이 된다.

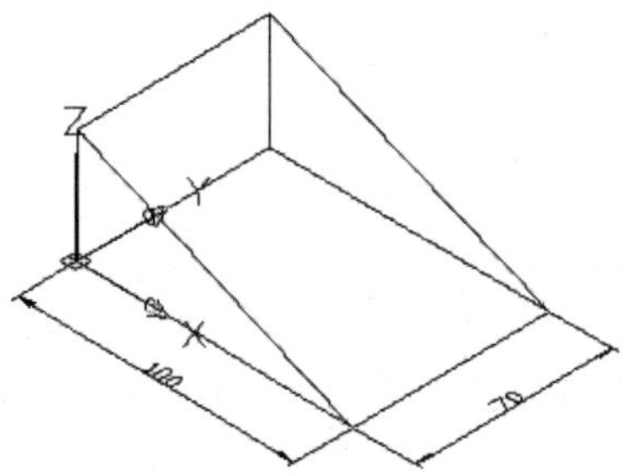

〈그림 A〉

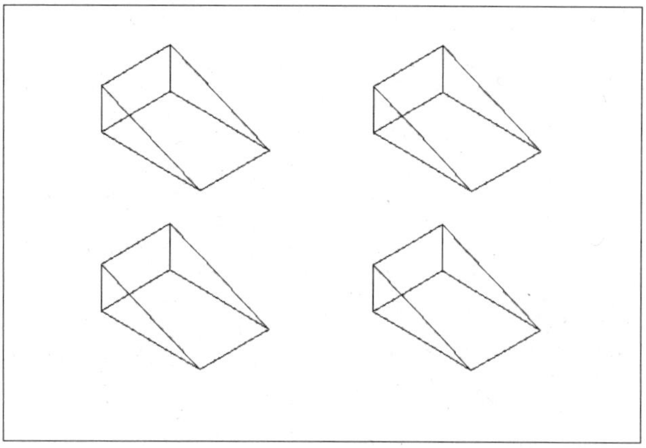

〈그림 B〉

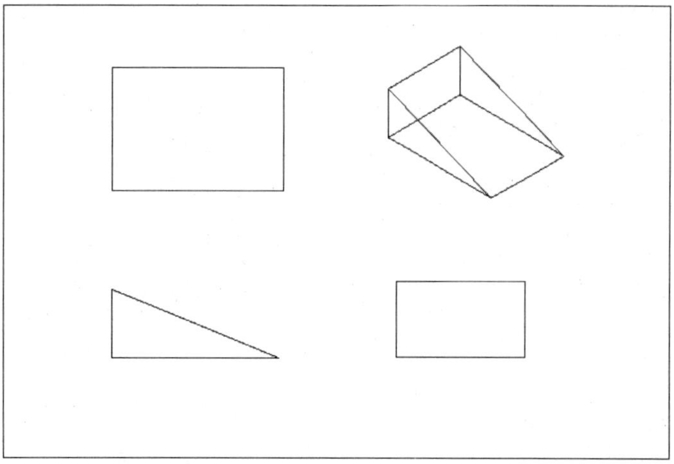

〈그림 C〉

6) Dview

등각 투상도에 거리 값을 부여하여 투시도를 만들 수 있다.

```
명령 : dv
DVIEW
객체 선택 또는 〈DVIEWBLOCK 사용〉 : all
1개를 찾음
2은(는) 현재 공간에 없음.
객체 선택 또는 〈DVIEWBLOCK 사용〉 : enter
옵션 입력
[카메라(CA)/표적(TA)/거리(D)/점(PO)/초점이동(PA)/줌(Z)/비틀기(TW)/자르기(CL)/숨기기(H)/끄기
(O)/명령 취소(U)] : d
새로운 카메라 표적 거리 지정 〈1.7321〉 : 250
옵션 입력
[카메라(CA)/표적(TA)/거리(D)/점(PO)/초점이동(PA)/줌(Z)/비틀기(TW)/자르기(CL)/숨기기(H)/끄기
(O)/명령 취소(U)] : ca
카메라 위치 지정, 또는 XY 평면으로부터 각도 입력,
또는 [전환(T) (각도)] 〈35.2644〉 : 22
카메라 위치 지정, 또는 X축으로부터 XY 평면에서 각도 입력
또는 [전환(T)(다음으로부터 각도)] 〈35.26439〉 : 22
옵션 입력
[카메라(CA)/표적(TA)/거리(D)/점(PO)/초점이동(PA)/줌(Z)/비틀기(TW)/자르기(CL)/숨기기(H)/끄기
(O)/명령 취소(U)] :
모형 재생성 중.
명령: shademode 현재 모드 : 2D 와이어프레임
  ?입력 [2D 와이어프레임(2)/3D
와이어프레임(3)/숨김(H)/단순(F)/구로(G)/단순+모서리(L)/구로+모서리(O)] 〈2D
와이어프레임〉 : h
명령 : ps
PSPACE
명령: z ZOOM
윈도우 구석을 지정, 축척 비율 (nX 또는 nXP)을 입력, 또는
[전체(A)/중심(C)/동적(D)/범위(E)/이전(P)/축척(S)/윈도우(W)/객체(O)] 〈실시간〉 : a
```

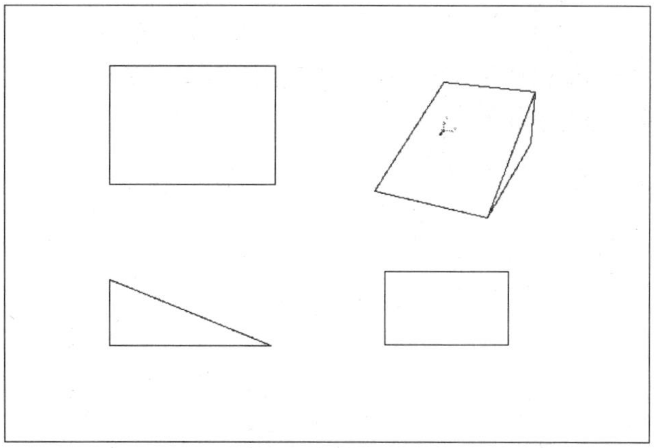

02 뷰포트의 작성과 편집

한 개의 도면을 여러 개의 View로 보고 편집하는 방법이다. 여기서의 View는 몇 개가 열려 있어도 결합 또는 분할이 가능하며, 처음에는 1Viewport로 되어 있다.

2차원과 3차원을 동시에 출력하고자 할 때는 앞에서 배운 Mview를 사용하면 좋다.

1) 뷰의 분할과 결합

- 명령 : vports
- 메뉴 : 뷰(V) → 뷰포트(V)로 실행하고, 뷰의 개수를 지정하면 된다.

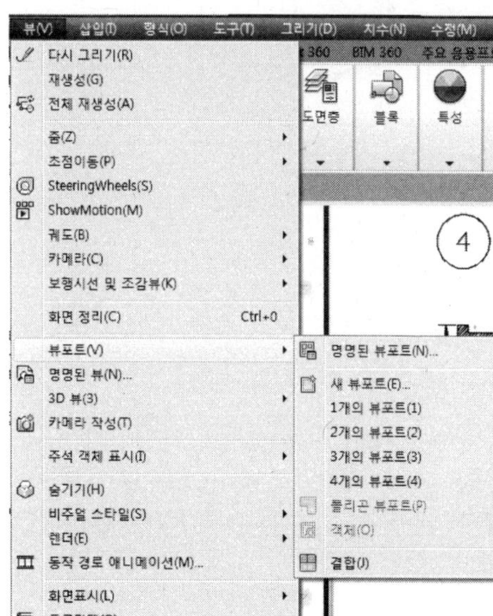

명명된 뷰 포트 창

명령 : vports
옵션 입력 [저장(S)/복원(R)/삭제(D)/결합(J)/단일(SI)/?/2/3/4] 〈3〉 : j
주 뷰포트 선택 〈현재 뷰포트〉 :
결합할 뷰포트 선택 : 모형 재생성 중.

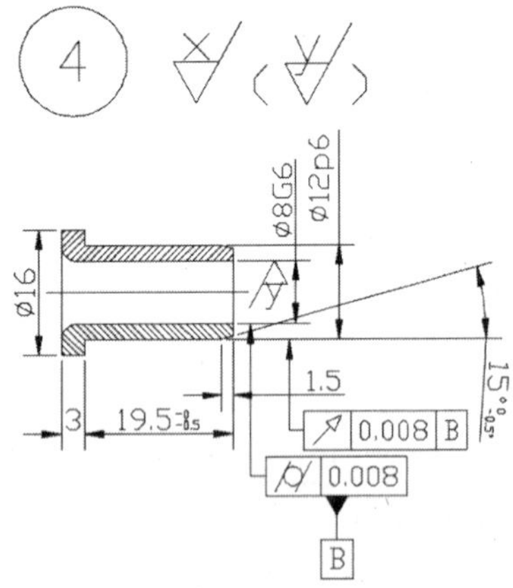

1개의 viewport

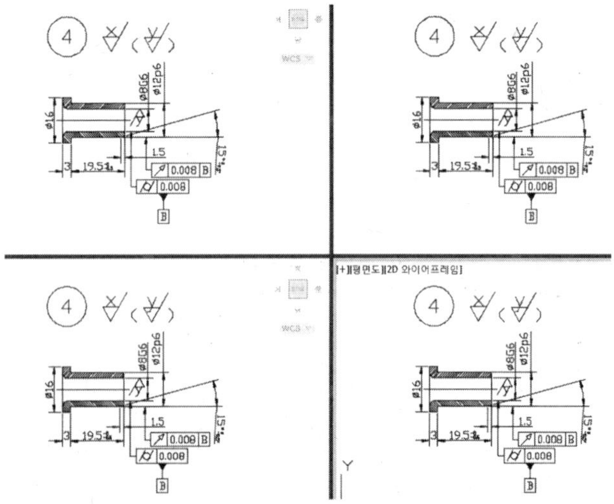

4개의 viewport

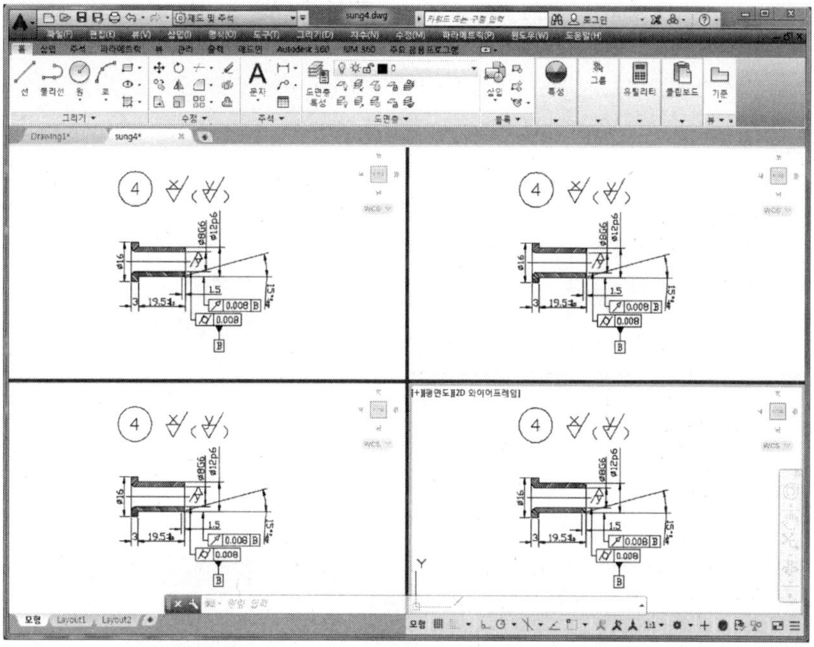

결합 전

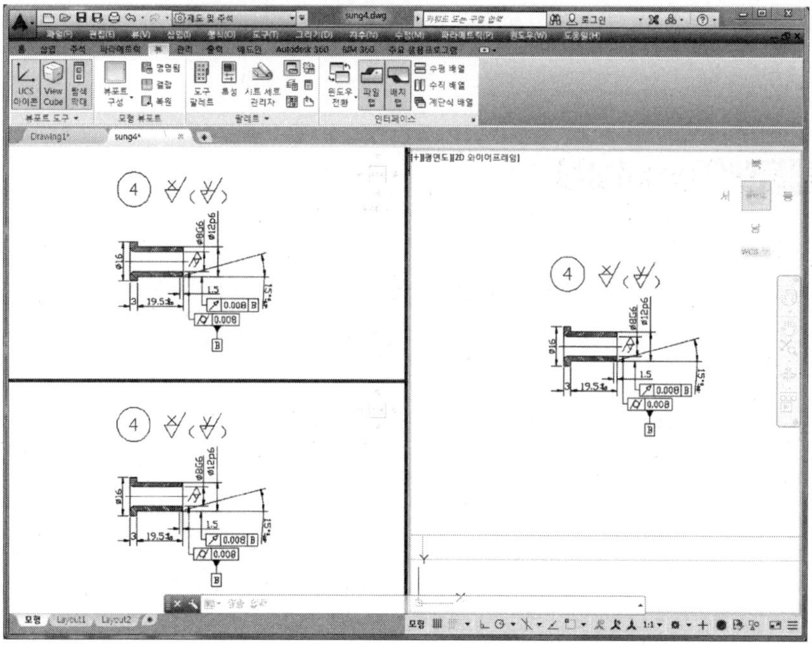

결합 후

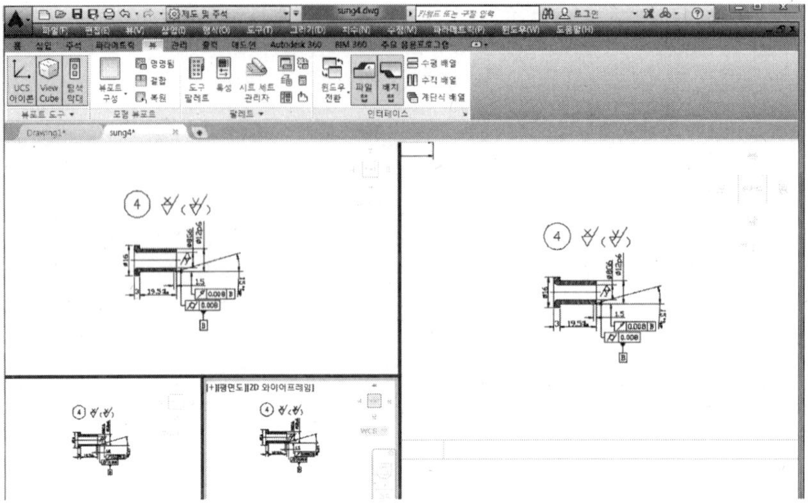

명령 : vports
옵션 입력 [저장(S)/복원(R)/삭제(D)/결합(J)/단일(SI)/?/2/3/4] 〈3〉 : 2
구성 옵션 입력 [수평(H)/수직(V)] 〈수직(V)〉 :
모형 재생성 중.

03 템플렛(Template)

도면의 크기, 표제란 등을 미리 만들어놓은 틀을 템플렛이라 한다. 어떤 작업을 하더라도 미리 템플렛 파일을 설정하였다 불러 쓰면 일정한 작업이 가능하다.

1) 모형공간에서의 템플렛

① 사용할 도면의 크기, 표제란 등을 미리 만든다.

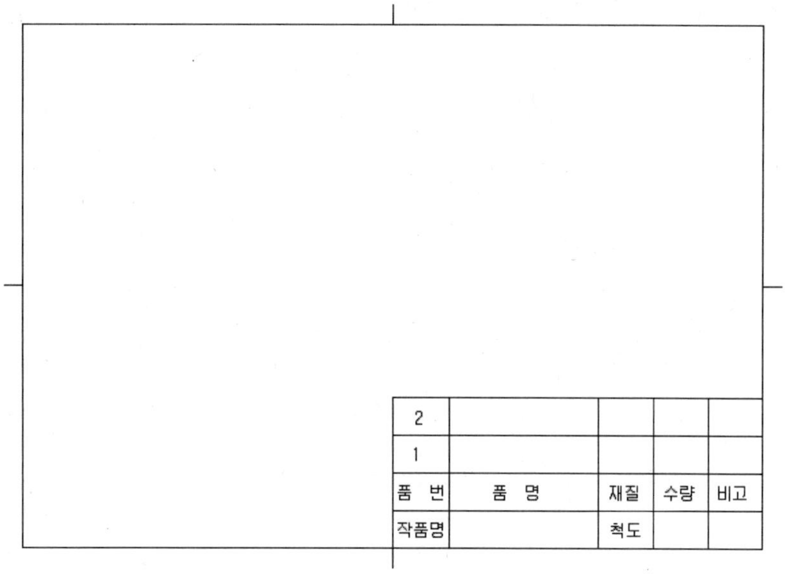

② 다른 이름으로 저장을 한다.(확장자 : *.dwt)

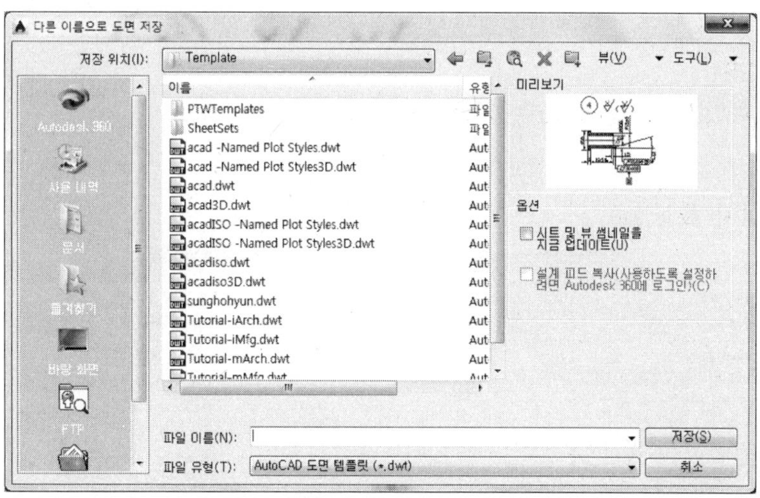

③ 템플렛 파일을 불러 사용한다.

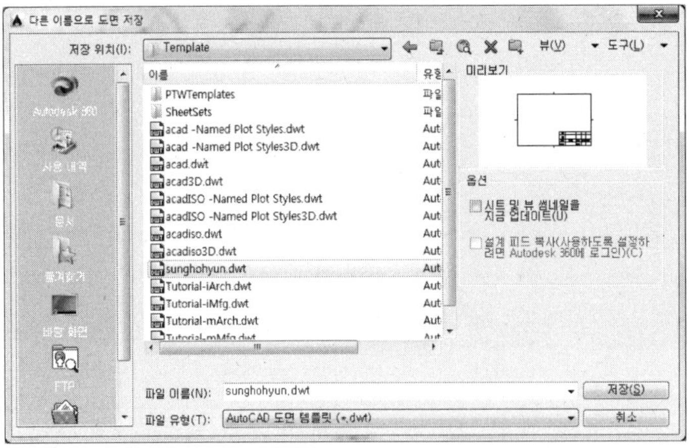

04 도면의 출력(Plot) :

- 명령 : plot
- 메뉴 : 파일(F) → 플롯(P)로 실행

1) Plot 형식의 설정

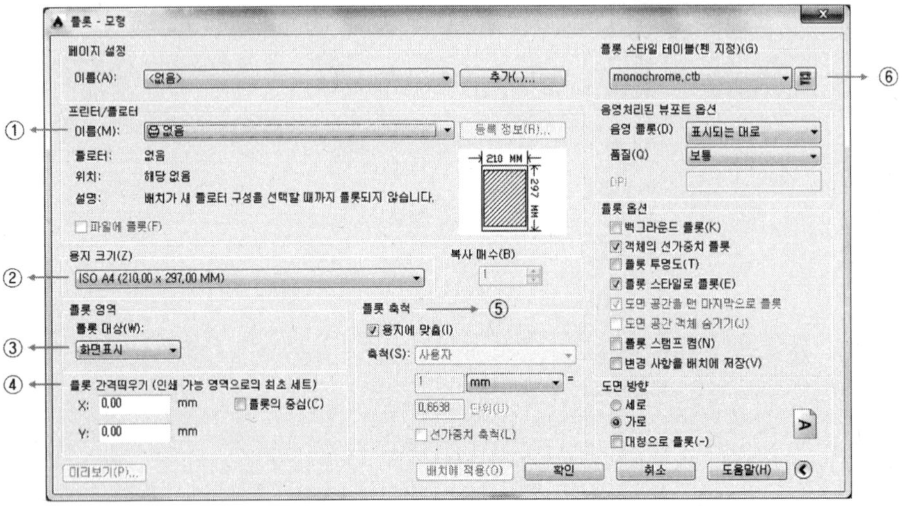

① 프린터/플로터의 이름(Plot Device)

사용할 프린터 또는 플로터의 기종을 선택하는 것으로 프린터 및 플로터는 미리 설치되어 있어야 한다.

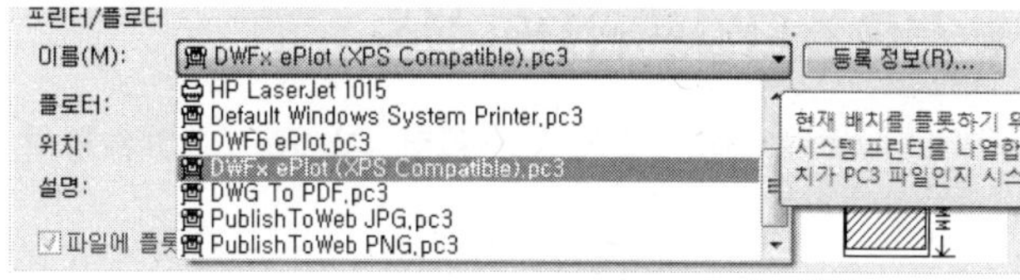

② 용지 크기(Paper Size)

출력하여야 할 종이의 크기로 프린터/플로터의 운용 프로그램에 따라 다르다.

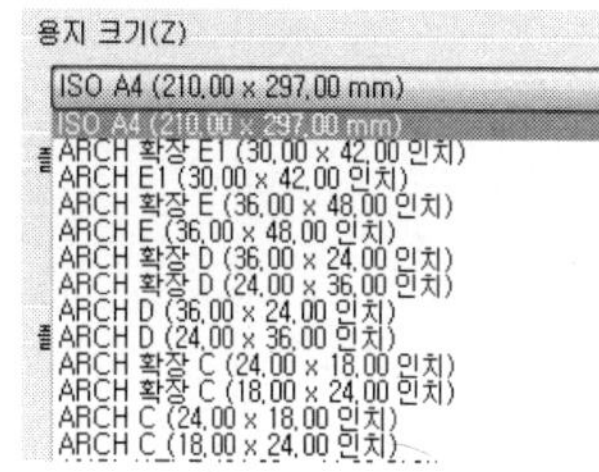

③ 플롯 영역(Plot Area)

출력할 범위를 설정하는 부분이다.

④ 플롯 간격 띄우기(Plot Offset)

출력할 종이의 어느 부분에 출력할 것인지를 결정하는 것이다. 종이의 중심에 출력하고자 할 때 플롯의 중심에 체크를 하고 미리보기를 눌러 화면으로 확인할 수 있다.

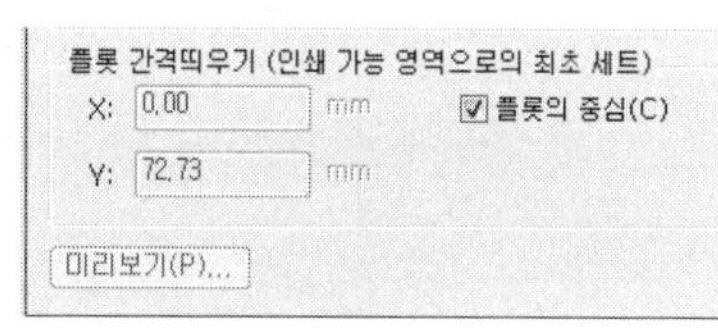

⑤ 플롯 축척(Plot Scale)

축척이나 배척으로 출력을 하고자 할 때 사용하는 것으로 용지에 맞춤을 체크하면 누르면 용지크기에서 설정한 종이의 크기에 맞도록 축척, 배척을 결정하여 출력한다.

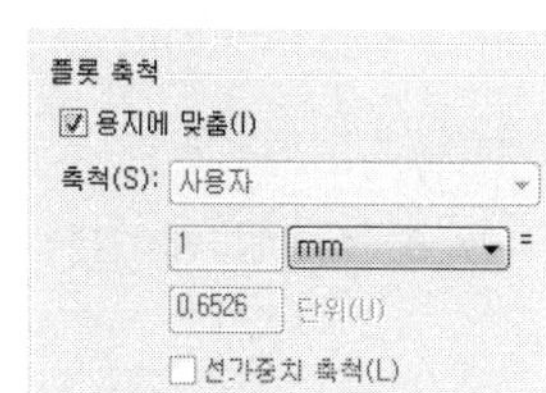

⑥ 플롯 스타일 테이블(Plot Style Table)

펜의 번호를 지정하거나 선의 두께, 형식 등을 지정하여 출력하는 것으로 플롯 스타일 관리자 파일에 미리 지정하여 두면 편리하다.

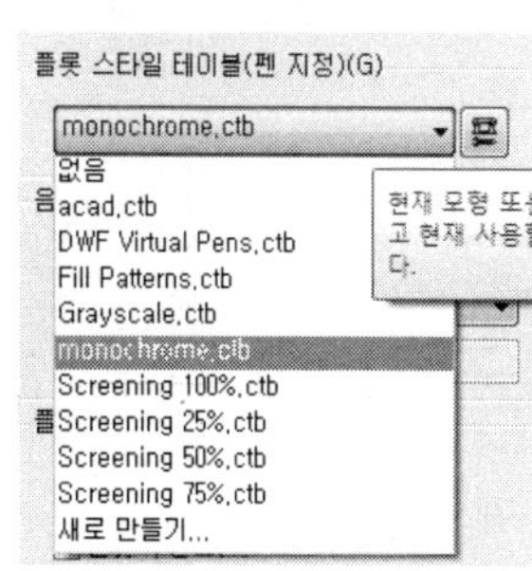

■ 플롯 스타일 관리자의 설정

플롯 스타일 테이블을 "신규"로 지정하고 처음부터 시작을 선택하고 다음을 누른다.

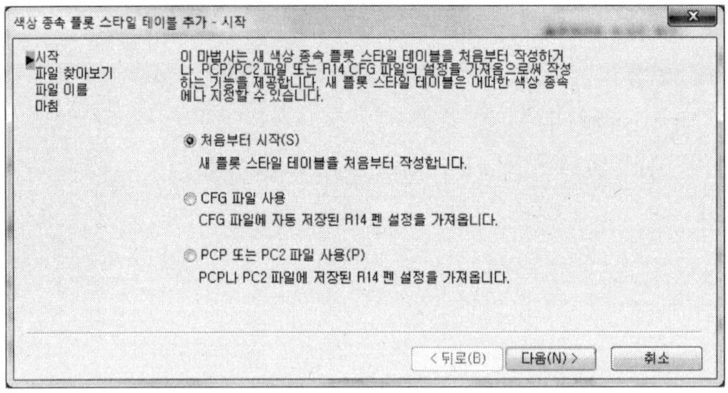

파일명을 입력하고 다음을 누른다.

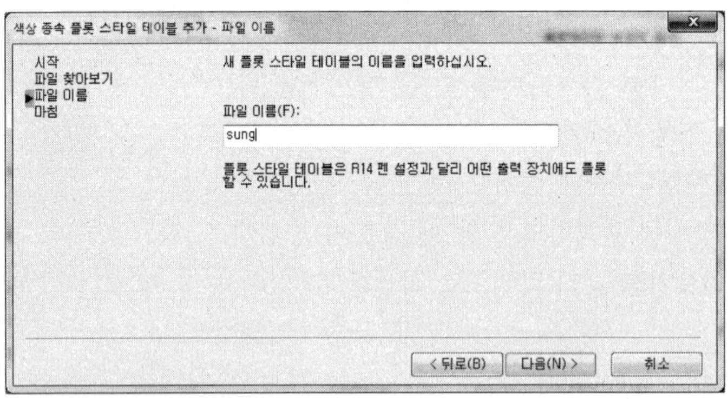

플롯 스타일 테이블 편집기를 누른다.

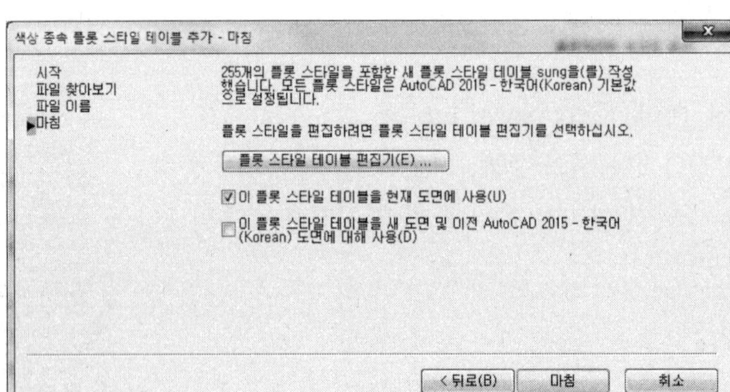

테이블 뷰나 형식보기를 이용하여 도형의 색에 따라 선의 굵기, 선의 형식 등을 정의하고 저장 및 닫기를 누른다.

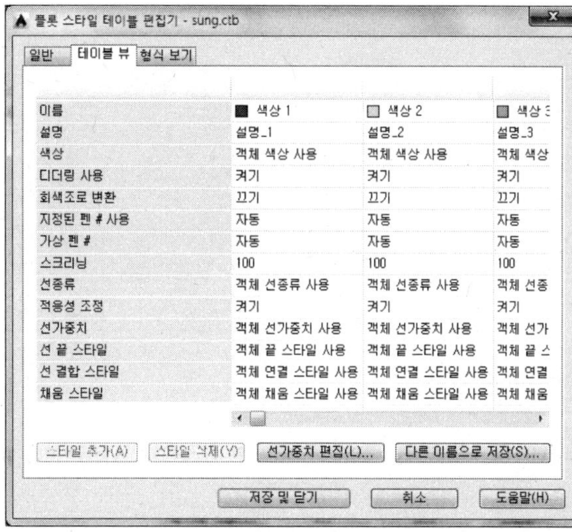

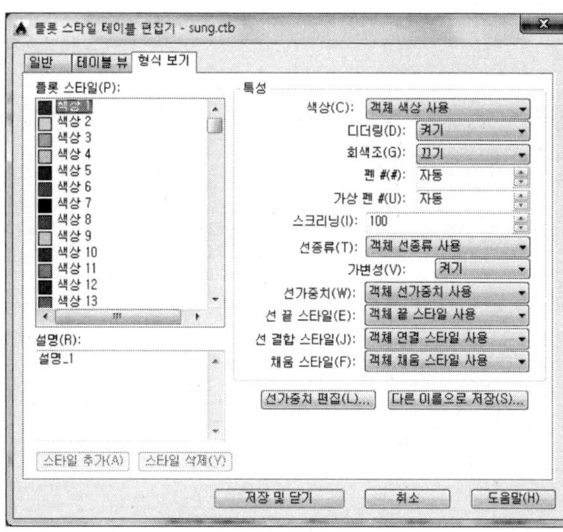

이때 도형의 색에 따라 Color가 지원되는 출력장치와 지원되지 않는 출력장치에 따라 색상을 정하고, 선의 가중치를 설정하는 것이 좋다. 또한 선의 종류는 도형의 작업과 선의 종류에 따라 다르므로 도형을 그릴 때 구분하는 것이 편리하다. 저장 및 닫기를 누르고, 마침을 누르면 플롯 스타일 테이블은 방금 지정한 파일명의 테이블이 만들어진다.

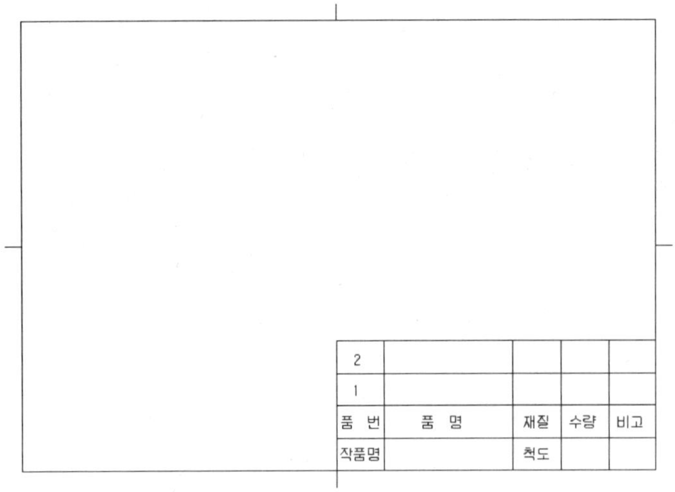

미리보기를 눌러 출력이 될 도면을 확인하고, 미리보기가 마음에 들면 마우스 우측 버튼을 누른 후 플롯을 하거나 마음에 들지 않으면 종료를 눌러 다시 플롯형식을 조정하고 출력을 하면 된다.

2) Plot 형식의 설정

플롯의 형식을 지정하지 않고, 미리 정의된 플롯의 형식을 사용할 때는 프린트/플로터를 선택하고 미리보기 후 출력하면 된다. 아래 그림은 미리 정의된 플롯 테이블의 형식이다.

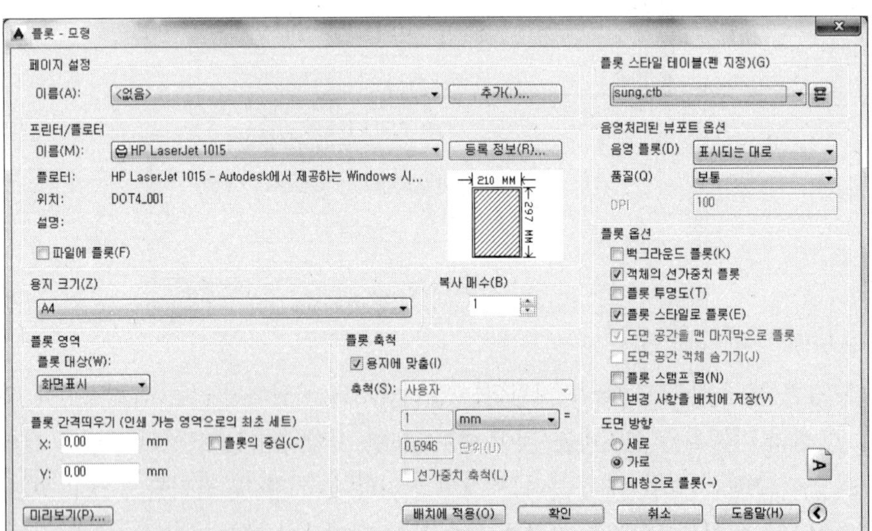

기본학습

10 3D 좌표계 및 Wire Frame Modeling

01 좌표계의 개념

1) 2D와 3D의 차이

① 2 Dimension : 좌표의 치수가 2개(X, Y), (X, Z), (Y, Z)

② 3 Dimension : 좌표의 치수가 3개(X, Y, Z)

2) 3D Modeling의 방법

① Wire frame Modeling

물체의 모서리 부분만을 Wire로 나타내는 방법으로 속이나 면 등이 비어있는 상태 〈그림 A〉

② Suface Modeling

물체를 나타냄에 있어 면을 구성하고 있거나 Wire frame을 이용하여 면을 구성하여 놓은 방법으로 속은 비어 있으나 바깥은 면으로 구성되어 있는 상태 〈그림 B〉

③ Solid Modeling

물체를 나타냄에 있어 실제 물체와 동일하게 속이 차있는 모양으로 만들어진 상태 〈그림 C〉

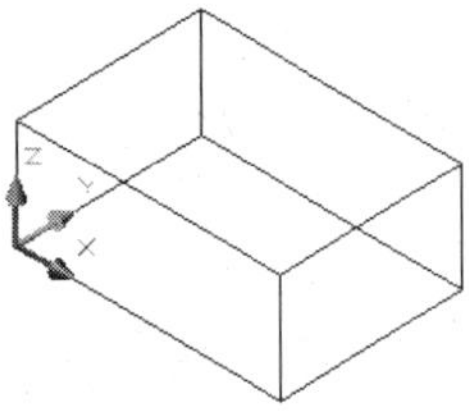

〈그림 A〉

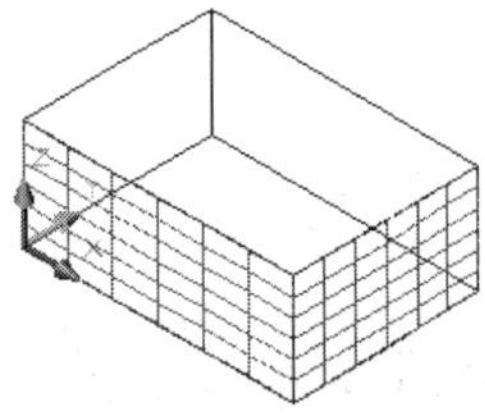

〈그림 B〉

〈그림 C〉

3) Z축

2차원에서의 Z축의 좌표는 항상"0"이었다. 그러나 3차원에서는 Z축의 좌표를 주어진 물체와 동일하게 줌으로서 실제의 물체를 구성할 수 있다.

3차원 상에서 사용되는 UCS 아이콘

4) 오른손 법칙

3차원에서는 X, Y, Z축의 양(+) 방향을 정의하여야 하며, 보통 오른손 법칙을 활용하게 된다. 먼저 오른 손바닥을 하늘 쪽으로 향하게 하고, 오른손의 엄지, 검지, 중지를 서로 직각이 되게 하였을 때 원점(0, 0, 0)은 교차부분이 되고, 각 손가락이 가르치는 방향을 양(+) 방향으로 한다.

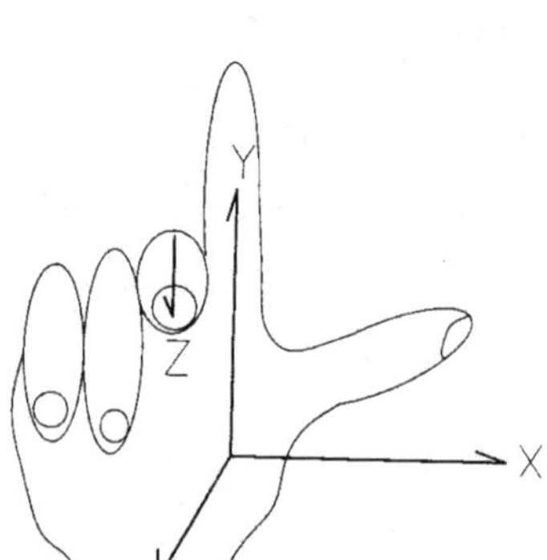

5) 3D View

물체를 3차원 상태로 보는 방법이다.

① 물체를 3차원 상태에서 보는 각도를 방향 Vector(i, j, k)로 표현하거나 Tool Bars에서 Icon을 지정함으로서 등각 투상도 상태로 볼 수 있다. 〈그림 A〉

〈그림 A〉

② 메뉴에서 뷰 → 3D뷰(3) → 관측점설정 또는 관측점을 선택하여 부등각 투상도로 나타낼 수 있다. 〈그림 B〉

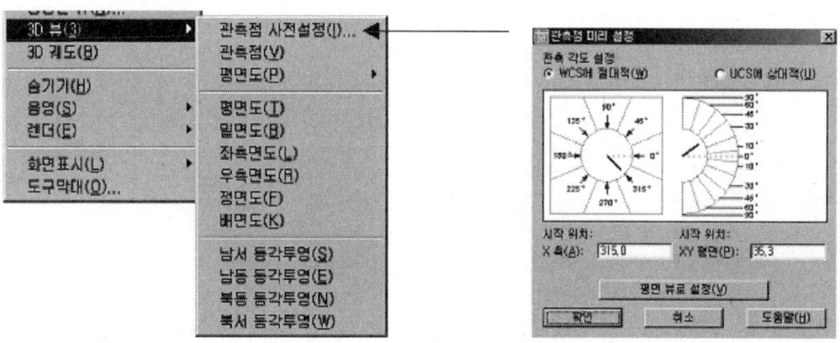

〈그림 B〉

02 UCS 좌표계의 활용

좌표계는 WCS(World Coordinate System)〈그림 A〉와 UCS(User Coordinate System)〈그림 B〉의 두 가지가 있으며, WCS는 절대(Absolute) 방식이며, UCS는 상대(Relative)방식이다.

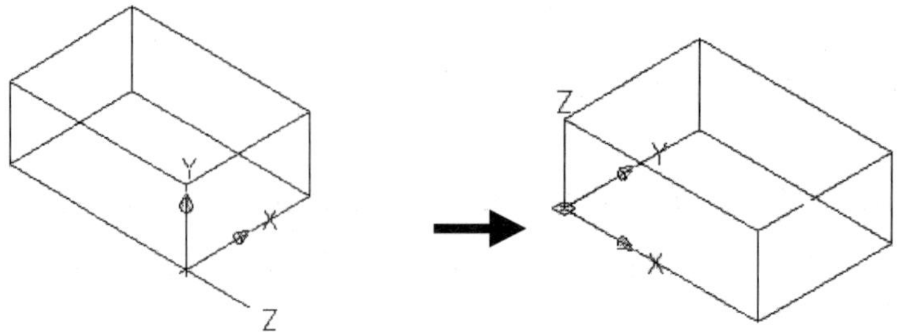

〈그림 A〉 〈그림 B〉

1) UCS의 메뉴

① Icon 활용 :

② 명령어 사용 (UCS) : 

명령 : ucs
현재 UCS 유형 : *표준*
옵션 입력
[신규(N)/이동(M)/직교(G)/이전(P)/복원(R)/저장(S)/삭제(D)/적용(A)/?/표준(W)]
〈표준〉 : n
새로운 UCS의원점지정또는[Z축(ZA)/3점(3)/객체(OB)/면(F)/뷰(V)/X(X)/Y(Y)/Z(Z)] 〈0,0,0〉 :

2) UCS의 활용

① UCS Origin(UCS 원점 이동) : 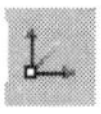

UCS의 원점을 이동하는 기능이다.

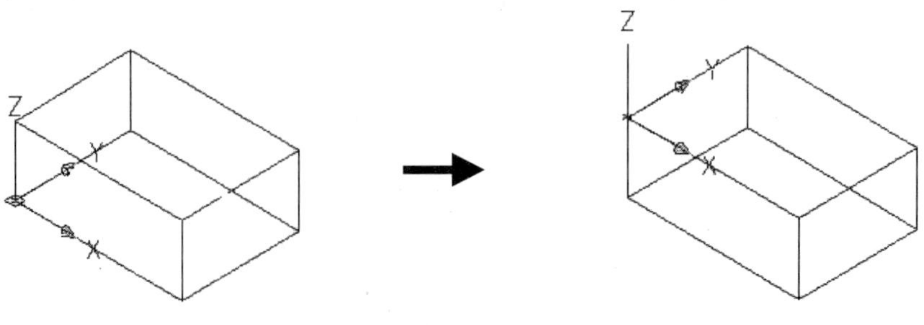

명령 : ucs
현재 UCS 유형: *이름 없음*
옵션 입력
[신규(N)/이동(M)/직교(G)/이전(P)/복원(R)/저장(S)/삭제(D)/적용(A)/?/표준(W)]
〈표준〉 : m
새로운 원점 지정 또는 [Z깊이(Z)]〈0,0,0〉 : 점 선택

② Y축 회전 UCS :

Y축을 회전시키는 기능으로 X, Z축이 회전한다. 이때 회전각은 오른손 엄지를 세우고 나머지 손가락을 감았을 때 감기는 방향이 양(+)방향이다.

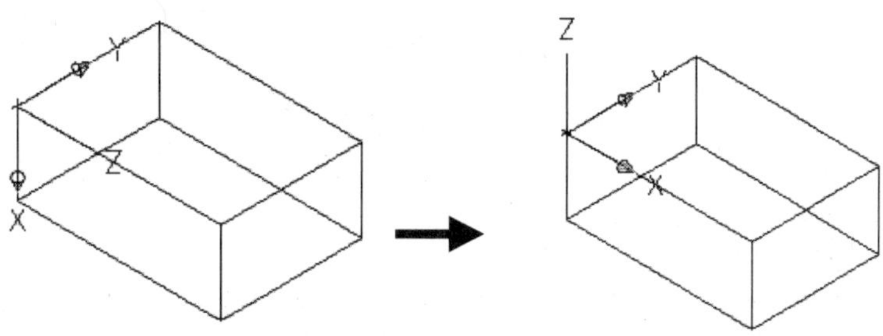

명령 : ucs
현재 UCS 유형: *이름 없음*
옵션 입력
[신규(N)/이동(M)/직교(G)/이전(P)/복원(R)/저장(S)/삭제(D)/적용(A)/?/표준(W)]
〈표준〉 : n
새로운 UCS의 원점 지정 또는 [Z축(ZA)/3점(3)/객체(OB)/면(F)/뷰(V)/X(X)/Y(Y)/Z(Z)] 〈0,0,0〉 : y
Y축에 관한 회전각도 지정 〈90〉 : 90

③ X축 회전 UCS :

X축을 회전시키는 기능으로 Y, Z축이 회전한다. 이때 회전각은 오른손엄지를 세우고 나머지 손가락을 감았을 때 감기는 방향이 양(+)방향이다.

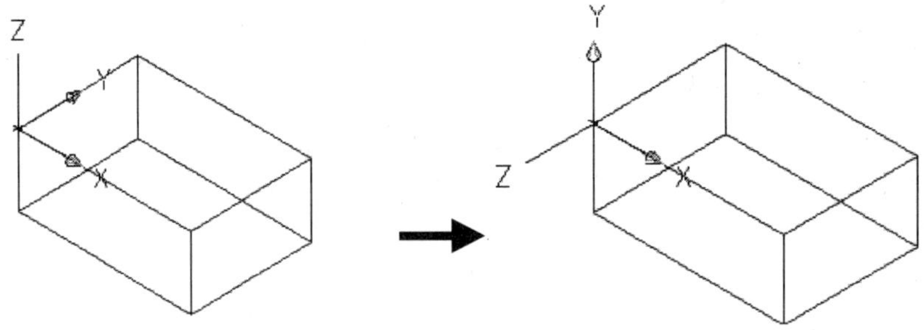

명령 : ucs
현재 UCS 유형: *이름 없음*
옵션 입력
[신규(N)/이동(M)/직교(G)/이전(P)/복원(R)/저장(S)/삭제(D)/적용(A)/?/표준(W)]
〈표준〉 : n
새로운 UCS의 원점 지정 또는 [Z축(ZA)/3점(3)/객체(OB)/면(F)/뷰(V)/X(X)/Y(Y)/Z(Z)] 〈0,0,0〉 : X
Y축에 관한 회전 각도 지정 〈90〉 : 90

④ Z축 회전 UCS : 

Z축을 회전시키는 기능으로 X, Y축이 회전한다. 이때 회전각은 오른손엄지를 세우고 나머지 손가락을 감았을 때 감기는 방향이 양(+)방향이다.

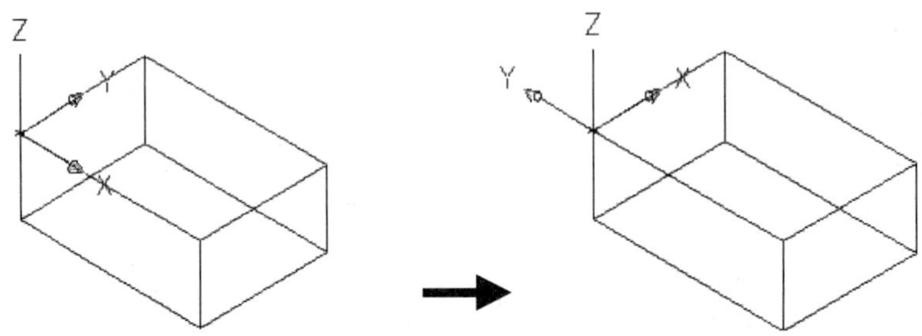

명령 : ucs
현재 UCS 유형: *이름 없음*
옵션 입력
[신규(N)/이동(M)/직교(G)/이전(P)/복원(R)/저장(S)/삭제(D)/적용(A)/?/표준(W)]
〈표준〉 : n
새로운 UCS의 원점 지정 또는 [Z축(ZA)/3점(3)/객체(OB)/면(F)/뷰(V)/X(X)/Y(Y)/Z(Z)] 〈0,0,0〉 : Z
Y축에 관한 회전각도 지정 〈90〉 : 90

⑤ 3점 지정 UCS :

3점을 지정하여 UCS 좌표계를 지정하는 방식으로 Z축을 회전시키는 기능으로 1점은 원점, 2점은 X축의 양(+)방향, 3점은 Y축의 양(+)방향이다.

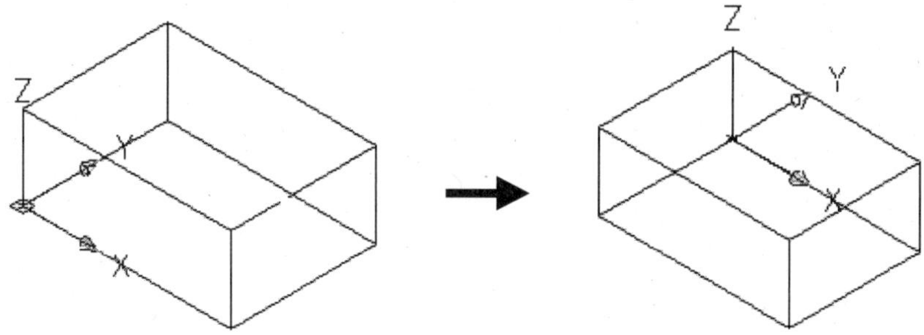

명령 : UCS
현재 UCS 유형: *이름 없음*
옵션 입력
[신규(N)/이동(M)/직교(G)/이전(P)/복원(R)/저장(S)/삭제(D)/적용(A)/?/표준(W)]
〈표준〉 : N
새로운 UCS의 원점 지정 또는 [Z축(ZA)/3점(3)/객체(OB)/면(F)/뷰(V)/X(X)/Y(Y)/Z(Z)] 〈0,0,0〉 : 3
새로운 원점 지정 〈0,0,0〉 : 점 선택
X-축 양의 구간에 있는 점 지정 〈101.0000,0.0000,-40.0000〉 :점 선택
UCS XY 평면의 양의 Y 부분에 있는 점 지정 〈99.0000,0.0000,-40.0000〉 : 점 선택

⑥ Z축 방향 UCS :

Z축 양(+)의 방향을 지정하여 UCS를 사용하는 방식이다.

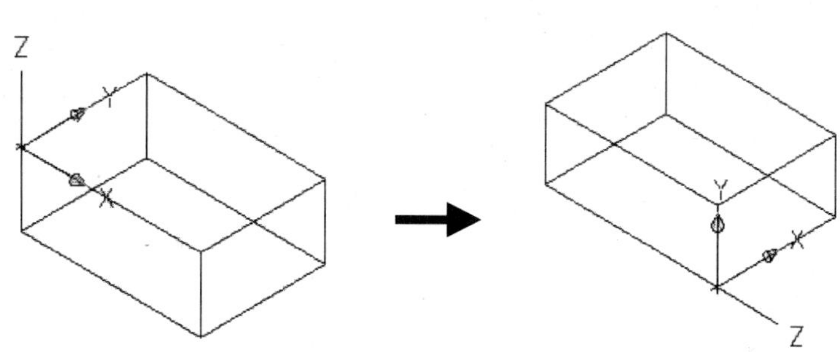

명령 : UCS
현재 UCS 유형: *표준*
옵션 입력
[신규(N)/이동(M)/직교(G)/이전(P)/복원(R)/저장(S)/삭제(D)/적용(A)/?/표준(W)]
〈표준〉 : N
새로운 UCS의 원점 지정 또는 [Z축(ZA)/3점(3)/객체(OB)/면(F)/뷰(V)/X(X)/Y(Y)/Z(Z)] 〈0,0,0〉 : ZA
새로운 원점 지정 〈0,0,0〉 : 점 선택
Z-축 양의 구간에 있는 점 지정 〈0.0000,70.0000,1.0000〉 : 점 선택

⑦ 뷰 UCS :

3차원 상태의 물체를 Modeling 한 후 주석을 넣을 때 편리한 기능이다.

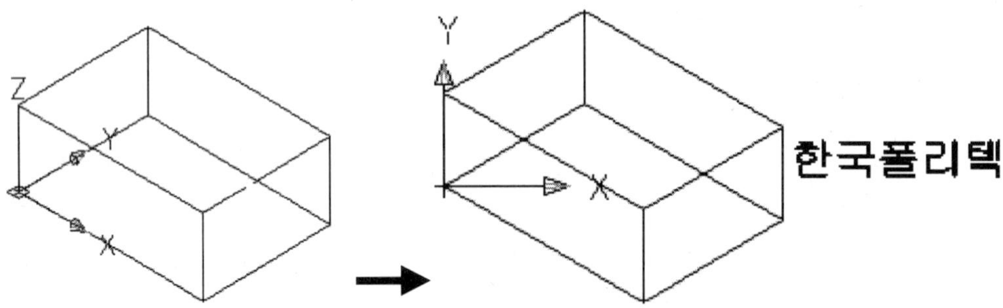

명령 : UCS
현재 UCS 유형: *표준*
옵션 입력
[신규(N)/이동(M)/직교(G)/이전(P)/복원(R)/저장(S)/삭제(D)/적용(A)/?/표준(W)]
〈표준〉 : N
새로운 UCS의 원점 지정 또는 [Z축(ZA)/3점(3)/객체(OB)/면(F)/뷰(V)/X(X)/Y(Y)/Z(Z)] 〈0,0,0〉 : V

⑧ 면 UCS :

3차원 Solid Model을 편집할 때 사용하는 기능으로 해당면을 지정하면 스스로 UCS 좌표계를 맞추어 준다. 이때 반드시 Solid Model이어야 한다.

- 다음(N) : 현재 선택면과 근접한 면을 찾는다.

- X반전(X) : UCS 좌표계를 X축을 기준으로 180°회전시킨다.
- Y반전(Y) : UCS 좌표계를 Y축을 기준으로 180°회전시킨다.
- 〈승인〉 : 현재 선택된 UCS 좌표계를 그대로 활용한다.

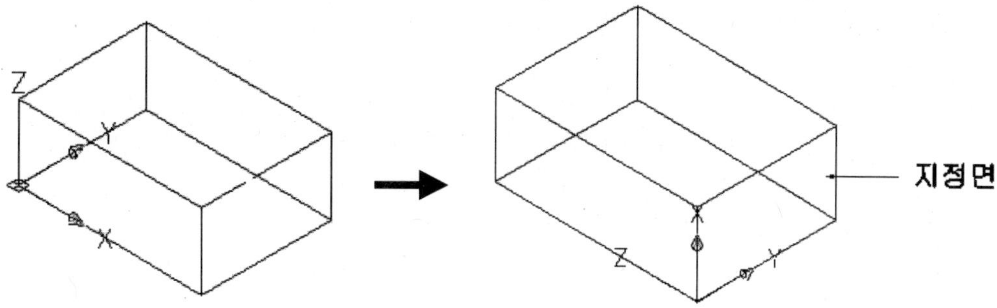

명령 : UCS
현재 UCS 유형: *이름 없음*
옵션 입력
[신규(N)/이동(M)/직교(G)/이전(P)/복원(R)/저장(S)/삭제(D)/적용(A)/?/표준(W)]
〈표준〉 : N
새로운 UCS의 원점 지정 또는 [Z축(ZA)/3점(3)/객체(OB)/면(F)/뷰(V)/X(X)/Y(Y)/Z(Z)] 〈0,0,0〉 : F
솔리드 객체의 면 선택 :
옵션 입력 [다음(N)/X반전(X)/Y반전(Y)] 〈승인〉 : Y
옵션 입력 [다음(N)/X반전(X)/Y반전(Y)] 〈승인〉 :

⑨ 객체 UCS :

면 UCS와 비슷한 개념으로 선택한 면에 X, Y축을 정렬한다. 지정한 객체가 원일 때는 사분점을 기준으로 하고 면일 때는 지정한 점에 따라 다르다.

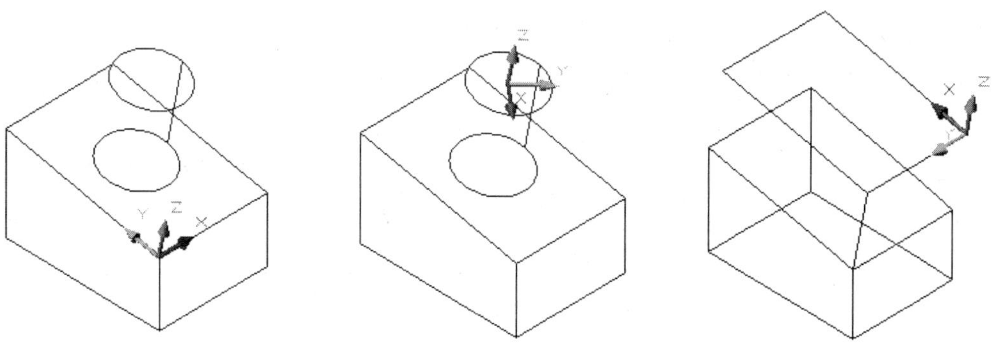

명령 : UCS
현재 UCS 유형: *이름 없음*
옵션 입력
[신규(N)/이동(M)/직교(G)/이전(P)/복원(R)/저장(S)/삭제(D)/적용(A)/?/표준(W)]
〈표준〉 : N
새로운 UCS의 원점 지정 또는 [Z축(ZA)/3점(3)/객체(OB)/면(F)/뷰(V)/X(X)/Y(Y)/Z(Z)] 〈0,0,0〉 : OB
UCS를 정렬할 객체 선택 : 객체 선택

⑩ UCS 이전 :

UCS 좌표계를 전 단계 작업의 UCS 좌표계로 전환하여 주는 기능이다.

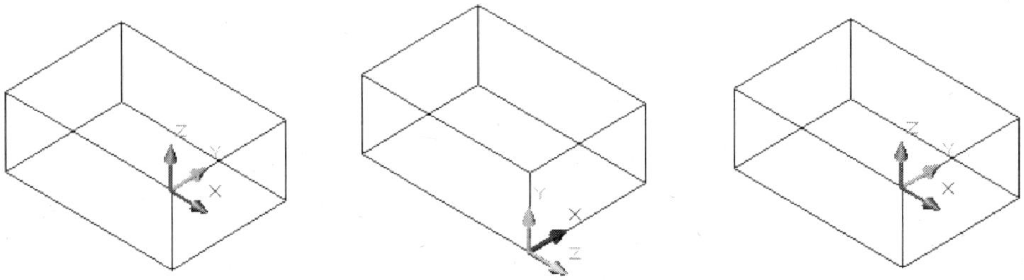

현재 UCS 유형: *이름 없음*
옵션 입력
[신규(N)/이동(M)/직교(G)/이전(P)/복원(R)/저장(S)/삭제(D)/적용(A)/?/표준(W)]
〈표준〉 : P

⑪ 기타 UCS 좌표계의 옵션

- 저장(S) : UCS 좌표계를 저장하는 기능이다.
- 복원(R) : 저장된 UCS 좌표계를 불러내는 기능이다.
- 삭제(D) : 저장된 UCS 좌표계를 지우는 기능이다.
- 적용(A) : 현재 UCS 좌표계를 특정한 View Port나 모든 활성화되어 있는 View Port에 적용하는 기능이다.
- ? : 저장되어 있는 UCS 좌표계를 보고 싶을 때 사용하는 기능이다.

⑫ UCSICON :

> 명령 : ucsman
> 탭 색인 〈0〉 : 0

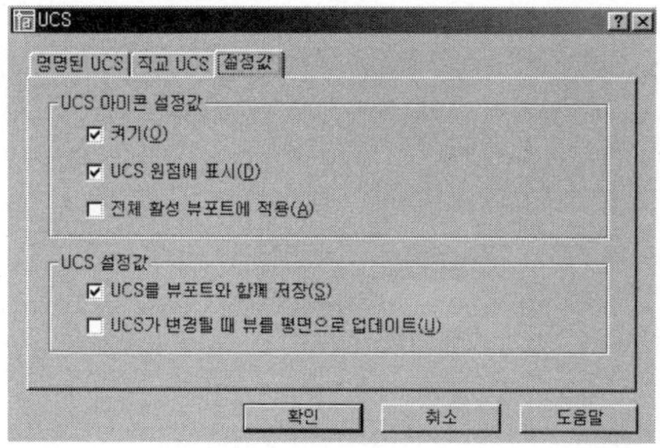

> 명령 : ucsicon
> 옵션 입력 [켜기(ON)/끄기(OFF)/전체(A)/원점없음(N)/원점(OR)/특성(P)] 〈끄기〉 :

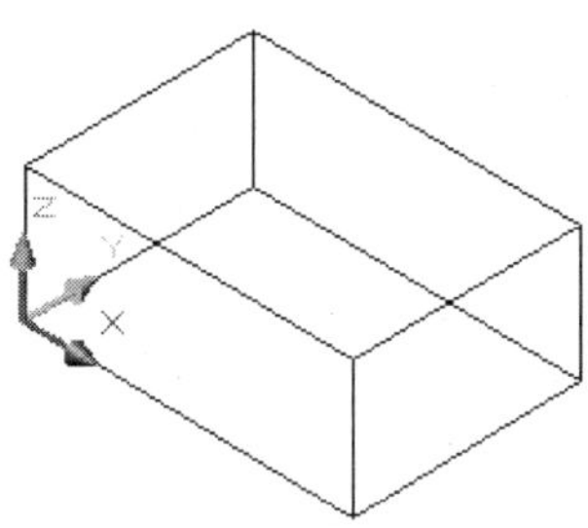

UCSICON ON

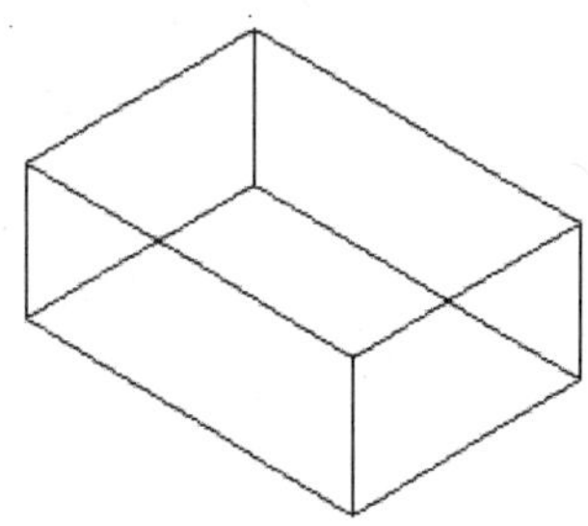

UCSICON OFF

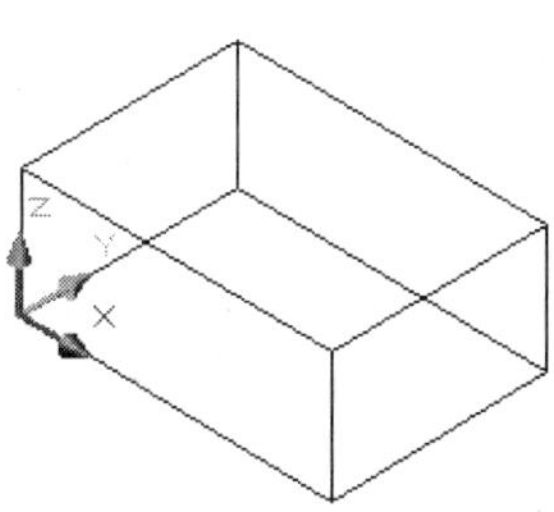

UCSICON Noorigin

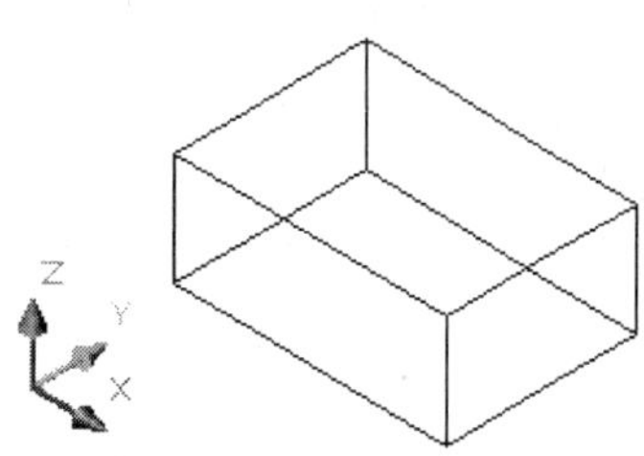

UCSICON Origin

⑬ UCSICON 뷰의 특성

명령 : ucsicon
옵션입력[켜기(ON)/끄기(OFF)/전체(A)/원점없음(N)/원점(OR)/특성(P)] 〈끄기〉 : P

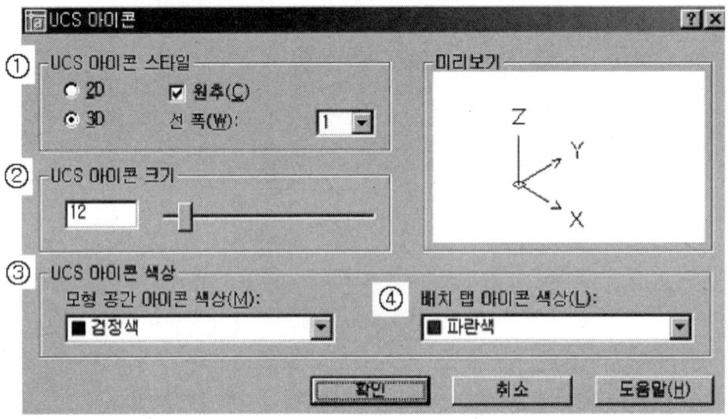

❶ UCS 아이콘 스타일 : UCS 아이콘의 형태
❷ UCS 아이콘 크기 : UCS 아이콘 크기 조절
❸ UCS 아이콘 색상 : UCS 아이콘 색상 지정
❹ 배치 탭 아이콘 색상 : 아이콘이 화면에 보여 지는 형태

 : 배치(Paper Space)의 아이콘

 : UCSICON Style이 2D일때 나타나며 View Point가 남동쪽이다.

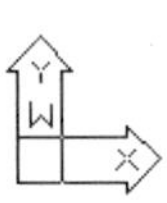 : UCSICON Style이 2D일때 나타나며 WCS이다.

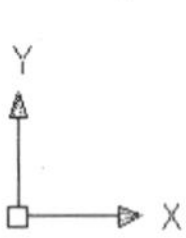 : UCSICON Style이 3D일때 나타나며 UCS와 WCS가 일치하지 않을 때이다.

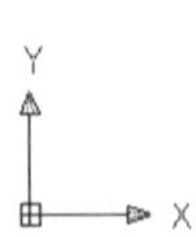 : UCSICON Style이 3D일때 나타나며 UCS와 WCS가 일치 할 때이다.

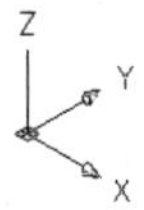

: UCSICON Style이 3D일때 나타나며 View Point가 남동쪽이다.

: UCSICON Style이 3D일때 나타나며 3D Shsded UCS ICON이다.

: UCSICON Style이 2D일때 나타나며 작업이 불가능한 ICON이다.

Wire Frame Modeling 예제

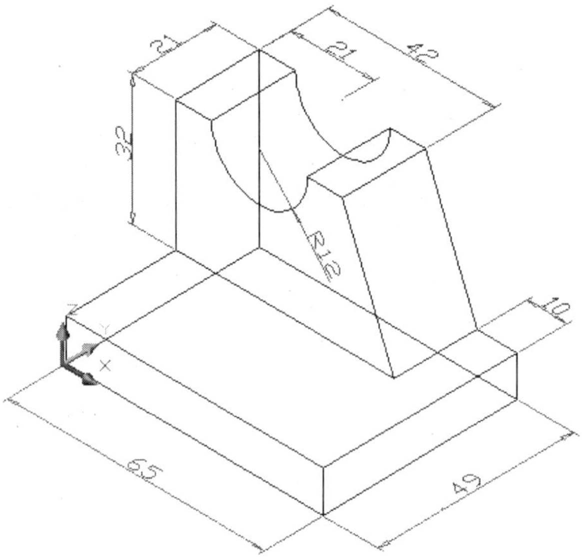

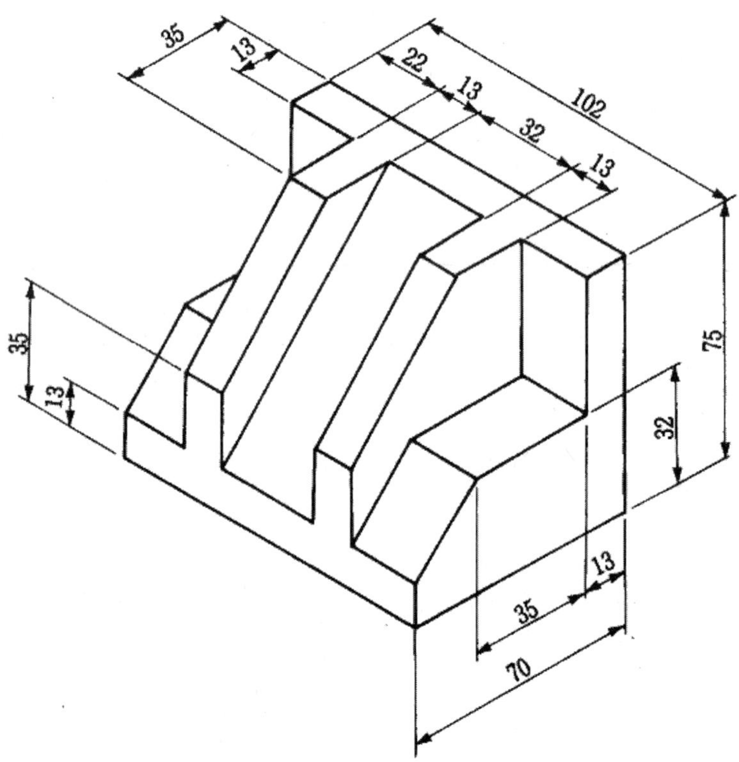

Wire Frame Modeling 예제

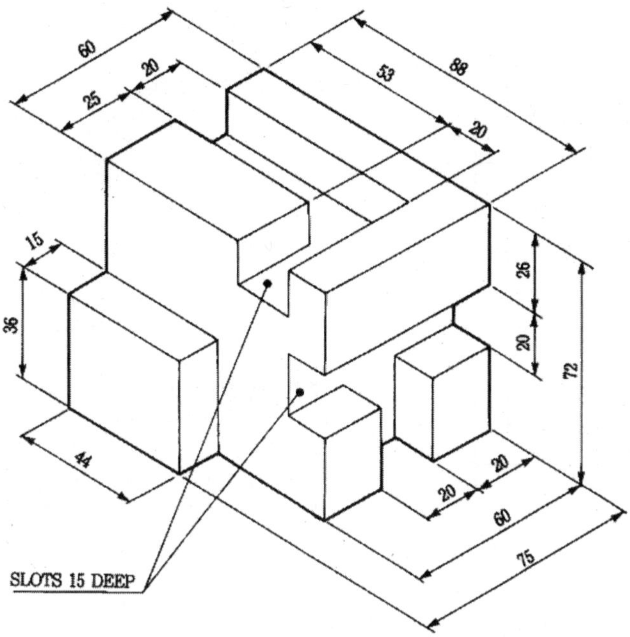

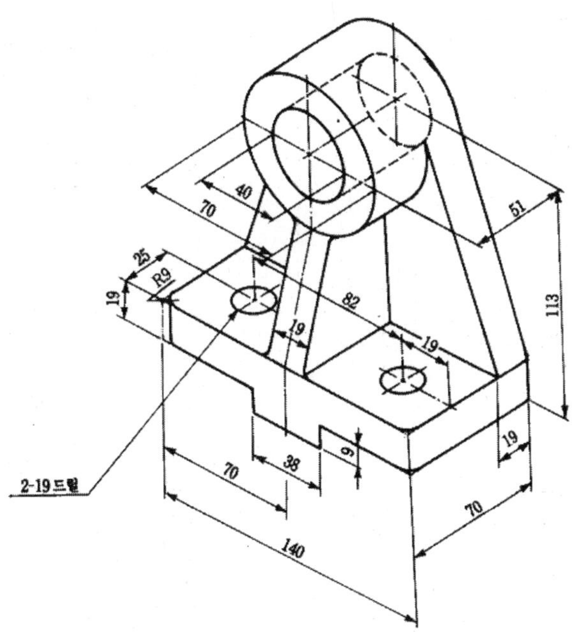

Wire Frame Modeling 예제

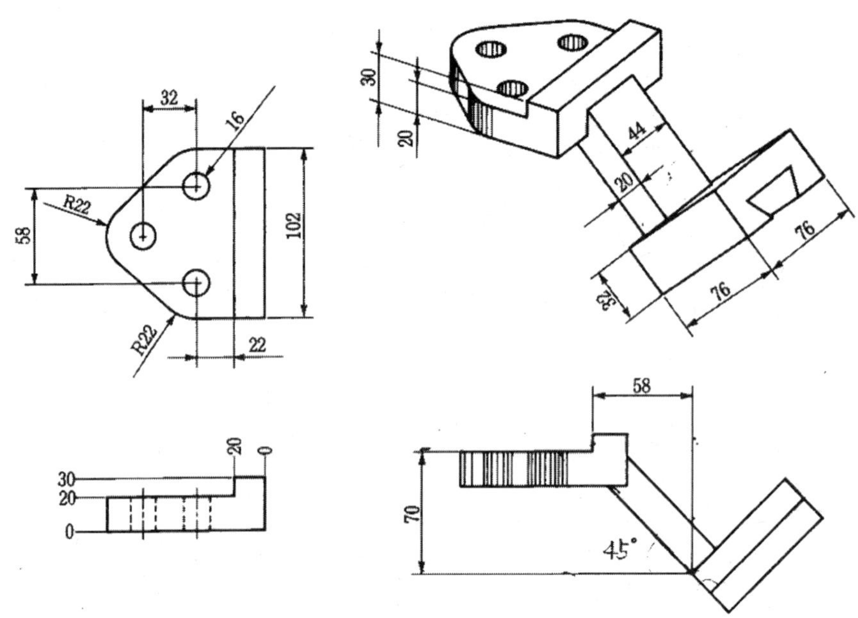

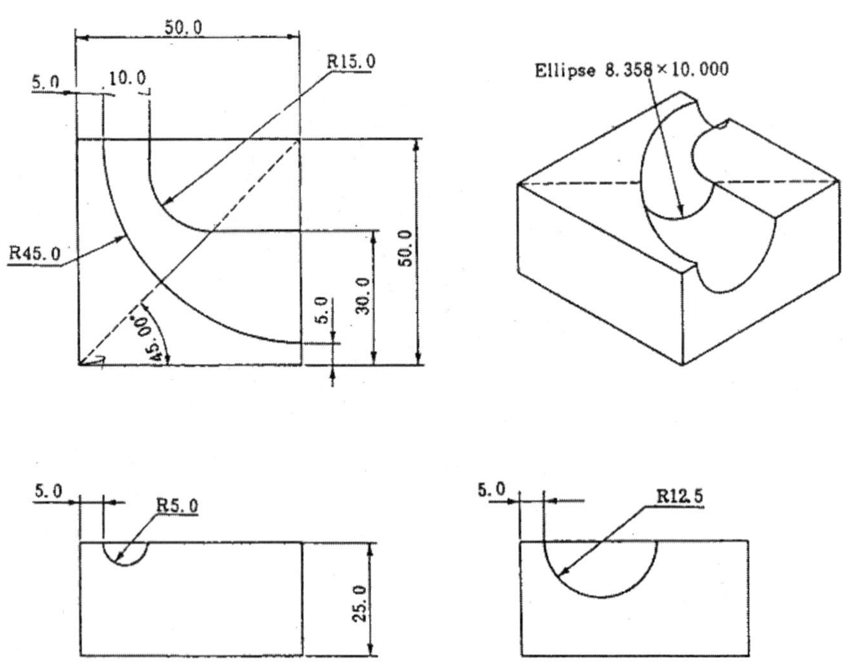

Surface Modeling 예제

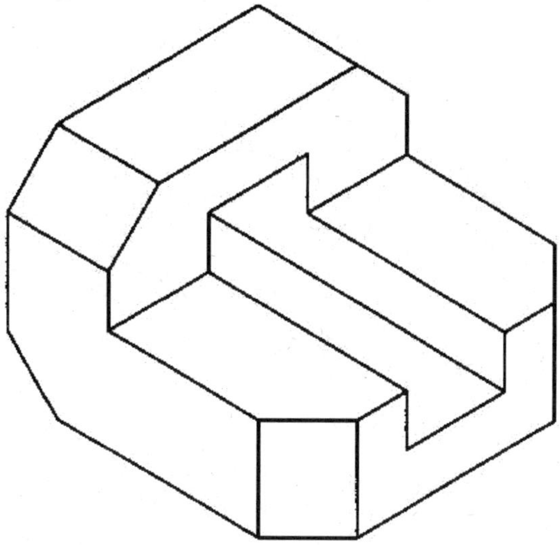

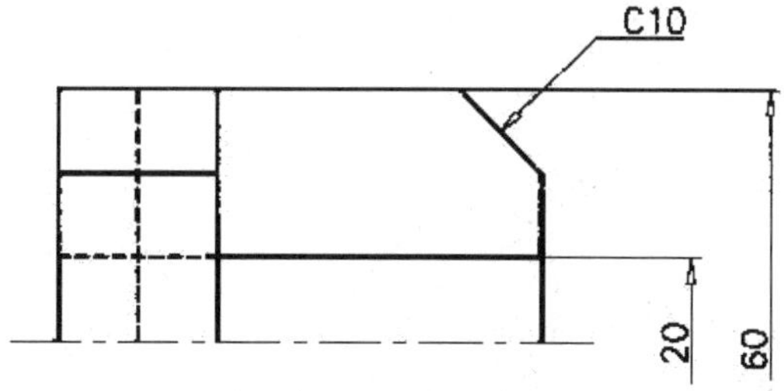

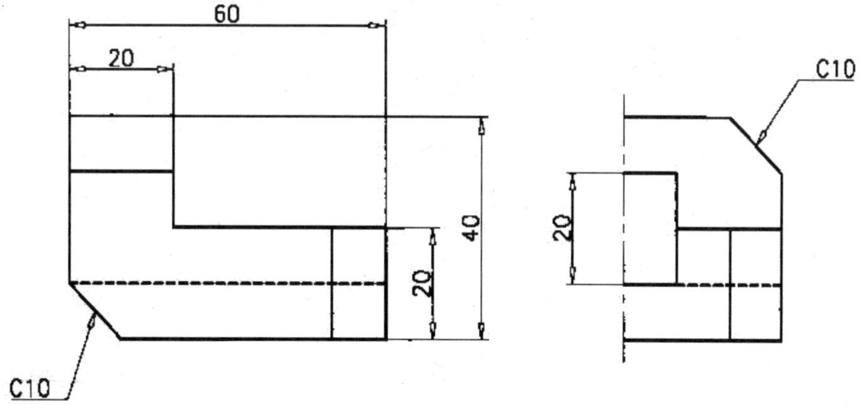

Surface Modeling 예제

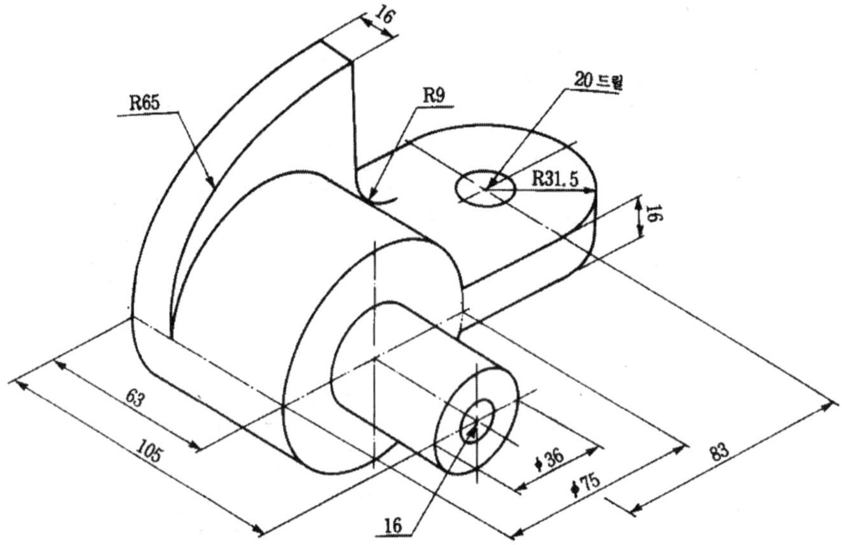

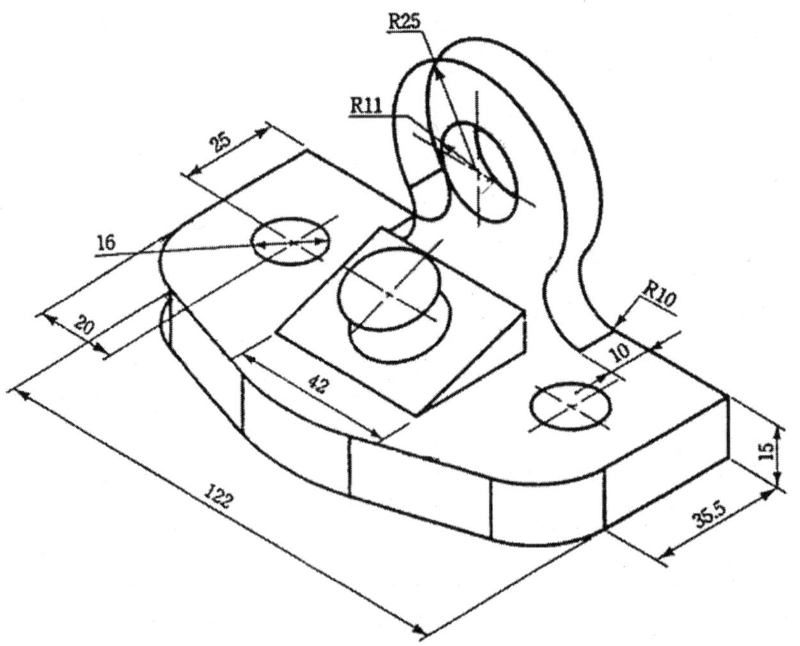

Solid Modeling 예제

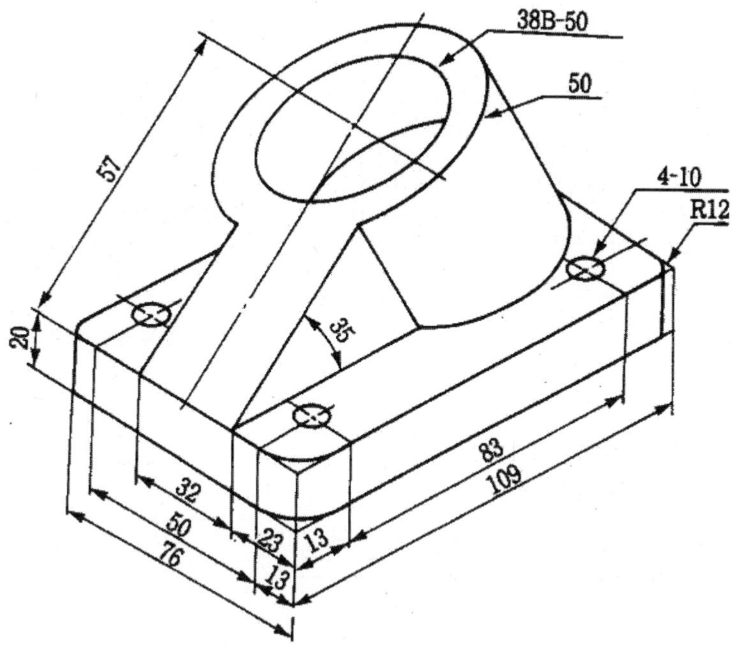

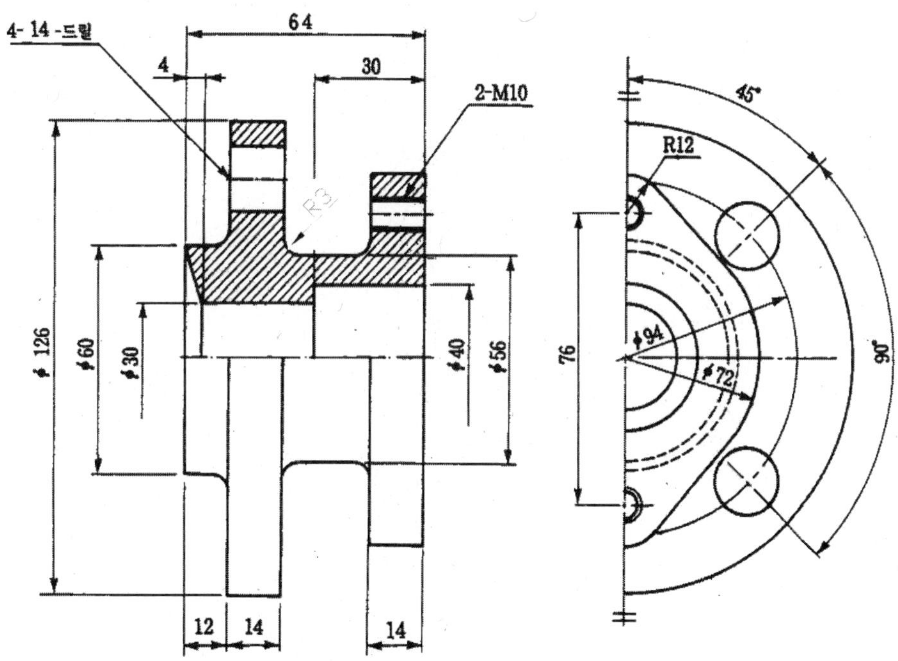

Solid Modeling 예제

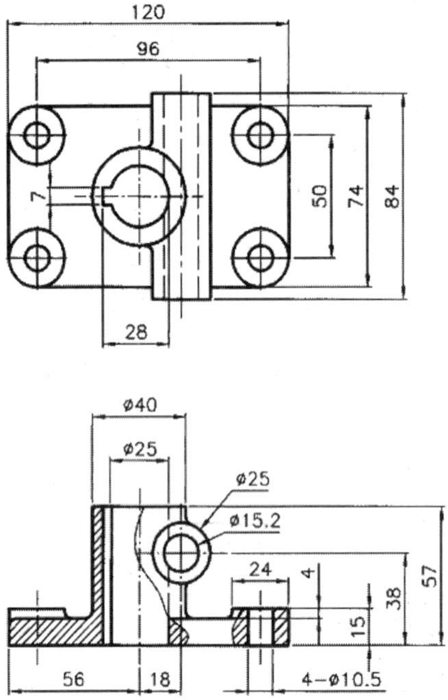

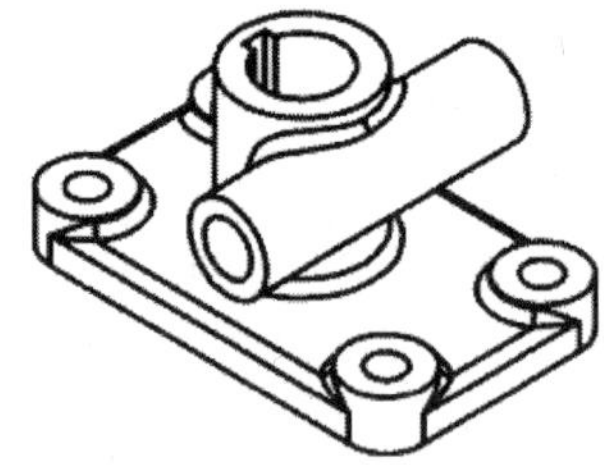

입체 형상 참조

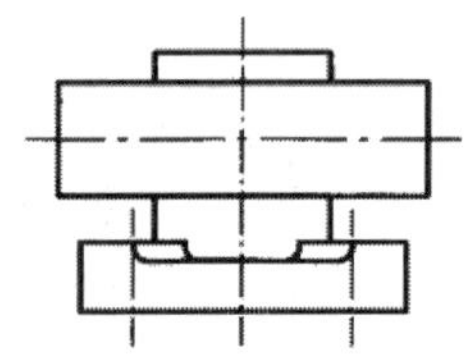

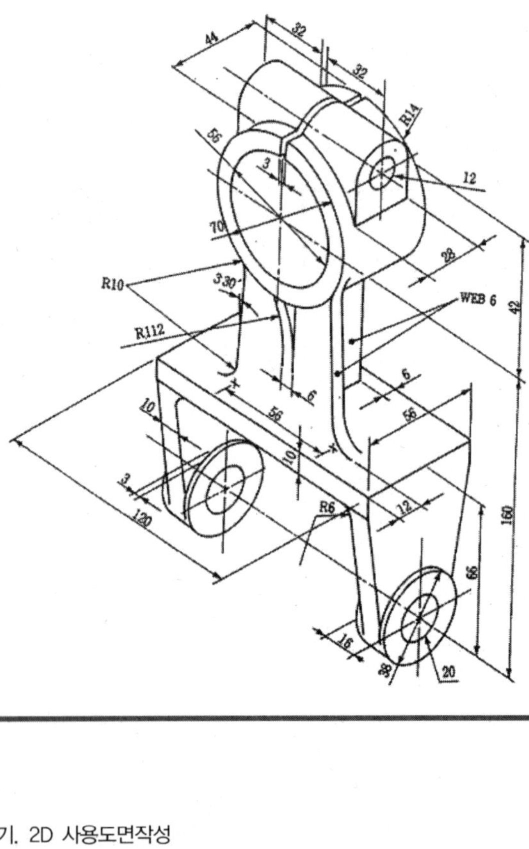

Solid Modeling 예제

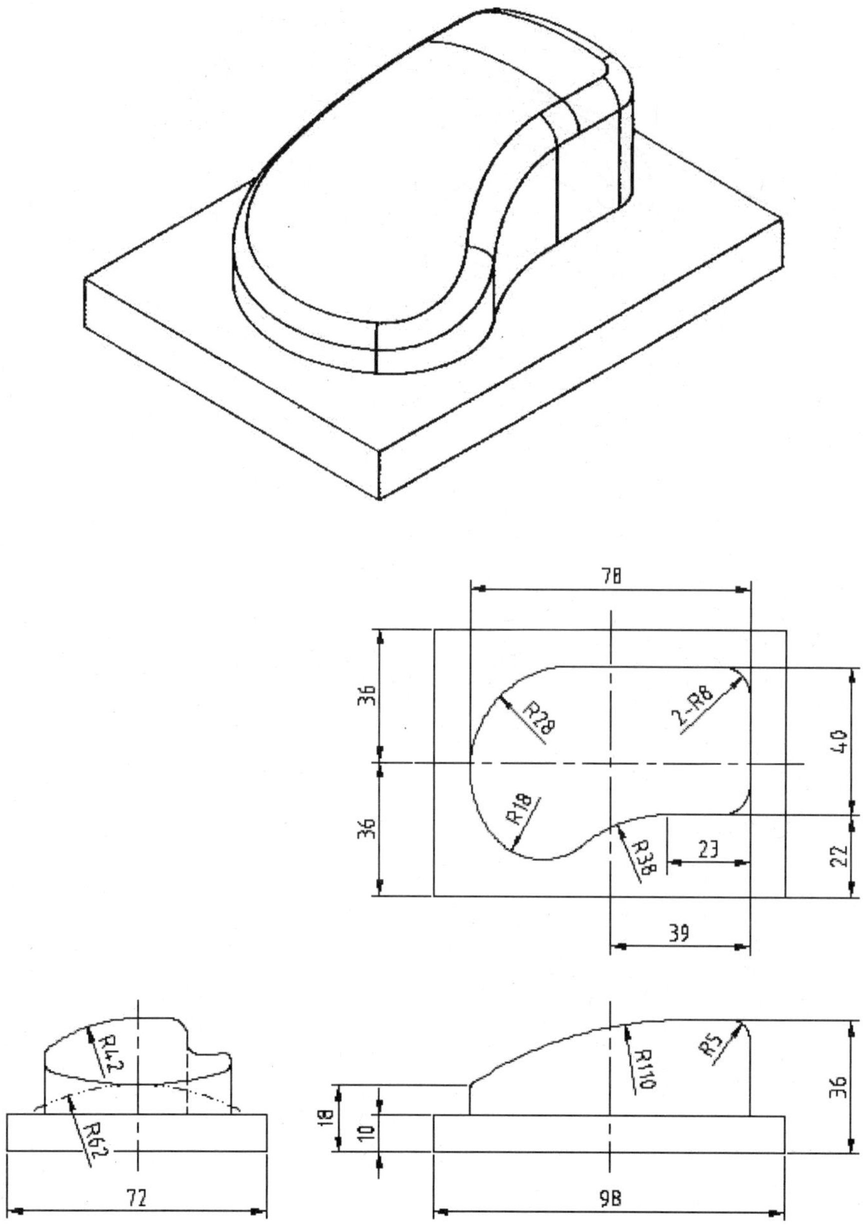

Solid Modeling 예제

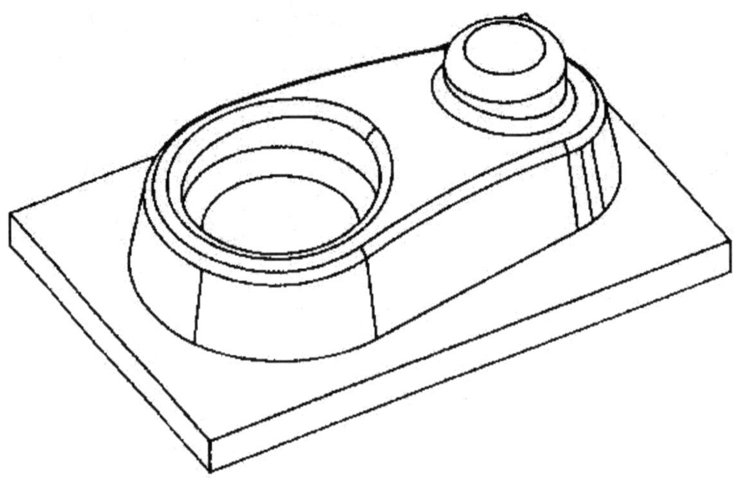

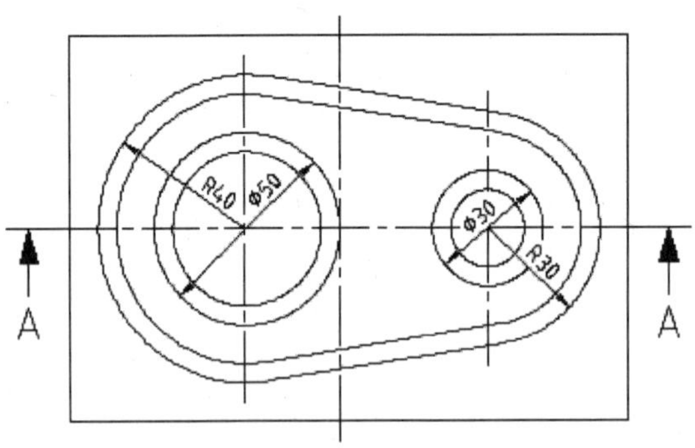

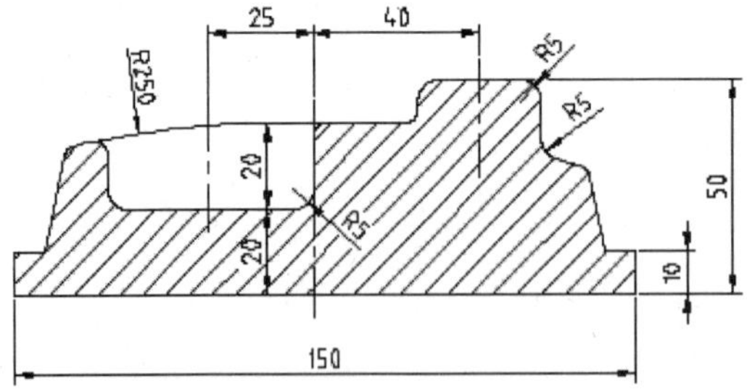

SECTION DETAIL A-"A"

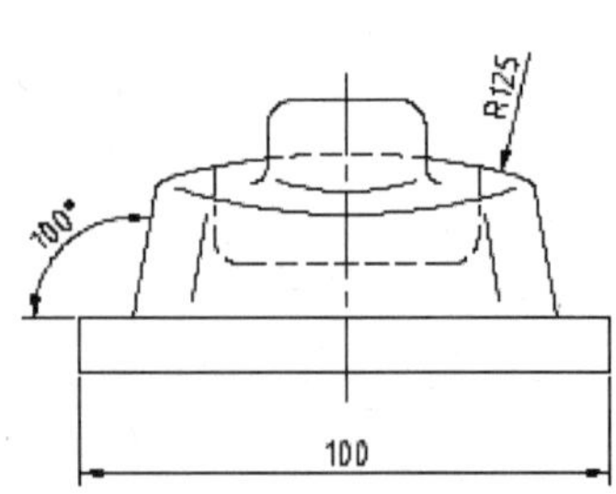

■ Wire Frame Modeling 예제 따라 하기

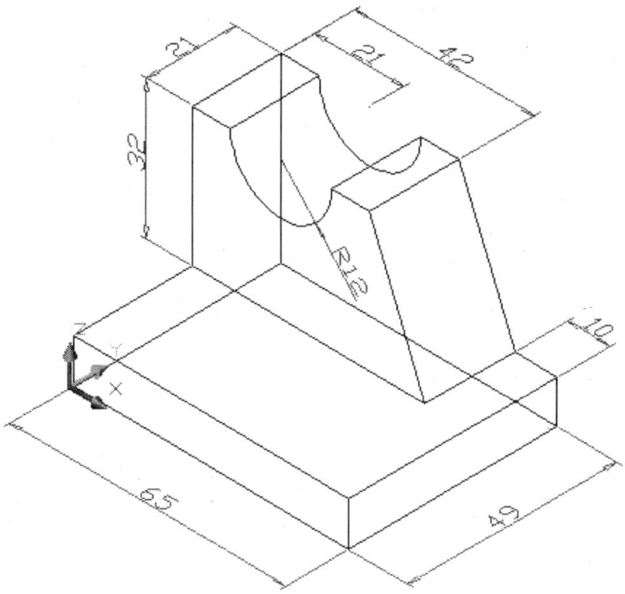

1. View Point를 남동으로 한다.

```
명령 : view 옵션 입력 [?/범주(C)/도면층
상태(A)/직교(O)/삭제(D)/복원(R)/저장(S)/Ucs(U)
/윈도우(W)] : seiso 모형 재생성 중.
```

2. 사각형을 그린다.

```
명령 : rectang
첫 번째 구석점 지정 또는
[모따기(C)/고도(E)/모깎기(F)/두께(T)/폭(W)] : 0,0
반대쪽 구석점 지정 또는 [치수(D)] : 65,49
```

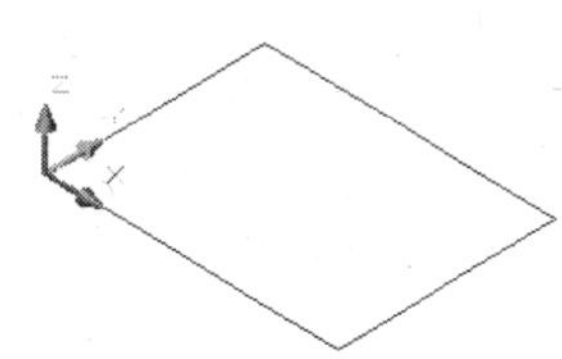

3. 높이 10mm만큼 복사한다.

명령 : copy
객체 선택 : 1개를 찾음
객체 선택 :
기준점 또는 변위 지정 : 0,0
변위의 두 번째 점 지정 또는 〈변위로 첫 번째 점 사용〉 : 0,0,10
변위의 두 번째 점 지정 :

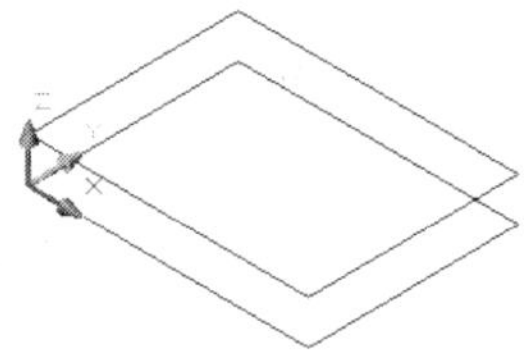

4. 모서리를 선으로 연결한다.

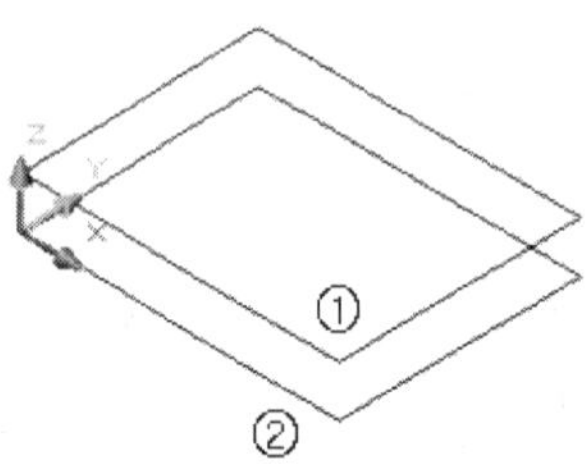

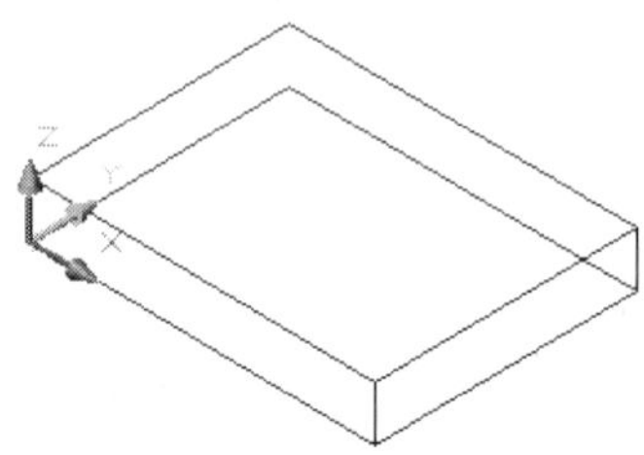

명령 : line 첫 번째 점 지정 : ①점 지정
다음 점 지정 또는 [명령 취소(U)] : ②점 지정
다음 점 지정 또는 [명령 취소(U)] :

나머지 2개의 모서리도 같은 방법으로 연결하거나 복사를 한다.

5. UCS Icon을 이동한다.

명령 : ucs
현재 UCS 유형 : *표준*
옵션 입력 [신규(N)/이동(M)/직교(G)/이전(P)/복원(R)/저장(S)/삭제(D)/적용(A)/?/표준(W)] 〈표준〉 : o
새로운 원점 지정 〈0,0,0〉 : ①점 지정

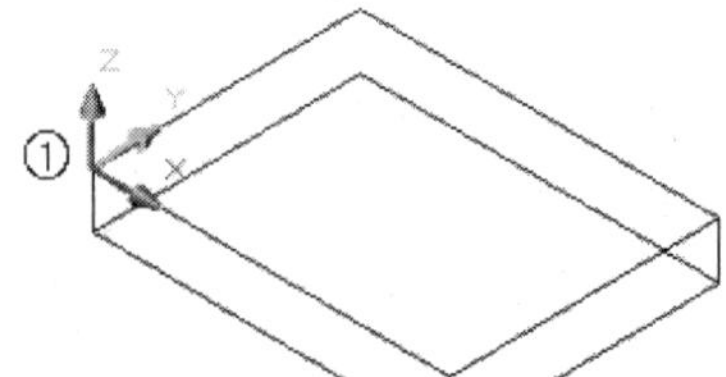

6. 사각형을 그린다.

```
명령 : rectang
첫 번째 구석점 지정 또는
[모따기(C)/고도(E)/모깎기(F)/두께(T)/폭(W)] : 0,49
반대쪽 구석점 지정 또는 [치수(D)] : @42, -21
```

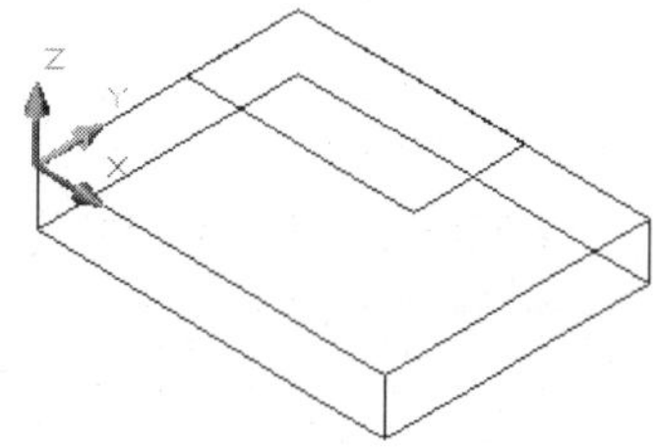

7. 높이 32mm만큼 복사한다.

```
명령 : copy
객체 선택 : 1개를 찾음
객체 선택 :
기준점 또는 변위 지정: 변위의 두 번째 점 지정 또는
〈변위로 첫 번째 점 사용〉 :
0,0,32
변위의 두 번째 점 지정 :
```

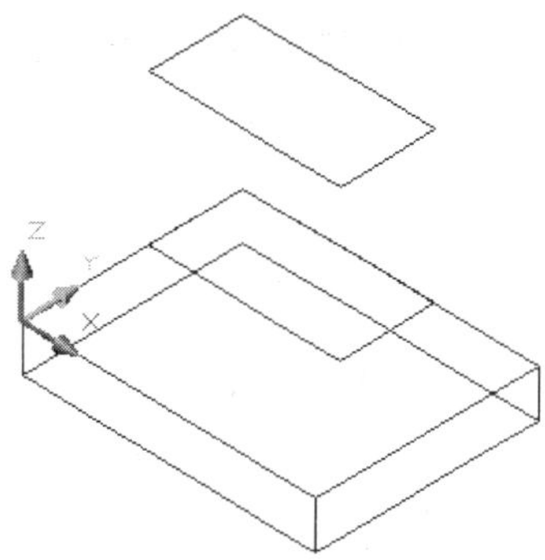

8. 모서리를 선으로 연결한다.

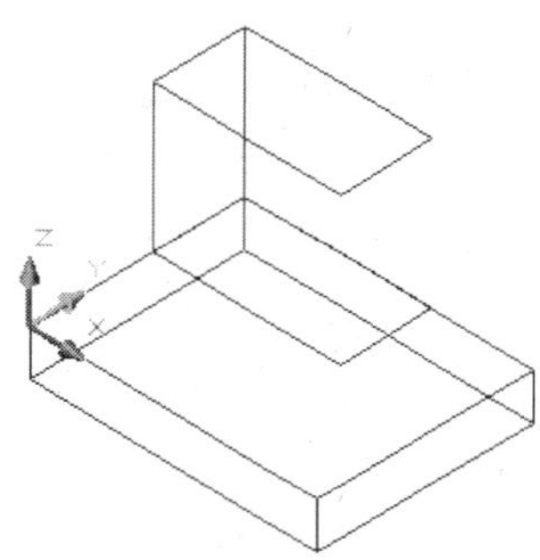

9. 사각형 4개를 분해한다.

```
명령 : explode
객체 선택 : 1개를 찾음
객체 선택 : 1개를 찾음, 총 2
객체 선택 : 1개를 찾음, 총 3
객체 선택 : 1개를 찾음, 총 4
객체 선택 :
```

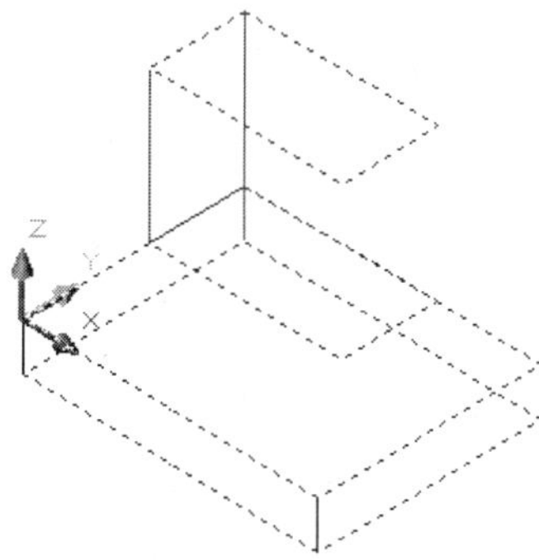

10. ①의 선을 10mm만큼 오프셋 한다.

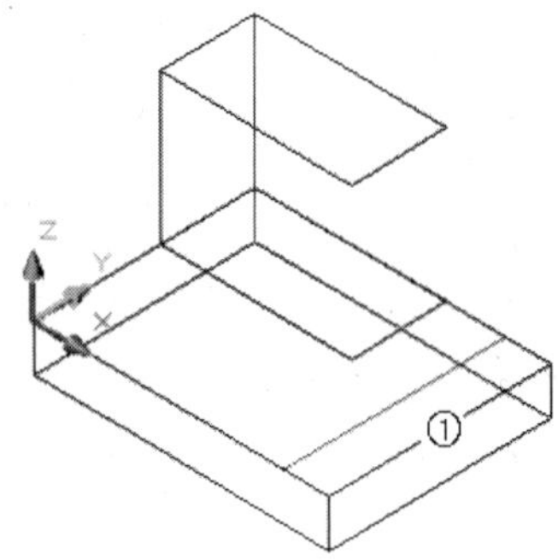

명령 : offset
간격띄우기 거리 또는 [통과점(T)] 〈1.0000〉 : 10
간격띄우기할 객체 선택 또는 〈나가기〉 :
간격띄우기할 쪽으로 점 지정 :
간격띄우기할 객체 선택 또는 〈나가기〉 :

11. ②의 선을 오프셋한 선까지 연장한다.

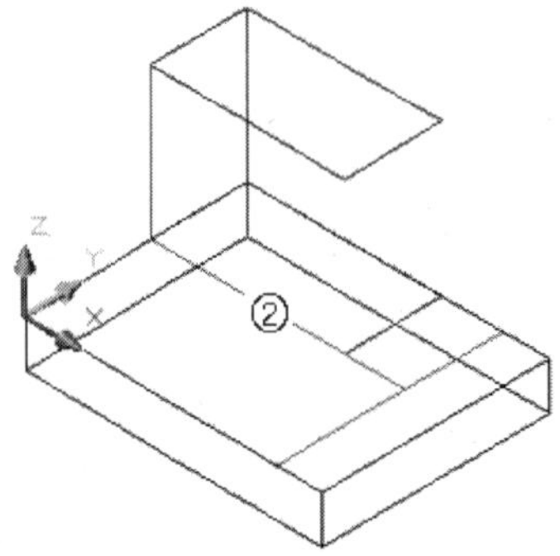

명령 : extend
뷰가 UCS에 평면이 아님. 명령 결과가 명백하지 않을수 있음.
현재 설정값 : 투영= UCS 모서리=없음
경계 모서리 선택 ...
객체 선택 : 1개를 찾음
객체 선택 :
연장할 객체 선택 또는 자르기를 위한 shift+선택 또는 [투영(P)/모서리(E)/명령 취소(U)] :
연장할 객체 선택 또는 자르기를 위한 shift+선택 또는 [투영(P)/모서리(E)/명령 취소(U)] :

12. 경사진 부분의 선을 연결한다.

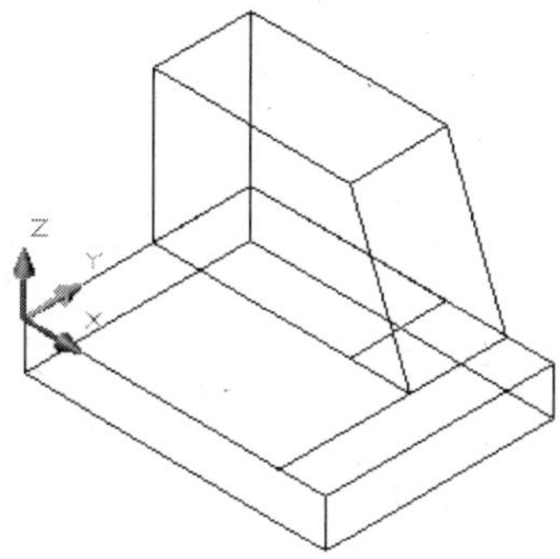

13. 필요 없는 선을 지운다.

```
명령 : erase
객체 선택 : 1개를 찾음
객체 선택 : 1개를 찾음, 총 2
객체 선택 : 1개를 찾음, 총 3
객체 선택 :
```

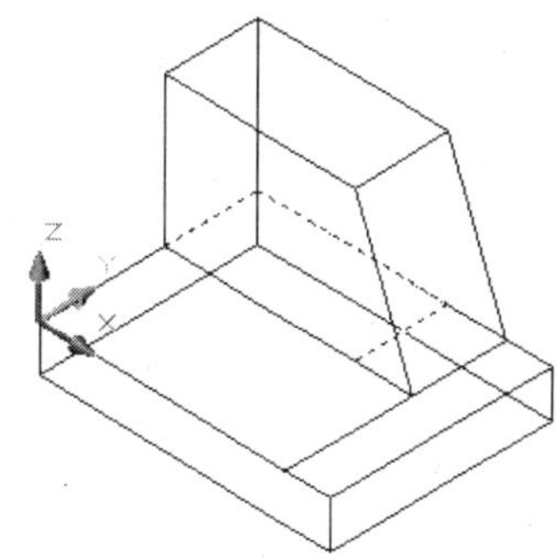

14. 필요 없는 선을 자르기 한다.

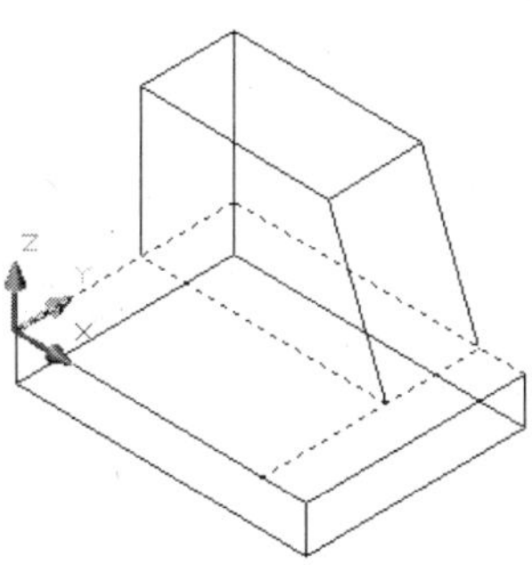

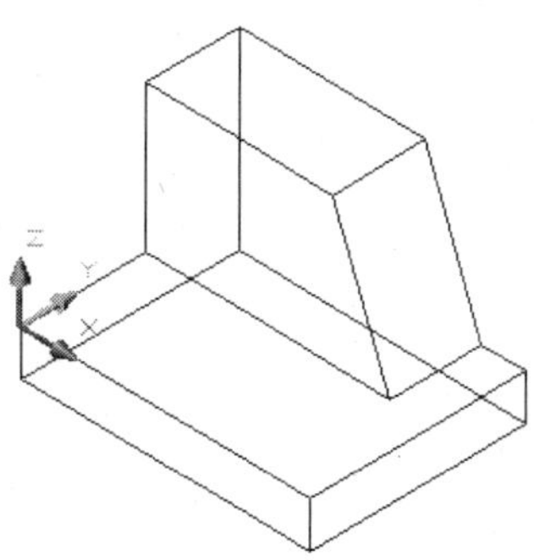

```
명령 : trim
뷰가 UCS에 평면이 아님. 명령 결과가 명백하지 않을 수 있음.
현재 설정값 : 투영=UCS 모서리=없음
절단 모서리 선택 ...
객체 선택 : 1개를 찾음
객체 선택 : 1개를 찾음, 총 2
객체 선택 : 1개를 찾음, 총 3
객체 선택 : 1개를 찾음, 총 4
객체 선택 :
자르기할 객체 선택 또는 연장을 위한 shift+선택 또는 [투영(P)/모서리(E)/명령
취소(U)] :
자르기할 객체 선택 또는 연장을 위한 shift+선택 또는 [투영(P)/모서리(E)/명령
취소(U)] :
자르기할 객체 선택 또는 연장을 위한 shift+선택 또는 [투영(P)/모서리(E)/명령
취소(U)] :
자르기할 객체 선택 또는 연장을 위한 shift+선택 또는 [투영(P)/모서리(E)/명령
취소(U)] :
```

이때 ucs 좌표계의 X, Y가 어느 방향인지에 대하여 확인하여야 한다.

15. UCS Icon을 3점 지정으로 다시 정의한다. 

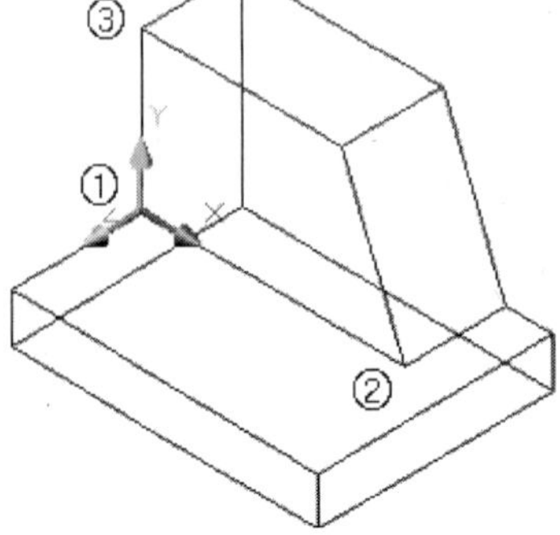

```
명령 : UCS
현재 UCS 유형:  *이름 없음*
옵션 입력
[신규(N)/이동(M)/직교(G)/이전(P)/복원(R)/저장(S)/삭제(D)/적용(A)/?/표준(W)]
〈표준〉 : 3
새로운 원점 지정 〈0,0,0〉: ①점 지정
X-축 양의 구간에 있는 점 지정 〈1.0000,28.0000,0.0000〉:  ②점 지정
UCS XY 평면의 양의 Y 부분에 있는 점 지정 〈0.0000,29.0000,0.0000〉: ③점 지정
```

16. 원호를 그린다.

```
명령 : circle 원에 대한 중심점 지정 또는
[3P/2P/Ttr(접선. 접선. 반지름)] : 21,32
원의 반지름 지정 또는 [지름(D)] : 12
```

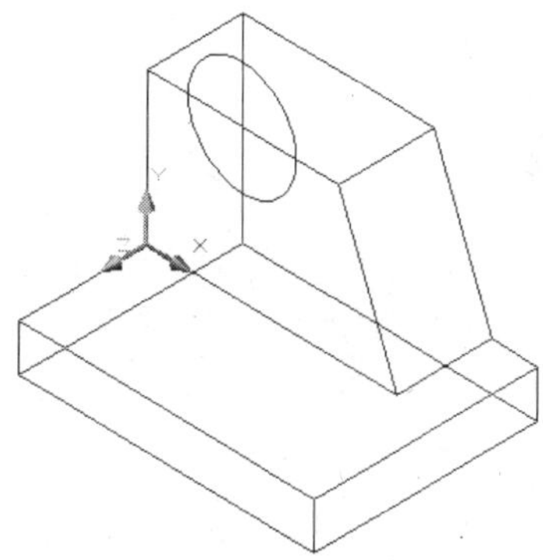

17. 원을 복사한다.

```
명령 : copy
객체 선택 : 1개를 찾음
객체 선택 :
기준점 또는 변위 지정: 변위의 두 번째 점 지정 또는
〈변위로 첫 번째 점 사용〉 :
변위의 두 번째 점 지정 :
```

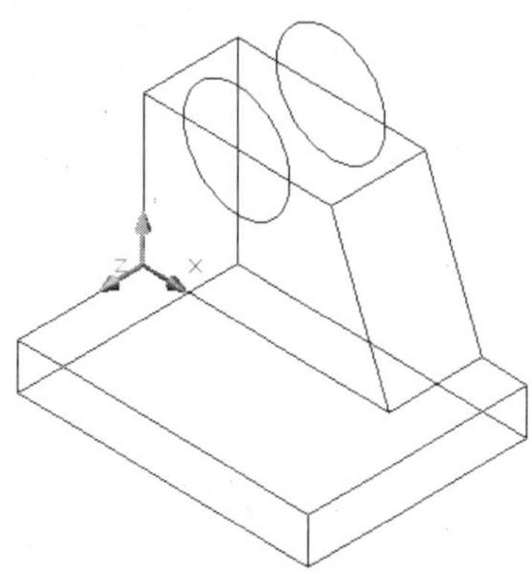

18. 필요 없는 선을 자르기 한다.

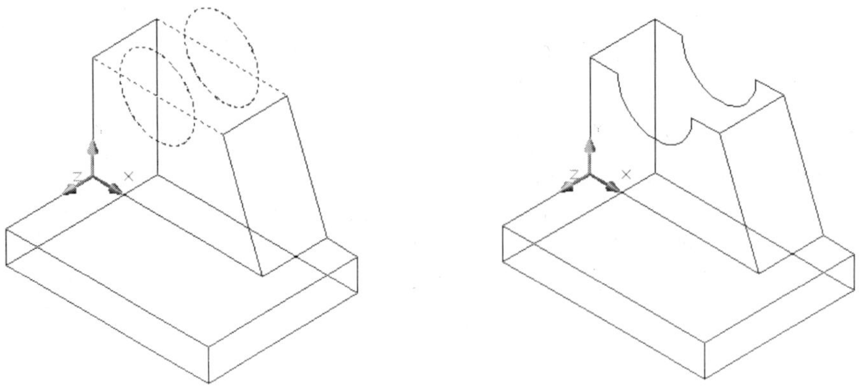

명령 : trim
뷰가 UCS에 평면이 아님. 명령 결과가 명백하지 않을수 있음.
현재 설정값 : 투영=UCS 모서리=없음
절단 모서리 선택 ...
객체 선택 : 1개를 찾음
객체 선택 : 1개를 찾음, 총 2
객체 선택 : 1개를 찾음, 총 3
객체 선택 : 1개를 찾음, 총 4
객체 선택 :
자르기할 객체 선택 또는 연장을 위한 shift+선택 또는 [투영(P)/모서리(E)/명령 취소(U)] :
자르기할 객체 선택 또는 연장을 위한 shift+선택 또는 [투영(P)/모서리(E)/명령 취소(U)] :
자르기할 객체 선택 또는 연장을 위한 shift+선택 또는 [투영(P)/모서리(E)/명령 취소(U)] :
자르기할 객체 선택 또는 연장을 위한 shift+선택 또는 [투영(P)/모서리(E)/명령 취소(U)] :

19. 원호의 끝부분 선을 연결한다.

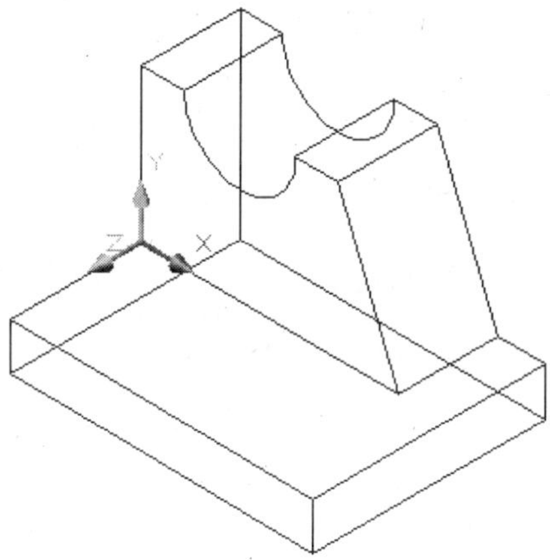

완성된 모델

– Solid Modeling 예제 따라 하기 –

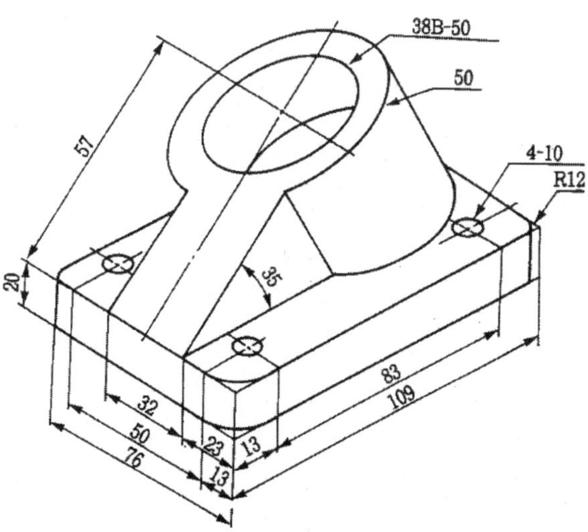

1. View Point를 남동으로 한다.

명령 : view 옵션 입력 [?/범주(C)/도면층 상태(A)/직교(O)/삭제(D)/복원(R)/저장(S)/Ucs(U) /윈도우(W)] : seiso 모형 재생성 중.

2. 박스를 그린다.

명령 : box
상자의 구석 지정 또는 [중심(CE)] 〈0,0,0〉 :
구석 지정 또는 [정육면체(C)/길이(L)] : l
길이 지정 : 76
폭 지정 : 109
높이 지정 : 20

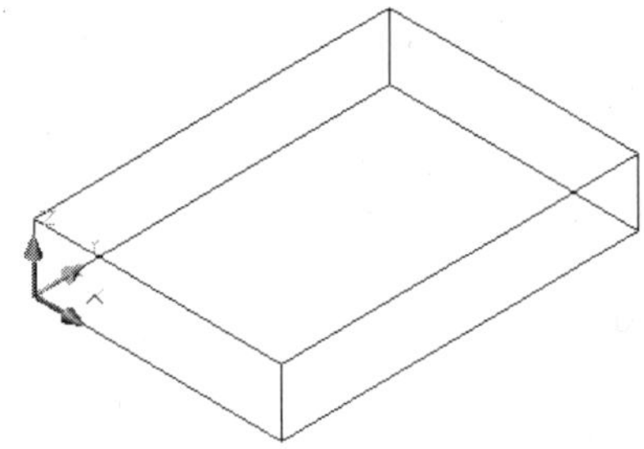

3. UCS Icon을 이동한다.

명령 : ucs
현재 UCS 유형 : *표준*
옵션 입력
[신규(N)/이동(M)/직교(G)/이전(P)/복원(R)/저장(S)/삭제(D)/적용(A)/?/표준(W)]
〈표준〉 : o
새로운 원점 지정 〈0,0,0〉 :

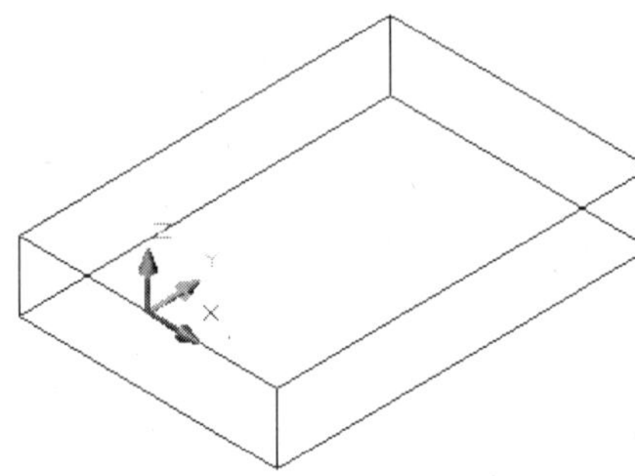

4. UCS Icon의 X축을 35° 회전시킨다.

명령 : ucs
현재 UCS 유형 : *표준*
옵션 입력
[신규(N)/이동(M)/직교(G)/이전(P)/복원(R)/저장(S)/삭제(D)/적용(A)/?/표준(W)]
〈표준〉 : o
새로운 원점 지정 〈0,0,0〉 :

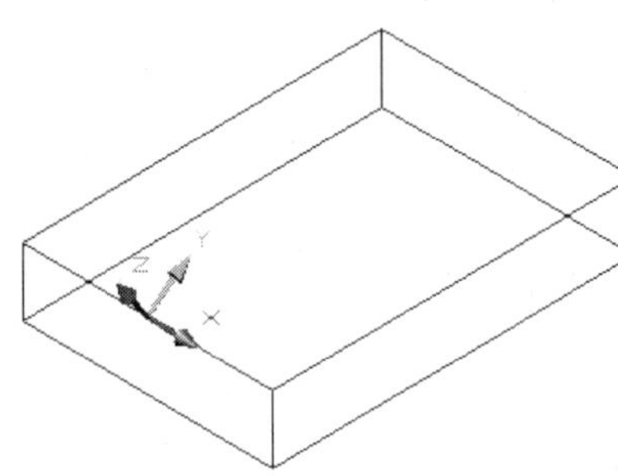

5. 선을 그린다.

```
명령 : l
LINE 첫번째 점 지정 : 0,0
다음 점 지정 또는 [명령 취소(U)] : 0,57
다음 점 지정 또는 [명령 취소(U) ] :
```

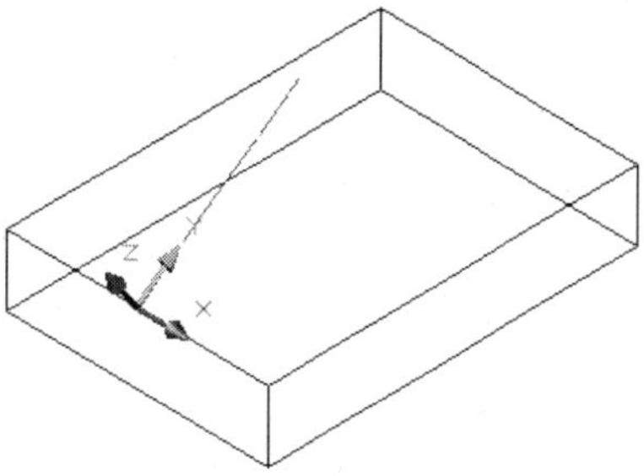

6. 원호를 그린다.

```
명령 : circle 원에 대한 중심점 지정 또는
[3P/2P/Ttr(접선 접선 반지름)] :
원의 반지름 지정 또는 [지름(D)] : 25
명령 :
CIRCLE 원에 대한 중심점 지정 또는
[3P/2P/Ttr(접선 접선 반지름)] :
원의 반지름 지정 또는 [지름(D)] 〈25.0000〉 : 19
```

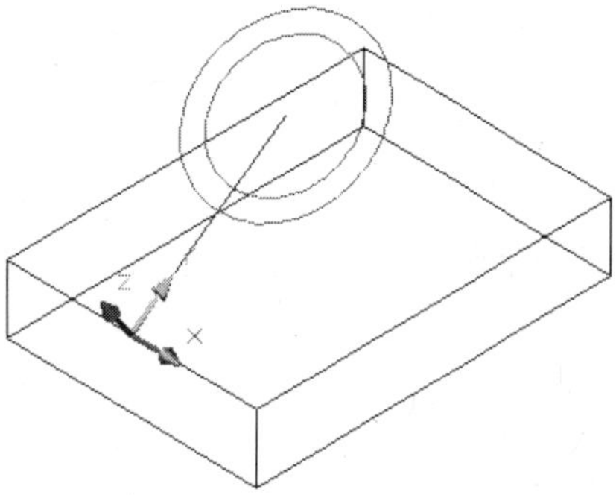

7. 5에서 그린 선을 양쪽 16mm씩 오프셋 한다.

```
명령 : offset
간격띄우기 거리 또는 [통과점(T)] 〈1.0000〉 : 16
간격띄우기할 객체 선택 또는 〈나가기〉 :
간격띄우기할 쪽으로 점 지정 :
간격띄우기할 객체 선택 또는 〈나가기〉 :
간격띄우기할 쪽으로 점 지정 :
간격띄우기할 객체 선택 또는 〈나가기〉 :
```

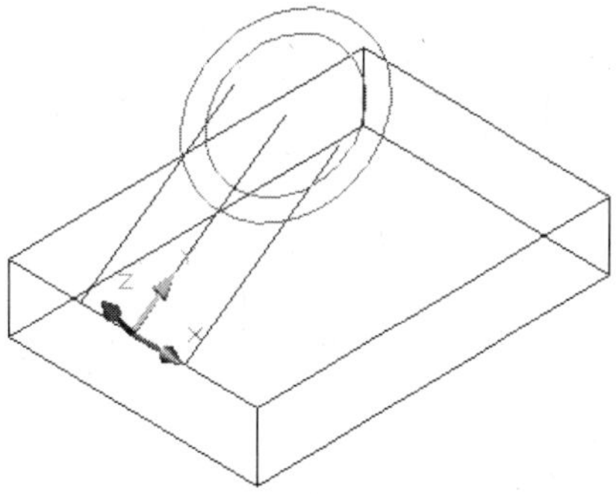

8. 자르기를 한다.

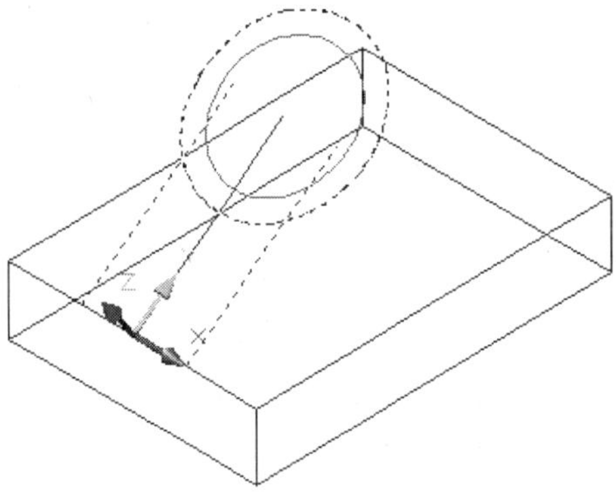

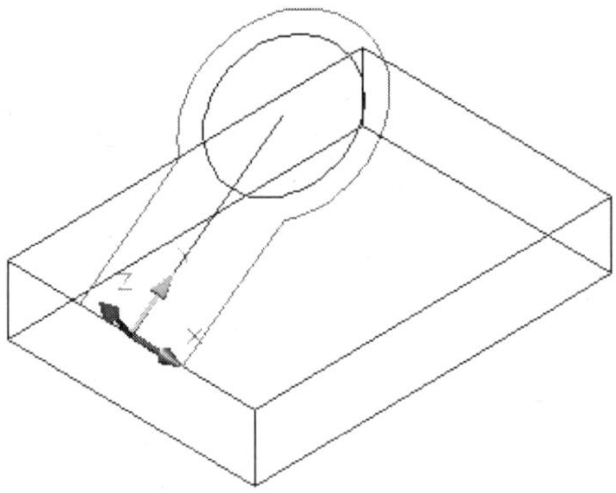

명령 : trim
뷰가 UCS에 평면이 아님. 명령 결과가 명백하지 않을 수 있음.
현재 설정값 : 투영=UCS 모서리=없음
절단 모서리 선택 ...
객체 선택 : 1개를 찾음
객체 선택 : 1개를 찾음, 총 2
객체 선택 : 1개를 찾음, 총 3
객체 선택 :
자르기할 객체 선택 또는 연장을 위한 shift+선택 또는 [투영(P)/모서리(E)/명령 취소(U)] :
자르기할 객체 선택 또는 연장을 위한 shift+선택 또는 [투영(P)/모서리(E)/명령 취소(U)] :
자르기할 객체 선택 또는 연장을 위한 shift+선택 또는 [투영(P)/모서리(E)/명령 취소(U)] :
자르기할 객체 선택 또는 연장을 위한 shift+선택 또는 [투영(P)/모서리(E)/명령 취소(U)] :

9. 돌출을 하려면 연속선이 되어야 함으로 X축선상의 선을 그린다.

명령 : l
LINE 첫번째 점 지정 :
다음 점 지정 또는 [명령 취소(U)] :
다음 점 지정 또는 [명령 취소(U)] :

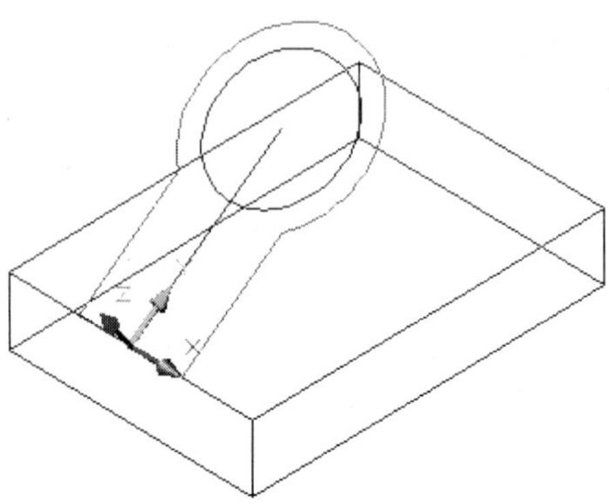

10. 선을 연속선으로 결합한다.

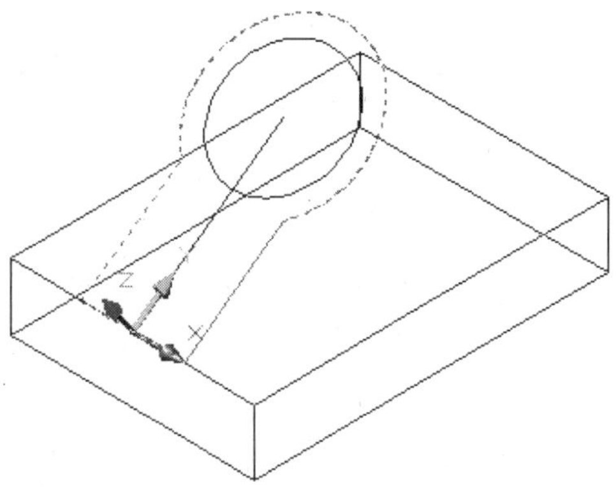

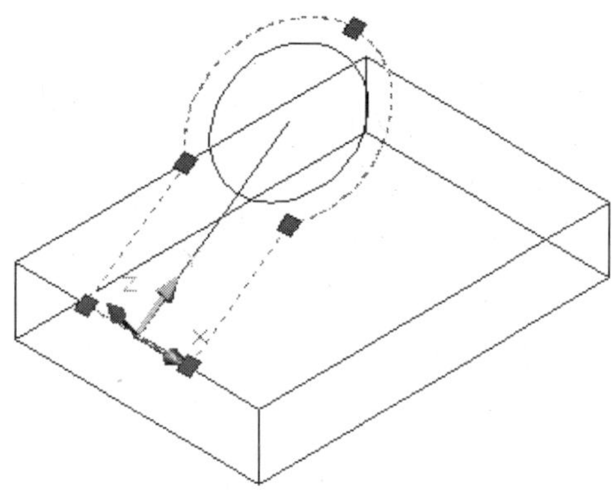

명령 : pedit 폴리선 선택 또는 [다중(M)] :
선택된 객체가 폴리선이 아님
전환하기를 원하십니까? 〈Y〉
옵션 입력 [닫기(C)/결합(J)/폭(W)/정점
편집(E)/맞춤(F)/스플라인(S)/비곡선화(D)/선 종류 생성(L)/명령 취소(U)] : j
객체 선택 : 1개를 찾음
객체 선택 : 1개를 찾음, 총 2
객체 선택 : 1개를 찾음, 총 3
객체 선택 :
3개의 세그먼트가 폴리선에 추가됨
옵션 입력 [열기(O)/결합(J)/폭(W)/정점
편집(E)/맞춤(F)/스플라인(S)/비곡선화(D)/선 종류 생성(L)/명령 취소(U)] :

11. 연속선과 가운데 원호를 돌출시킨다.

명령 : extrude
현재 와이어프레임 밀도 : ISOLINES=4
객체 선택 : 1개를 찾음
객체 선택 : 1개를 찾음, 총 2
객체 선택 :
돌출 높이 지정 또는 [경로(P)] : −65
돌출에 대한 테이퍼 각도 지정 〈0〉 :

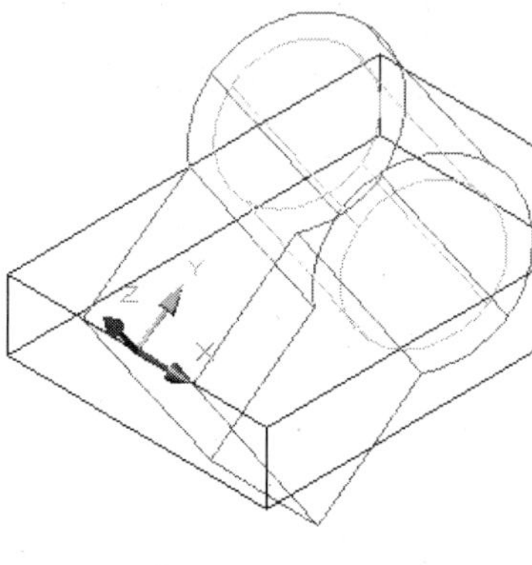

12. Box와 연속선을 돌출시킨 Solid를 합한다.

명령 : union
객체 선택 : 1개를 찾음
객체 선택 : 1개를 찾음, 총 2
객체 선택 :

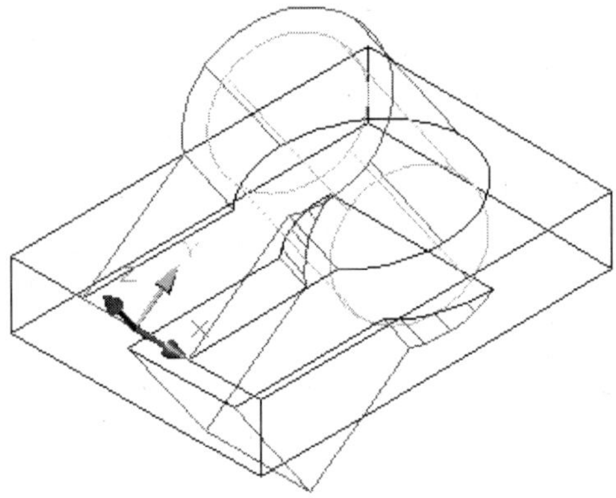

13. 합한 Solid에서 가운데 원통을 빼기한다.

명령 : subtract 기본 솔리드와 영역을 선택
객체 선택 : 1개를 찾음
객체 선택 :
제거할 솔리드와 영역을 선택 ..
객체 선택 : 1개를 찾음
객체 선택 :

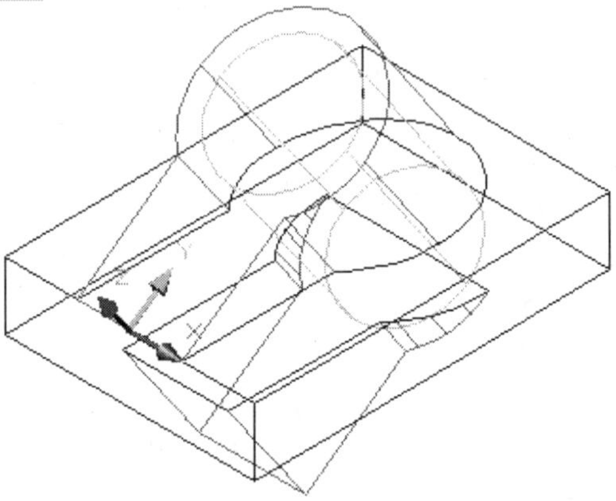

14. UCS Icon을 표준(W)으로 한다.

명령 : ucs
현재 UCS 유형: *이름 없음*
옵션 입력
[신규(N)/이동(M)/직교(G)/이전(P)/복원(R)/
저장(S)/삭제(D)/적용(A)/?/표준(W)]
〈표준〉 : w

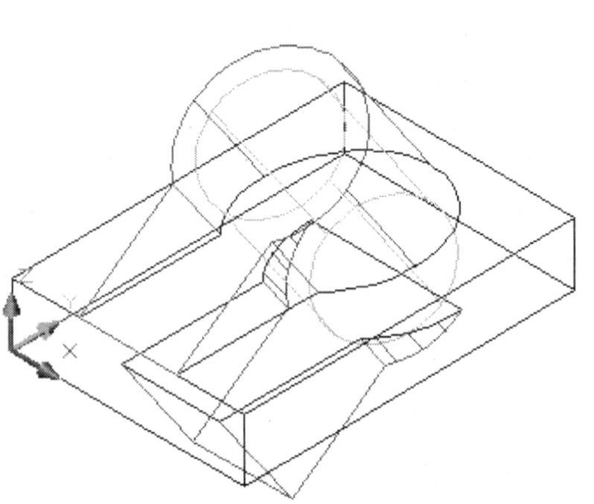

15. Solid의 아래쪽을 없애기 위하여 아래쪽에 Box를 그린다.

```
명령 : box
상자의 구석 지정 또는 [중심(CE)] <0,0,0> :
구석 지정 또는 [정육면체(C)/길이(L)] : l
길이 지정 : 76
폭 지정 : 109
높이 지정 : -40
```

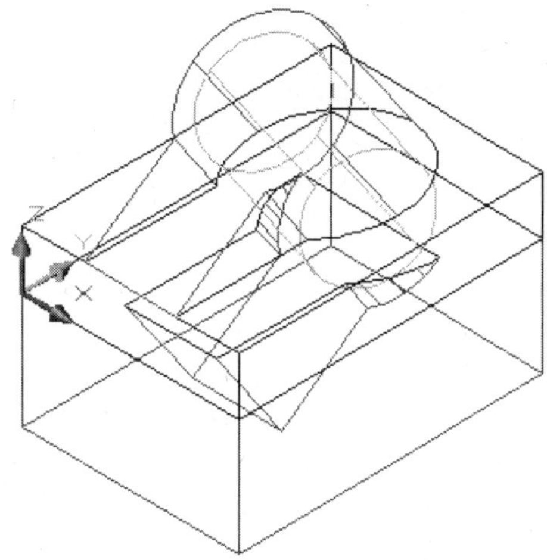

16. 기존 Solid에서 Box를 빼기한다.

```
명령 : subtract 기본 솔리드와 영역을 선택
객체 선택 : 1개를 찾음
객체 선택 :
제거할 솔리드와 영역을 선택 ..
객체 선택 : 1개를 찾음
객체 선택 :
```

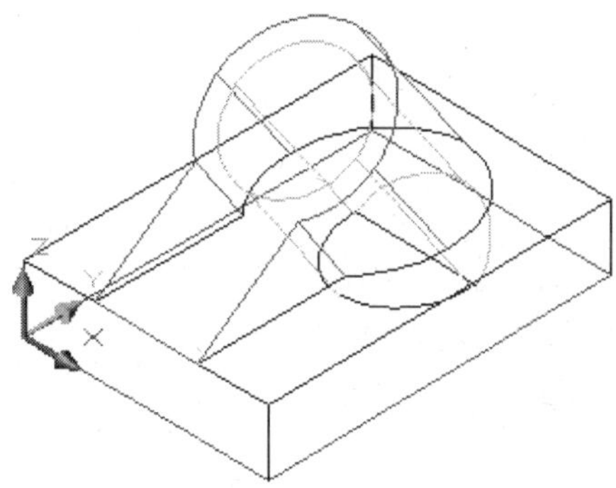

17. Box에 뚫린 원통부분을 없애기 위하여 Box를 다시 그린다.

```
명령 : box
상자의 구석 지정 또는 [중심(CE)] <0,0,0> :
구석 지정 또는 [정육면체(C)/길이(L)] : l
길이 지정 : 76
폭 지정 : 109
높이 지정 : 20
```

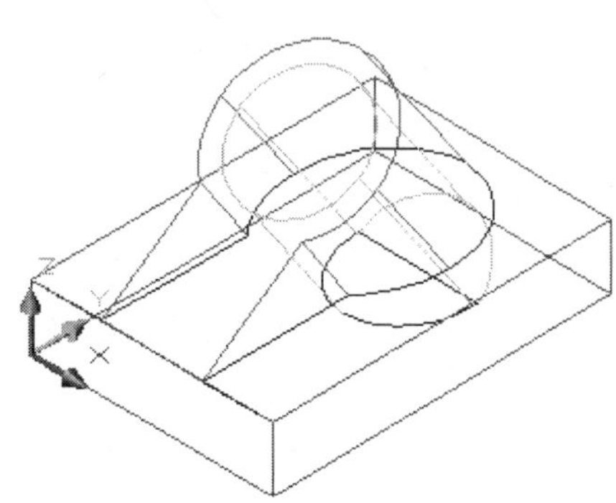

18. Box와 기존의 Solid를 합한다.

명령 : union
객체 선택 : 1개를 찾음
객체 선택 : 1개를 찾음, 총 2
객체 선택 :

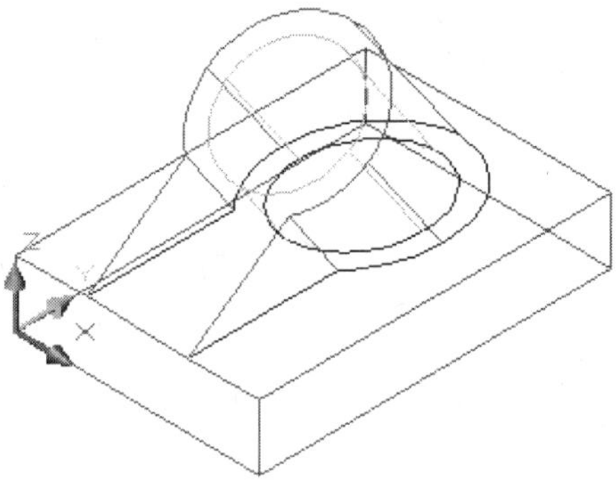

19. Solid의 메쉬를 조정한다.

명령 : isolines
ISOLINES에 대한 새 값 입력 〈4〉 : 15

20. 4개의 구멍을 뚫기 위하여 원통을 그린다.

명령 : cylinder
현재 와이어프레임 밀도: ISOLINES=15
원통의 밑면에 대한 중심점 지정 또는
[타원형(E)] 〈0,0,0〉 : 13,13
원통의 밑면에 대한 반지름 지정 또는 [지름(D)] : 5
원통의 높이 지정 또는 [다른 면 중심(C)] : 20

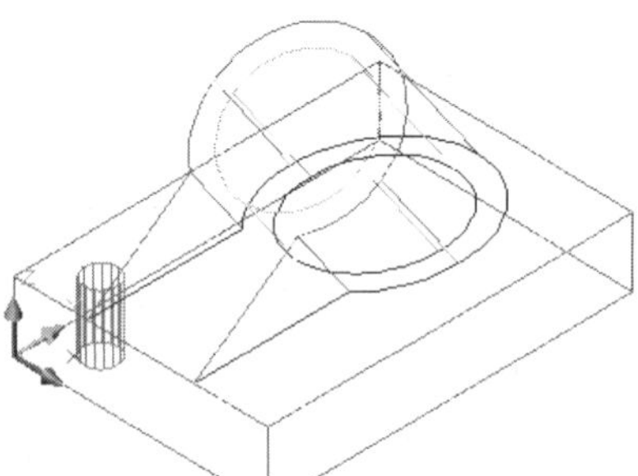

21. 원통을 3차원 배열을 하여 4개로 한다.

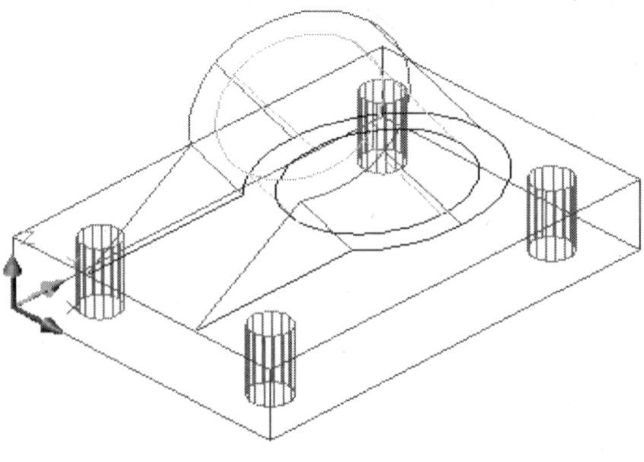

```
명령 : 3darray
초기화 중...  3DARRAY가 로드됨.
객체 선택 : 1개를 찾음.
객체 선택 :
배열의 유형 입력 [직사각형(R)/원형(P)] 〈R〉 :
행 수 입력 (---) 〈1〉 : 2
열 수 입력 (|||) 〈1〉 : 2
레벨 수 입력 (...) 〈1〉 :
행 사이의 거리를 지정(---) : 83
열 사이의 거리를 지정 (|||) : 50
```

22. 기존 Solid에서 원통 4개를 빼기한다.

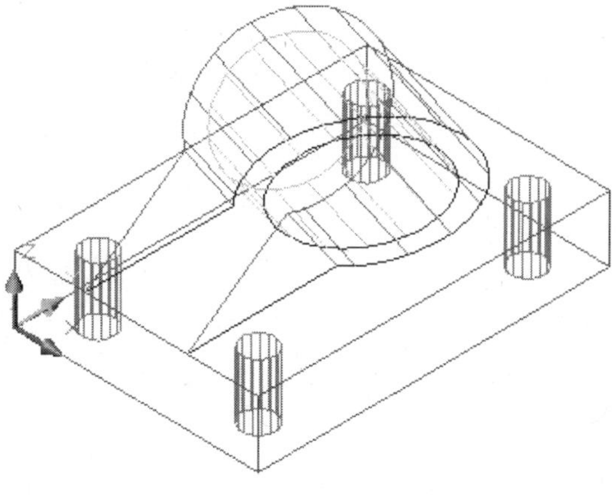

```
명령 : subtract 기본 솔리드와 영역을 선택 ..
객체 선택 : 1개를 찾음
객체 선택 :
제거할 솔리드와 영역을 선택 ..
객체 선택 : 1개를 찾음
객체 선택 : 1개를 찾음, 총 2
객체 선택 : 1개를 찾음, 총 3
객체 선택 : 1개를 찾음, 총 4
객체 선택 :
```

23. Solid의 모서리에 Fillet을 한다.

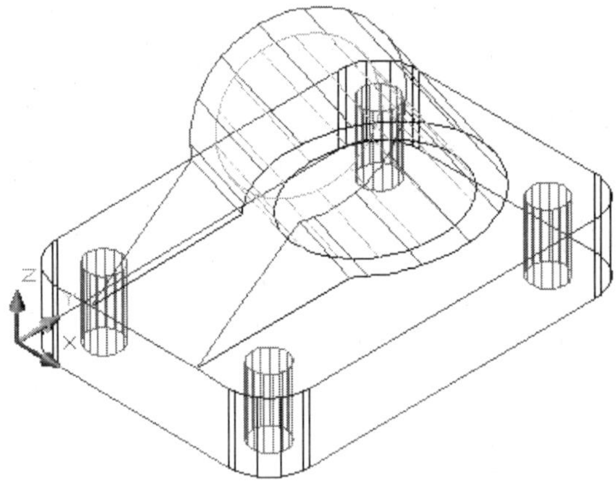

명령 : fillet
현재 설정 값 : 모드 = TRIM, 반지름 = 0.0000
첫 번째 객체 선택 또는 [폴리선(P)/반지름(R)/자르기(T)/다중(U)] :
모깎기 반지름 입력 : r
수치 거리를 요구함 또는 두 점.
모깎기 반지름 입력 : 12
모서리 또는 [체인(C)/반지름(R)] :
모서리 또는 [체인(C)/반지름(R)] :
모서리 또는 [체인(C)/반지름(R) :
모서리 또는 [체인(C)/반지름(R)] :
4개의 모서리(들)이(가) 모깎기를 위해 선택됨.

완성된 Solid

■ CAD 명령어 단축키 요약

명령어	단축키	내용	명령어	단축키	내용
arc	a	호	linetype	lt	선유형
array	ar	배열	ltscale	lts	선축척
block	b	블록만들기	matchprop	ma	특성일치
break	br	끊기	move	m	이동
circle	c	원	mirror	mi	대칭
chamfer	cha	모따기	mline	ml	다중선
copy	co	복사	mtext	mt	다중문자
ddim	d	치수유형	offset	o	간격띄우기
dimaligned	dal	치수정렬	osnap	os	객체스냅
dimangular	dan	치수각도	pan	p	초점이동
dimbaseline	dba	치수기준선	point	po	점
dimcenter	dce	중심마크	polyline	pl	폴리선
dimcontinue	dco	치수연속	properties	mo	특성
dimdiameter	ddi	치수지름	purge	pu	소거
dimstyle	ddim	치수스타일	polygon	pol	다각형
dimedit	dimed	치수편집	redraw	r	다시그리기
dimlinear	dli	치수선형	roteate	ro	회전
dimradius	dra	치수반지름	regen	re	재생성
dtext	dt	단일행문자	rectangle	rec	사각형
dist	di	거리측정	stretch	s	신축
erase	e	지우기	scale	sc	축적
edit	ed	편집	spline	spl	곡선
ellipase	el	타원	style	st	문자유형
explode	x	분해	tolerance	tol	공차
extend	ex	연장	trim	tr	자르기
fillet	f	모깍기	xline	xl	무한선
hatch	h	해치	zoom	z	줌
insert	i	블록삽입			
line	l	선			
layer	la	도면층			
list	li	리스트			
leder	le	지시선			
lengthen	len	증분			

A-3

인벤터 활용

기본학습 1. 인벤터활용과 화면구성
기본학습 2. 모델링한것을 3D화일과 CAD도면화일로 변환방법
기본학습 3. 모델링한것을 CAD도면화일로 변환작업
기본학습 4. 인벤터에서 오토캐드로 보내는 작업
기본학습 5. 자격시험 템플렛
기본학습 6 기계요소 그리기
기본학습 7. CAD에서 도면 해독순서와 작도하는 방법

Memo

기본학습

01 인벤터 활용과 화면구성

초기화면(새로 만들기로 파트를 시작)에서 부품과 조립파트 그리고 도면전환 시뮬레이션의 4가지 파트가 있다.

인벤터의 부품을 모델하려고 파트를 선택한다.

모델링하기 위한 평면을 정한다.
(XY. YZ. XZ평면)

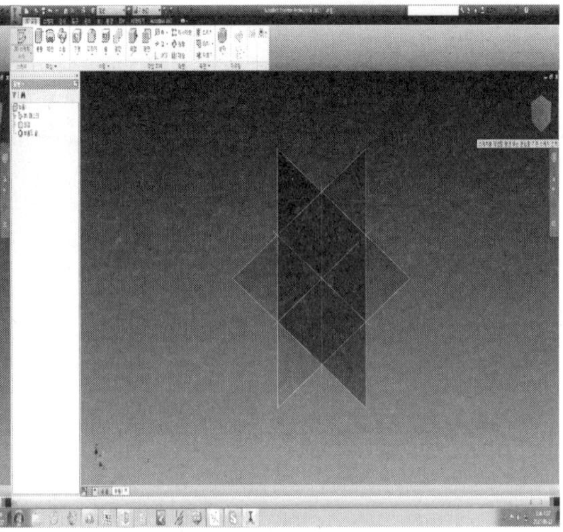

XY평면에서 스케치를 한다.

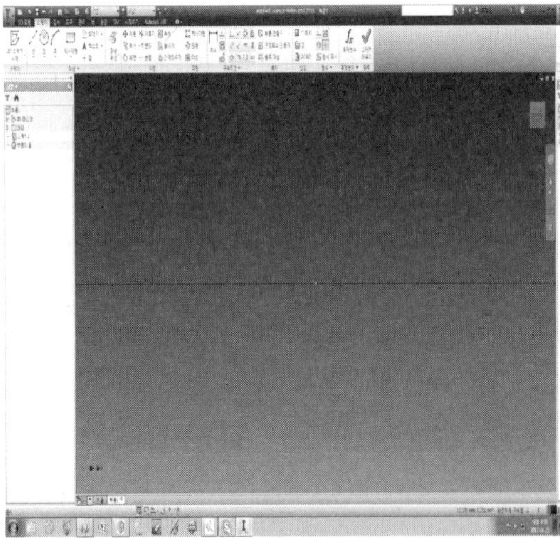

2D CAD하고 같이 모델링
그린 후 치수기입으로 정확히 한다.

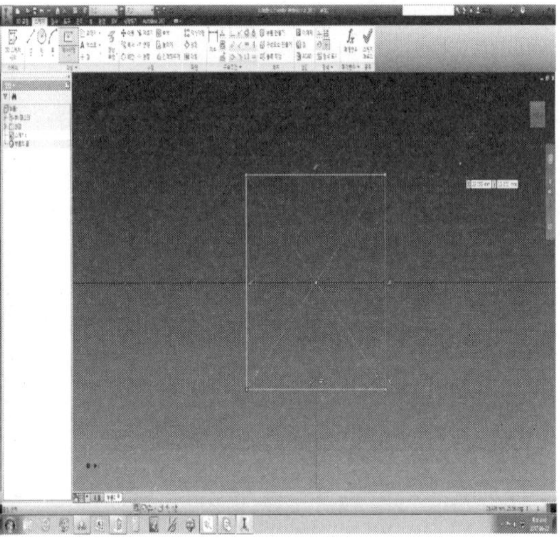

스케치가 끝나면 스케치 종료를 한다.

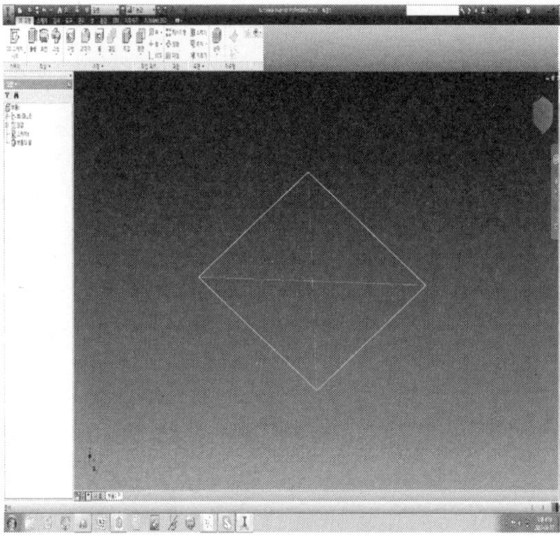

Z축으로 입체를 만든다.
(돌출로 높이를 준다)

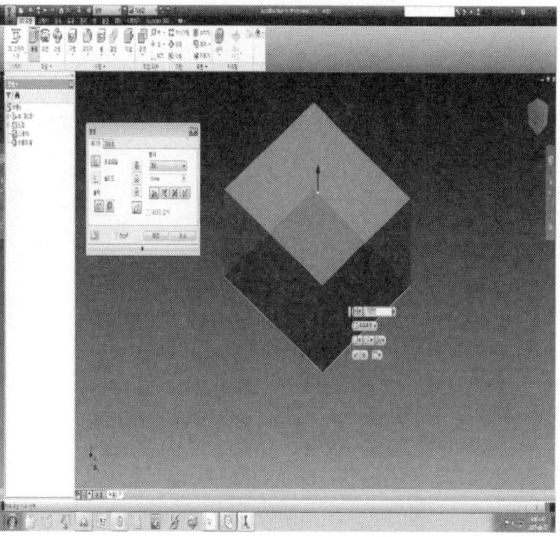

모델링을 형태에 맞게 스케치 면을 정하고 스케치하고 모델링을 완성한다.

Memo

기본학습

02

모델링한 것을 3D파일과 CAD도면 파일로 변환

1. **인벤터(I)**를 실행한다.

2. 리본메뉴 **시작하기**에서 **새로 만들기**

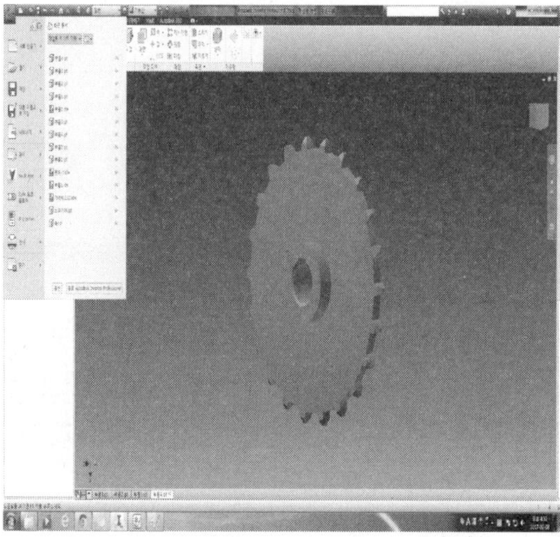

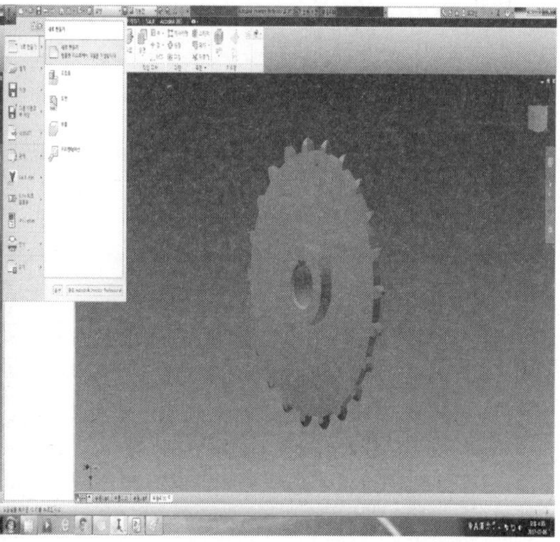

제품 모델링을 마치면 3D 배치와 2D배치를 해야 하는데 다음은 3D배치 작업이다. 배치를 위해서 먼저 새로 만들기 아이콘을 클릭한다.

3. 템플레이트**메뉴**에서 도면파트의 **standard. idw**를 **선택**하고 **작성**한다.

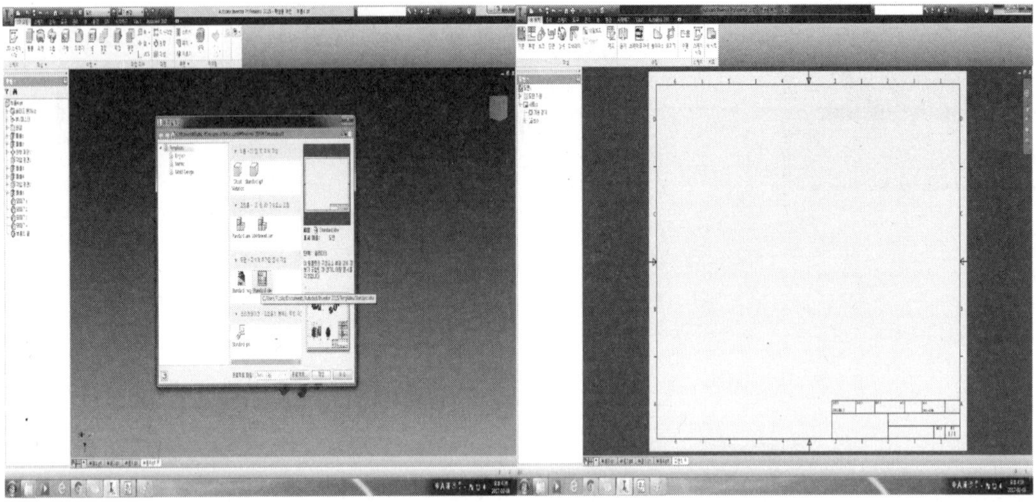

standard. idw아이콘을 들어가면 아래와 같이 사진이 나온다. 처음 들어가게 되면 이렇게 열려야 한다.

4. 검색기에서 **시트선택**하고 오른쪽버튼의 **시트편집**에서 **도면 크기**(A2)선정하고 확인

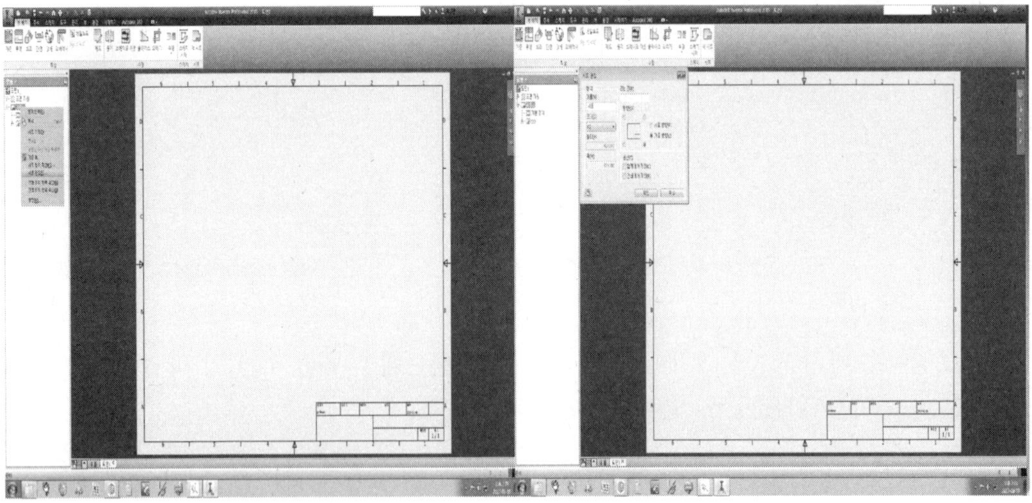

작업하고자하는 도면의 크기를 정한다. CAD시험은 A2로 그리고 출력은 A3로 한다.

5. 검색기의 **기본경계**를 선택하고 오른쪽버튼 삭제.

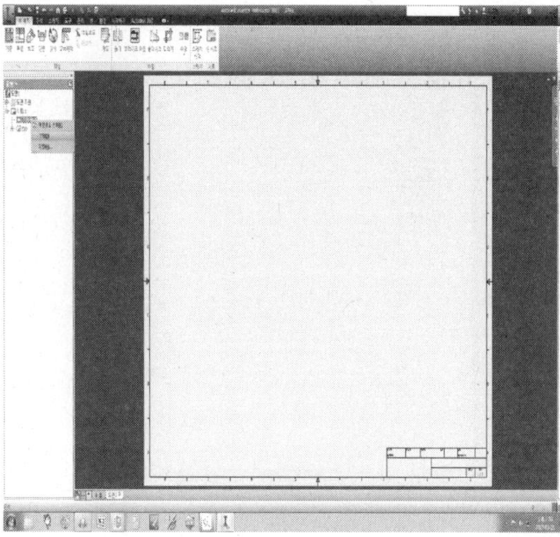

경계를 없애는 작업

삭제하고 나면 도면에 윤곽선이 사라진다.

6. 검색기에서 ISO를 선택하고 오른쪽버튼 **삭제**

도면의 표제란 을 지우는 작업

7. 검색기에서 **도면지원**을 열어 **경계**를 클릭하고 오른쪽버튼 **새 경계정의**를 한다.

도면의 모든 것을 지웠으므로 다시 경계를 정해진 크기로 정의한다.

8. Auto CAD도면 틀을 **CAD화면**에서 선택하고 **Ctrl+C(복사)**한다.

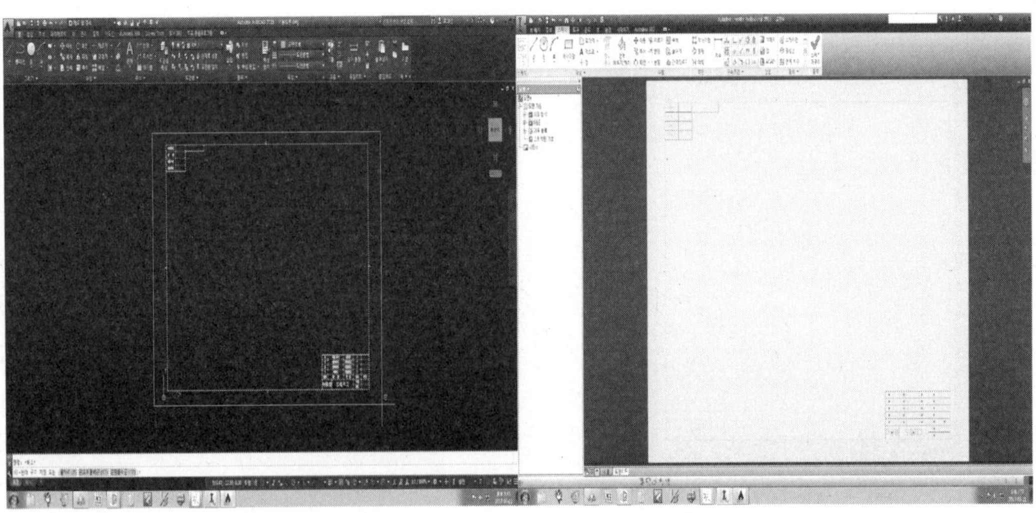

CAD도면 틀을 CAD화면에서 선택하고 복사한다. **인벤터에서 붙이기로 한 것.**

9. **인벤터**에서 Ctrl+V(**붙이기**)로 하고 **스케치마무리**를 클릭하고 이름을 입력하고 **저장**한다.

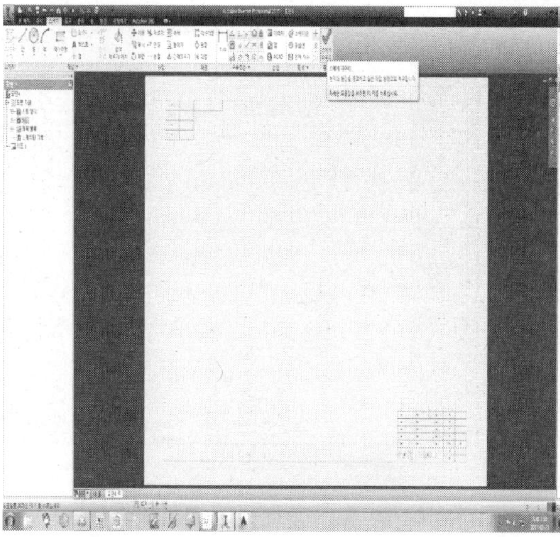

도면틀을 붙였으면 스케치 마무리를 누른다.

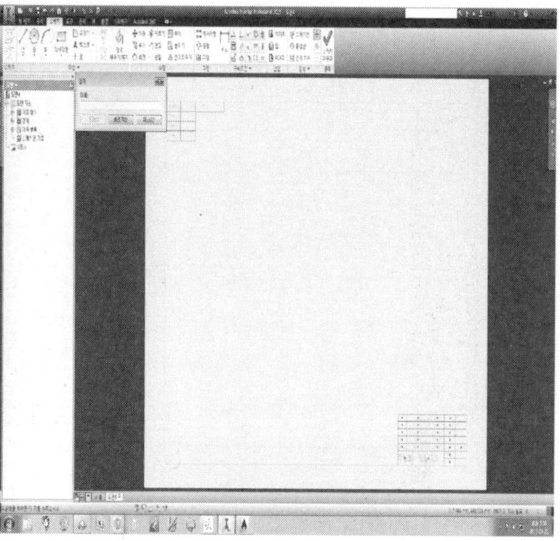

저장할 때 이름을 정하고 저장한다.

10. 검색기의 **경계**폴더 밑에 이름을 **더블클릭**하면 도면이 열린다.

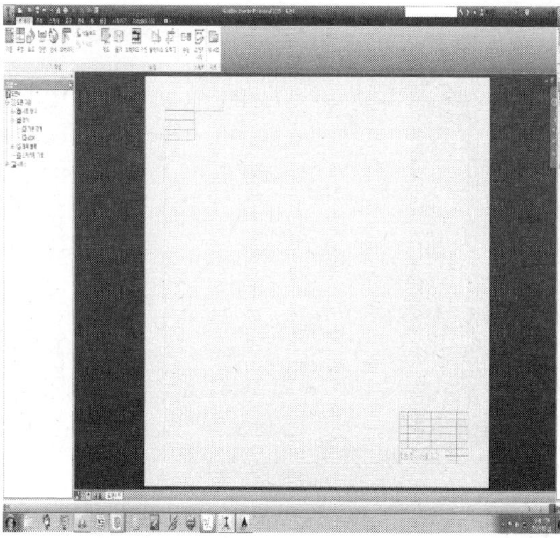

경계폴더 밑에 지정된 이름이 나온다.

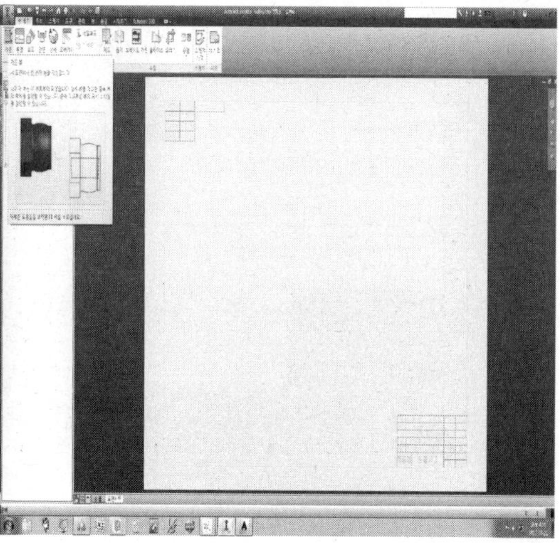

이름을 더블클릭한다.

11. 도면에 3D부품 배치를 위해 **리본메뉴**의 기준에서 **도면 뷰**와 **뷰 방향**을 확인한다.

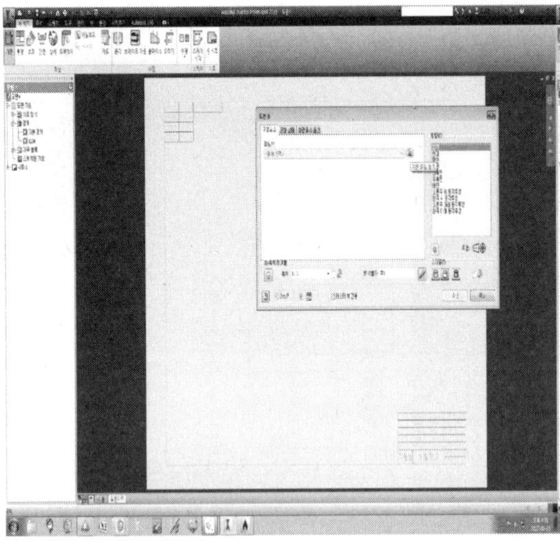

메뉴에서 기본을 누르면 배치조건을 설정한다.

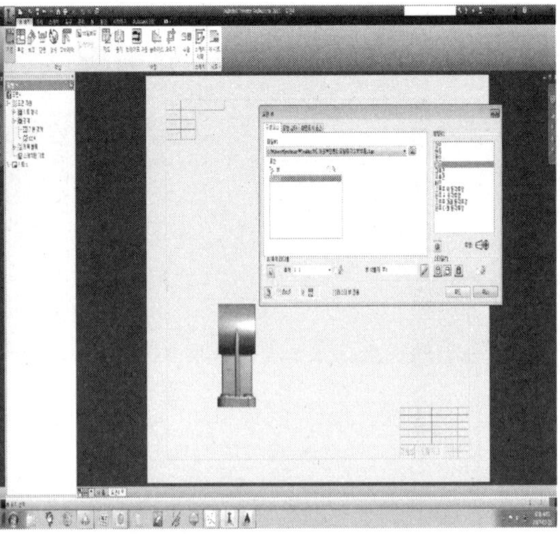

저장해 놓은 모델링을 불러온다.

12. **축척, 스타일, 뷰** 방향을 맞춰 배치한다.

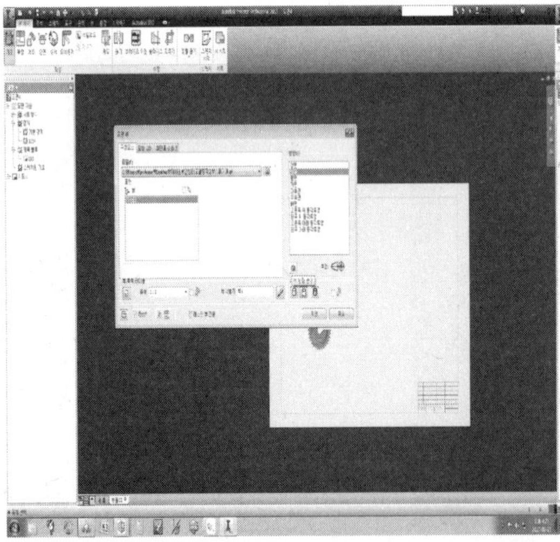

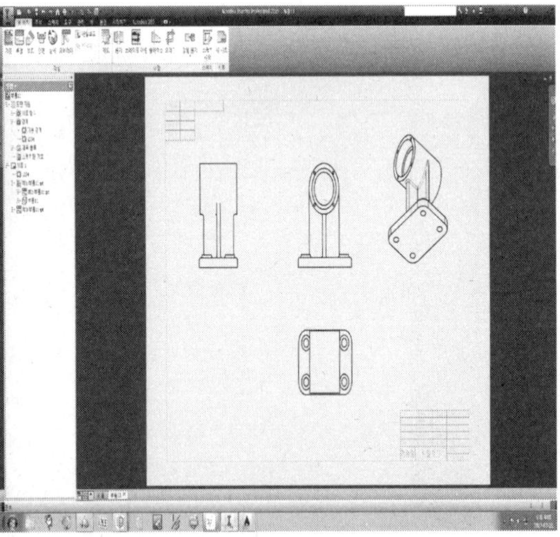

불러온 모델링을 기준뷰(정면도)를 설정한다. 기준뷰 위치를 고정하고 투영으로 우측면도 평면도를 배치한다.

13. 3D모델링 저장(**인벤터**에서 **내보내기** CAD나 **PDF파일**로 **저장**한다)

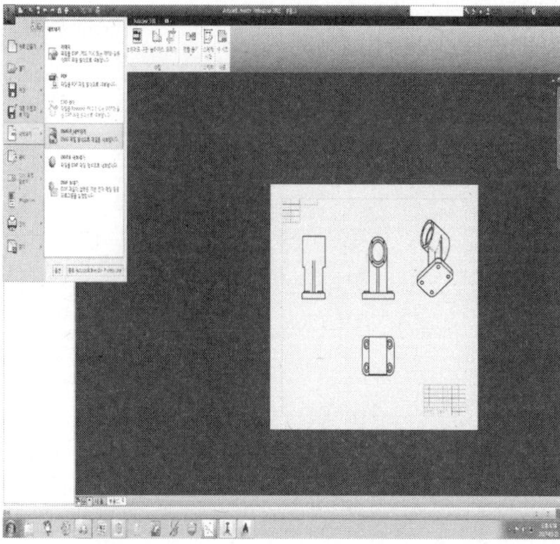

저장을 위해 파일 내보내기에서 선택저장.

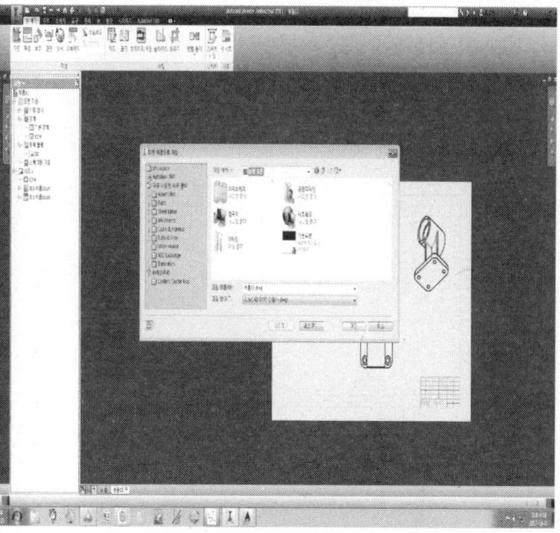

저장위치를 정하고 저장

Memo

기본학습

03

모델링한 것을 CAD도면 파일로 변환작업

1. **인벤터(I)**를 실행한다.

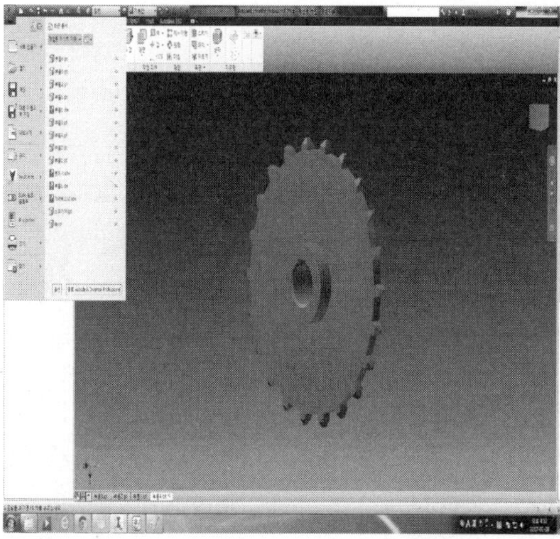

2. 리본메뉴 **시작하기**에서 **새로 만들기**

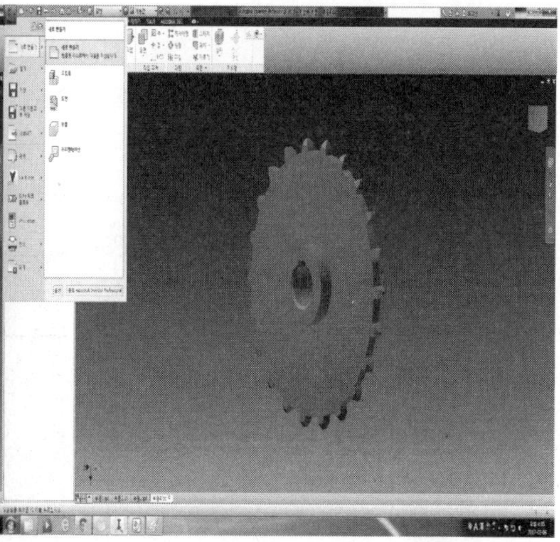

제품 모델링을 마치면 3D 배치와 2D배치를 해야 하는데 다음은 2D배치 작업이다. 배치를 위해서 먼저 새로 만들기 아이콘을 클릭한다.

3. 템플레트**메뉴**에서 도면파트의 **standard. idw**를 **선택**하고 **작성**한다.

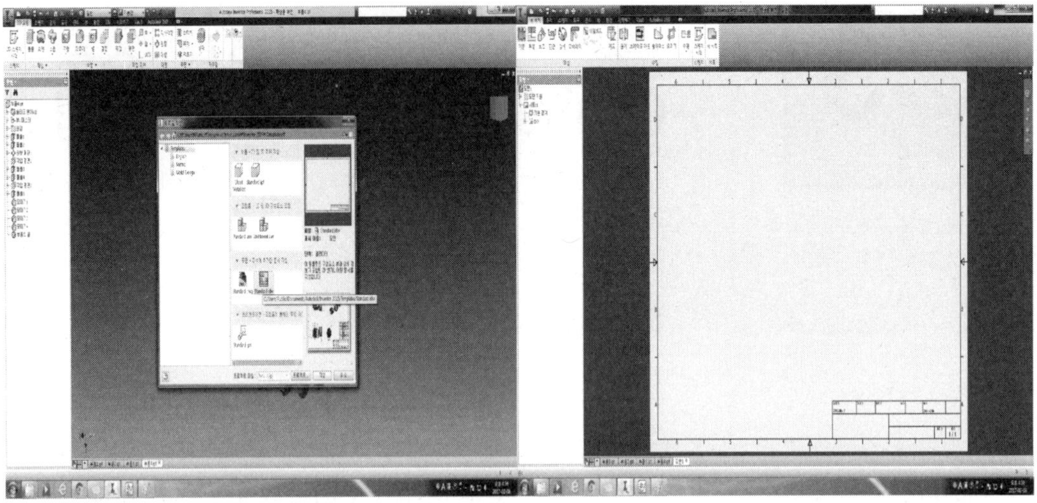

standard. idw아이콘을 들어가면 아래와 같이 사진이 나온다. 처음 들어가게 되면 이렇게 열려야 한다.

4. 검색기에서 **시트선택**하고 오른쪽버튼의 **시트편**집에서 **도면 크기**(A2)선정하고 확인

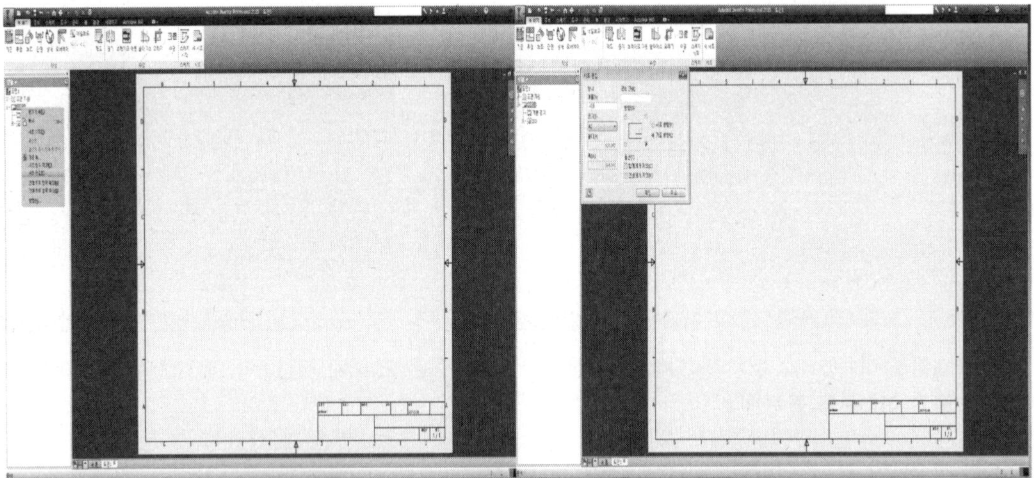

작업하고자하는 도면의 크기를 정한다. CAD시험은 A2로 그리고 출력은 A3로 한다.

5. 검색기의 **기본경계**를 선택하고 오른쪽버튼 삭제.

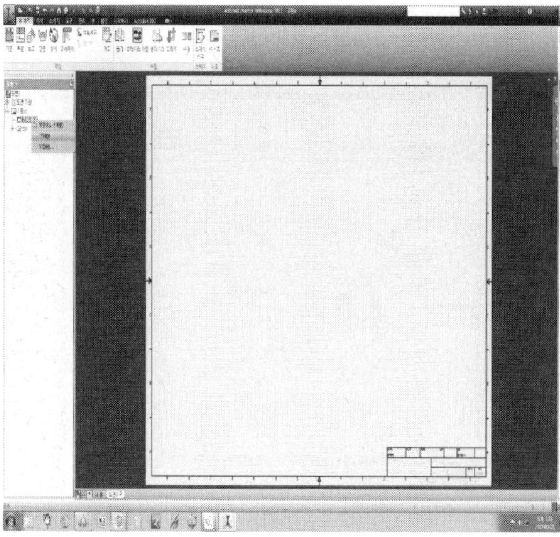

경계를 없애는 작업

삭제하고 나면 도면에 윤곽선이 사라진다.

6. 검색기에서 **ISO**를 선택하고 오른쪽버튼 **삭제**

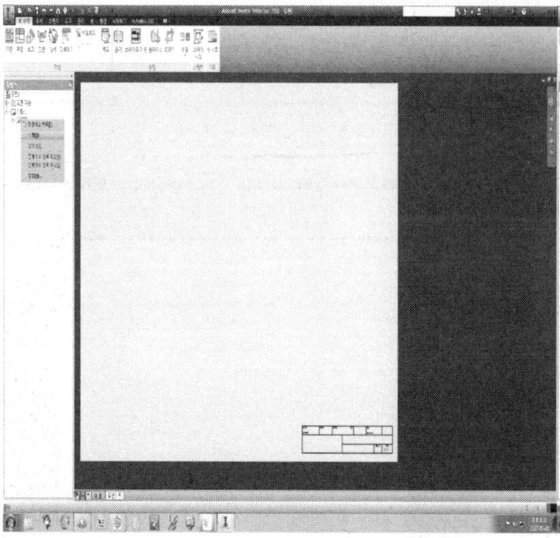

도면의 표제란 을 지우는 작업

7. 메뉴 **관리**의 **스타일 편집기**를 열어서 **뷰 기본설정**에서 **삼각법**을 **선택** 종료 **저장**한다.

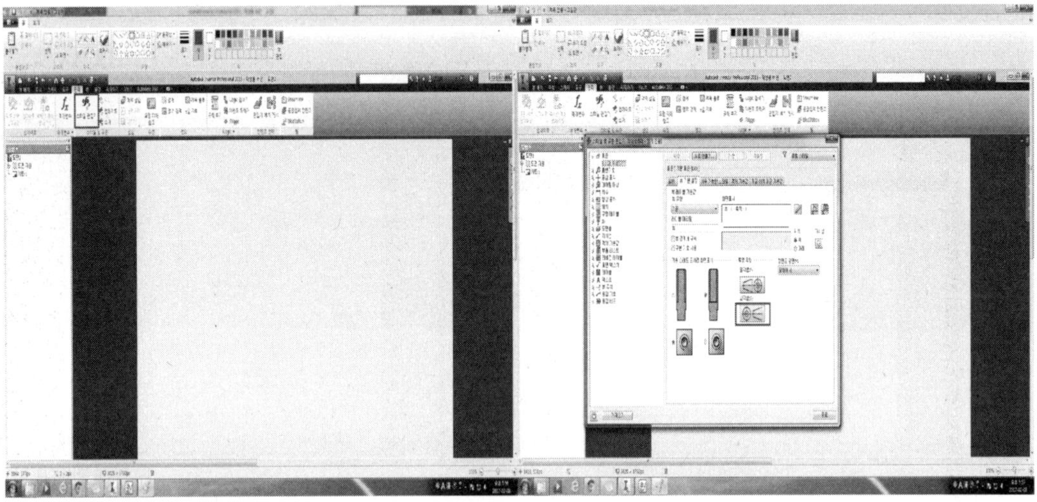

도면의 모든 것을 지웠으므로 도면의 기본을 정하는 것이다. 삼각법으로 설정

8. 메뉴 **뷰 배치**에서 **기준**을 클릭하여 **파일**을 열고 **축척**과 **스타일**(은선), **뷰 방향 변경**을 하고 사용자뷰 선택 도면에 배치 오른쪽버튼에서 **작성**한다.

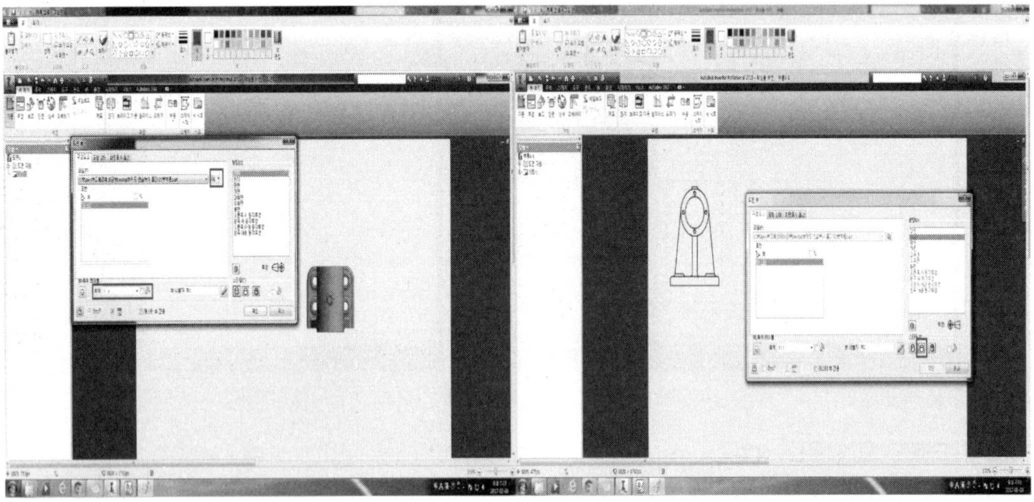

9. 메뉴 **뷰 배치**에서 **투영**을 클릭하고 기준부품의 윤곽을 선택하여 좌우 평면도를 배치한 다음 오른쪽버튼을 눌러 **작성**한다.

투영 클릭 후 부품을 클릭 옆에 그림처럼 나오게 된다.

10. **단면**으로 **배치**하는 방법.

메뉴의 **뷰 배치**에서 **단면**을 누르고 정면도의 **윤곽선**(빨간파선)을 선택하고 단면 위치를 정하고 오른쪽버튼에 계속을 선택하고 위쪽에 배치한다.

그려야 할 도면에 단면도를 그려야 할 때는 단면도 배치법을 활용해야 한다.

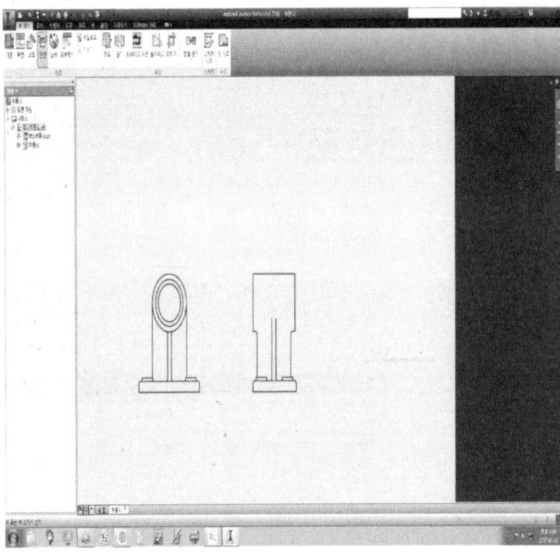

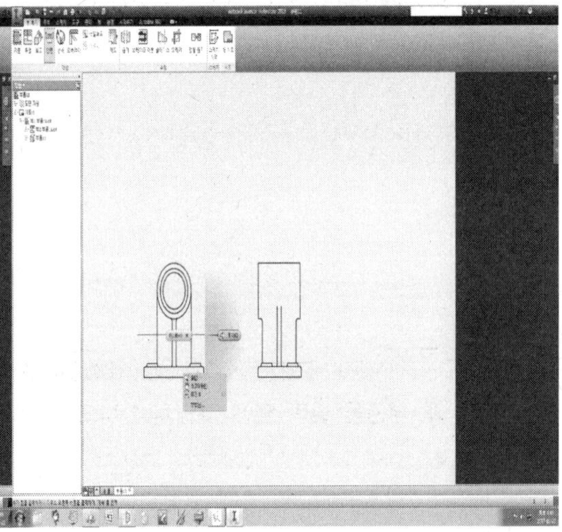

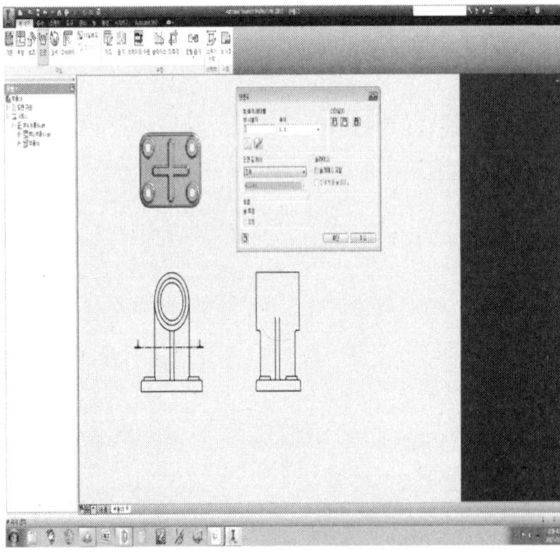

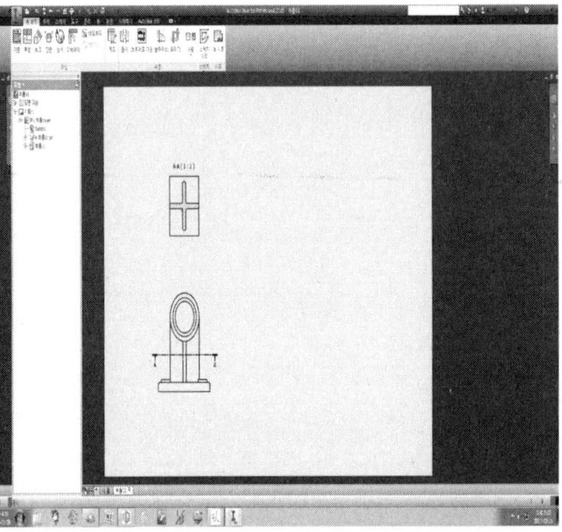

11. **브레이크 아웃** 하는 법

부분적으로 단면을 나타내는 해칭그림은 아래그림처럼 선이 폐곡선(붙어 있는 선)이어야 한다. 먼저 모델링을(객체) **클릭** 후 **스케치 시작**에 들어가서 사각형을 그리고 **스케치마무리**를 누른다. 주의할 점은 브레이크 아웃을 누르기 전에 **부품**을(객체) 클릭하고 메뉴 브레이크 아웃을 눌러야 브레이크아웃 Dialog Box가 생성된다. 이상자 안에 경계는 파란사각으로 생겼고 깊이는 자를 단면의 선을 선택하고 확인을 누른다.

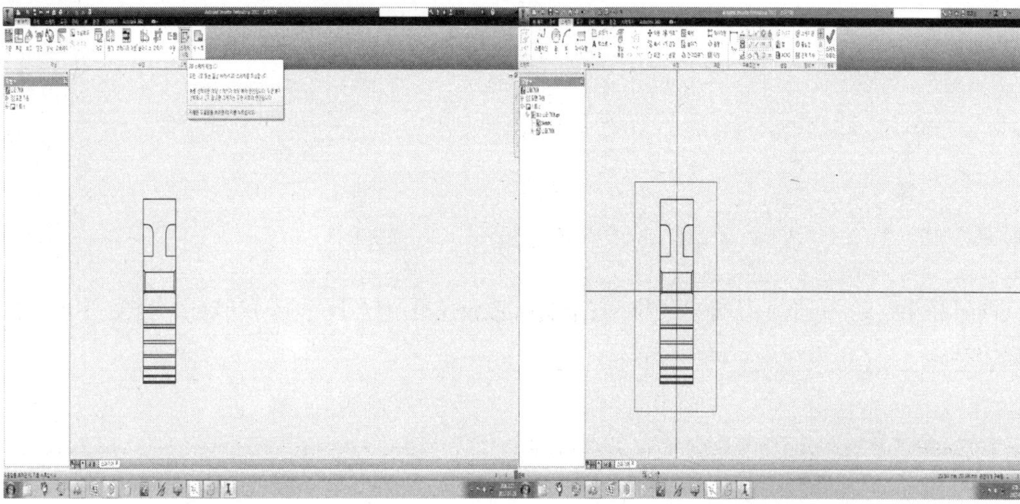

모델링을(객체) 선택하고 스케치시작을 누르면 다음과 같이 십자선 화면이 나온다.

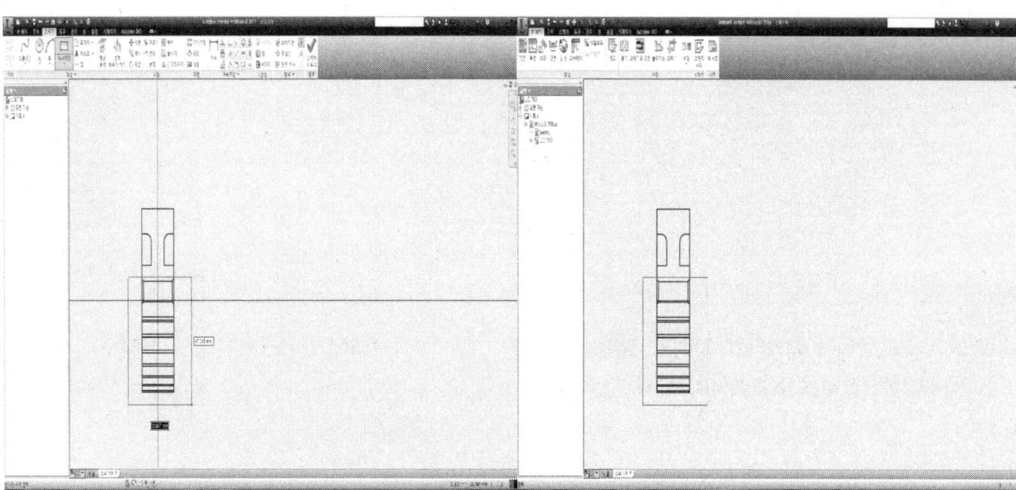

밀폐곡선으로 범위를 그리고 스케치 마무리를 한다.

모델링(객체)을 **먼저 선택**하고 **브레이크아웃**을 누른다.

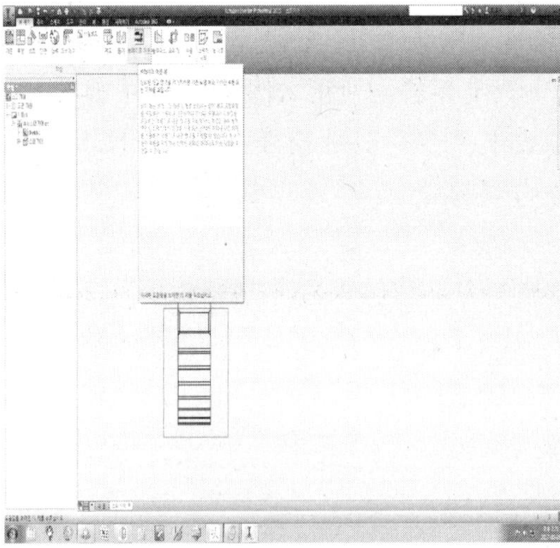

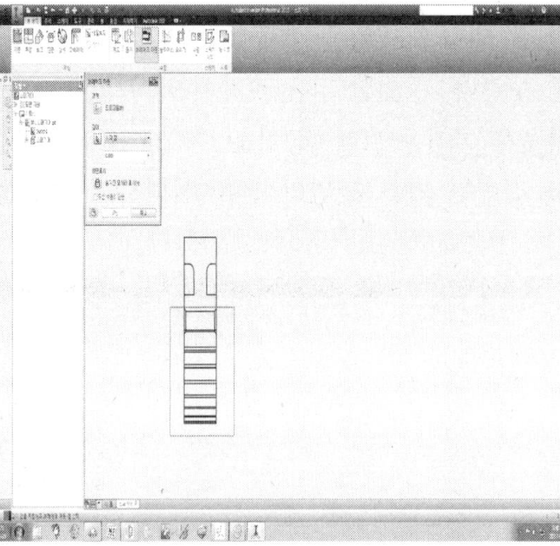

브레이크아웃을 누르면 브레이크아웃 Dialog Box에서 깊이는 자를 **객체의 선**을 선택하고 **확인**한다.

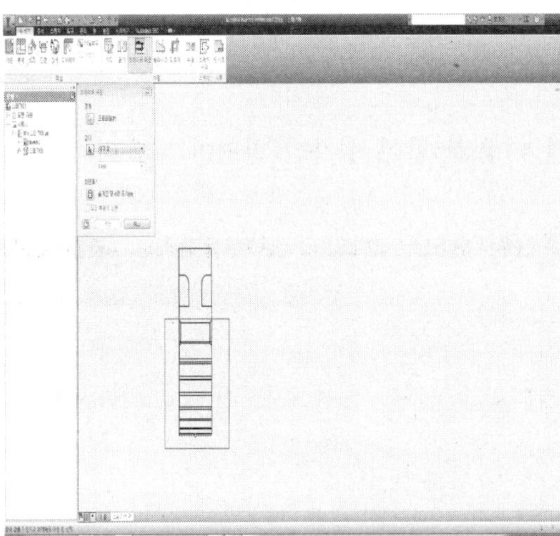

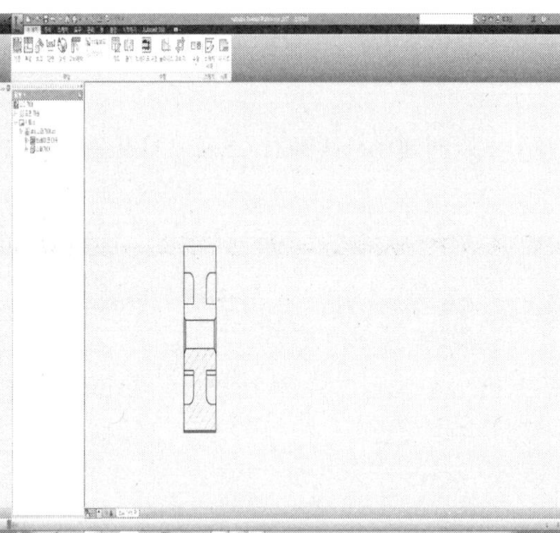

파란선이 프로파일이 되었다는 것이고 깊이는 단면 될 선을(밑에 붉은 선) 선택하고 확인한다.

브레이크아웃이 완성된 상태

기본학습

04

인벤터에서 오토캐드로 보내는 작업

1. I 아이콘 클릭

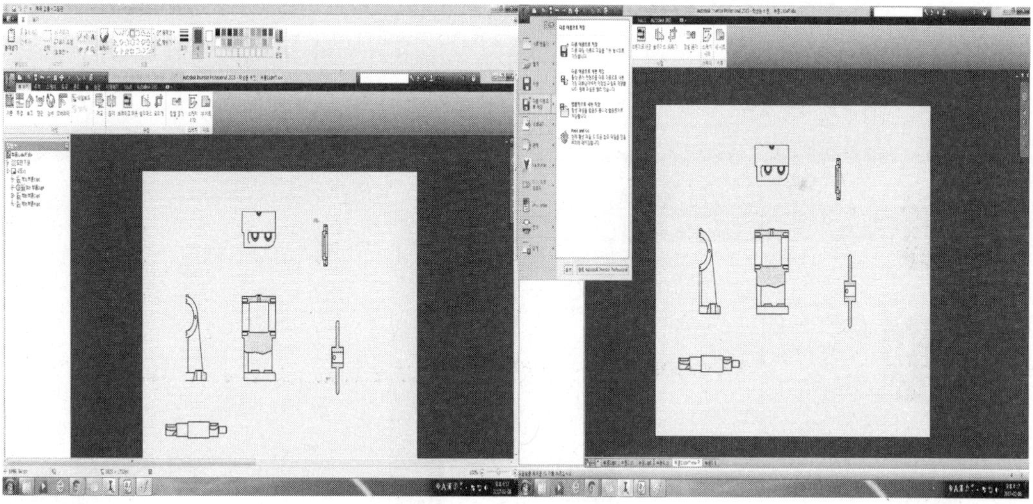

저장을 누르지 말고 다른 이름으로 저장 클릭

2. **인벤터**에서 **다른 이름으로 저장 다른 이름으로 사본저장 파일형식**을 Auto cad **Dwg 파일**로 저장한다.

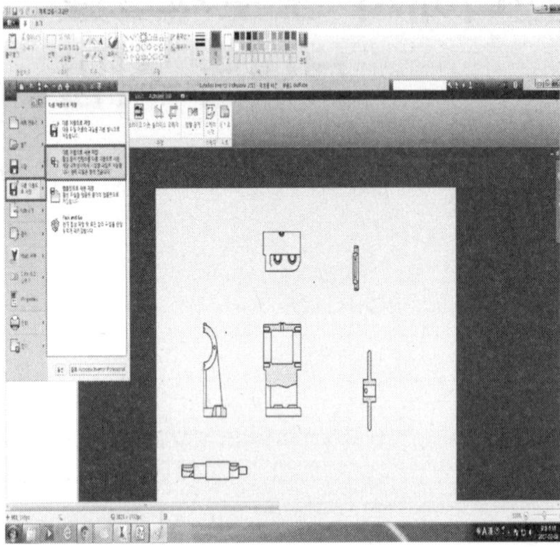

사본 다른 이름으로 저장

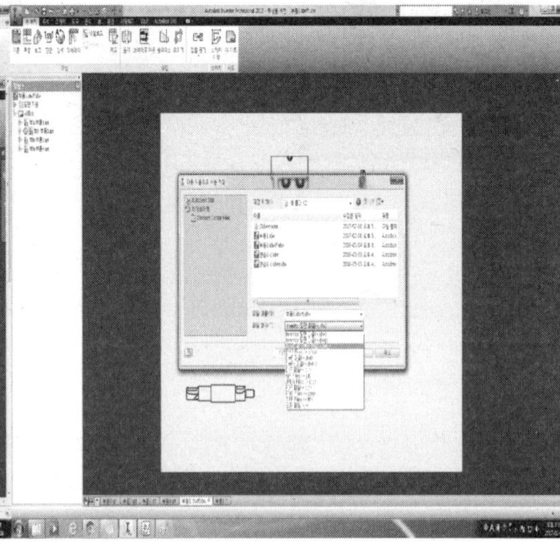

AutoCAD DWG 파일을 클릭한다.

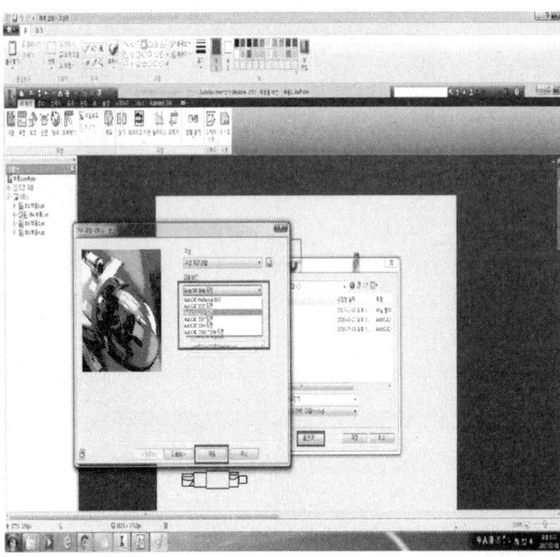

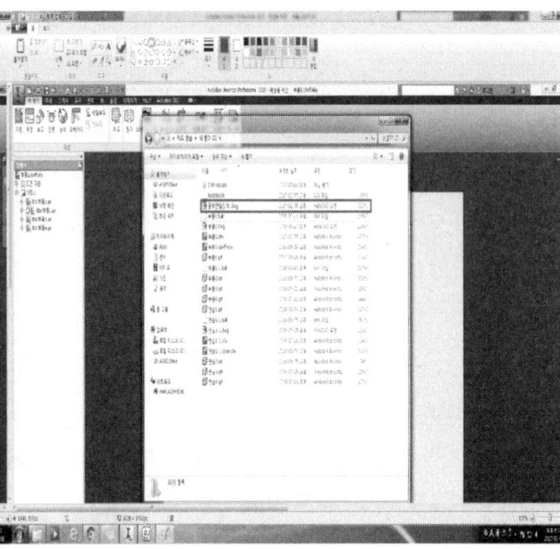

옵션 클릭 버전은 2010~2015 선택하면 OK 저장 후 저장한 파일 열기 클릭 한다.

3. 저장된 파일을 **Auto cad**에서 불러온다.　　4. 치수기입과 각종기호를 넣어 완성한다.

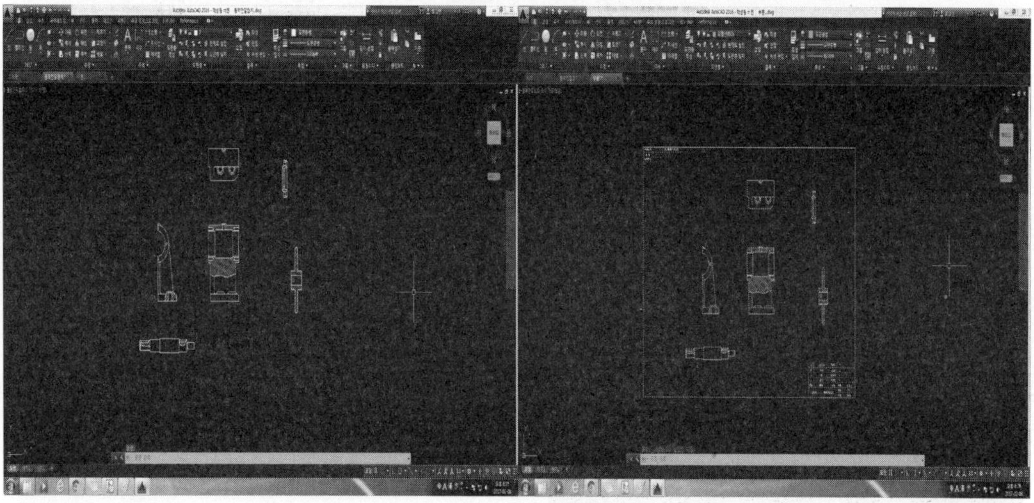

미리 만들었던 도면 틀에 삽입. 인벤터에서 가져온 것으로 약간의 수정이 필요하다. 불필요한 선은 지우고 치수 넣으면서 나가면 된다.

■ 전산응용기계제도 카페KS 규격집 다운 법 Q-넷 홈페이지

시험 볼 때 사용하는 KS규격집으로 다운을 받아서 사용한다.

참고 (유튜브 강좌 - 전산응용기계제도)

https://www.youtube.com/playlist?list=PLI5UOjuPtnivS0gn2bhS-A3ZCmGjxNjab

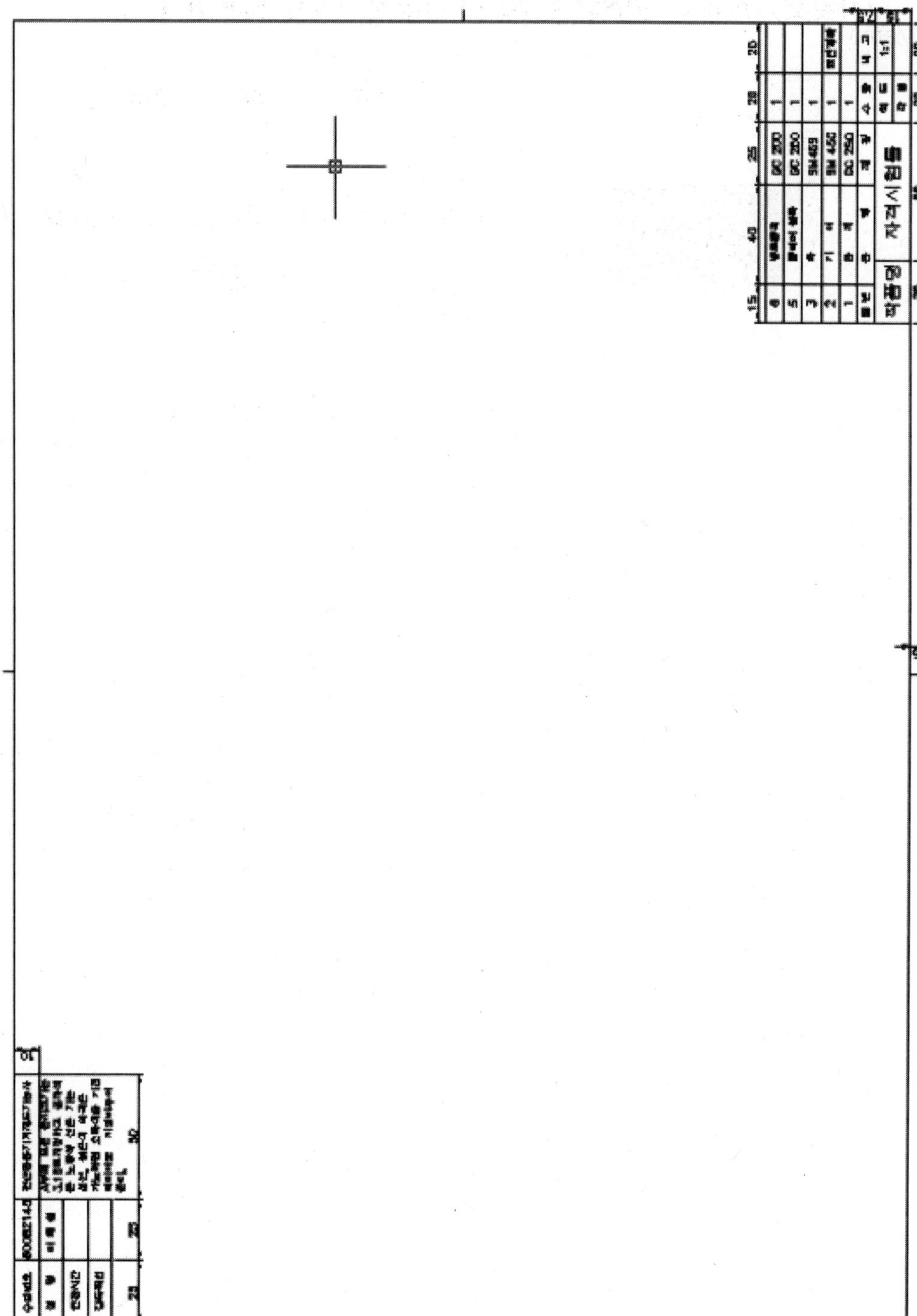

자격시험 템플렛(틀)

Memo

기본학습 05

자격시험 템플렛

수검번호	60082145	전산응용기계제도기능사
성 명	이 해 원	A부의 모든 문자크기는 3.15로지정하고 글자색은 노랑색 선은 가는 실선, 붉은색 외곽은 가능하면 초록색을 가진 레이어로 지정바꾸어 준다.
연장시간		
감독확인		
25	25	50

(행 높이: 10)

15	40	25	20	20
6	벨트풀리	GC 200	1	
5	플레머 블록	GC 250	1	
3	축	SM45S	1	
2	기 어	SM 45C	1	표면경화
1	몸 체	GC 250	1	
품 번	품 명	재 질	수 량	비 고

작품명	자격시험틀	척 도	1:1
		각 법	
25	55	20	20

(높이: 7.5, 15)

■ 윤곽선 및 선 굵기, 부품번호, 표면 거칠기 그리기

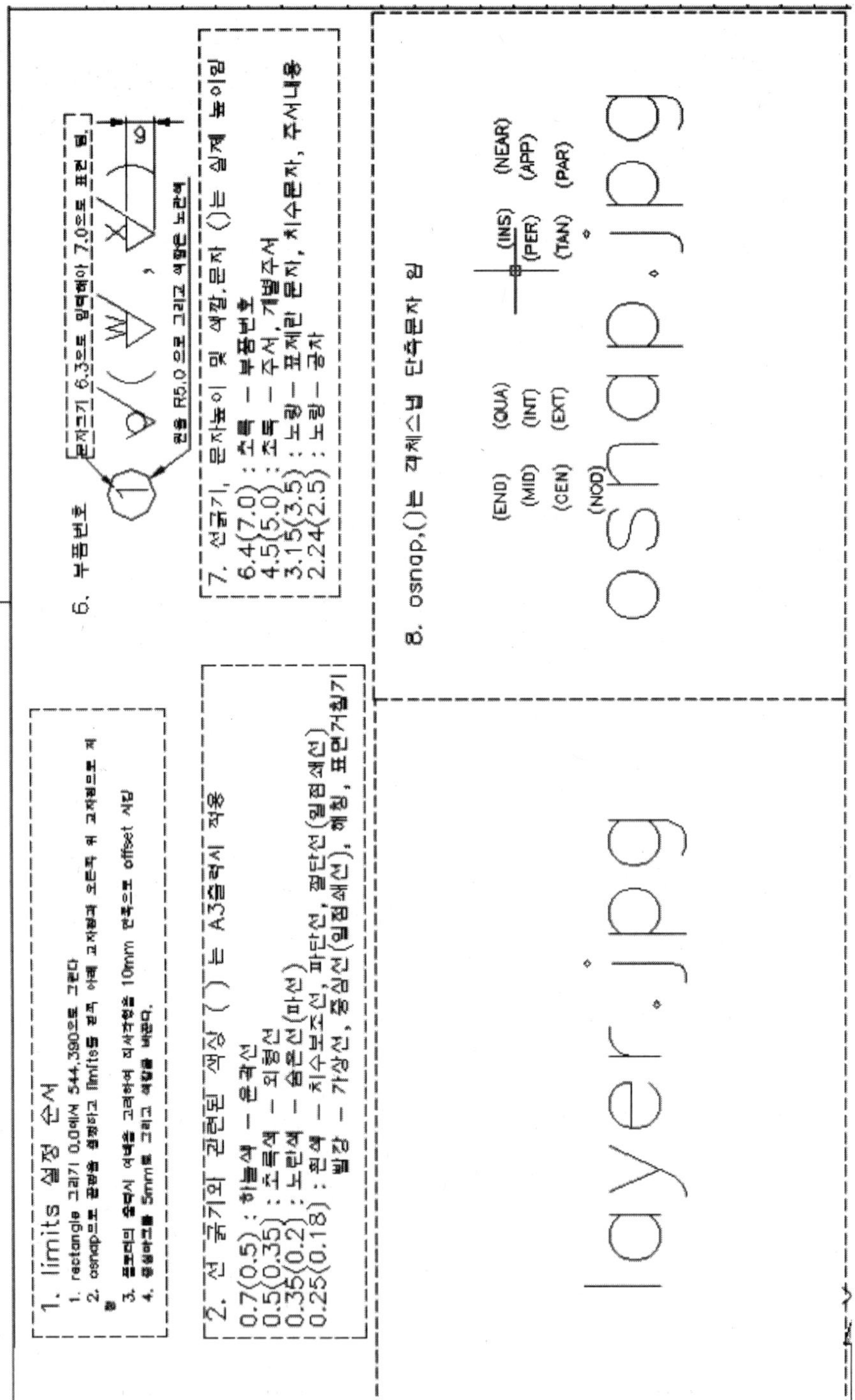

■ 치수선 및 글씨 쓰기 유형 설정

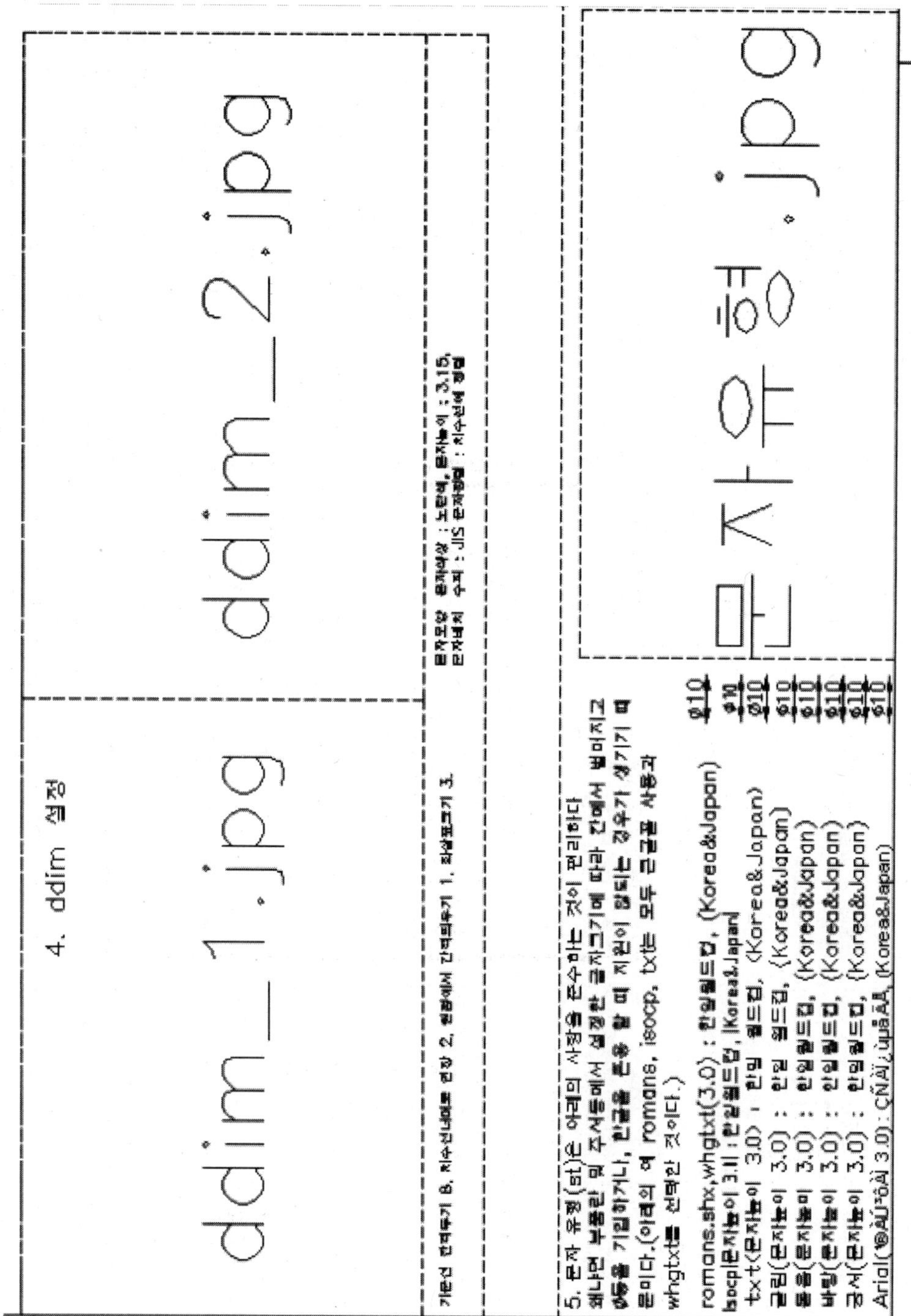

■ 주서(석) 쓰기

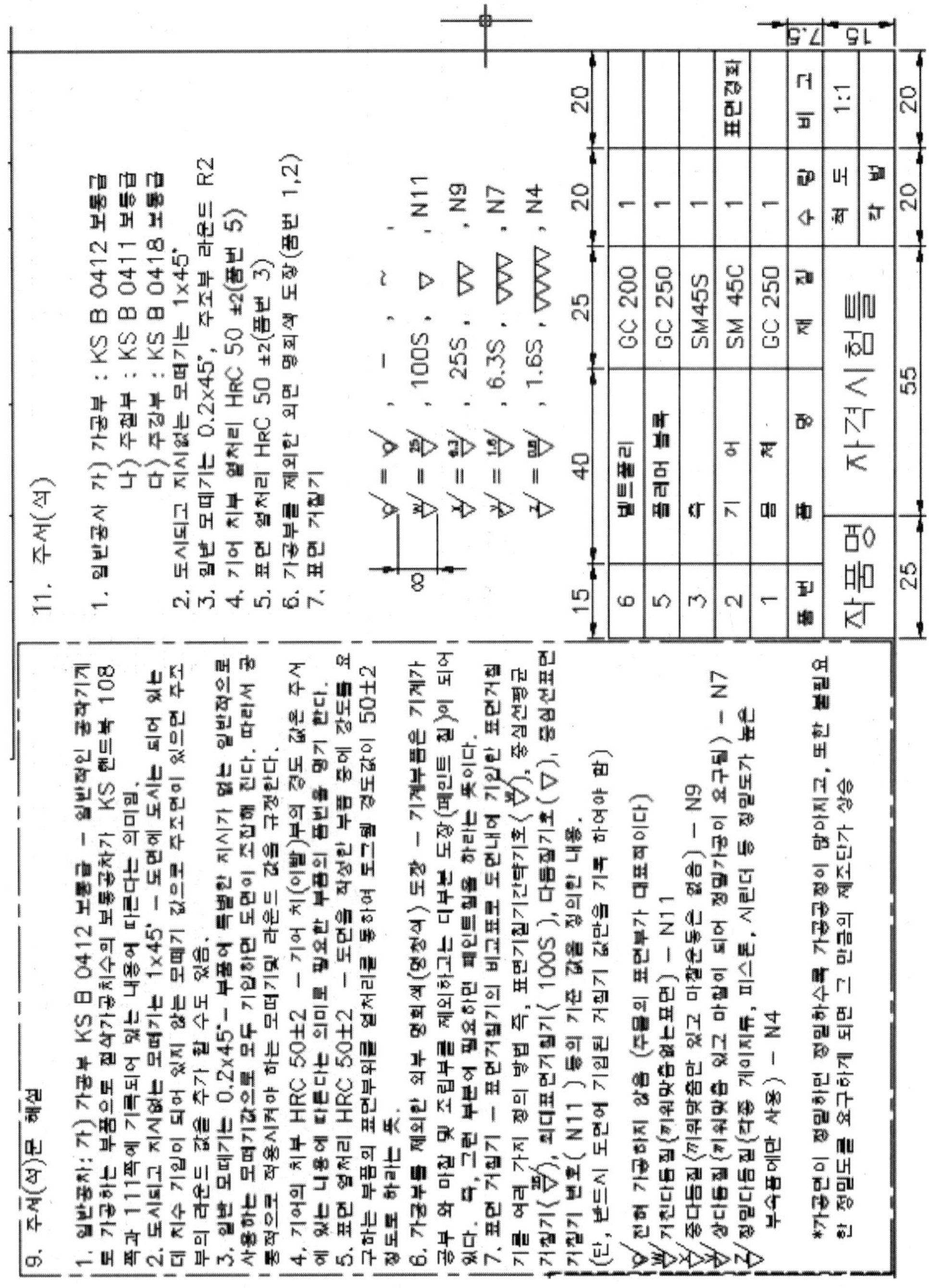
9. 주서(석)문 해설
1. 일반공차: 가) 가공부 KS B 0412 보통급 – 일반적인 공작기계로 가공하는 부품으로 절삭가공치수의 보통공차가 KS 핸드북 108쪽과 111쪽에 기록되어 있는 내용에 따른다는 의미임.
2. 도시되고 지시없는 모떼기는 1x45˚ – 도면에 도시는 되어 있는데 치수 기입이 되어 있지 않는 모떼기 값으로 주조면이 있으면 주조부의 라운드 값을 추가 할 수도 있음.
3. 일반 모떼기는 0.2x45˚– 부품에 특별한 지시가 없는 일반적으로 사용하는 모떼기값으로 모두 기입하면 도면이 조잡해 진다. 따라서 공통적으로 적용시켜야 하는 모떼기및 라운드 값을 규정한다.
4. 기어의 치부 HRC 50±2 – 기어 치(이빨)부의 경도 값은 주서에 있는 내용에 따른다는 의미로 필요한 부품의 품번을 명기 한다.
5. 표면 열처리 HRC 50±2 – 도면을 작성한 부품 중에 강도를 요구하는 부품의 표면부위를 열처리를 통하여 도그웰 경도값이 50±2 정도로 하라는 뜻.
6. 가공부를 제외한 외부 명회색(명청색) 도장 – 기계부품은 기계가공부 와 마찰 및 조립부를 제외하고는 디부분 도장(페인트 칠)이 되어 있다. 즉, 그런 부분에 필요하면 페인트칠을 하라는 뜻이다.
7. 표면 거칠기 – 표면거칠기의 비교표로 도면내에 기입한 표면거칠기를 여러 가지 정의 방법 즉, 표면기칠기간략기호(w), 중심선평균거칠기(25), 최대표면거칠기(100S), 다듬질기호(▽), 중심선표면거칠기 번호(N11) 등의 기준 값을 정의한 내용.
(단, 반드시 도면에 기입된 거칠기 값만을 기록 하여야 함)
전혀 가공하지 않음 (주물의 표면부가 대표적이다)
w 거친다듬질(끼워맞춤없는표면) – N11
x 중다듬질(끼워맞춤만 있고 마찰운동은 없음) – N9
y 상다듬질(끼워맞춤 있고 마찰이 되어 정밀가공이 요구됨) – N7
z 정밀다듬질(각종 게이지류, 피스톤, 시린더 등 정밀도가 높은 부속품에만 사용) – N4
*가공면이 정밀하면 정밀하수록 가공공정이 많아지고, 또한 불필요한 정밀도를 요구하게 되면 그 만큼의 제조단가 상승
11. 주서(석)
1. 일반공사 가) 가공부 : KS B 0412 보통급
나) 주철부 : KS B 0411 보통급
다) 주강부 : KS B 0418 보통급
2. 도시되고 지시없는 모떼기는 1x45˚
3. 일반 모떼기는 0.2x45˚, 주조부 라운드 R2
4. 기어 치부 열처리 HRC 50 ±2(품번 5)
5. 표면 열처리 HRC 50 ±2(품번 3)
6. 가공부를 제외한 외면 명회색 도장(품번 1,2)
7. 표면 거칠기
, – , ~ ,
w = 25 , 100S , ▽ , N11
x = 6.3 , 25S , ▽▽ , N9
y = 1.6 , 6.3S , ▽▽▽ , N7
z = 0.2 , 1.6S , ▽▽▽▽ , N4
8
15 40 25 20 20
6 벨트풀리 GC 200 1
5 플러머 블록 GC 250 1
3 축 SM45S 1
2 기 어 SM 45C 1 표면경화
1 몸 체 GC 250 1
품 번 품 명 재 질 수 량 비 고
작품명 자격시험틀
척 도 1:1
각 법
25 55 20 20
7.5 15

■ 부품도 그리기 예 (자리파기-카운터 보어가공)

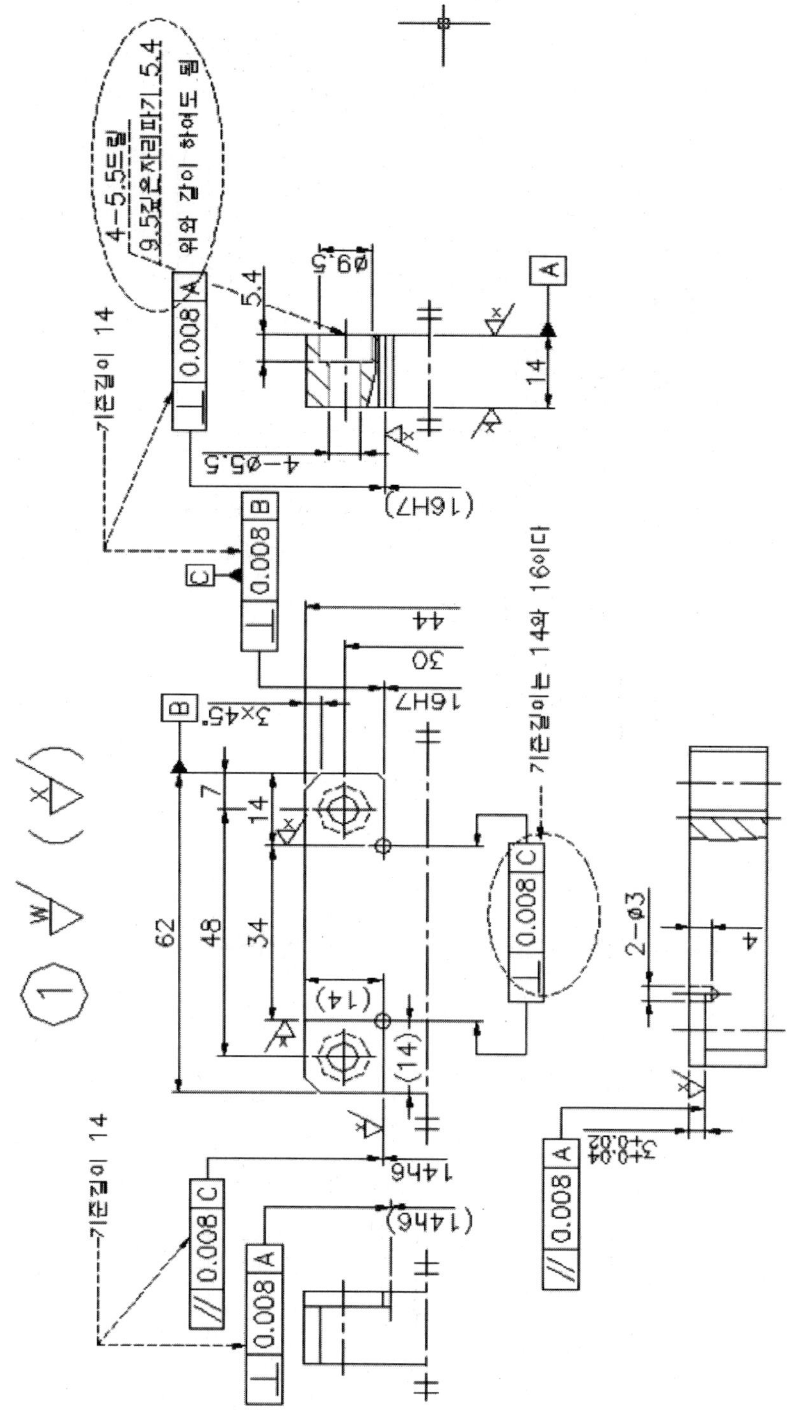

■ 드릴 및 탭 구멍 표시

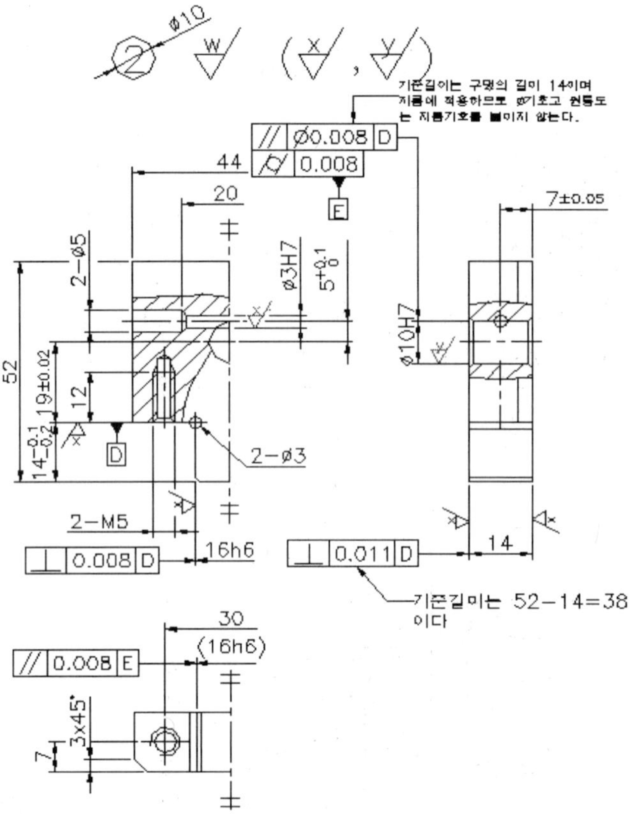

기준길이는 구멍의 길이 14이며 치름에 적용하므로 ø기호고 원통도는 치름기호를 붙이지 않는다.
기준길이는 52−14=38 이다

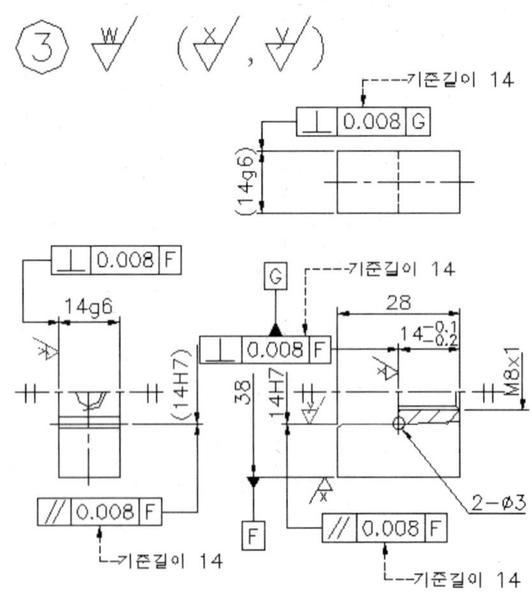

기준길이 14

■ 기하공차 표시와 나사그리기(탭)

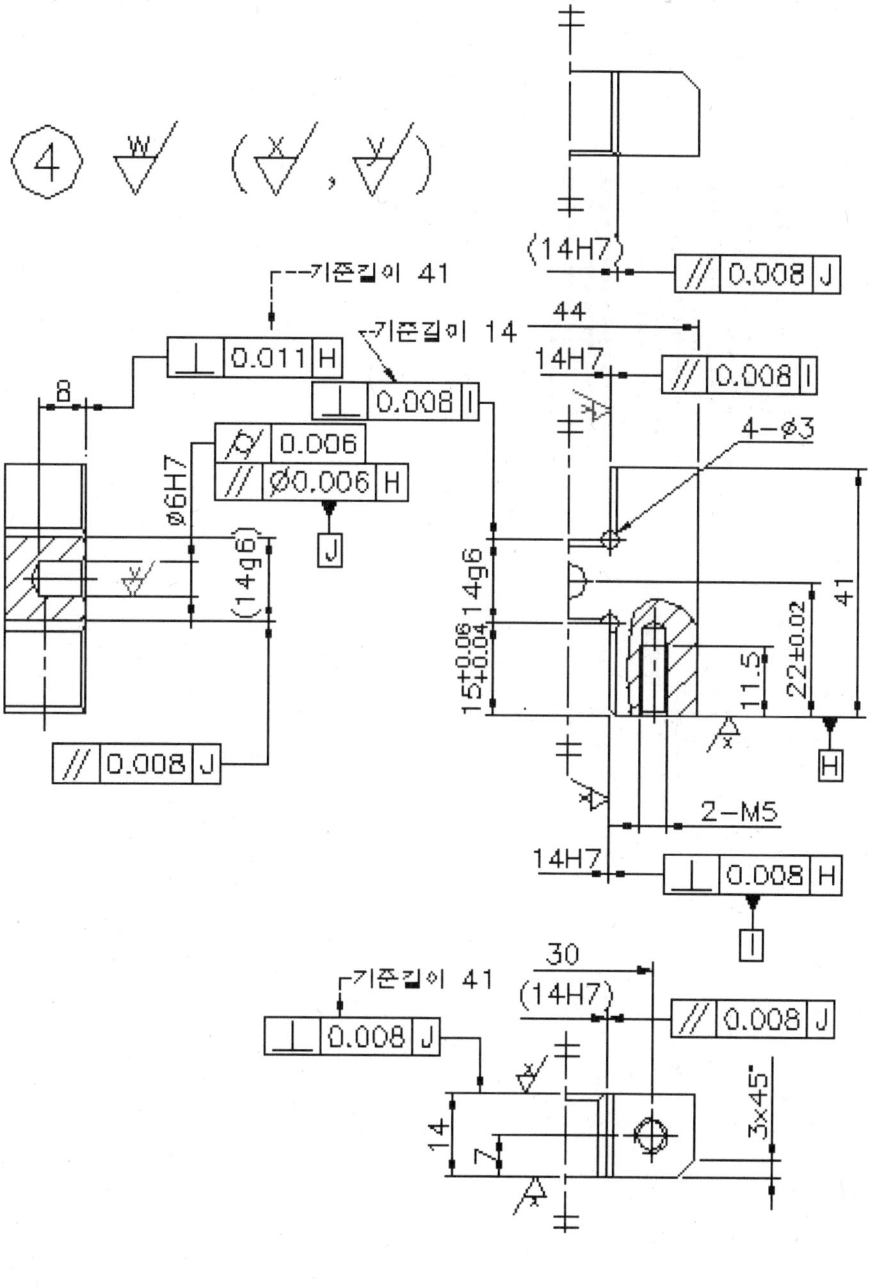

■ 축 그리기(축도시법)

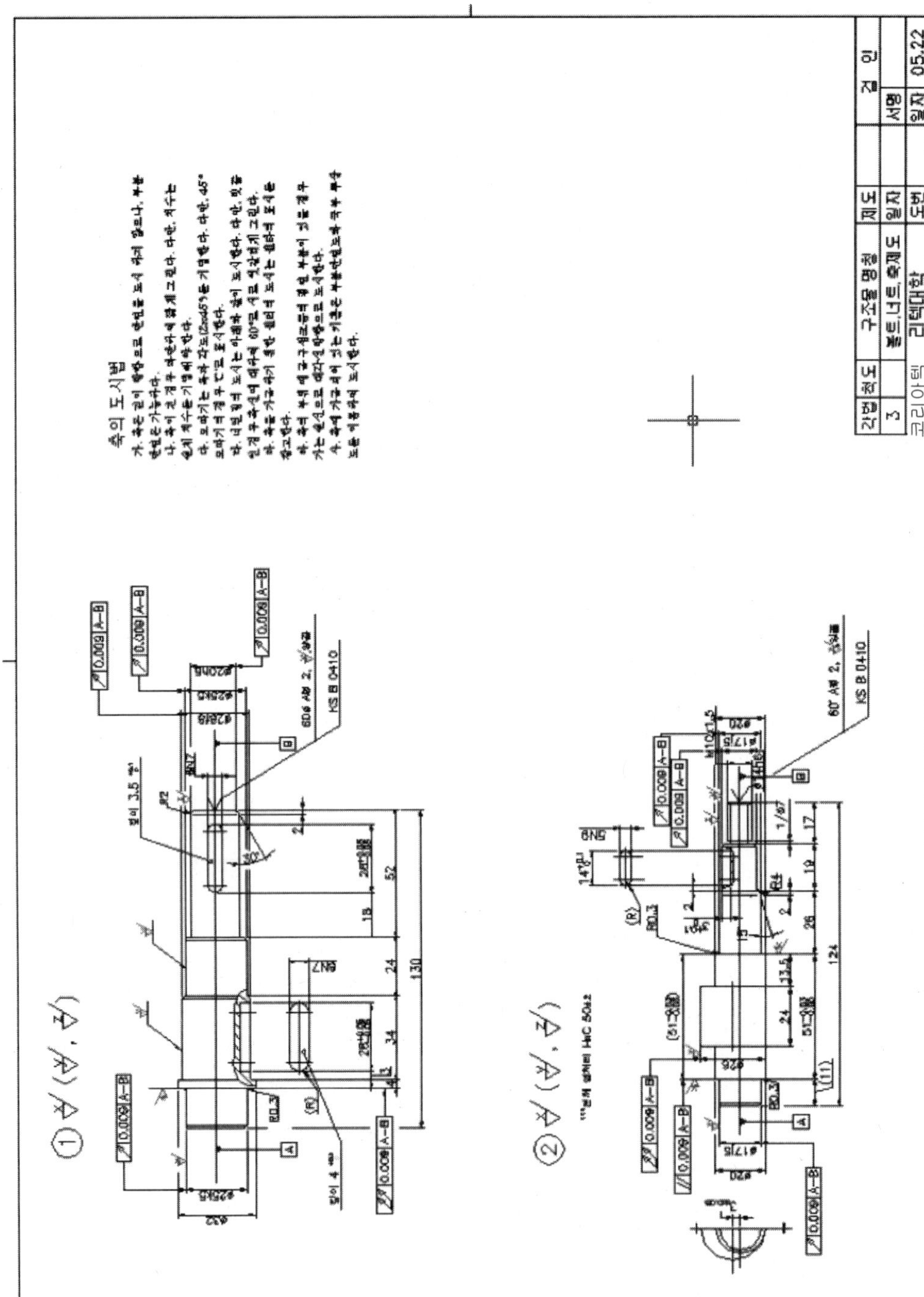

기본학습 06

기계요소 그리기

1. 너어링(KS B 0901) 그리기

▷ 용도 : 공구나 게이지류의 손잡이 부분에 미끄럼 방지의 톱니모양의 소성가공

▷ 표시방법

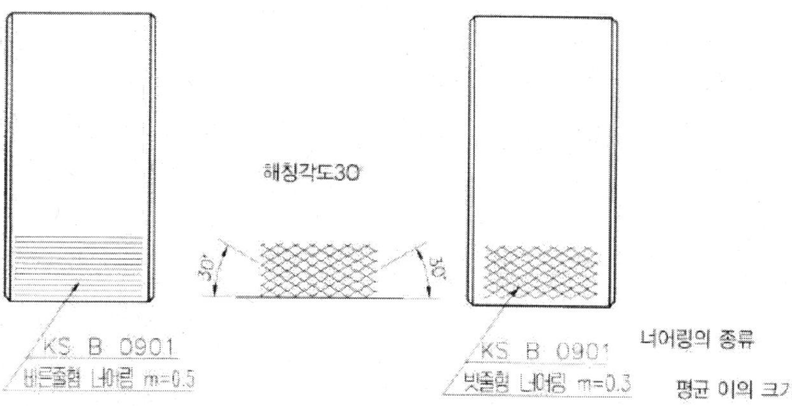

(a) 바른줄형 너어링 (b) 빗줄형 너어링

▷ 도면의 실 작업 너링 표시

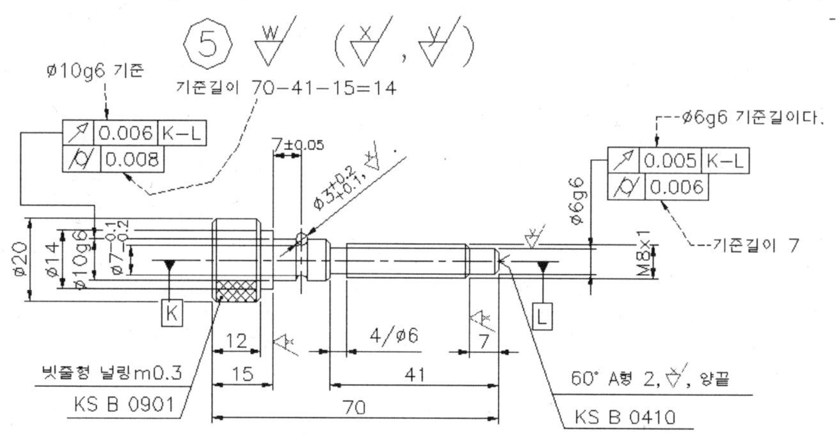

2. 키(key : KS B 1311-1313) 그리기

▷ 용도 : 축에 기어나 풀리 등 회전체를 미끄러지지 않고 회전력을 전달하는 것.

▷ 종류 : 묻힘 키. 미끄럼 키. 반달 키. 접선키. 평키. 핀 키. 스플라인, 세레이션 등

▷ 표시방법 :

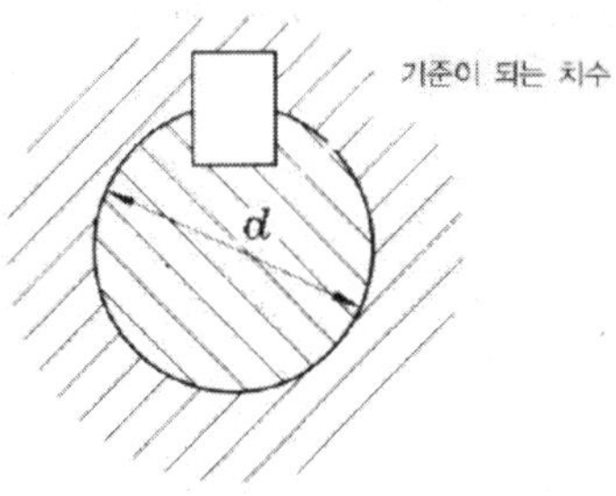

(a) 기준치수(축지름)

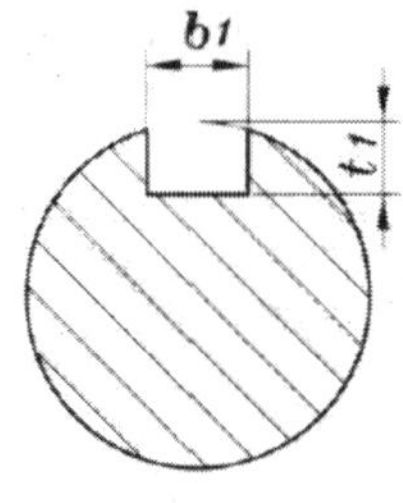

(b) 축의 치수

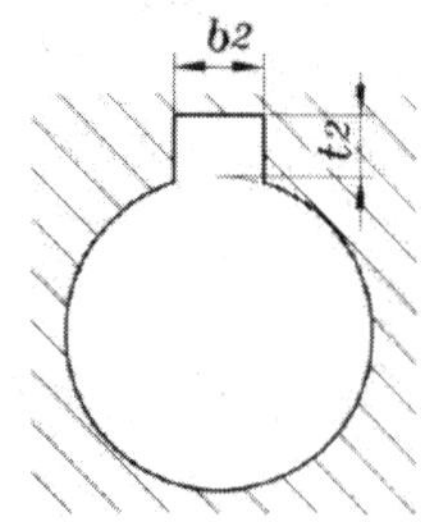

(c) 구멍의 치수

3. 스냅링(멈춤링 KS B 1336-1338)

▷ 용도 : 베어링 같은 축계 요소들의 좌우로 요동을 방지를 위해 축에 홈을 파서 넣는 고리 모양의 링으로 축계요소를 고정하는 것.

▷ 표시방법 :

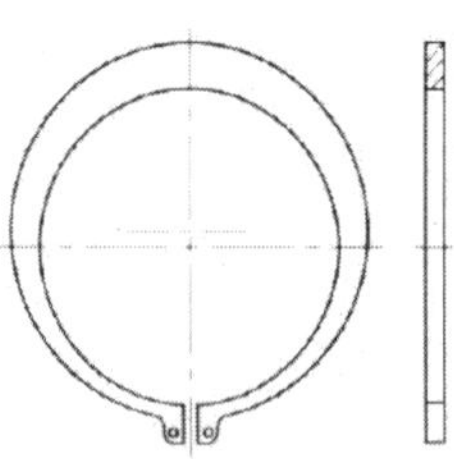

(a) 축용

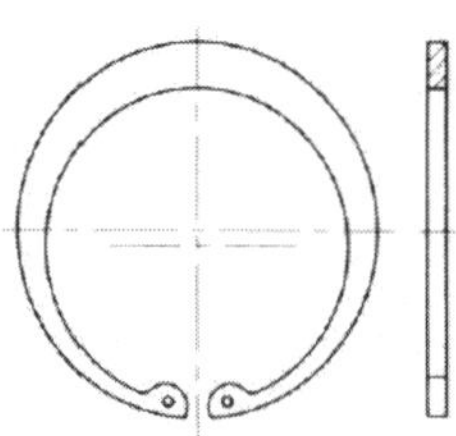

(b) 구멍용

참고입체도

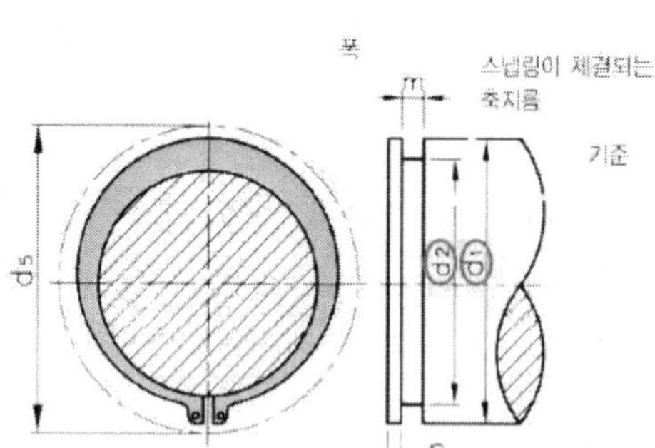

(a) 축의 주요 치수

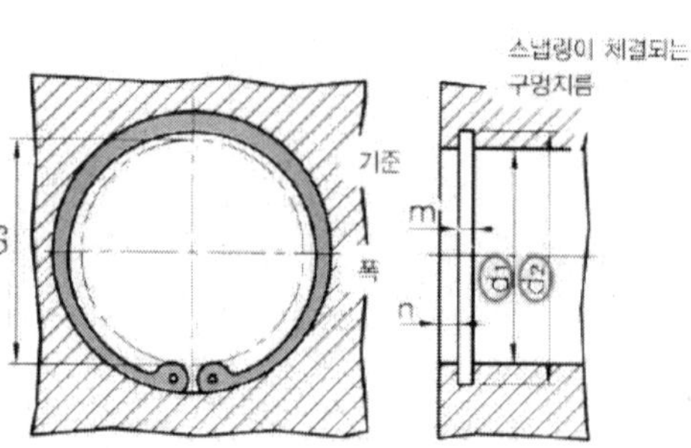

(b) 구멍 홈의 각 부위 치수

4. 베어링(KS B 2023)

▷ 용도 : 축계 기계요소로 축과 보스사이에 회전운동을 원활히 하는 것.

▷ 종류 : 미끄럼베어링과 구름베어링

▷ 호칭번호 : 안지름(d) 바깥지름(D) 폭(B)로 표시한다.

▷ 표시방법 : 6 2 06 (1번째 6은 형식. 2번째 2는 지름번호. 3번째 06은 안지름번호이다)

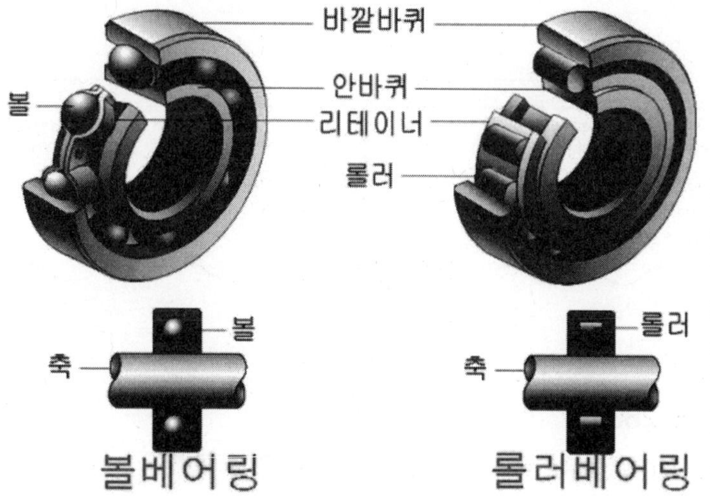

5. 베어링용 너트와 와샤(KS B 2004, 2045)

▷ 용도 : 베어링의 탈선방지와 너트의 풀림방지

롤링 베어링용 너트(와셔를 사용하는 너트)

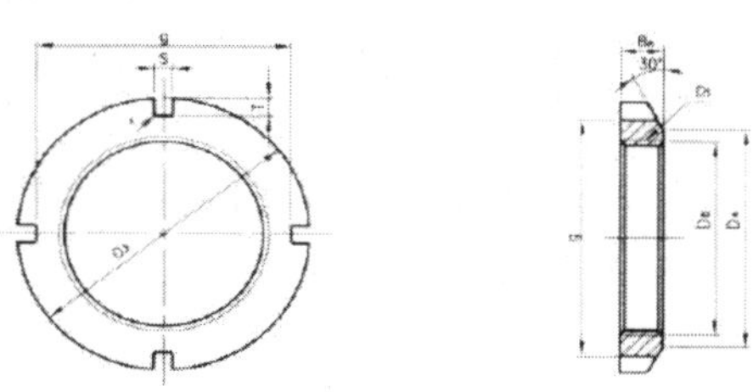

기준치수

KS B 2004

너트계열 AN(어댑터, 빼내기 슬리브 및 축용)										참고	
호칭번호	나사의 호칭	기준치수								어댑터슬리브의	축경
	D_1	D_3	D_4	g	S	T	D_6	B_n	r(최대)	내경 번호	(축용)
AN 02	M15×1	25	21	21	4	2	15.5	5	0.4	–	15
AN 03	M17×1	28	24	24	4	2	17.5	5	0.4	–	17
AN 04	M20×1	32	26	28	4	2	20.5	6	0.4	04	20

구름베어링 너트용 와셔

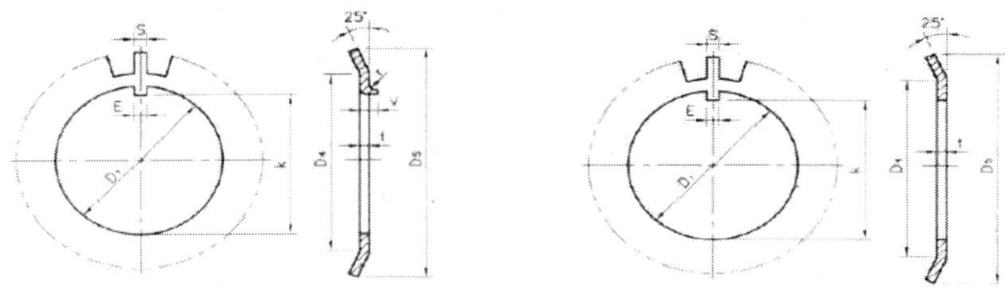

적용치수

KS B 2045

	호칭번호		기준치수									잇수	참고	
	혀를 구부린 형식	혀를 구부리지 않은 형식	D_1	k	E	t	S	D_4	D_5	혀를 구부린 형식 r	혀를 구부린 형식 v		어댑터 슬리브의 안지름 번호	축경 (축용)
와셔계열 AW (같은 번호의 AN너트용)	AW02	AW02	15	13.5	4	1	4	21	28	1	2.5	13	–	15
	AW03	AW03	17	15.5	4	1	4	24	32	1	2.5	13	–	17
	AW04	AW04	20	18.5	4	1	4	26	36	1	2.5	13	04	20

6. 오일실(KS B 2804)

▷ 용도 : 전동장치의 회전부위에서 오일의 누유나 이물질 침입방지

참고 입체도

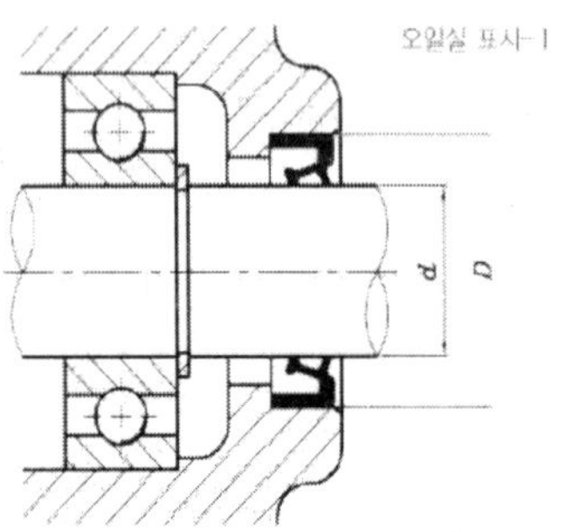

(a) 오일실 표시방법 I

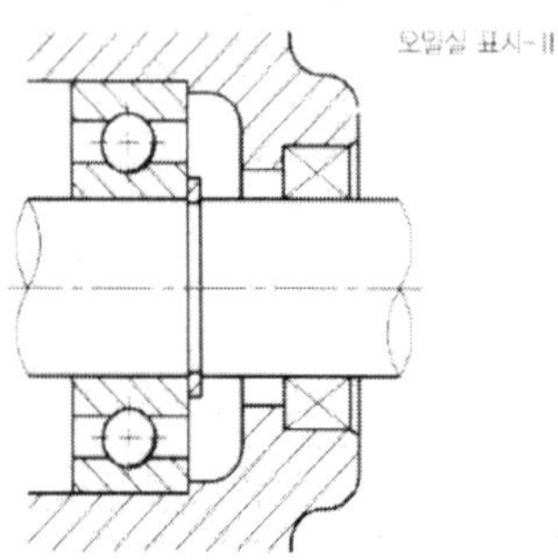

(b) 오일실 표시방법 II

7. 플러머블록(휄트링 KS B 2052)

▷ 용도 : 전동장치의 커버부분의 이물질 침입방지

참고 입체도

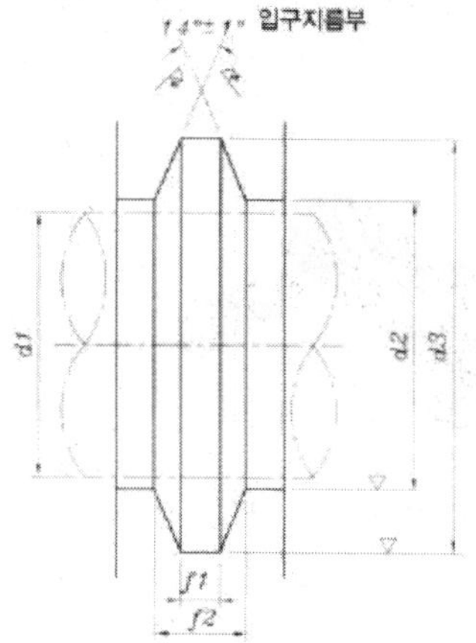

(a) 플러머블록 주요부 치수

▷ 플러머블록의 데이터 찾기

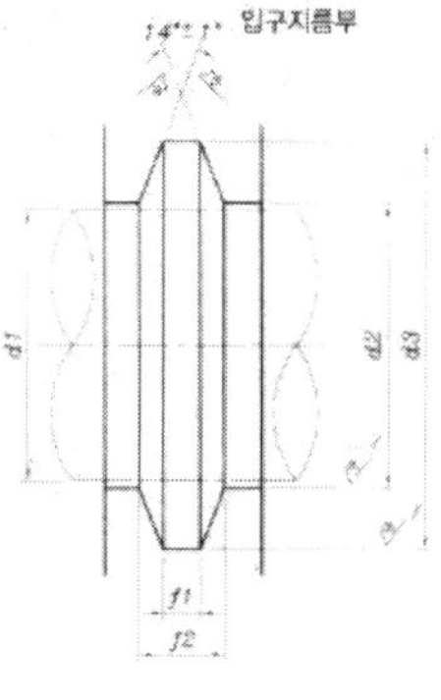

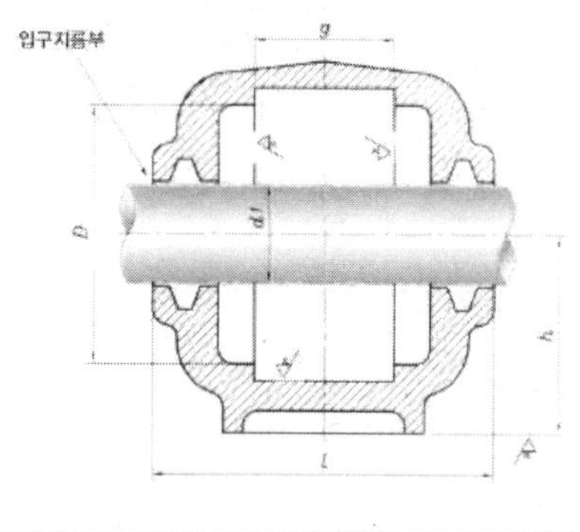

기준치수

호칭 번호	호칭경 (참고) d1	D H8	a	b	c	g H13	h h13	l	w	m	u	v	d_2 H12	d_3 H12	f_1 H13	참고 f_2 (약)	참고 고정볼트 호칭S	참고 중량 kg
SN 504	17	47	150	45	19	24	35	66	70	115	12	20	18.5	28	3	4.2	M10	0.88
SN 505	20	52	165	46	22	25	40	67	75	130	15	20	21.5	31	3	4.2	M12	1.1
SN 506	25	62	185	52	22	30	50	77	90	150	15	20	26.5	38	4	5.4	M12	1.6
SN 507	30	72	185	52	22	33	50	82	95	150	15	20	31.5	43	4	5.4	M12	1.9
SN 508	35	80	205	60	25	33	60	85	110	170	15	20	36.5	48	4	5.4	M12	2.6

8. 나사(KS B 0201–)

▷ **명칭** : 나사산에서 그 다음 나사산까지의 거리를 피치(pitch)라 하고, 나사가 한 바퀴 돌 때에 움직이는 거리를 리드(lead)라고 한다.

참고 입체도

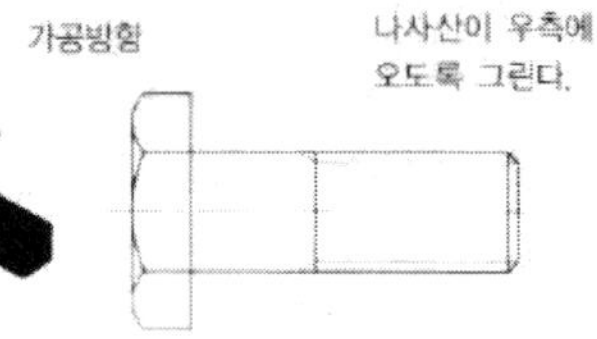

(e) 좋음

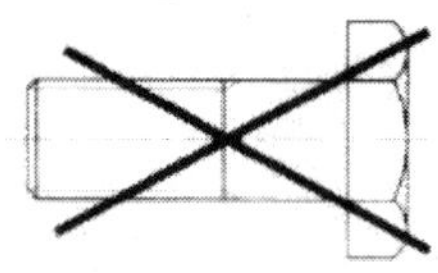

(f) 나쁨

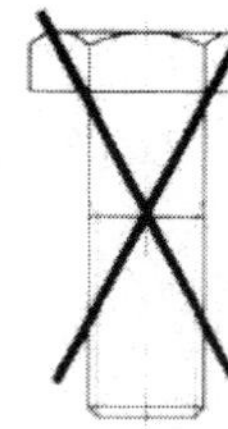

(g) 나쁨

▷ 볼트. 탭구멍 간략도 그리기

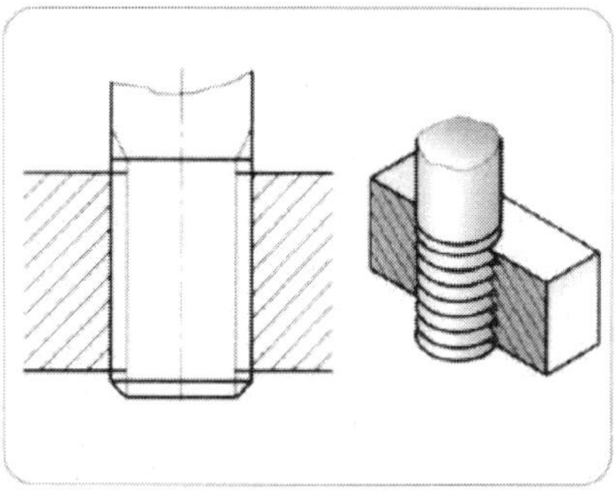

(a) 관통된 나사의 조립도

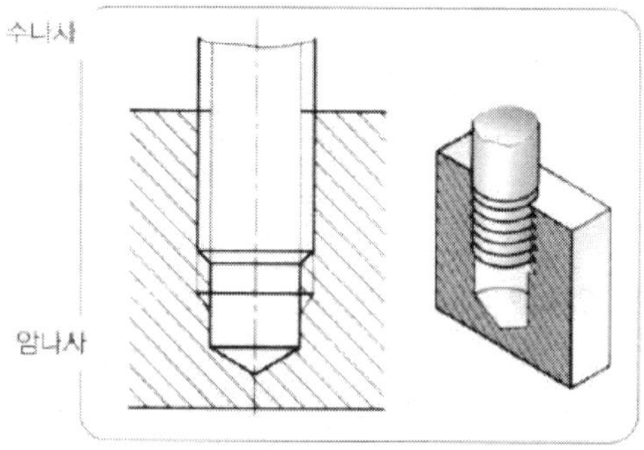

(b) 탭나사의 조립도

▷ 탭나사 평면도 그리기

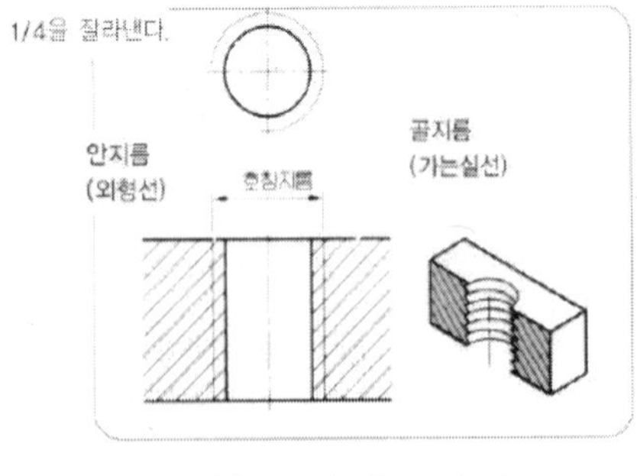

(a) 관통된 암나사의 제도

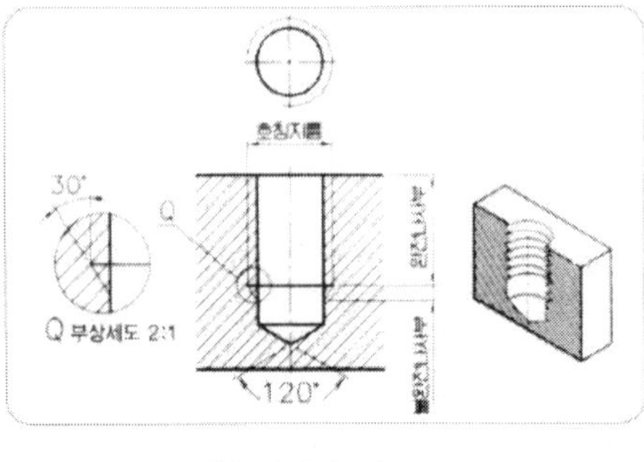

(b) 탭나사 제도

9. 자리파기

▷ 용도 : 볼트머리. 너트. 접시머리 등을 묻히는 자리

- **스폿페이싱(Spot Facing)** : 육각볼트, 너트의 머리가 조금 묻힐 수 있도록 자리파기를 하는 가공
- **카운터보링(Counter Boring)** : 작은나사머리, 렌치볼트 등이 완전히 묻힐 수 있도록 자리파기를 하는 가공
- **카운터싱킹(Counter Sinking)** : 접시머리나사의 머리부가 완전히 묻힐 수 있도록 자리파기를 하는 가공

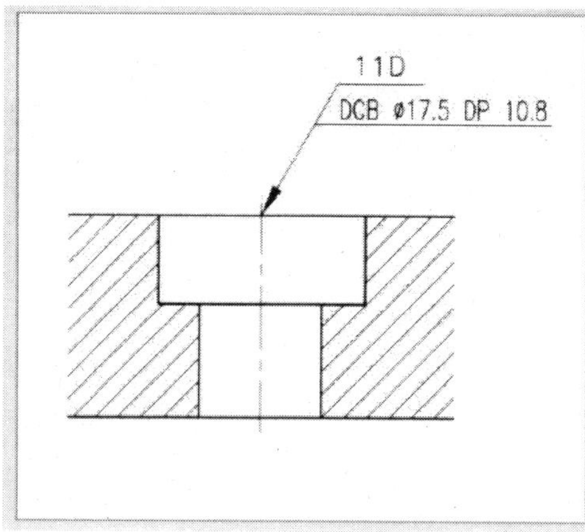

(a) 지시선에 의한 치수기입법

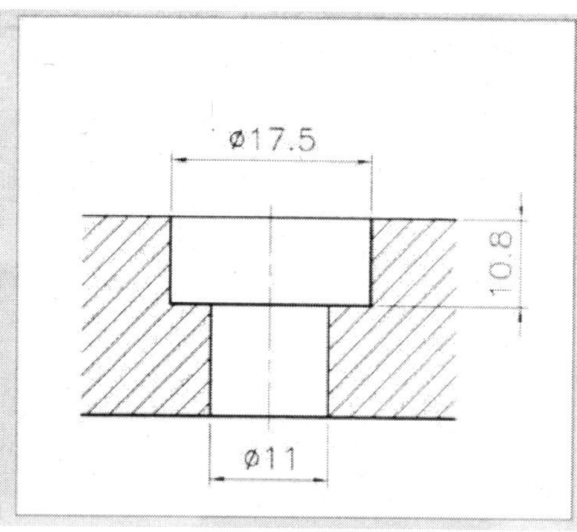

(b) 치수 및 치수보조선에 의한 치수기입법

(표B-23) 자리파기 치수 KS데이터

호 칭			DS		DCB		DCS		
BLOT TAP	DRILL d		D	DP	D	DP	DP	ANGLE	
M3	3.4	3.6	9	0.2	6.5	3.3	1.75	$90^{\circ}{}^{+2^{\circ}}_{0}$	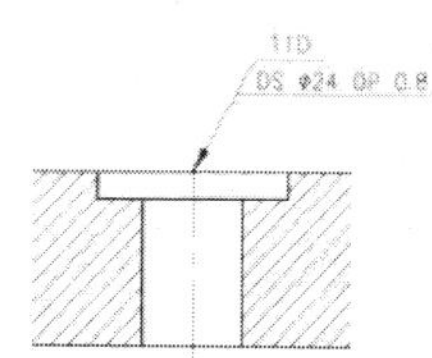
4	4.5	4.8	11	0.3	8	4.4	2.3		
5	5.5	5.8	13	0.3	9.5	5.4	2.8		
6	6.6	7	15	0.5	11	6.5	3.4		
8	9	10	20	0.5	14	8.6	4.4		
10	11	12	24	0.8	17.5	10.8	5.5	$90^{\circ}{}^{+2^{\circ}}_{0}$	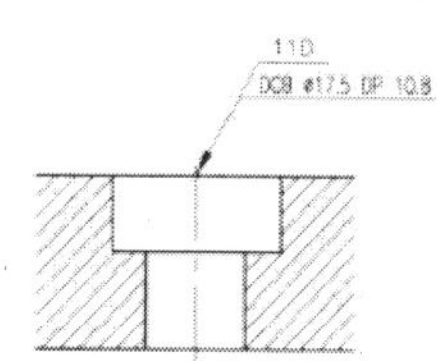
12	14	15	28	0.8	20	13	6.5		
14	16	17	32	0.8	23	15.2	7		
16	18	19	35	1.2	26	17.5	7.5		
18	20	21	39	1.2	29	19.5	8		
20	22	24	43	1.2	32	21.5	8.5		
22	24	26	46	1.2	35	23.5	13.2	$60^{\circ}{}^{+2^{\circ}}_{0}$	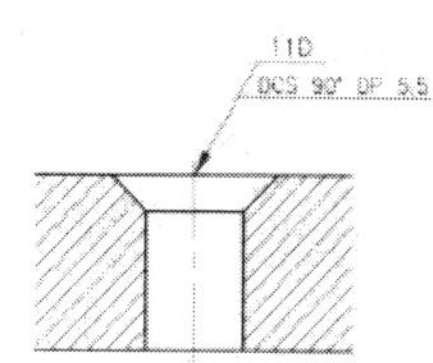
24	26	28	50	1.6	39	25.5	14		
27	30	32	55	1.6	43	29	–		
30	33	35	62	1.6	48	32	16.6		
33	36	38	66	2	54	35	–		

기준이 되는 나사치수

10. V벨트 풀리(KS B 1400)

▷ **용도** : 형별 M에서 E까지 크기순으로 V자 모양으로 일정 거리가 있는 동력전달력이 우수한 장치

▷ V벨트풀리의 형별 참고자료

V-벨트풀리 홈 치수

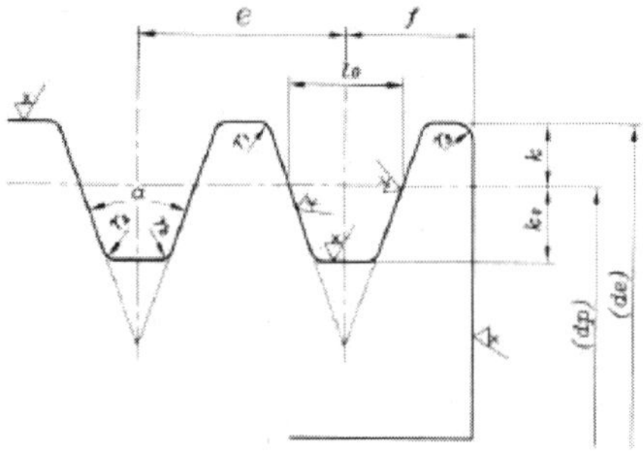

주 : M형은 원칙적으로 한줄만 걸친다.(e)

홈부의 치수허용차

V벨트의 형별	α의 허용차(°)	k의 허용차	e의 허용차	f의 허용차
M A B	±0.5	+0.2 0	– ±0.4	+2 −1
C		+0.3 0		
D		+0.4 0	±0.5	+3 −1
E		+0.5 0		+4 −1

주 : k의 허용치는 외경 de를 기준으로 하여 홈폭의 l₀가 되는 dp 위치의 허용차를 표시한다.

형별	호칭경(de)	α°	lo	k	ko	e	f	r_1	r_2	r_3	(참고) V벨트의 두께
M	50* 이상 71 이하 71 초과 90 이하 90 초과	34 36 38	8.0	2.7	6.3	–	9.5	0.2~0.5	0.5~1.0	1~2	5.5
A	71 이상 100 이하 100 초과 125 이하 125 초과	34 36 38	9.2	4.5	8.0	15.0	10.0	0.2~0.5	0.5~1.0	1~2	9
B	125 이상 160 이하 160 초과 200 이하 200 초과	34 36 38	12.5	5.5	9.5	19.0	12.5	0.2~0.5	0.5~1.0	1~2	11
C	200 이상 250 이하 250 초과 315 이하 315 초과	34 36 38	16.9	7.0	12.0	25.5	17.0	0.2~0.5	1.0~1.6	2~3	14
D	355 이상 450 이하 450 초과	36 38	24.6	9.5	15.5	37.0	24.0	0.2~0.5	1.6~2.0	3~4	19
E	500 이상 630 이하 630 초과	36 38	28.7	12.7	19.3	44.5	29.0	0.2~0.5	1.6~2.0	4~5	25.5

▷ V벨트 그리기 순서

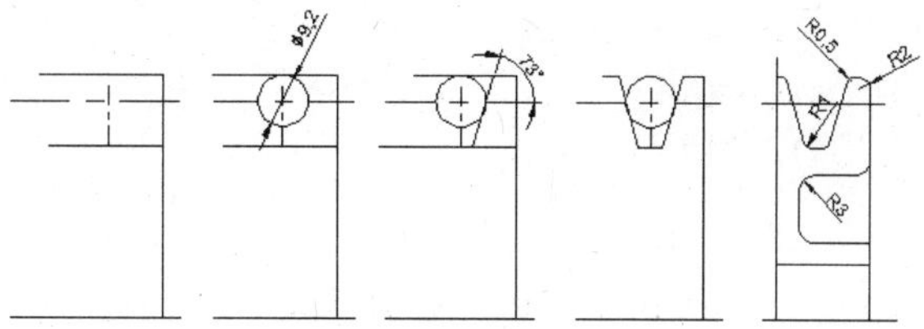

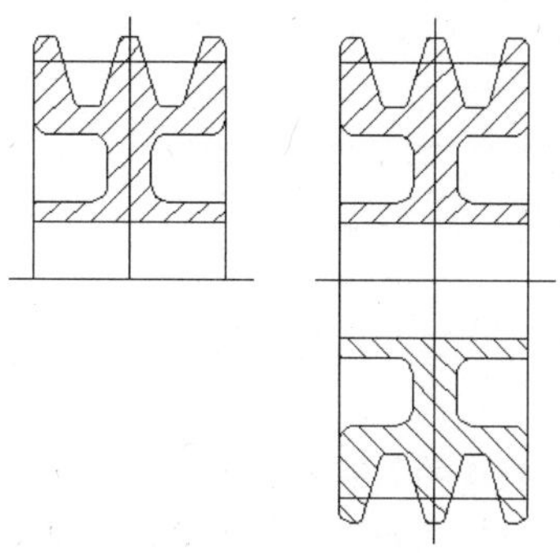

▷ V벨트 도면

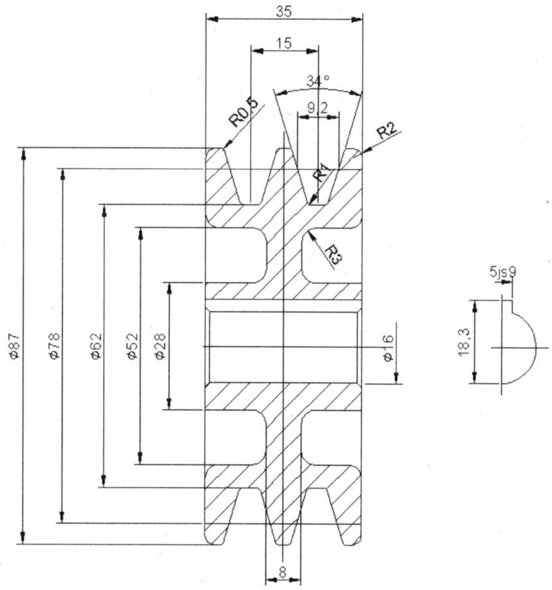

▷ 주석문 쓰기

1. 일반공차
(가) 주조부 KS B 0411 보통급
(나) 가공부 KS B 0412 보통급

● 해석

도면에 작도된 부품도 중 주물면과 일반기계 가공부의 전체적인 공차값을 KS B 0411과 KS B 0412에 정의되어 있는 일반공차값에 따른다는 내용이다.

주석문 보기의 예

주 석

1. 일반공차 (가) 주조부 KS B 0411 보통급
(나) 가공부 KS B 0412 보통급

2. 도시되고 지시없는 모따기는 C1, 라운드 R3

3. 일반 모따기 C = 0.2 ~ 0.5

4. 기계가공부를 제외한 주조부 외면 명청색 도장(품번1. 2)

5. 표면열처리 $H_{R}C$ 43 ~ 52(품번3, 4)

6. 표면거칠기

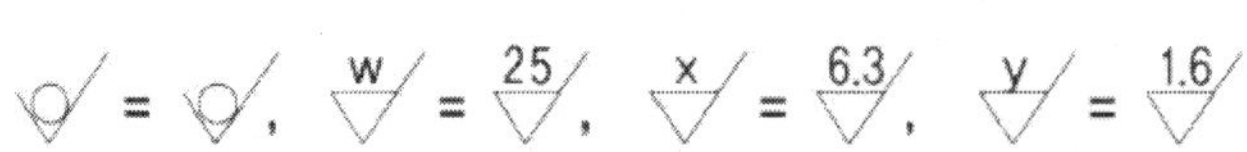

■ 상관선 그리기

- 상관선이란 두 개의 원통이 교차할 때 생기는 선으로 전개도에서는 원을 여러 개 분할해서 상관점을 그어 연결하여 그린다. CAD에서는 간략히 스프라인으로 그린다.
- 정면도에서 교차하는 원통의 원을 평면도 원의 같은 중심선 옆에 그린다.
- 그 원의 크기에서 선을 그어 평면도원에 교차하는 점에서 수직으로 정면도에 중심선까지 그린다.
- 정면도 원의 양쪽 점을 중심선하고 스프라인으로 연결하면 상관선이 완성된다. (아래그림 참조)

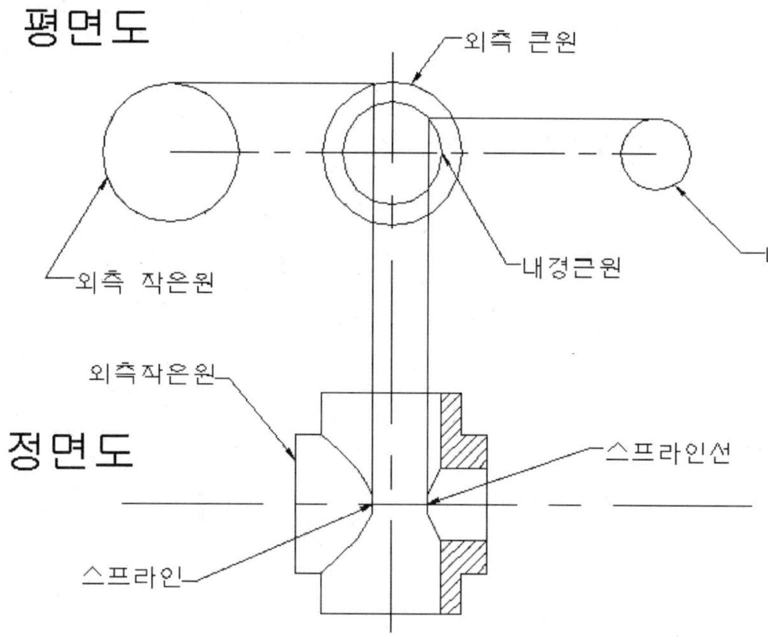

상관선그리기

■ 정밀공차 기입에 대하여

부품의 치수기입 시 일반 공차가 아닌 정밀공차가 필요한 곳은 즉 조립이나 위치 작동에 중요한 치수를 공차2급을 적용한다.

1. 중심과 중심거리(두 축의 거리. 두 홈의 거리. 구멍과 축 등)
2. 테이텀(기준면)에서 중심과의 거리

▷ 일반적인 적용

10 mm 이하 - 3/100 mm
20 mm 이하 - 4/100 mm
50 mm 이하 - 5/100 mm
50 mm 이상 - 7/100 mm

▷ 끼워 맞춤 공차적용의 암기사항

pin - N7
보스(boss) - Js9
구멍(일반) - H7
볼베어링이 결합되는 축 - j5
key - N9
오일실(보스쪽) - h8
축(일반) - h6
키홈 - N7

▷ 베어링 끼워 맞춤

외륜 이동용 일반베어링 − h7
전동장치 - h8

▷ IT 공차 축은 5급 구멍은 6급 적용

▷ 관용나사(파이프 연결나사) R 1/8

Rp - 관용암나사 평형
Rc - 관용암나사 테이퍼

▷기하공차에서

공차 값 앞에 Φ를 넣는 경우
원통 구멍이나 원통이 테이텀에서 직각이나 평형. 동심(축)도에 넣는다.

기본학습

07 CAD에서 도면 해독순서와 작도하는 방법

① 과제의 도면을 파악한다. (실기시험 볼 때는 요구사항과 함께 도면해독)

과제 도면을 파악할 때"**도명**"에 답이 있다.

예1) **동력전달장치** : 동력전달장치는 주로 회전운동을 한다.

회전 운동에 필요한 기계요소 : **기어, V-벨트풀리, 체인스프로킷** 등이 있는데 이 요소들은 축에 끼워지므로 축과 결합하기 위해서는 **키(KEY)**가 필요하게 되고 결국 축과 결합하여 회전운동을 하려면 **베어링**도 필요하게 된다.

순서 ⇨ 도명에서 무엇에 쓰이는 물건인가를 파악한다. (예 : 동력전달 → 주요 운동에 필요한 요소 파악. ⇨ 요소들과 결합된 부품 파악

예2) **클램프, 에어척** : 도명에 클램프나 에어척이라는 명칭이 들어가면 단순히 공작물을 고정하는 역할만 하므로 사실 그 기능은 단순하다.

공작물이 원통형이면 클램프구조는 부품에 반드시 V-블록이 있어서 그 위에 공작물을 올려놓고 고정하는 역할을 하고, 에어 척은 말 그대로 공기를 불어 넣었다 뺐다를 반복하여 고정부(척)을 움직여 공작물을 고정한다.

순서 ⇨ 도명에서 무엇에 쓰이는 물건인가를 파악한다. (예: 클램프) → 주요운동(공작물을 조임)에 필요한 요소 파악(나사축, V-블록) → 요소들과 결합된 부품 파악

순서 ⇨ 도명에서 무엇에 쓰이는 물건인가를 파악한다. (예: 에어척) → 주요운동(공작물을 조임)에 필요한 요소 파악(공기흡입구, 실린더, 척) → 요소들과 결합된 부품 파악

예3) **지그** : 도명에 지그라는 명칭이 들어가면 같은 제품을 여러 개 만들기 위한 장치이므로 클램프의 역할과 가공에 편리한 기능과 구조를 추가로 갖추고 있다.

순서 ⇨ 도명에서 무엇에 쓰이는 물건인가를 파악한다.(예: 드릴지그) →
주요운동(공작물을 조이고, 구멍을 뚫는다)에 필요한 요소 파악한다.
(조임 장치, 드릴부시) → 주요요소들과 결합된 부품 파악

② CAD에서 규격에 맞게 도면영역 (LIMITS) 및 선 색상을 LAYER와 함께 설정한다.
(본문의 도면 설정 부분 참조)실기시험에서는 대부분 A2사이즈
(594. 420)사이즈로 도면영역을 설정한다. (출력은 A3로 한다)

③ 원하는 부품을 스케일 자로 재서 CAD에 옮겨 그린다.
CAD상에서 먼저 도면을 그리기 위한 중심을 긋고 LINE, OFFSET, TRIM을 이용해서 도면을 그리는데 도면은 1:1이다.

④ 도형을 나타내는데 필요한 투상도(단면도, 상세도, 보조투상도)등을 도시 기호와 함께 누락 없이 정확하게 그린다. (본문 기초 투상도 부분 참조)

⑤ 치수기입을 한다. (본문 치수기입 부분 참조)
치수기입은 DIM에서 찍었을 때 나오는 수치를 그대로 모두 기입한다.
이때 필요한 치수(전체치수, 중심거리치수, 피치)는 반드시 나와야 하고, 부품마다 상관된 치수와 조합치수가 틀리지 않도록 주의한다.

⑥ 중요치수(KS규격치수, 끼워 맞춤 공차, 일반 공차)를 DDEDIT로 바꿔준다.
(본문 공차기입법, KS규격집 찾는 법 참조)
KS규격치수, 공차가 들어 부분을 KS규격 데이터 북에서 찾아 기입한다.

⑦ 표면 거칠기 기호를 기입한다. (본문 표면 거칠기 부분 참조)

⑧ 기하공차를 기입한다. (본문 기하공차기입법 부분 참조)

⑨ 요목표(기어, 스프로킷, 스프링)가 들어 갈 곳이 있으면 기입한다.

⑩ 도면배치를 전체적으로 안정되게 한다. 큰 몸체는 좌측상단, 축은 아래 왼쪽, 기타 부품은 우측상단에 배치하되 되도록이면 부품번호의 높이를 서로 맞추고, 빈 공간이 많이 생기지 않도록 한다.

⑪ 표재란과 부품란을 작성한다. 부품란 작성 시 도면과 부품번호가 같아야 하고, 부품명칭과 재질(KS규격집 참조)을 적절하게 선정해야 한다.
예1) 회수철(예: GC250) : 주물제품은 부품이 크고 복잡한 형태를 갖추고 있을 때 선정한다.
예2) 일반제품(예: SM45C) 기계구조용 탄소강은 일반기계가공품에 쓰인다.
예3) 크롬몰리브덴강제(SCM415) 크롬몰리브덴강제는 특수한 축이나 부품에 쓰인다.

⑫ 가공 및 조립 시 필요한 지시사항과 주서를 작성한다.

⑬ 도면배치 및 요구사항에서 빠진 것이 없나 점검하고 작업을 마친다.

☞ **Tip 전산응용 기계제도 시험의 CAD작업 순서와 요령**

도면을 받으면 먼저 검도(해독)을 해야 한다.
기계장치나 치공구라도 작동원리를 이해하고 각 부품의 기능을 이해해야 투상법과 치수기입의 공차, 표면 거칠기와 기하공차를 규격에 맞게 넣을 수 있다.

준비단계(306p부터 참고)

① 도면틀(템플렛)을 순서대로 그린다.(표제란. 성명표시란)
② 레이어를 만든다.(선 종류 및 칼라. 굵기)
③ 표면 거칠기의 블록을 만든다.
④ 부품번호를 만든다.(번호와 표면 거칠기)
⑤ 주서를 블록으로 작성한다.

부품그리기

① 부품을 그리기 전에 회전부품인지(대칭) 기준면의 부품인지를 판단한다.
② 중심선을 기준으로 그린다.(offset이나 mirror를 이용한다)
③ 기준면(데이텀)이나 측면기준으로 그린다.(xlin이나 line을 이용하여 offset으로 윤곽을 빨리 그린다)
④ 정면도를 먼저 그리고 정면도를 기준으로 평면도나 좌(우)측면도를 같은 선상에서 그린다.(레이어 사용-시험 요구사항에 맞게)
⑤ 부품형상에 맞게 수정(trim, fillet, chamfer 등)을 한다.
⑥ 치수(ddim이나 ctrl+1), 표면 거칠기(블록을 사용), 기하공차를 기입한다.
⑦ 해칭(ANSI31) 및 문자를 기입한다.
⑧ 검도(오류나 미 기입, 미 작성) 시간을 갖고 도면을 완성한다.
⑨ 기계요소 부품의 데이터 북을 찾아 확인한다.
⑩ 전체적인 외관과 배치를 한다.(점수 있음)

도면제출(출력)　　　※ 개인이 출력 제출해야 한다.

① 시험장 플로터를 확인하고 선정해서 용지(A3)에 맞게 출력하면 된다.
② 선의 종류와 굵기는 지정대로 하고 사용된 색상은 전부 흑색으로 출력한다.
③ 도면을 출력하여 이름과 내용을 확인하고 제출한다.

국가기술자격 실기시험문제

응시종목	전산응용기계제도기능사	도 명	도면참조

비번호 :

※시험시간 : [O 표준시간 : 5시간]

1. 요구사항

※ 지급된 재료 및 시설을 이용하여 다음 (1)의 부품도(2D) 제도, (2)의 렌더링 등각 투상도(3D) 제도를 순서에 관계없이, 다음의 요구사항들에 의해 제도하시오.

(1) 부품도(2D) 제도

A) 주어진 문제의 조립도면에 표시된 부품번호 (① , ② , ③ , ④)의 부품도를 CAD 프로그램을 이용하여 A2용지에 척도는 1:1로 투상법은 제3각법으로 제도하시오.

B) 각 부품들의 형상이 잘 나타나도록 투상도와 단면도 등을 빠짐없이 제도하고, 설계 목적에 맞는 가공을 하여 기능 및 작동을 할 수 있도록 치수 및 치수공차, 끼워 맞춤 공차와 기하 공차 기호, 표면거칠기 기호, 표면처리, 열처리, 주서 등 부품 제작에 필요한 모든 사항을 기입하시오.

C) 제도 완료 후 지급된 A3(420x297) 크기의 용지(트레이싱지)에 수험자가 직접 흑백으로 출력하여 확인하고 제출하시오.

(2) 렌더링 등각 투상도(3D) 제도

A) 주어진 문제의 조립도면에 표시된 부품번호 (②, ③)의 부품을 파라메트릭 솔리드 모델링을 하고 모양과 윤곽을 알아보기 쉽도록 뚜렷한 음영, 렌더링 처리를 하여 A3 용지에 제도하시오.

B) 음영과 렌더링 처리는 아래 그림과 같이 형상이 잘 나타나도록 등각 축 2개를 정해 척도는 NS로 실물의 크기를 고려하여 제도하시오. (단, 형상은 단면하여 표시하지 않는다.)

C) 제도 완료 후, 지급된 A3(420x297) 크기의 용지(트레이싱지)에 수험자가 직접 흑백으로 출력하여 확인하고 제출하시오.

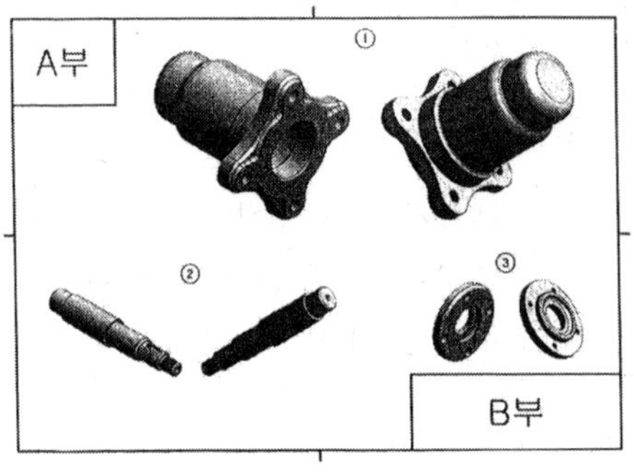

응시종목	전산응용기계제도기능사	도 명	도면참조

(3) 부품도 제도, 렌더링 등각 투상도 제도-공통

A) 도면의 크기별 한계설정(Limits), 윤곽선 및 중심마크 크기는 다음과 같이 설정하고, a 와 b의 도면의 한계선(도면의 가장자리 선)이 출력되지 않도록 하시오.

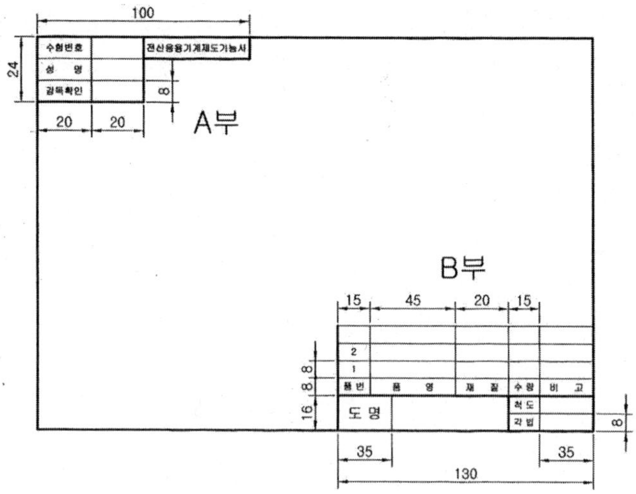

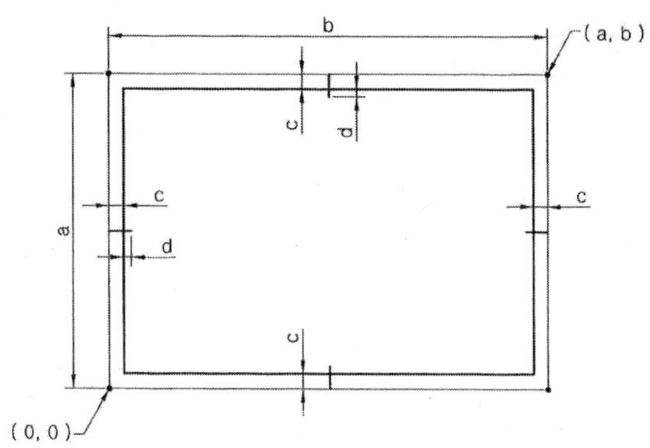

구분	도면의 한계		중심마크	
기호 / 도면크기	a	b	c	d
A2 (부품도)	420	594	10	5
A3 (렌더링 등각 투상도)	297	420	10	5

응시종목	전산응용기계제도기능사	도 명	도면참조

9) 다음 사항에 해당하는 작품은 채점 대상에서 제외됩니다.

A) 부정행위

(1) 미리 작성된 Part program(도면, 단축 키 셋업 등) 또는 Block(도면양식, 표제란, 부품란, 요목표, 주서 및 표면 거칠기 비교표 등)을 사용할 경우

(2) 채점 시 도면 내용이 다른 수험자와 일부 또는 전부가 동일한 경우

(3) 파일로 제공한 KS 데이터에 의하지 않고 지참한 노트나 서적을 열람한 경우

B) 미완성

(1) 시험시간 내에 요구사항을 완성하지 못한 경우

(2) 수험자의 장비조작 미숙으로 파손 및 고장을 일으킨 경우

(3) 수험자의 직접 출력시간이 20분을 초과할 경우

(다만, 출력시간은 시험기간에서 제외하며, 출력된 도면의 크기 도는 색상 등이 채점하기 어렵다고 판단될 경우에는 시험위원의 판단에 의해 1외에 한하여 재출력이 허용됩니다.)

C) 기 타

(1) 시험시간 내에 부품도, 렌더링 등각 투상도 중에서 1개라도 투상도가 제도되지 않은 경우

(2) 도면크기(윤곽선)와 내용이 일치하지 않은 도면

(3) 각법이나 척도가 요구사항과 맞지 않은 도면

(4) KS 제도규격에 의해 제도되지 않았다고 판단된 도면

(5) 지급된 용지(트레이싱지)에 출력되지 않은 도면

(6) 끼워 맞춤공차 기호를 부품도에 기입하지 않았거나 아무 위치에 지시하여 제도한 도면

(7) 끼워 맞춤 공차의 구멍 기호(대문자)와 축 기호(소문자)를 구분하지 않고 지시한 도면

(8) 기하공차 기호를 부품도에 기호를 기입하지 않았거나 아무 위치에 지시하여 제도한 도면

(9) 표면거칠기 기호를 부품도에 기호를 기입하지 않았거나 아무 위치에 지시하여 제도한 도면

(10) 조립상태로 제도하여 기본 지식이 없다고 판단된 경우

※ 출력은 사용하는 CAD프로그램으로 출력하는 것이 원칙이나, 출력에 애로사항이 발생할 경우 pdf 파일로 변환하여 출력하는 것도 무방합니다.

응시종목	전산응용기계제도기능사	도 명	도면참조

B) 문자, 숫자, 기호의 크기, 선 굵기는 다음 표에서 지정한 용도별 크기를 구분하는 색상을 지정하여 제도하시오.

문자, 숫자, 기호의 높이	선 굵기	지정 색상(Color)	용도
7.0㎜	0.70㎜	청(파란)색(Blue)	윤곽선, 표제란과 부품란의 윤곽선 등
5.0㎜	0.50㎜	초록(Green),갈색(Brown)	외형선, 부품번호, 개별주서, 중심마크 등
3.5㎜	0.35㎜	황(노란)색(Yellow)	숨은선, 치수와 기호, 일반주서 등
2.5㎜	0.25㎜	흰색(White),빨강(Red)	해치선, 치수선, 치수보조선, 중심선, 가상선 등

C) 아라비아 숫자, 로마자는 컴퓨터에 탑재된 ISO 표준을 사용하고, 한글은 굴림 또는 굴림체를 사용하시오.

2. 수험자 유의사항

※ 다음 유의사항을 고려하여 요구사항을 완성하시오.

1) 제공한 KS 데이터에 수록되지 않은 제도규격이나 데이터는 과제로 제시된 도면을 기준으로 제도하거나 ISO규격과 관례에 따르시오.
2) 주어진 문제의 조립도면에서 표시되지 않은 제도규격은 지급한 KS규격 데이터에서 선정하여 제도 하시오.
3) 주어진 문제의 조립도면에서 치수와 규격이 일치하지 않을 때는 해당 규격으로 제도하시오.
4) 마련한 양식의 A부 내용을 기입하고 시험위원의 확인 서명을 받아야 하며, B부는 수험자가 작성 하시오.
5) 수험자에게 주어진 문제는 수험번호를 기재하여 반드시 제출하시오.
6) 시작 전 바탕화면에 본인 비번호 폴더를 생성한 후 이 폴더에 비번호를 파일명으로 하여 작업내용을 저장하고 시험 종료 후 하드디스크의 작업내용은 삭제하시오.
7) 정전 또는 기계고장으로 인한 자료손실을 방지하기 위하여 10분에 1회 이상 저장(save)하시오.
8) 수험자는 제공된 장비의 안전한 사용과 작업 과정에서 안전수칙을 준수하시오.

부품도(2D) : 1, 3, 4, 5
등각 투상도(3D) : 1, 2, 3, 4

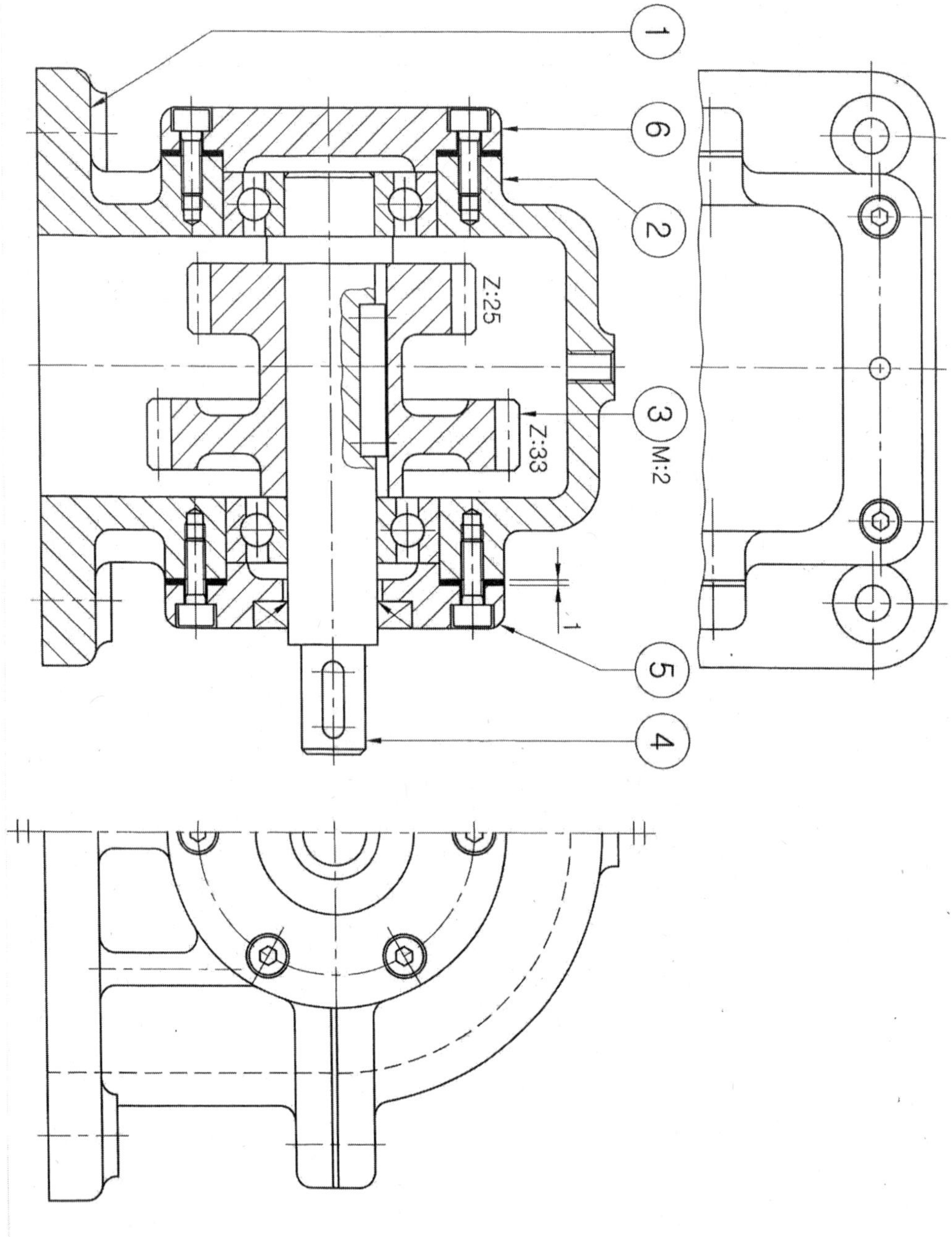

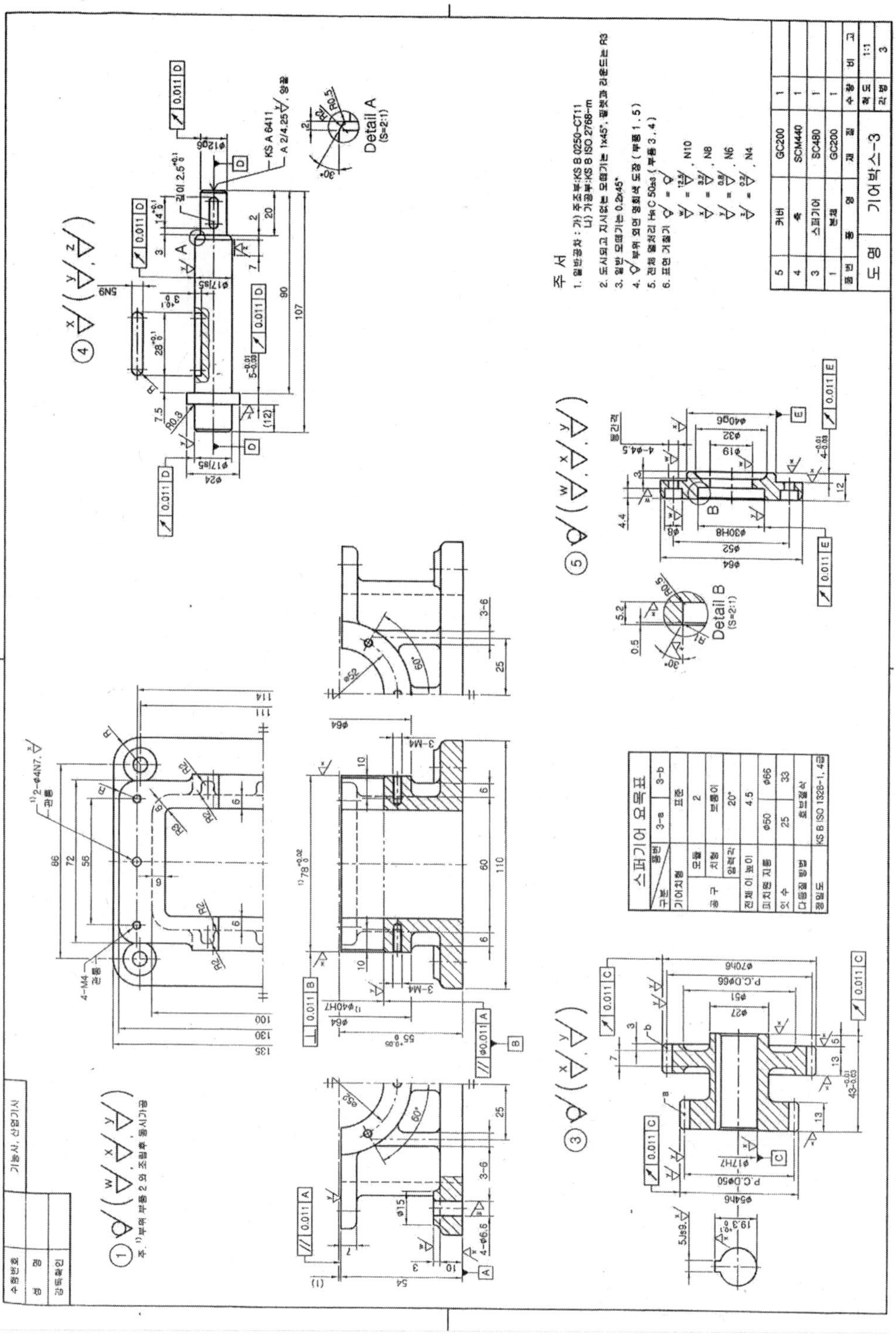

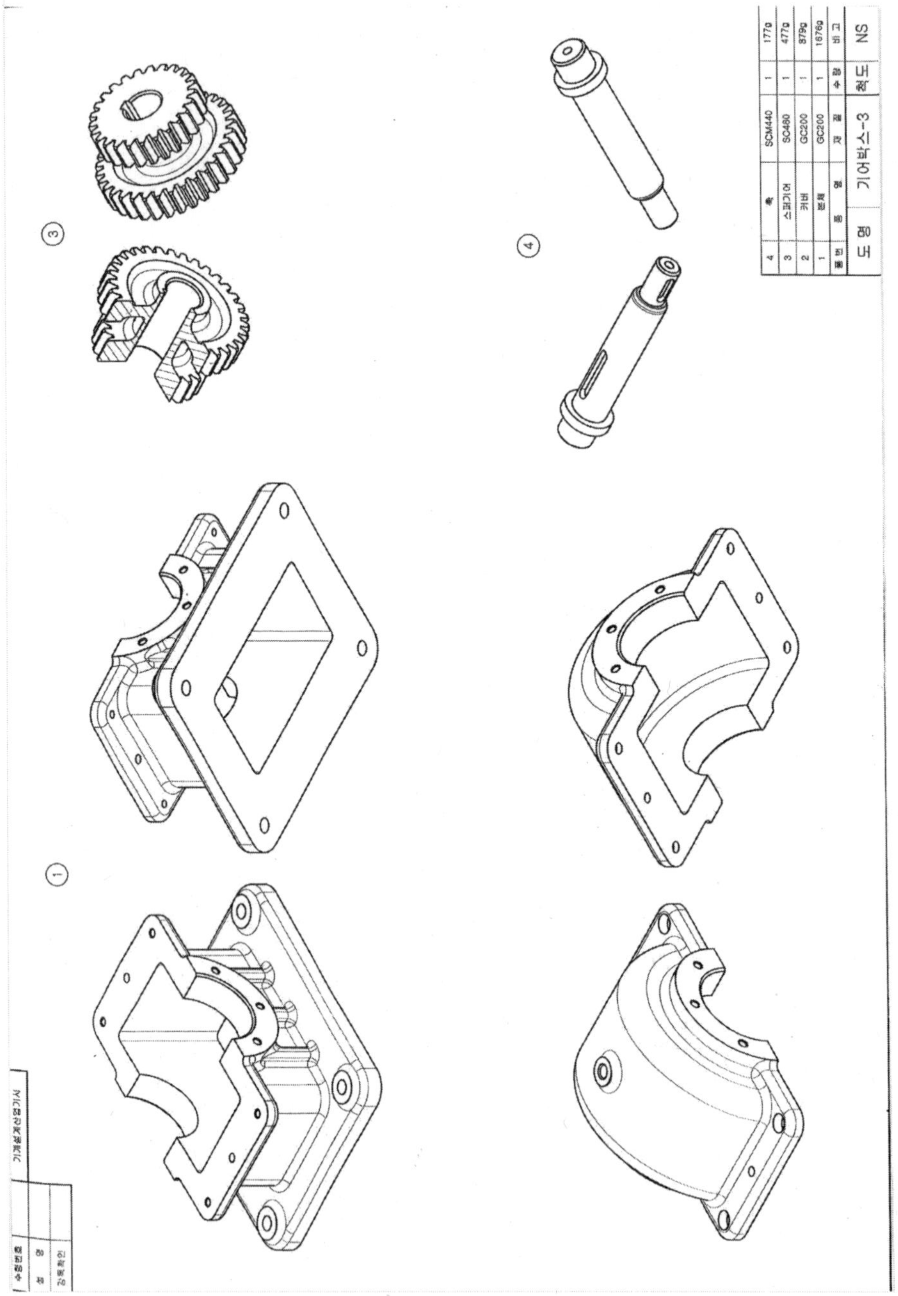

①
③
④
4 축 SCM440 1 177g
3 스퍼기어 SC480 1 477g
2 커버 GC200 1 879g
1 본체 GC200 1 1676g
품번 품 명 재 질 수량 비 고
도 명 기어박스-3 척도 NS
기계설계산업기사

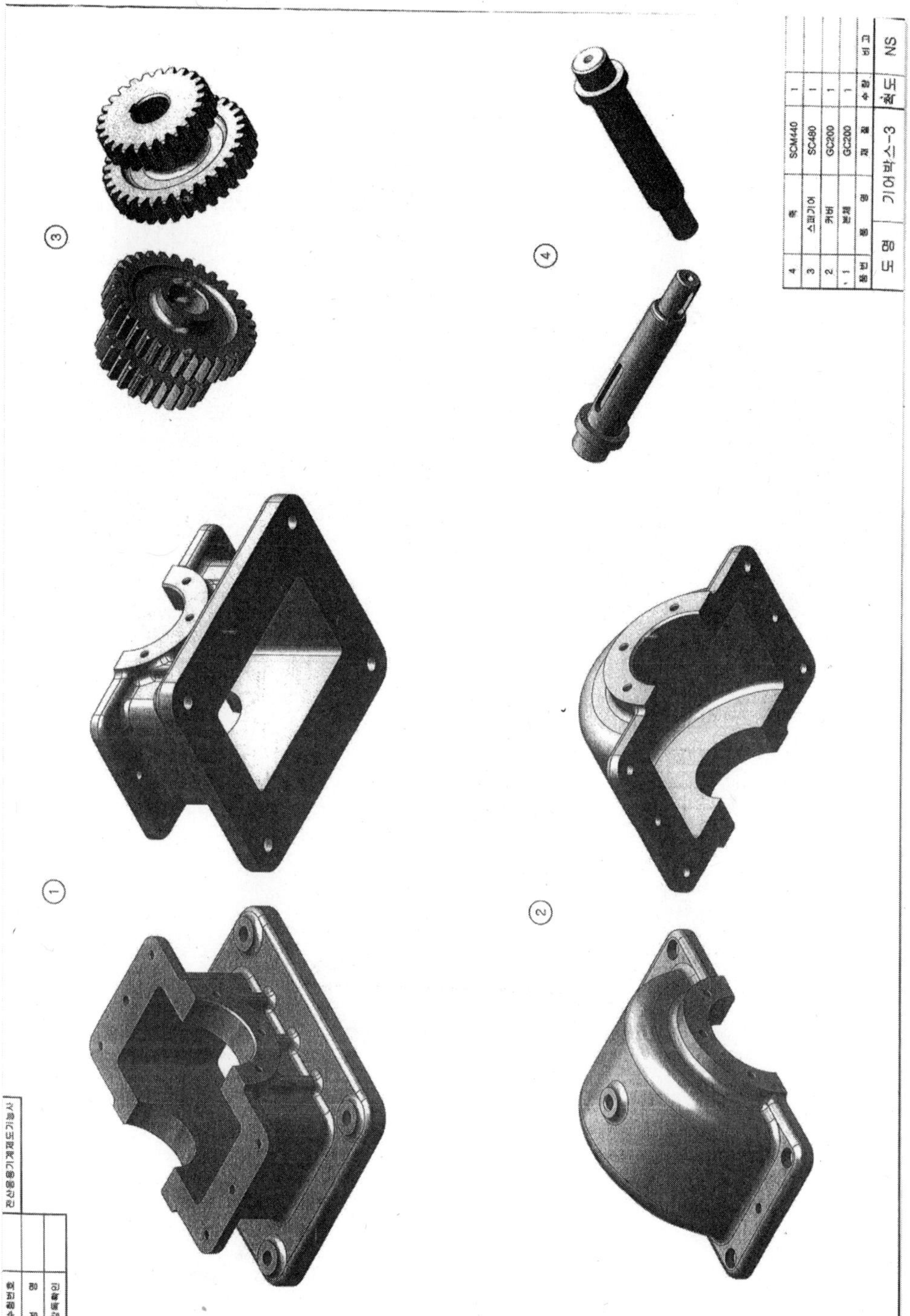

①
②
③
④
4 축 SCM440 1
3 스퍼기어 SC480 1
2 커버 GC200 1
1 본체 GC200 1
품번 품명 재질 수량 비고
도명 기어박스-3 척도 NS
수험번호
성명
감독확인
전산응용기계제도기능사

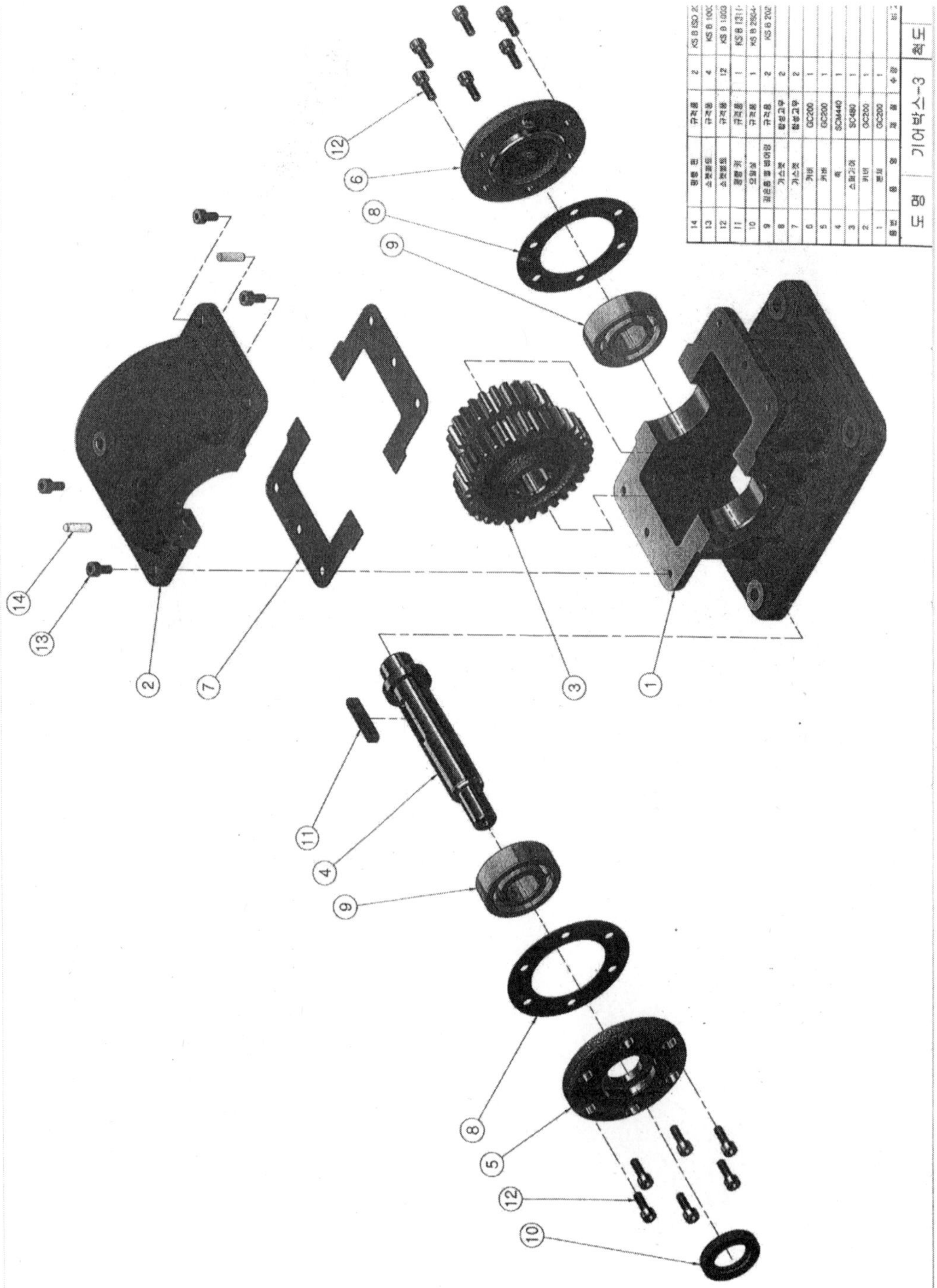

품번	품명	재질	수량	비고
14	평행 핀	규격품	2	KS B ISO 2(
13	소켓볼트	규격품	4	KS B 100(
12	소켓볼트	규격품	12	KS B 1003
11	평행 키	규격품	1	KS B 1311-
10	오일실	규격품	1	KS B 2504-
9	깊은홈 볼 베어링	규격품	2	KS B 202
8	가스켓	합성고무	2	
7	가스켓	합성고무	2	
6	커버	GC200	1	
5	커버	GC200	1	
4	축	SCM440	1	
3	스퍼기어	SC480	1	
2	커버	GC200	1	
1	본체	GC200	1	

도 명	기어박스-3	척도

A-3 학습정리

1. 기계장치를 도면으로 표현함에 있어 KS규정에 의거하여 기능과 용도에 맞는 알아보기 쉬운 도면을 표현하는 내용이 포함된다.

2. 도면의 크기 및 척도와 모델링부품의 도면을 작도하는데 필요한 일반적인 내용이 포함된다.

3. 기계장치가 최적의 성능을 낼 수 있도록 치수공차 및 기하공차를 적용하여 도면을 작도하는 내용이 포함된다.

4. 도면에 따라 만들어진 기계장치의 성능은 기능과 용도에 맞으며 부품 상호간의 운동에 있어서는 간섭이 없어야 한다. 내구성을 고려하여 재료를 선정하고, 표면처리 및 열처리에 대한 내용이 포함된다.

종 합 평 가

1. 물체의 가공 방법에 따른 투상도의 선택요령에 대해 설명하시오.
   (설명:)

2. KS 산업 규격에 따른 나사와 기어의 작도법에 대하여 설명하시오.
   (설명:)

3. 표준화된 3D부품 모델링을 이용해서 도면을 완성하는 것에 대해 설명하시오.
   (설명 :)

4. 조립치수와 누적공차에 대해 설명하시오.
   (설명 :)

일과 학습병행시대 왔다

기고 : 이해원

일과 학습을 병행한다는 말은 언뜻 어울리지 않는다고 생각을 하겠지만 조금만 깊이 생각하면 일과 학습은 한 몸처럼 밀접한 관계가 있다는 것을 알 수 있다. 물리학적 이론의 일과 학교에서 학생이 머리 묶고 외우는 암기학습 이런 것을 먼저 떠올린다. '학습'이라는 용어는 '배운 것을 때때로 익힌다'다는 뜻인데 지금의 학생들은 '학(學)', 즉 '배우는 것'만을 할 뿐 '습(習)', 즉 '익숙하게 익히는 것'은 하지 않는다.

바로 이 때문에 진정한 학습에서 벗어나는 것이다. 익히는 것은 머리가 아닌 몸으로 하는 일이다. 우리가 집에 가는 길은 눈을 감고도 찾아가는 것처럼 학습도 그렇게 체득하면 어느 순간 공부가 몸에 익게 된다. 축구를 잘하는 차범근, 야구를 잘하는 박찬호, 개그맨 김병만, 가수 조용필, 피겨 김연아 등은 그 분야에서 탁월하게 학습을 잘한 사람이다.

이것을 진정한 공부라고 할 수 있다. "대학만이 살 길이다"란 말이 옛날 이야기가 되어가는 시대에 되었다. 금년부터는 국가직무능력표준(NCS)이 실시되어 능력중심사회로 전환되어 간다.

박대통령이 스위스 방문 시 직업교육에 큰 관심을 가진 이유는 무엇일까? 청년실업 일자리창출에도 한계가 있을 것이다. 그래서 앞으로의 젊은이에게 근본적인 대책이 될 수 있는 한국형 일 학습 듀얼시스템이 탄생되었다. 이 제도는 독일의 듀알레시스템을 본떠 도입되는 제도로 향후에는 불필요한 스펙 쌓기도 줄일 수 있고 과잉학력경쟁이나 사교육비용을 줄이는 데도 일조할 수 있을 것이다.

무엇보다도 특성화고 출신이나 전문대 학생들에게도 차별받지 않는 실질적인 제도로 평가받지 않을까 생각하며 실사구시제도라고 생각한다.

'학벌이 아닌 능력중심사회'를 위한 일 학습 병행제가 시대의 요구도 도입되는 것이다.

기업이 현장에서 필요한 실무형 인재를 양성하고 활용하기 위해 청년취업희망자를 근로자로 채용해

일을 담당하게 하면서 이론교육과 현장훈련을 제공하는 새로운 교육훈련제도 '일 학습 병행제'는 산업현장에서 요구하는 실무형 인재를 기르기 위해 마련된 제도다. '일 학습 병행제'는 기업이 취업을 원하는 청년 등을 근로자(학습근로자)로 채용해 자체 기업이나 학교 등 교육기관과 함께 일터에서 장기간(최소 6개월~최대 4년 이내)의 체계적인 교육훈련을 제공하고 교육훈련을 마친 학습근로자의 역량을 국가 또는 해당 산업계가 평가해 자격취득과 학력으로 인정함으로써 청년 등의 조기취업을 촉진하고 학위 취득에 소요되는 고비용을 해소하고 기업의 인력 · 숙련 미스매치 문제를 해결해 나가는 것이 목적이다.

기업이 잘 가르치고 학습근로자가 잘 배울 수 있도록 기업주도의 교육훈련을 위해 기업에서 소요되는 비용을 지원한다. '일 학습 병행제'는 2017년까지 전국적으로 1만개 기업에 정착시키고 국가직무능력표준(NCS) 분류기준에 의한 건설, 기계(금형), 재료, 화학, 전기 · 전자(반도체), 정보통신(SW) 등 7개 분야로서 NCS가 이미 개발된 분야의 기업을 우선적으로 선정하며 점차 확대할 계획이다.

이렇게 도입하는 '일 학습 병행제'는 직업교육훈련의 패러다임을 학교에서 현장 중심으로 전환하는 출발점이 되며 산업 현장중심의 직업능력개발체계를 구축하는 출발점이 될 것이다.

좋은 인재가 없어 고민하는 기업체 사장님 마땅히 진로를 정하지 못하는 취업희망자 여러분의 적극적인 참여를 기대해 본다.

나를 학생들에게 학문이 아닌 태도를 배우라고 말한다. 실습 후 기계청소를 깔끔히 하는 사람은 공부도 잘한다. 학문을 배우는 것으로 그치지 않고 공부를 대하는 태도를 몸으로 익히는 일이다.

단적인 예로 수업시간에 늦지 않는 기본 태도를 기르는 것만으로도 성적은 올라가게 되어있다. 공부는 장차 사회에서 내가 맡을 역할을 수행하기 위한 일종의 예행연습이라고 생각한다.

목적을 정하고 구체적인 방법을 마련하여 성적을 실현시키는 모든 과정이 하나의 또 다른 삶의 공부라고 할 수 있다. 공부든 일이든 원리는 같다. 때문에 그 과정을 잘 해낸 사람이라면 앞으로의 일도 잘 해낼 수 있을 것이다.

능력중심사회로 전환하는 국가직무능력표준

기고 : 이해원

'사람의 능력을 계량적으로 나타낼 수 있을까.'하는 의문을 갖지만 우리가 모르는 사이에 과학적으로 또는 어떤 분야의 특정한 방법으로 사람의 능력을 점수화 수치화해서 평가하고 있다. 얼마 전 뉴스에서 박근혜 대통령은 국가직무능력표준을 적용해서 학벌이 아닌 능력으로 인정받는 시대를 만들어야 한다고 했다. 현실적인 우리의 기능기술인의 현주소는 어떠한가? 세계기능경기대회를 제패한 기능인이 제대로 대우를 받지 못하여 다른 길을 걸어가고 있는 것이 현실이다. 또한 우리 사회는 구직자와 기업이 취업·채용에 있어 각기 다른 이유로 어려움을 겪고 있다.

구직자는 전공과 별도로 취업에 필요한 '스펙 쌓기'에 전념해야 했고 기업은 이들의 자격증이 현장 업무에 도움이 되지 않는다고 토로한다. 몇 년을 걸쳐 시간과 돈을 낭비하며 재교육을 시키고 업무현장에서 필요한 지식의 불일치와 인력 미스매치(mismatch)가 발생하는 이유다. 인생의 '클래스'를 결정짓는 고질적 병폐 학벌은 이제는 능력중심 사회로 변화해야 한다는 기치로 등장한 것이 바로 국가직무능력표준(NCS : National Competency Standards)이다.

그러나 이미 10여 년 전부터 산업인력공단 연구진이 연구를 시작해서 일부 완성한 국가직무능력표준(NCS)이 내년부터 전국 3개 공업고등학교를 시범학교로 선정하고 국가직무능력표준을 적용하는 커리큘럼으로 수업을 해서 과정을 이수하고 졸업하는 학생에게 국가직무능력표준 자격을 주게 된다. 이 결과에 따라 2015년부터는 전국 특성화고등학교를 중심으로 NCS를 전면 시행하게 된다. "NCS가 도입되면 학교 운영의 자율성이 대폭 신장될 것"이라고 내다본다. 교사들은 지역사회 환경과 학생 수준, 교육 목표에 따라 학습모듈 및 핵심능력단위를 자유롭게 추출해 기업의 요구대로 교육과정을 구성할 수 있다. 이런 교육과정이 자격과 연계되면 '교육과정 이수형 자격제도'가 운영된다. 일자리 중심 교육뿐만 아니라 자격증 취득까지 한 번에 개편 가능한 것이다.

지난 8월 16일 광주 NCS교과개발전문가 회의에 참석하여 전공분야의 커리큘럼과 직무능력수준을 정한 바 있는데 향후 평가에 부담이 느껴진다. 그러나 자기의 능력을 국가에서 인정해주고 기업은 그 능력에 맞는 대우와 일을 맡기고, 할 수 있게 함으로써 능력을 인정받을 것으로 생각한다. 80년대

'조국근대화와 수출'의 슬로건에서 알 듯이 기능인을 양성하는 직업훈련기관으로 출발해 전문분야의 기능인을 양성하는 직업전문학교로 변화했다가 95년도에 초급현장관리자를 양성하는 기능대학으로 전환되고 다기능 정보화시대에 적응하는 한국폴리텍대학은 현재의 커리큘럼 약 80%가 국가직무능력표준(NCS)에 유사해 멀지 않아 국가직무능력표준(NCS)을 적용하는 학교가 된다. 전문대학과 공과대학 등도 국가직무능력표준(NCS)을 적용하는 커리큘럼에 연구를 하고 있다고 한다.

식물이나 사람도 마찬가지지만 기초가 튼튼하지 못하면 오래가지 못하고 사상누각이 되는 것처럼 우리 사회와 국가도 튼튼하고 오래가려면 기초가 튼튼해야 한다. 나라가 부강하고 강대국이 되려면 여러 가지 요인이 균형을 갖추어야 하지만 그 중에 경제력이 큰 비중을 차지한다. 경제력이란 그 나라의 기술력이요 잠재된 기초기본의 노하우의 힘일 것이고 생각한다. 학생들도 현장에서 요구하는 전문기능인과 초급관리자로서 역량을 발휘하는 또 국가직무능력표준(NCS)을 갖춘다면 누구나 인정하고 존경받는 사회가 되는 날이 멀지 않았다고 생각한다.

이제 기능과 기술도 국가가 인정해주는 표준이 마련되어 적성과 특기를 살려 자기분야를 배운다면 사람은 많은데 쓸 사람은 없다는 말도 사라질 것이다. 망설이는 젊은이와 다시 도전하는 사람들은 자기의 능력을 떳떳하게 보여줄 수 있는 국가직무능력표준(NCS)을 서둘러 갖추어야 할 시점이다.

따라하면서 혼자 할 수 있는

AutoCAD 시험 속성완성(인벤터 활용)

1판 2쇄 2018년 8월 20일

저 자 이해원 / 고병갑
발행인 송광헌
발행처 복두출판사
주 소 서울특별시 영등포구 경인로82길 3-4
센터플러스 807호 (우) 07371
전 화 02-2164-2580
FAX 02-2164-2584
등 록 1993. 11. 22. 제 10-902 호

정가 : 18,000원

ISBN : 979-11-5906-287-2 93550

한국과학기술출판협회 회원사

* 본 도서의 자료 업데이트가 있을 경우 본사 홈페이지 자료실에 업로드 됩니다. 정기적으로 들러서 유익한 자료를 받아가시기 바랍니다.